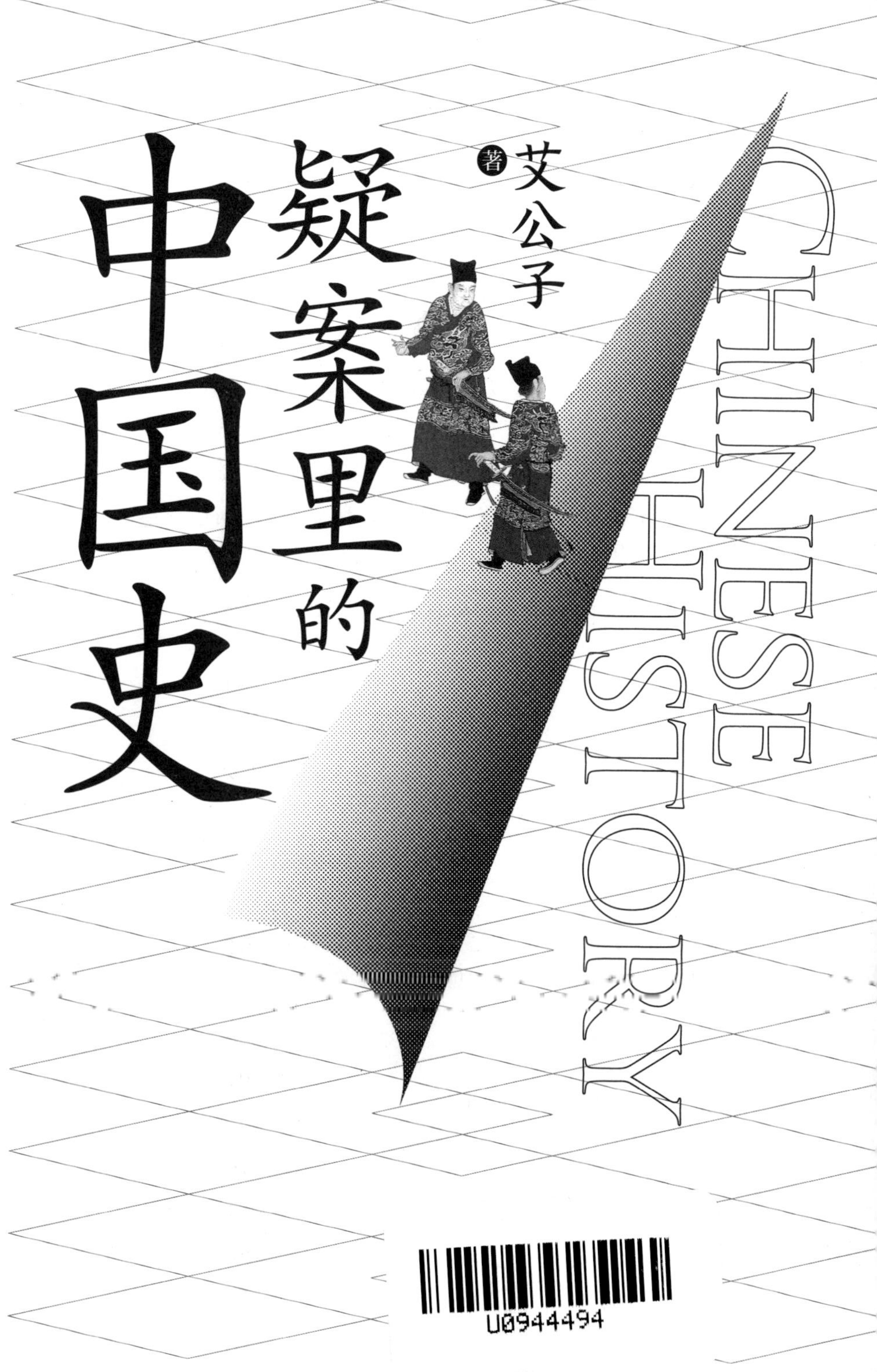

疑案里的中国史

CHINESE HISTORY

艾公子 著

辽宁人民出版社

图书在版编目（CIP）数据

疑案里的中国史 / 艾公子著 . —沈阳：辽宁人民出版社，2021.10（2023.12 重印）
ISBN 978-7-205-10226-5

Ⅰ . ①疑… Ⅱ . ①艾… Ⅲ . ①中国历史—通俗读物
Ⅳ . ① K209

中国版本图书馆 CIP 数据核字（2021）第 131788 号

出版发行：辽宁人民出版社
地址：沈阳市和平区十一纬路 25 号　邮编：110003
电话：024-23284321（邮　购）024-23284324（发行部）
传真：024-23284191（发行部）024-23284304（办公室）
http://www.lnpph.com.cn
印　　刷：天津旭丰源印刷有限公司
幅面尺寸：170mm × 240mm
印　　张：22
字　　数：390 千字
出版时间：2021 年 10 月第 1 版
印刷时间：2023 年 12 月第 3 次印刷
责任编辑：赵维宁　贾　勇
封面设计：人马艺术设计・储平
版式设计：新视点工作室
责任校对：刘再升
书　　号：ISBN 978-7-205-10226-5

定　　价：65.00 元

目 录

一 帝王生死之谜

二 被遮蔽的皇嗣秘闻

三 王朝夺权疑案

四 将相离奇结局

五 帝国惊天大案

六 女名人疑案

七 颠覆历史的悬案

八 全民“热搜”离奇案

一

帝王生死之谜

帝王第一谜案：谁是秦始皇的生父？

秦王嬴政在逼杀秦相吕不韦之前，盛气凌人地下诏质问道："君何功于秦，封君河南，食十万户？君何亲于秦，号称仲父？"

这番话可让吕不韦伤透了心。若说功劳，他扶持秦庄襄王子楚（原名异人）上位，辅佐年少的嬴政，历经两朝，执政 13 年，推进秦国的统一事业，不可不谓劳苦功高。

后两句话就有些耐人寻味了。吕不韦被尊为"仲父"，自然是因为他位高权重，而非血缘关系。嬴政特意强调这一句，反而给人一种掩人耳目的感觉。

难道真如两千多年来的一些传闻所说，嬴政并非子楚的亲生儿子，而是吕不韦之子？

秦始皇生父之谜，是历史上的一桩公案。这一看似荒诞的故事并非出自稗官野史，而是起源于司马迁的《史记》，可说是专家认证的皇室秘闻，两千多年来很多史学大家都说不明白。

1

在遇见异人之前，吕不韦已经是一个家累千金的大商人。

从古至今，发财后的富商经常要考虑事业转型。春秋战国时期是一个商人活跃的时代，其中的佼佼者往往是经商与从政两不误。

齐国名相管仲在仕齐之前曾经与好友鲍叔牙一起做生意，拜相后，他主张通货积财，发展工商业，还设置"女闾"，因此被当作妓院的祖师爷。

越王勾践的谋士范蠡，助越国一雪前耻后辞官归隐，三次经商成为巨富，号称"陶朱公"。

卫国的子贡是孔子诸多弟子中的首富，还是一个外交家，时常到列国活动，凭借出色的口才，存鲁、乱齐、破吴、强晋而霸越。

吕不韦是子贡的卫国老乡，而他的家乡濮阳（今河南濮阳），与范蠡发家的陶（今山东定陶）离得也不远。我们不知道，这些叱咤风云的大商人是否对年少的吕不韦造成了某些心理冲击。吕不韦在实现财务自由后，也决定把买卖做到政治上。

他看中的潜力股，是秦昭襄王之孙、秦国太子安国君嬴柱之子——沦落到赵国当质子的异人。

异人虽是正儿八经的秦国宗室，但姥姥不疼、舅舅不爱，他爸安国君生了二十几个儿子，连自己孩子的名字可能都记不住。秦昭襄王把这个毫无存在感的孙子派去赵国当人质，也从来不管他的死活。

异人在赵国为质的时间，正是长平之战爆发前后。秦赵两国关系恶化，还发生了惨烈的大战与坑杀事件，异人随时都有性命之忧，指不定哪天就被人杀了泄愤。当吕不韦在赵国邯郸做生意遇到异人时，他见这位秦王之孙处境非常困窘，连平时用的财物、出行的车马都没有。

此时，一个惊天计划浮上吕不韦心头。吕不韦回家问他父亲："耕田之利几倍？"

吕父以为儿子跟他探讨生意经，脱口而出："十倍。"

吕不韦又问："珠玉生意，可盈利几倍？"

吕父答道："百倍。"

吕不韦再问："那么，立国家之主获利几倍？"

吕父惊了，说："无数！"

吕不韦想做的，就是拥立国君的大生意。他认为，异人身上流着秦王的血，可谓"奇货可居"，政治前途不可限量。

为了资助异人，吕不韦几乎投入了自己的大部分财产，其中一半资金用于包装异人，让这个落难公子学着打扮打扮，不要整天宅在家，另外用五百金购买珠宝，前往秦国公关游说。

安国君子嗣虽多，但最宠爱的女人只有一个，她就是华阳夫人。

华阳夫人不仅得宠，她的身份也很特殊。一些学者认为，华阳夫人这个称号源于华阳君芈戎的封爵，而这个芈戎，是秦昭襄王嬴稷的舅舅，秦国宣太后的弟弟。华阳夫人实际上出身于秦国大名鼎鼎的芈氏外戚家族，来头可不小。

然而，地位高贵的华阳夫人也有自己的烦恼。她膝下无子，等到人老珠黄那一天，如何固宠是个大难题。

吕不韦一眼就看出了美人的危机，他携带珠宝重金到了秦国，买通华阳夫人的家人。通过他们从中疏通，吕不韦亲自对华阳夫人进行游说，建议她认异人为儿子。

您看，异人的生母不得宠，他被赶到赵国没人疼，您现在无子，一旦年老色衰，必然会失宠。您收异人为养子，就有了自己的孩子，他也会由衷地敬爱您这位母亲。如此一来，您这王后的宝座不就坐稳了吗？

华阳夫人权衡利弊后，答应了吕不韦的请求。由于她祖上是楚国贵族，后来异人回到秦国，她给这个新认的养子改名为子楚。子楚成为安国君的嫡嗣，无法生育的华阳夫人也有了儿子，这是双赢的买卖。

吕不韦的政治投机也收获了第一笔丰厚回报，他得到子楚的郑重承诺——“如君策，请得分秦国与君共之。”但吕不韦的野心，似乎不止于此。

2

吕不韦在赵国邯郸多次设宴款待子楚。

席间，子楚为一个美貌的舞女目不舍离，心神荡漾，之后干脆请吕不韦将她让给自己。

起初，吕不韦面露怒容，很不乐意，说：“我散尽家财帮你，你却调戏我的姬妾，这太不够意思了。”可他回过头，还是决定把这个美女送给子楚。

这个女子，史称赵姬，她就是秦始皇嬴政的母亲。

司马迁的《史记》在记载子楚与赵姬的这场邂逅时，留下了两个截然不同的版本。

《史记·秦始皇本纪》明确地说，秦始皇嬴政是子楚之子，生于秦昭襄王四十八年（前259）正月（因此取名为“政”）：

“秦始皇帝者，秦庄襄王（子楚）子也。庄襄王为秦质子于赵，见吕不韦姬，悦而取之，生始皇。以秦昭王四十八年正月生于邯郸。”

在《史记·吕不韦列传》中，司马迁却认为，嬴政是吕不韦与赵姬的私生子。吕不韦在明知赵姬怀有自己孩子的情况下，将她献给了子楚：

“吕不韦取邯郸诸姬绝好善舞者与居，知有身。子楚从不韦饮，见而说之，因起为寿，请之。吕不韦怒，念业已破家为子楚，欲以钓奇，乃遂献其姬。姬自匿有身，至大期时，生子政。”

在这部史家之绝唱中，关于秦始皇生父的叙述可说是一片混乱，就连赵姬的身世，都有两个说法。一说赵姬是赵国豪家女出身，与子楚也算门当户对；一说她出身卑贱，是邯郸一介歌舞姬，且吕不韦同时与多个女子同居，知道赵姬有孕后才特意瞒着，让她去给子楚献舞，这就有几分阴谋论的味道。

尽管司马迁将“以吕易嬴”之说作为信史，但《吕不韦列传》中这段记载本身就存在漏洞，而且明显违背科学。

这里说，赵姬嫁给子楚后，“至大期时，生子政”。“大期”，有两个意思，为十个月或十二个月。

科学表明，正常胎儿在母体内的时间应是 280 天（即 40 周）左右，此即所谓“十月怀胎”。如果赵姬怀着吕不韦的儿子嫁给子楚，等到十二个月后才分娩，那就是医学史上的奇迹了，可以申请个吉尼斯世界纪录了。

假如是“十月说”，古代没有验孕棒之类的工具，赵姬是在确认自己有孕在身后才嫁给子楚的，那应该是在怀孕一个多月甚至两三个月后，如此她嫁给子楚后没几个月就足月分娩。这么大一顶绿帽子，子楚会无法察觉吗?

因此，《剑桥中国秦汉史》引用了史学界的另一种推测，认为“大期生子政”这一句，“是一个不知其名的人加在《史记》之中的，为的是诽谤秦始皇，说明他政治的和出生的非正统性”。当一个新王朝建立后，尽一切可能抹黑前朝统治者，这种做法，在中国历史中屡见不鲜。

3

司马迁埋下的雷，引爆了此后两千多年的争论。

《史记》“网罗天下放失旧闻”，难免会收录一些不靠谱的史料，甚至有失真之处，但由于影响深远，后世史学家采纳其观点的也不在少数。

秦代之后的一些学者对秦始皇是私生子一说深信不疑。《汉书》著者班固，就带头直呼秦始皇之名为“吕政”。到了南朝宋的裴骃作《史记集解》时，还特意对“吕政”进行解释，写道：“吕政者，始皇名政，是吕不韦幸姬有娠，献庄襄而生始皇，故云吕政。”

他们认为，嬴政是吕不韦的儿子。

但也有很多学者表示：我反对！有学者将明代汤聘尹、王世贞等人的观点结合起来，提出了三个理由。

第一，嬴政是吕氏之子的说法，为何仅见于《史记》一书，没有任何旁证？《吕不韦列传》的记载至今仍是孤证，就连带有几分文学性质的《战国策》中都找不到此事的蛛丝马迹，而《战国策》最喜欢收录的就是名人绯闻，比如秦国宣太后与男宠魏丑夫、楚国春申君与李园之妹的风流往事。

第二，吕不韦的传闻与春申君移花接木的故事情节雷同，存在好事者依样画葫芦的嫌疑。

春申君黄歇是楚国的权臣，当时楚考烈王没有儿子，春申君都替他着急，于是亲身上阵给他帮忙。他先让亲信李园的妹妹有了身孕，之后听从李园兄妹的建议，将怀孕的李园之妹献给楚王，这个美女生下一个男孩，被立为太子。

在这个故事中，李园兄妹劝说春申君的话，跟吕不韦游说华阳夫人的话如出一辙。

李园之妹跟春申君说："您任丞相已二十余年，可是楚王无子，他百年之后将要改立兄弟为国君，到时您如何保住相印呢？"

第三，就是上文提到的，关于赵姬出身的记载经不起推敲，以及"大期生子政"一说的破绽。

如此说来，吕不韦可能只与赵姬有性关系，而与嬴政没有任何血缘关系。

当然，还有很多学者选择保持中立，将这个千古谜题的答案寄希望于更多史料的出土以及科技的发展。

翦伯赞是其中的代表，他说："秦始皇是否确系吕不韦之子，无从考证。"

4

梁启超先生认为，考据学有个方法叫作"情断"。这是说，在史料不足的情况下，以情理来推断某一事件的真伪。

吕不韦是否有可能冒险将有孕之妇送给子楚呢？

作为一个精明的商人，吕不韦做了一桩前所未有的买卖，他一眼就能看出根本利益所在。他之所以投入自己所有的财产和整个人生，不惜一切代价帮助子楚，就是看重这个落难贵族身上的秦王血脉，若没有这个血统，子楚一文不值。

子楚的血统，是吕不韦最大的筹码。如果将一个私生子安插进秦国王室，只不过是为他这场豪赌徒增风险。更何况，秦国的王室成员也不是傻子，一个漏洞百出的谎言能够瞒天过海吗？这不像是一个大商人会做的事。

我们再看其他当事人的表现。

子楚本人从来没有怀疑过赵姬与嬴政，他始终是一个温柔深情的丈夫与父亲。

长平之战后，秦国围攻邯郸，赵人对子楚心生仇恨，暗地里谋划暗杀行动。秦昭襄王五十年（前 257），子楚在吕不韦的帮助下及时逃回秦国，只能留下赵姬与嬴政在邯郸。赵姬母子二人从此音信不明，在赵国历经九死一生，四处躲藏才得以活命。

六年后，一代雄主秦昭襄王去世，他的儿子安国君即位，是为秦孝文王。这时，已成为太子的子楚才将赵姬母子接回秦国。史书记载，此时子楚已经另外娶妻，生有一子成蟜，但他不忘糟糠之妻，与赵姬母子离别六年重逢后，还是以赵姬为正室，以嬴政为继承人，没有始乱终弃。

由此可见，子楚对赵姬与嬴政是真爱。

另外一点可以反驳“以吕易嬴”之说的，就是嬴政即位的意外性。

秦孝文王与儿子子楚（秦庄襄王）在位时间极短，前者正式在位只有短短三天，后者在位三年就英年早逝，年仅 13 岁的嬴政才因此被推上王位，成了咸阳宫的新主人。

吕不韦当年投资异人的时候，在位的秦昭襄王还是嬴政的曾祖父。中间隔了两代人，嬴政竟然能在回国几年后就早早登上王位，这样的巧合显然是吕不韦无法预见的。

如果吕不韦一开始就未卜先知，并且留个儿子给子楚，那真是股神中的股神。

5

可以肯定的是，赵姬与前夫吕不韦确实曾藕断丝连。

史载，赵姬年轻守寡后，与吕不韦私通。吕不韦为了摆脱太后，就将一个叫嫪毐的人推荐给了太后当情人。

嫪毐很会讨赵姬喜欢，赵姬得到嫪毐后益发荒淫，私下生了两个儿子。

很多人一提到吕不韦，就会想到他的这些绯闻，尤其是汉代之后，以儒家思想为尊，这个投机的商人更加遭受非议。但正因如此，我们往往忘记了吕不韦也是一个思想先进的政治家。

作为秦相，吕不韦在子楚、嬴政在位时竭尽股肱之力，执掌政权 13 年，为大秦统一做了很多贡献。

他反对秦国“计首授爵”的大屠杀政策，提倡“义兵”。他提出，秦军所至之处，应为民除害，不扰民，不乱杀戮，所谓“不虐五谷，不掘坟墓，不伐树木，不烧积聚，不焚室屋，不取六畜”(《吕氏春秋》)。

秦人嗜杀的不良习惯有所收敛，一定程度上缓和了六国军民的反抗情绪。但秦国没有停下统一的脚步，在吕不韦的统筹下，秦军战果颇丰，十余年间攻占了韩、魏等国多座城池。

吕不韦还招贤纳士，授意门客编纂《吕氏春秋》。

《吕氏春秋》不囿于一家之说，杂糅儒、墨、道、法等各家学说，被称为“杂家”。吕不韦编这本书，是为了宣传自己的政治思想，也是为了训导少年嬴政。

《吕氏春秋》编成后，吕不韦在咸阳城门旁，将千金悬挂于书上，并向路过的游士许诺:“有人能在书中增加或减去一个字，我就奖赏他一千金。”这个“一字千金”的故事，反映的正是吕不韦当时的权势和对改革的态度。

但嬴政对仲父的想法不感兴趣，他是法家的支持者，最欣赏韩非的主张。有一次，嬴政读了韩非的《孤愤》《五蠹》两篇文章，感叹道:“寡人要是能见到此人，并与之交谈，死而无憾啊！”

韩非的著作说的是什么呢？在《孤愤》的结尾，韩非写道:“万乘之患，大臣太重；千乘之患，左右太信；此人主之所公患也。”这是在告诫国君，一定要集中君权。

但吕不韦在《吕氏春秋》中的主张与韩非截然相反。

《吕氏春秋》认为，“万民之主，不阿一人”。书中有“天下非一人之天下也，乃天下人之天下也”和“凡举事，必先审民心，然后可举”等主张，这是极富先进性的“民本”思想。

吕不韦说，秦国崛起非秦王一人之功，而是贤臣、百姓的功劳:“先王先顺民心，故功名成……夫以德得民心以立大功名者，上世多有之矣；失民心以立大功名者，未之曾有也。”

这些话挑动着嬴政敏感的神经。秦王与他的仲父走向决裂，原因是君权与相权之争，霸道与王道之争，也是法家与其他诸子学说之争，与血缘之谜并无关系。

赵姬与嫪毐的禁忌之恋，成为压垮吕不韦的最后一根稻草。

公元前 238 年，22 岁的秦王嬴政前往雍城祖庙行加冠礼，下榻于蕲年宫。嫪毐带领一帮乌合之众作乱，企图谋害嬴政，被早有察觉的嬴政迅速平定。

嬴政对嫪毐处以极刑，灭其三族，将自己的母亲赵姬押往萯阳宫软禁，并当场扑杀了赵姬与嫪毐生的两个幼子。

经过对嫪毐一案的彻查，吕不韦私通太后，进献嫪毐等丑事自然被一一揭穿。嫪毐作乱的第二年，嬴政将吕不韦正式罢免，命他退居河南封地，就此归隐。

在吕不韦罢相的一年多里，来自各国的宾客、使者仍然频频前去拜访，相望于道。同时，吕不韦的门客们还屡次向嬴政游说，为他求情。这些行为，都成了吕不韦的催命符。

嬴政放下最后的一丝容忍，令吕不韦举家迁往蜀地。吕不韦接到诏书，心灰意冷，自知嬴政绝不会放过自己，于是饮鸩自尽。

此时，大秦统一的步伐已不可阻挡，嬴政究竟是不是吕不韦的儿子，这个问题已无足轻重。

在吕不韦死后，他从小看着长大的少年，逐渐成长为千古一帝。

吕不韦所规划的政治蓝图，是反对专制，施行仁政。嬴政最终却将其尽数推翻，按照自己的意志，建立起一个统一的中央集权制帝国。然而，统一后的秦帝国，只存在了 14 年就被起义的浪潮吞没。

吕不韦这桩奇货可居的生意，是成了，还是败了呢？

斧声烛影：赵匡胤真是被砍死的吗？

宋太祖赵匡胤，到底是怎么死的？

开宝九年（976）十月十九日夜晚，宋太祖赵匡胤（927—976）跟他的弟弟晋王赵光义一起小聚喝了顿酒。几个小时后，身强体壮、无病无痛的赵匡胤，突然暴毙宫中，五天后就被匆匆下葬。由此引发了千百年来，关于“斧声烛影”等有关赵匡胤死因的诸多争论。

作为一个皇帝，临死之前、死亡之后，御医与大臣必定会入朝问疾，但奇怪的是，关于赵匡胤之死，记载赵匡胤生活起居的《太祖实录旧录》，关于赵匡胤死亡前后及死因，竟然完全略过，一字不提。而正史《宋史·太祖本纪》中，只有寥寥的九个字：“帝崩于万岁殿，年五十。”此外，《宋史·太宗本纪》中，也只有九个字提起了这件事：“太祖崩，帝（宋太宗赵光义）遂即皇帝位。”

一个开国皇帝，突然间，就这么不明不白地“暴毙”而亡，并且史书记述非常诡异，不合常理，且皇位的继承，也并非由赵匡胤已经成年的两个儿子继承，而是诡异地被他的弟弟赵光义抢占。所以一千多年来，许多人都提出了一个质疑：

赵匡胤之死，凶手是否就是赵光义？

实际上，追踪一桩一千多年前的命案，历史，已经没有真相，但我们可以尽可能接近真相。

对赵匡胤的离奇死因，北宋时人就隐约感觉到了不对劲。关于赵匡胤是被赵光义用斧头砍死的这个说法，在赵匡胤死后不久，就开始在朝野之间秘密且广泛地流传，这就是所谓“斧声烛影”的传说。

1

“斧声烛影”的说法，最早来自宋仁宗、宋神宗时期与欧阳修等朝廷重臣交游甚广的僧人释文莹。在释文莹根据政坛秘闻所撰写的《续湘山野录》中，释文莹记载说：

赵匡胤在死前几个小时，召弟弟赵光义一起喝酒，并将太监、宫女、妃嫔全部屏退。外围的人，“但遥见烛影下，太宗时或避席，有不可胜之状。饮讫，禁漏三鼓，殿雪已数寸。帝引柱斧戳雪，顾太宗曰：‘好做，好做！’遂解带就寝，鼻息如雷霆”。

这段话，也是“斧声烛影”传说最早的由来，意思是说，当时外围的人看到，烛影之下，赵光义很奇怪地走来走去，“有不可胜之状”。后来赵匡胤拿出“柱斧”戳着地上的雪，对赵光义说：“好做，好做！”

几个小时后，已经睡下的赵匡胤在宫中“暴毙”。

释文莹的这段说法，在南宋宋孝宗时，也被历史学家李焘写进了《续资治通鉴长编》这部史书中。关于当时的情境，李焘写道：“但遥见烛影下晋王时或离席，若有所逊避之状。既而，上引柱斧戳地，大声谓晋王曰：‘好为之！’”

关于这段记载，李焘将赵匡胤用“柱斧”“戳雪”，改成了“戳地”，显得更合乎情理。因此当时人的说法是，赵匡胤当时一直在室内；赵匡胤对赵光义大声说的话，从“好做，好做！”改成了“好为之！”。这相当于是对北宋口语在南宋时代的一种翻译。

关于赵匡胤临死前的这段情景，作为历史学家的李焘，特地指出释文莹的记载不一定可靠，但他仍然将这段记述引用进了史书，由此可见，李焘心中也存在疑惑。

由此，后人开始推断，赵匡胤是被赵光义用斧头给砍死了。

2

赵匡胤真是被斧头砍死的？尽管史学界很多人也一直怀疑赵匡胤是非正常死亡，但对赵匡胤是被斧头砍死的这个说法，很多学者都论证指出，这个传说，不太靠谱。

很多学者都指出，当时赵匡胤身边出现的“柱斧”，在北宋时有两种，一种是武士所用的利器，一种则是文房用具。作为文房用具的柱斧，又称玉柱斧、玉斧，一般是用水晶或铜铁做成，而“斧声烛影”中的柱斧，即为文房用具的玉斧。

如果说赵光义是用这玩意杀死了赵匡胤，那这种说法就很不可信：一个是这玩意很难杀死人；另一个，即使用这种玉斧杀死了人，外伤肯定也非常明显，难逃众人的耳目。

最早传出“斧声烛影”这一宫廷秘闻的释文莹，他所生活的时代，离赵匡胤死亡只有几十年的时间。释文莹在《续湘山野录》中，记载了赵匡胤死后，赵光义曾经“引近臣环玉衣以瞻（赵匡胤）圣体，玉色温莹如出汤沐”。

也就是说，在赵匡胤的宋皇后等人看过尸体后，赵匡胤的一些重臣也看到了赵匡胤的尸体，而赵匡胤的尸体有被洗浴过的痕迹，所以“温莹如出汤沐”，但可以肯定的是，尸体没什么外伤，至少表面没有。

所以，赵匡胤是被斧头砍死的这个说法，史学界普遍认为不靠谱。

3

但即使不是被斧头砍死的，赵匡胤的死因，也确实很蹊跷。

几个小时前，还好好地跟弟弟喝着酒，怎么一睡下，就突然死了呢？

对此，有学者就提出，赵匡胤可能是当时饮酒过度，酒精中毒死了；也有学者根据宋真宗等宋代皇帝的死因，提出赵氏家族可能有躁狂忧郁症遗传，赵匡胤在当时，有可能是突发脑出血死掉了。

但是这两种观点，论据都不充分。

史书记载，赵匡胤喜欢喝酒，但他对喝酒还是相当节制的。建隆二年（961），赵匡胤就曾经对侍臣说：“沉溺于酒，何以为人？”可见他对喝酒，有自知之明和相当的克制。

至于突发疾病的原因，史学家们翻遍了未被赵光义动过手脚的、记载赵匡胤生活起居的《太祖实录旧录》，也没有发现任何疾病记载。

根据《太祖实录旧录》记载，赵匡胤在暴毙那一年，于三月份出游洛阳；死之前13天，开宝九年（976）十月初六日，赵匡胤还“幸西教场，观飞山军士发机石”。这段时间，赵匡胤身体好得很，频繁出游，根本没有任何生病及传召御医的记录。

所以，赵匡胤突发心血管疾病暴毙说，也被学界所质疑。

4

那么，赵匡胤究竟是怎么死的？

喜欢下毒的赵光义，自然成了被怀疑的对象。

赵光义是否下毒毒死了赵匡胤，没有证据。但史书的明确记载是，上位后的赵光义，很喜欢下毒：北宋时，后蜀国主孟昶、南唐国主李煜、吴越国君钱俶，都是在投降北宋后，被宋太宗赵光义下毒毒死的。

而《资治通鉴》的总编撰、北宋史学家司马光（1019—1086），则在离赵匡胤死后只有几十年的《涑水记闻》中，留下了有关这宗千古疑案的重要信息。司马光作为史学家，也是北宋的臣子，很多话不便明说，但他在《涑水记闻》中记载道：

赵匡胤在半夜死后，宋皇后马上让宦官内侍都知王继恩前往通知赵匡胤的儿子赵德芳（当时 18 岁），让他迅速入宫。但在这个千钧一发的节骨眼上，王继恩却直接前往开封府找晋王赵光义（赵光义兼任开封府尹）。半夜三更，在开封府门口，王继恩看到，擅长医术（可能也擅长下毒）的晋王近臣、医官程德元，早已等候多时。于是，程德元带着王继恩，进了开封府。

司马光记载说，对于是否马上进宫，赵光义在当时还有些“犹豫不敢行”。在此情况下，宦官王继恩万分紧急，催促赵光义说：“事久将为他人有矣！”王继恩的言下之意是，当时，赵匡胤的两个儿子都已成年，其中，赵德昭已经 26 岁，赵德芳已经 18 岁；并且，赵匡胤除了赵光义，还有一个弟弟赵廷美，都是皇位的合法继承人。

在此情况下，赵光义随即带着宦官王继恩、医官程德元等人冒着大雪，迅速赶到皇宫门口。到了皇宫门口，王继恩让赵光义稍等一下，让他先进去通报，但心急如焚的程德元却说：“现在就要直接闯进去，还等什么？”（原文：“便应直前，何待之有？”）于是，赵光义迅速闯进皇宫。当时，宋皇后听说王继恩回来了，就问，是“德芳来邪”？但没想到，出现在她面前的，竟然是不召自来的赵光义。

宋皇后当场被吓得目瞪口呆，“愕然”，后来，宋皇后对着赵光义说了一句话：“吾母子之命，皆托官家！”官家，是宋朝人对皇帝的私下称呼。赵光义对此回答了一句：“共保富贵，无忧也！”

司马光是个史学高手，不方便直说的事，他在《涑水记闻》中委婉地进行了表述。

一个普通的医官程德元，在皇帝赵匡胤暴毙当晚，却像未卜先知一般，提前等候在开封府门口，等待接应宫廷中前来通风报信的宦官王继恩（似乎早已被赵光义收买），并且跟着赵光义一起闯进皇宫夺权。

医官程德元有没有跟赵光义一起对赵匡胤进行验尸，司马光没有记载，但在记述这场隐晦的宫廷政变中，司马光的高明之处就在于，既为宋太宗赵光义隐了晦，又做到了尽在不言中。

5

赵匡胤究竟是不是被毒死没有证据，但司马光却记载了擅长医术的程德元在赵光义夺权前后的一系列蹊跷举动。一个普通的晋王身边的医官，却在这场宫廷政变中鞍前马后，并跟着赵光义进入皇宫夺权，实在令人匪夷所思。

对这种举动，一个大胆的揣测是：程德元协助赵光义配制了某种奇特的毒药，赵光义随后在与赵匡胤对饮时在酒中下毒。然后赵光义迅速返回家中，制造自己不在现场的表象，等待赵匡胤毒发身亡的死讯。随后，赵光义让程德元接上来通风报信的宦官王继恩，三个人（也可能更多人）一起闯进了皇宫夺权。

抛开揣测，从遗留的被筛选过的史实来看，从赵光义的顺利进宫，以及宋皇后的束手投降，各种迹象都显示，整个大宋皇宫内外，早已尽在赵光义的掌握之中，所以，皇权，似乎很“顺利”就过渡了。

顺利上位后，赵光义对夺位的功臣进行了封赏，宦官王继恩任宫苑使，负责整个皇宫后苑，备受宠信；程德元则从一个普通的医官，被封为刺史，至太平兴国六年（981），程德元已“攀附至近列，上颇信任之，众多趋其门”。尽管程德元贪赃枉法，经常被人举报，但赵光义对此却不管不问，内在门道也发人深思。

但这种似乎平和的权力过渡的表象背后，是接连而来的腥风血雨。

赵光义上位后，随即开始实施一系列斩草除根计划。

在陈桥兵变中，赵匡胤被军队中的故交好友“义社十兄弟”等人拥立为帝，赵匡胤暴毙时，“义社十兄弟”中，大将王审琦等已死，石守信等已被解除兵权，此时仍然掌握军权的赵匡胤的爱将，还有李继勋和杨信。赵光义上位后，先是解除了李继勋北都大名守将的职务，一个月后，李继勋蹊跷死亡；随后，赵光义又到杨信家“探望”，第二天，杨信也死了。

在铲除赵匡胤的遗留大将后，赵光义又开始对皇族下手。

赵匡胤共有五兄弟，赵匡胤排行老二，赵光义排行老三；赵匡胤死的时候，他的弟弟、老四魏王赵廷美也还活着，并且年轻康健。

另外，赵匡胤共有 4 个儿子，但长子和三子都早亡，只有二儿子燕王赵德昭，以及四儿子秦王赵德芳活了下来。赵匡胤暴毙时，赵德昭已经 26 岁，赵德芳也有 18 岁了。这些人，都是赵光义身边赤裸裸的威胁。

赵匡胤死后三年多，太平兴国四年（979），宋太宗在平定北汉后，下令进攻辽国，企图一鼓作气收复燕云地区。但在高梁河之战中，宋太宗中箭受伤，落荒而逃，当时，整个军队群龙无首。在此情况下，军队中一些将领，主张拥戴正在军中的赵德昭为帝，事情没有成功。不久，宋太宗赵光义回到军队中，听到这个消息后非常震怒。

返回开封后，赵光义一直故意不对征伐北汉的将士进行封赏，赵德昭于是便向赵光义建议，应该进行封赏，没想到赵光义却暴怒地指着赵德昭说："等你做了皇帝，你再赏赐也不晚！"赵德昭听后忧惧恐极，返回王府后，遂"取割果刀自刎"。赵光义听说后，前去查看，"哭着"说："痴儿何至此耶！"

赵德昭死后两年，太平兴国六年（981），宋太祖赵匡胤的最后一个儿子、时年仅仅 23 岁的秦王赵德芳，也跟他的父亲赵匡胤一样，在睡眠中突然莫名其妙死去，史书对此的记载是："寝疾薨。"

死法跟赵匡胤一模一样。

赵匡胤两个儿子相继暴死后，赵匡胤和赵光义两人的弟弟赵廷美，"始不自安"。

太平兴国七年（982），宋太宗赵光义又指使亲信、大臣柴禹锡等人"告发"赵廷美有"阴谋"，赵廷美随后被贬黜到房州（今湖北房县），最终年纪轻轻，仅 38 岁的赵廷美"忧悸成疾而卒"。

至此，对赵光义有皇位威胁的人，终于被一一铲除。

6

在赵光义上位前，一直跟赵光义有矛盾、主张要抑制晋王（赵光义）势力的宰相赵普，则一直活在恐惧忧虑之中。太平兴国六年（981），擅长拍马屁的赵普突然"提醒"赵光义说：现在天下传言很多（意思是说赵光义得位不正），但当时杜太后

（赵匡胤、赵光义的生母）不是有遗言说，让先皇赵匡胤百年后，再传位给你吗，官家你怎么不向天下人公布呢？

这个所谓的遗言，就是赵普为了迎合赵光义而杜撰出来的，后世流传很广的“金匮之盟”。

看到赵普这么“识相”，还编制了一个子虚乌有的故事来替自己遮掩，赵光义也不再追究什么，于是将赵普再次提拔做了宰相。后来赵光义对赵普说：“我之前差点就想杀了你！”（“朕几欲诛卿！”）

当然，马屁拍得这么到位，那就算了吧。

宋太宗至道元年（995）四月，赵匡胤的宋皇后也去世了。对此，宋太宗赵光义故意不给发丧，也不让群臣临丧，翰林学士王禹偁私下跟群臣讨论这件事，说宋皇后曾经母仪天下，还是要“遵用旧礼”发丧。对此赵光义震怒，马上将王禹偁贬黜为滁州知州，驱逐出京。

两年后，至道三年（997），做了21年皇帝的赵光义最终去世。他死后，北宋的帝位，一直在他这一脉传承，但没想到的是，1127年“靖康之变”后，北宋皇室几乎被金兵掳掠殆尽，赵光义的子孙几乎被一扫而空。

在此情况下，宋徽宗的第九子、宋钦宗的弟弟赵构仓皇登位，是为宋高宗。在南宋初期的乱世中，宋高宗年仅3岁的亲生儿子赵旉，在苗刘兵变后受到惊吓而死，此后，宋高宗一直没有生育。

或许是感觉到了一种天意，最终，宋高宗赵构特地从民间挑选了一名赵匡胤的第七代孙，也就是莫名其妙死去的秦王赵德芳的六代孙赵伯琮（后改名赵昚）进行抚养，并立为太子。这就是南宋的第二位皇帝：宋孝宗。

此后，从宋孝宗开始一直到南宋灭亡，南宋的皇位都是由赵匡胤一系的子孙继承，冥冥之中，历史又反转轮回。

一切，难道都是天意？

狸猫换太子：宋仁宗身世之谜

北宋明道二年（1033）,24 岁的宋仁宗赵祯，突然被一则消息所震撼。连续几日，他痛哭流涕，情绪近乎崩溃。

这一年三月，宋仁宗的“母亲”刘太后刘娥（969—1033）去世。原本沉浸于悲痛之中的宋仁宗，却从自己的八皇叔赵元俨口中，得知了一个惊天秘密。

八王赵元俨说，宋仁宗本是刘太后的婢女李氏所生，宋仁宗出生后，刘娥将孩子据为己有，并对外宣称孩子是她所生。据说刘娥后来还下令杀死了宋仁宗的生母李氏，试图彻底掩盖这个谎言。

那个他叫了 24 年“母后”的女人，不仅不是他的母亲，相反，还可能是他的杀母仇人？

对于宋仁宗而言，这个消息，无异于晴天霹雳。

宋仁宗不是刘太后的亲生儿子，这则让宋仁宗感觉五雷轰顶的消息，其实在当时的朝野内外，已经广泛流传，成了北宋朝廷一个公开的秘密。只是一直以来身居皇宫大内的宋仁宗，还傻傻地被蒙在鼓里。

在皇宫内崩溃痛哭的宋仁宗，很快还得知，那个一直以来被他称为“舅舅”的所谓刘太后的弟弟刘美，其实本名龚美，是刘太后嫁给宋真宗之前的前夫。多年来，龚美在刘太后的指使下，一直以“国舅”的身份潜伏在皇宫，居心叵测。

一个是卑鄙无耻的“杀母仇人”，一个是潜伏皇宫的“龌龊奸夫”。

宋仁宗彻底怒了，他随后派人重重包围了假国舅龚美的府邸，并且亲自带队，前去为母亲李氏开棺验尸。

这位北宋皇帝眼下悲愤交加，但他显然又疑窦重重，他不知道的是，有关他的身世之谜，将在后世激起怎样的波澜。

1

在中国历史上，有一则很出名的故事——狸猫换太子。故事讲的就是北宋第四任皇帝宋仁宗的身世之谜。

在狸猫换太子的故事中，宋仁宗的父亲宋真宗，有刘妃和李妃两个妻子。当年，刘妃和李妃同时怀孕。由于谁若先生儿子，则那个孩子很有可能被立为太子，在得知李妃先生下男孩后，刘妃命令手下的太监和接生婆一起，将一只剥掉皮的血淋淋的狸猫，调包诬陷说是李妃生下来的怪胎，然后命令宫女将李妃所生孩子（后来的宋仁宗赵祯）杀死。

没想到经手的宫女和太监都于心不忍，遂将李妃所生孩子送给了宋真宗的弟弟八贤王抚养。

不久，刘妃也生下一个儿子，后被立为太子，谁知六年后太子夭折。宋真宗在没有子嗣的情况下，最终立自己的“侄子”、八贤王的“儿子”赵祯为太子。

由于生下“怪胎”，李妃被打入冷宫，刘妃又派人谋杀李妃。在好心人的帮助下，李妃逃到民间，以乞讨为生。后来幸遇包青天包拯，在事隔二十多年后，李妃才得以与亲生儿子宋仁宗相认。

东窗事发后，已经做了皇太后的刘妃，最终在阴谋败露之后自尽身亡。

这，就是狸猫换太子的故事梗概。

2

狸猫换太子这个故事，真假混杂。但在史书记载中，如本文开篇所描述的，宋仁宗赵祯确实并非刘太后所生，而是刘太后的婢女李氏和宋真宗所生的儿子。

刘太后刘娥，是个有私心且诡异的女人。

刘娥，原本是一个低级军官的女儿，由于父母早逝、孤苦无依，刘娥很小的时候就嫁给了一位名叫龚美的银匠。15 岁时，宋太宗赵光义的三皇子、韩王赵恒无意中见到了刘娥，惊为天人。银匠龚美于是顺水推舟，谎称刘娥是自己的妹妹，而刘娥也乐得做个王妃，从此嫁入了韩王府。

至道三年（997），韩王赵恒登基为帝，成为北宋的第三任皇帝宋真宗。刘娥随后跃升为皇妃，而银匠龚美，则被自己的前妻以兄长的身份召入宫中，成为权势显赫的“国舅爷”。

当时，宋真宗尽管坐拥后宫佳丽无数，但他的五个皇子先后夭折，而贵为皇妃的刘娥，则一直不育。

在此情况下，刘娥在一次宋真宗来访时，将自己的婢女李氏推到了宋真宗的龙床之上。

李氏由此怀孕。北宋大中祥符三年（1010），24 岁的李氏，生下了儿子赵祯，这就是后来的宋仁宗。

但李氏一生下孩子，马上就被册封为德妃的刘娥踢到一边。刘娥随即将孩子据为己有，对外则公开宣称，赵祯是她所生。

由于宋真宗前面五个皇子先后夭折，因此尽管只是第六子，但赵祯（初名赵受益）从一生下来，就成了大宋王朝的皇位第一继承人。

北宋天禧二年（1018），9 岁的赵祯被立为皇太子。四年后（1022），宋真宗驾崩，13 岁的赵祯继位登基，是为宋仁宗。而宋真宗的皇后刘娥，则以儿子还小、需要皇太后辅佐的名义，实行了垂帘听政。

这，就是历史上大名鼎鼎的刘太后。

3

刘太后权术之高深，不亚于吕后和武则天。

宋真宗晚年，日益昏聩，大搞所谓“天书政治”，朝政混乱。在这个当口上，刘娥以皇后的身份在朝中树立党羽，并发动政变，将在澶渊之盟中立下汗马功劳的名相寇准，从帝都开封贬黜到广东雷州，致使寇准老死岭南。

刘娥还贬黜其他不听话的朝臣。因此，宋真宗死后，基本掌握大权的刘娥遂以皇太后名义垂帘听政，并攫取了大宋帝国的最高权力。

登上权力巅峰后，刘娥又将协助自己政变夺权的权臣丁谓进行贬黜，原本助她夺权的大将曹利用也被迫自杀。

至此，刘娥成了凌然于皇帝赵祯之上的太上女皇。她曾穿过只有皇帝才能穿的龙袍——衮衣，在开封皇宫中接受文武百官的跪拜。

在皇太后的权势笼罩下，谁也不敢跟皇帝赵祯提起他的真实身世。

为了掩人耳目，刘太后又将赵祯的生母李氏，外放到位处今天河南巩义的永定陵，以为宋真宗守陵的名义进行软禁监视。

从某种意义上来说，刘太后有吕后的野心和才干，但有一点值得称道的是，她毕竟没有吕后那般歹毒无情。

为了安抚出身贫微的李氏，刘太后命令自己的前夫、对外宣称是她“哥哥”的“国舅爷”刘美（龚美），秘密访查到了李氏的弟弟李用和，并封给了李用和一个小官职，以此安抚李氏姐弟。

1032 年，46 岁的李氏在终生不能与儿子相认的憾恨中去世。

对于李氏的死因，《宋史》的记载是，李氏在死前突然被刘太后宣布册封为“宸妃”，然后当天，一生贫微，只享受了一天妃子称号的李宸妃突然死亡，“是日妃薨”。

“是日妃薨”，《宋史》的记载，用了春秋笔法，很值得玩味——临死前，赐给你一个光辉头衔，然后该死的人，就死了。

对此有评论家说，刘太后假如要杀李氏，早就可以下手了，何必等到李氏生下赵祯 22 年后?

正如前面所说，刘太后虽然玩弄权术、心计深沉，但毕竟没有吕后对待戚夫人那般歹毒，她仍然保有着人性的善良。

有一种可能性是，当时已经 65 岁的刘太后，或许是感觉到自己时日无多，她或许是担心在她死后，李氏与赵祯相认，自己隐瞒多年的秘密将被拆穿。

所以，她需要有些人，先死在她前面。这就好比，慈禧需要光绪帝吃下砒霜，先死在她前面。这样子，老佛爷才能安心。

4

李氏已死，刘太后随即下令，以普通宫人宫女的待遇下葬她。

这时候，听到风声的宰相吕夷简来闹事儿了。

当着刘太后和宋仁宗赵祯的面，吕夷简毫不留情地说：“太后，李氏的葬礼，应该从厚！”

刘太后勃然大怒，马上起身，话也不说，直接拉着皇帝赵祯就走。

在将皇帝赵祯打发走后，刘太后独自召见吕夷简，问他说：“只不过是一个普通的宫人死了，宰相您何必这么多事？”

吕夷简回答说，“臣待罪宰相”，朝廷内外大小事务，我当然要过问。

刘太后暴怒，当场发脾气说：“老相公，你是想离间我跟皇帝母子俩啊！”

没想到，吕夷简却从容回答说：“太后您如果不顾念刘家的未来，那我不敢说这件事。但如果您还顾念刘家的未来，那么对李氏的丧礼，就应该从厚！”

吕夷简的意思是，刘太后已近生命晚年，如果她去世后，皇帝赵祯得知真相，那必定会对刘太后的家族发难，所以为了后事着想，对李氏的后事，一定要办得漂漂亮亮。

刘太后听懂了吕夷简的言外之意，于是下令以“一品礼”殓葬那位只有一天荣誉称号的李宸妃。

吕夷简不放心，还特地跟办理李氏后事的太监罗崇勋说：“李宸妃应该以皇后的规格入殓，并用水银灌注保护尸身，否则以后出了事，别说我吕夷简没有提醒你！”

太监们最终照着吕夷简的吩咐办了。

在历史上，吕夷简的名声并不好。他是北宋名臣范仲淹的头号政敌，但在处理李氏后事这件事上，他办得极为漂亮。

5

李氏死后第二年，北宋明道二年（1033），65岁的刘太后也去世了。

回到本文开头，八王赵元俨（后世传说中的八贤王原型）向宋仁宗说明了他的身世，并指出，李宸妃死得很蹊跷，很有可能是被刘太后指使杀害。

在多方访查、确认自己的真实身世后，24岁的宋仁宗最终情绪崩溃，号啕大哭，几天不能上朝。

他为自己二十多年来，不能与亲生母亲相认而痛哭流泪，也为刘太后的阴险绝情愤恨不已。

几天后，宋仁宗向全国下发了一道罪己诏，指出自己对亲生母亲不孝，没当好皇帝，也没做好儿子。

罪己诏一发，事情由此闹得举国皆知。

愤怒之下，宋仁宗又派兵重重包围了刘太后的“奸夫”龚美的府邸，并且亲自前往自己的亲生母亲李宸妃停灵的洪福院。

宋仁宗要开棺验尸。

打开棺材后，一年前由宰相吕夷简争取来的葬礼，终于显示了效果和威力。

当看到被灌注水银、以太后之礼殡葬的母亲李氏“玉色如生”时，宋仁宗感慨道，看来母亲李氏还是受到了善待的，“别人说的，也不一定可信啊”。

于是，宋仁宗下令撤去准备缉拿龚美的军队，还是以原来的礼节，对待刘太后的所谓“兄长”龚美一家老小。

后来，为了补偿对亲生母亲的愧疚，宋仁宗将生母李氏追谥为“章懿皇后”，并将其与刘太后一起供奉在太庙祭祀。为了弥补自己的缺憾，他又优待自己真正的舅舅李用和，封他做了彰信军节度使、检校侍中，对他的恩宠和赏赐都非常丰厚。

6

事情到此，似乎也该圆满结束了，但这件事还是对宋仁宗造成了深深的伤害。

23 年后，至和三年（1056）正月，47 岁的宋仁宗有一天在临朝接受百官参拜时，突然流着口水、手舞足蹈、语无伦次。

后来，他病情越来越重，天天大声呼叫说：“皇后等人要害我！皇后等人要害我！”

宰相文彦博、富弼急忙组织太医进行会诊，并召集全城官员到一些大寺院和道观进行祈祷求福。

宋仁宗这种疯癫状况在持续一个多月后，才逐渐康复。

7 年后，嘉祐八年（1063）三月，赵祯最终去世，享年 54 岁，庙号“仁宗”。

赵祯死后，关于他身世的传说越来越多。到了元朝，他的身世传说首先被改编成了杂剧《抱妆盒》，明朝时，“狸猫换太子”的故事逐渐成形，并于清朝乾隆时，被小说家石玉昆写进了《三侠五义》，由此更加传遍大江南北。

而“狸猫换太子”传说背后的真相，折射的分明是一代君王的身世血泪。

明朝第一悬案：建文帝究竟是死是活?

1402 年，明朝皇宫的那场大火之后，被叔叔朱棣夺了帝位的建文帝朱允炆，究竟是死是活？这被称为“明朝第一悬案”。

从大火烧起来的那天起，关于建文帝的下落，就众说纷纭，迄今都无定论。

按照明初最重要的两部官方档案——《明太祖实录》和《明太宗实录》的说法：六月初三，燕王朱棣的大军开进南京金川门，直捣皇宫。但当朱棣进入皇宫内，看到宫中已是一片火海。史官追述，在朱棣进城前，朱允炆想要出城迎接，但左右的人都逃跑了，身边仅剩下几名内侍。年轻的皇帝悲痛而又自责：“我何面目相见耶？”《明太宗实录》说，朱允炆“遂阖宫自焚”。朱棣看到大火熊熊，命人前往施救，但已经来不及了。太监只好从火堆中扒出一具烧焦的尸体，报告朱棣。朱棣大哭：“你果然是个痴儿吗？我是来辅助你做一个好皇帝的，你竟然不知道吗？为何选择自焚呢？”

到此为止，朱允炆自焚而死，已经是板上钉钉的事实。然而，历史有太多常人难以观测到的暗黑角落。

真相，没有这么简单。

1

权力可以制造“事实”。

朱棣夺位成功后，为掩盖篡位的事实，塑造自己继位的合法性，他利用手中的权力对当朝和前朝的历史、档案进行了删削和修改。

在他当政时期，官方历史是这样记述明太祖朱元璋选接班人过程的：

先是太祖（朱元璋）疾，遣中使召上（朱棣）还京，至淮安，允炆与齐泰等谋，矫诏令上归国。太祖不之知，至是病革，问左右曰："第四子来未？"无敢应者，凡三问，言不及他，逾时遂崩。允炆矫遗诏嗣位。

意思是说，朱元璋临终前，心心念念要把四子燕王朱棣从北京召回南京，意欲传位于他。但朱棣走到半路，朱允炆胆大妄为，伙同谋臣，假传朱元璋圣旨，又让朱棣回北京去了。这样，朱元璋死时，仍等不到朱棣回来，而朱允炆则篡改遗诏，登上帝位。

官方历史这么写，这么宣传，等于说朱棣夺位，只不过是为了夺回原本属于自己的东西；而他那个表面文弱的侄子，其实心机叵测，是真正的篡位者。

但，真实的历史到底怎样呢？

朱元璋生前已经考虑到，燕王朱棣可能是皇太孙朱允炆继位后的潜在威胁，因此，下遗诏立储的同时，严禁分封各地的儿子们回京奔丧。然而，当朱元璋驾崩的消息传出后，朱棣还是直接南下吊孝。兵部尚书齐泰发现后，祭出太祖遗诏，将朱棣遣回北京。

后来，朱允炆听从齐泰、黄子澄等谋臣的建议，进行"削藩"。朱棣逮住机会，搬出《皇明祖训》，说建文帝身边奸臣乱政，以"清君侧"为名，发动了"靖难之役"。经过三年左右的内战，朱棣夺得帝国最高权力。

为了让群臣和百姓相信他才是皇位合法继承人，朱棣指使臣下销毁了建文朝时期的一切档案资料，并大量修改了《明太祖实录》。

当时的史书，一概不称朱允炆为建文帝，要么直呼其名，要么称为"建文君"。连建文朝的年号，也不用。1402 年，应为"建文四年"，但朱棣硬改为"洪武三十五年"。如此，洪武朝莫名延长了 4 年，而建文朝则"被消失"了。

这拨操作下来，朱棣的永乐元年（1403），就无缝对接上了洪武三十五年（1402）。而他，则从明朝事实上的第三位皇帝，直接变成开国皇帝朱元璋之后的第二位皇帝。

历史果然是胜利者书写的。

2

但有一句名言：你可以在所有时间里骗部分人，也可以在部分时间里骗所有人，但不可能在所有时间里骗所有人。

真相总会以某种方式若隐若现。

前面讲了，永乐朝的档案将朱棣的夺位之战，变成了他是来帮侄子朱允炆除掉奸臣，而不明就里的朱允炆羞愧自焚的事故。但从永乐朝严苛的政治环境结束后，却陆续有无数史料冒出来，说建文帝朱允炆根本没有自焚。搞得后世修《明史》的史官莫衷一是，只好模糊处理：

（建文）四年六月乙丑，燕兵犯金川门……都城陷。宫中火起，帝不知所终。燕王遣中使出帝后尸于火中，越八日壬申，葬之。

这个记载颇可玩味。皇宫大火后，太监从火堆中找出来的是建文帝皇后的尸体，根本不是建文帝的尸体。

乾隆时期修改《明史》，更是直接修改了建文帝自焚的说法：

（朱）棣遣中使出后尸于火，诡言帝尸。

朱棣拿到建文帝皇后的尸体后，当场宣布这就是建文帝的尸体。反正尸体已经烧焦了，谁也认不出。接着，他开始对着尸体痛哭。用意昭然若揭。

只有宣布建文帝已死，他才能名正言顺地以朱元璋嫡子的身份登上帝位。就算建文帝真的没死，还在召集旧臣进行复位活动，朱棣也可以将他定为假冒的建文帝进行镇压。

为了让天下人相信建文帝已死，朱棣需要把动静闹得很大才行。他手下的人告诉他，应以“天子之礼”安葬这具“建文帝”的尸体，仪式越隆重，大家越不会猜疑。朱棣只好进行了相当人格分裂的表演，这边在史书中说建文君是篡位者，十恶不赦，那边又在史书中说自己按天子级别，为建文帝举行了隆重的安葬仪式。

这是一场细思恐极的葬礼啊。尚在人世的朱允炆如果听到这个消息，肯定整个人呆掉了，以后不管他如何证明，他也证明不了他还活着。

但诡异的是，既然朱棣为朱允炆安排了天子级别的葬礼，历史上却从没有建文帝陵墓的记载。到了明末崇祯年间，有人上书请求祭祀建文帝，崇祯帝无奈地说：

建文无陵，从何处祭？

一个可能的解释是，朱棣和身边的大臣都知道下葬的并非建文帝，只是出于昭告天下“建文已死”的目的，所以陵墓规模修得很普通，后来疏于祭扫，日久就湮灭无闻了。

3

朱棣一边姿态做足，丧礼、祭祀、辍朝，给了“死者”朱允炆最后的天子待遇；另一边，却悄然开始了一场无声杀戮。而这些残酷的事实，我们在永乐朝的历史档案中，同样是看不到的。

朱允炆的几个弟弟，不是死于失火事故，就是死在凤阳监狱里。朱允炆的皇太子朱文奎，当年仅 7 岁。离奇的是，朱棣攻入南京后，朱文奎“莫知所终”，找不到，失踪了。只有朱允炆的小儿子，两岁的朱文圭，因为年龄太小，一直被朱棣幽禁在凤阳老家。直到明英宗时期，这个废皇子已 50 多岁，才获得自由，但他却跟智障一样，连牛马都分不清。

朱棣对于建文朝的官员，下手更狠。据说朱棣称帝后，建文朝高官 400 多人集体出逃，仅有 20 多人向他称臣。朱棣怒不可遏，公开宣布他们为“奸臣”，并对其中死忠、顽固的人及其家族，展开了无情的大屠杀，包括“瓜蔓抄”“诛十族”，等等。

但是，人家叔侄争权，天下还是朱家的天下，建文朝的臣子为什么却这么死忠，不事二君呢？类似皇族内部权力转移的事，之前的唐朝有玄武门之变，之后的清朝有九子夺嫡，从未有如此大规模死忠的臣子，大家很自然就站到新君一边了。哪怕是明清易代，清朝入主中原了，崇祯一上吊，明廷高官也没见几个真有气节的。为什么偏偏建文朝一倒，倒出了一群不怕死的死忠之臣？

多想一下，其实也不难理解：因为，建文朝的诸位大臣，都相信建文帝没有自焚，没有死。旧主还活着，自己不能服侍新君，这是他们基本的节操。

朱棣肯定清楚这一点。他大开杀戒，一是杀鸡儆猴，二是要让知道真相的人消失。

4

这就牵涉到关于建文帝下落的另一个版本，一个连朱棣内心都深信不疑的版本：

1402 年的明皇宫大火发生时，建文帝已经逃遁了。

清初历史学者谷应泰在《明史纪事本末》中，根据明朝中后期流传的史彬《致身录》、程济《从亡日记》等文献（一些学者则认为这两部书是伪作），重新叙述了明皇宫大火那天建文帝的行踪：

话说建文帝得知南京金川门失守，长吁短叹，想要自杀。翰林院编修程济拉住他说，自杀不如流亡。这时，有人提醒建文帝，太祖朱元璋临终前，曾留下一个宝匣，并交代过，如有大难，可以打开。众人一起取来一个红色宝匣，砸开锁，却见里面有三张度牒，分别写着“应文”“应能”“应贤”，还有袈裟、剃刀、僧鞋和银元宝。宝匣内还有字条写着，应文从鬼门（皇宫暗道）出，其余人等从水关御沟而行，薄暮时分在神乐观会合。建文帝当场剃发，法号“应文”。臣下中，杨应能、叶希贤也表示愿意剃度改装随行，是为“应能”“应贤”。当时殿上几十号人痛哭流涕，都表忠心要随建文帝流亡。建文帝说，人多行动不便，大家均有家室，都回家照顾妻儿去吧。随后，仅挑了 20 余人分批走暗道，开始流亡生涯。

——这个版本，太过戏剧性，而且赋予了朱元璋未卜先知的“特异功能”，有多少可信的成分，见仁见智。

但从朱元璋生前不遗余力替皇太孙朱允炆清除皇权潜在威胁，以及朱元璋个人发迹前曾经出家当和尚的经历，基本可以断定，爱护皇太孙心切的朱元璋，生前应该有对朱允炆或他的亲信交代过，极端情境下的逃生处置方案。

史书把这个过程神化了，不过，基本事实应该存在。那就是，当天，朱允炆确实出逃了。

《明史》在不同地方一再提及“或云帝（建文帝）由地道出亡”“或曰帝（建文帝）乃为僧出亡”等说法，正是指向朱允炆出逃的历史事实。

5

出于政治统治的需要，朱棣表面上对外宣布建文已死，但他的内心，始终相信朱允炆还在世上。

在攻入南京不久后，他就派人暗中追寻建文帝的下落。抓到一个名为溥洽的老和尚。有人告发，溥洽在建文帝出亡前，为他剃发，建文帝极有可能逃亡藏匿到溥洽的家乡杭州。朱棣遣人追查，没有找到建文帝。担心事情泄露，所以用其他罪名，将溥洽关起来。

这一关，就是16年。到永乐十六年（1418），朱棣的帝师姚广孝年迈病重，朱棣亲自去探望他，问他有什么话想说。姚广孝说，希望放了溥洽。溥洽因此才重获自由。

从历史记载看，朱棣在位期间的很多诡异做法，均与追查朱允炆的下落有关。只是在官方的宣传中，建文已死，所以他必须以其他名义暗中追查，不能声张，恐让天下人知道真相。

在海路，派郑和下西洋。根据《明史·郑和传》记载，朱棣“疑惠帝（建文帝）亡海外，欲踪迹之，且欲耀兵异域，示中国富强”，故派郑和下西洋。可见，寻找建文帝是郑和出洋的主要原因，宣传武力只是附带功能，掩世人耳目。

郑和下西洋，每次船上都有近三万的军士。这么庞大的一支军队，并不符合外交使团的惯例。只有一种可能性可以解释得通，那就是，朱棣相信建文帝逃亡海外，并已组织了海上武装势力，因此必须派出规模庞大的军队，才能防备建文帝的武装复辟。

在陆路，朱棣派出亲信大臣胡濙，名义上是寻访仙人张三丰，实际上是查访建文帝下落。《明史·胡濙传》的说法是，朱棣“遣濙……访仙人张邋遢（张三丰），遍行天下州郡乡邑，隐察建文帝安在”。

胡濙出去执行任务十几二十年，连母亲死了都未回去吊丧、守丧，这在传统社会完全违背了礼制。一直到永乐二十一年（1423），胡濙才风尘仆仆地回到朝廷。此时，朱棣因亲征漠北鞑靼部，去了宣府镇（今河北宣化）。胡濙又立即驰赴宣府镇，赶到时已是深夜。正史记载：

帝（朱棣）已就寝，闻濙至，急起召入。濙悉以所闻对，漏下四鼓出。

有什么事不能明早再说？史书虽未透露君臣二人长时间密谈的内容，但可以看出，这得是多么重要的事，才会让朱棣半夜爬起来召见胡濙。

正史紧接着说，君臣二人深夜密谈后，朱棣“至是疑始释”。至此，朱棣心中积压多年的疑问、疑虑，终于打消了。

请大家注意这个时间点：永乐二十一年（1423）。这一年，胡濙的深夜汇报，打消了朱棣心中之疑。同样这一年，郑和第六次下西洋回国，此后到永乐朝结束，郑和再未有下西洋的行动。

从这些奇异的事件，基本可以断定，胡濙确实找到了建文帝的下落。而从朱棣的反应，以及结束海、陆两条寻踪之旅的决策来看，此时建文帝的状况只有两种可能：第一，他真的已经死了。第二，他已出家，完全放弃复位的抵抗，遁身世外。

无论胡濙带给朱棣哪一个确切的消息，朱棣终于放心了。

6

朱棣死后，政治环境逐渐变得宽松，但对于建文帝的平反工作却漫长而曲折。

就像前面所说，朱棣把建文帝在位四年的历史全部抹掉了，根本不承认这个人当过皇帝。这导致朱棣的子孙、后来的继位者，到大明灭亡，一概不认朱允炆这个皇帝。

很长时间内，平反工作只能围绕周边进行。

天顺元年（1457），明英宗朱祁镇复辟后，有感于自己曾被俘虏、曾被软禁，所以下令释放了朱允炆的小儿子朱文圭。

一百多年后，万历年间，明神宗朱翊钧在群臣的推动下，先为建文朝死难的忠臣平反，原来朱棣将方孝孺等人定性为“奸臣”，现在承认他们是忠臣，还为他们在南京建表忠祠；后来，又同意恢复建文年号，洪武朝恢复历史本相，只有31年，没有35年，4年还给了建文朝。

但到1644年明亡为止，建文帝的帝位仍未被正式承认。

等到南明弘光朝，死守残存江山的弘光帝，才应臣子们的要求，补齐建文帝实录、谥号、庙号与祀典。建文帝的帝王身份，这才算得到了完全恢复。

抹杀一段历史，如此轻而易举；但恢复一段历史，却难上加难。

从1402年以后，因为建文朝的历史真相长期缺失，导致坊间传闻四起。随着时间推移，传闻越来越多，使得原本事实清晰的有关建文帝下落的历史，终于消弭在各种真真假假的传说中。明朝第一悬案，就是这样造成的。

最离奇的一个版本，发生在明英宗时期。某天，广西思恩州一座寺院，有个老和尚，跑到知州大人岑瑛的办公室大声嚷嚷：“我是建文帝。”还口诵了两首诗自证身份：

牢落西南四十秋，萧萧华发已盈头。
乾坤有恨家何在，江汉无情水自流。
长乐宫中云气散，朝元阁上雨声愁。
新蒲细柳年年绿，野老吞声哭未休。

阅罢楞言磬懒敲，笑看黄屋寄团瓢。
南来嶂岭千层迥，北望天门万里遥。
款段久忘飞凤辇，袈裟新换衮龙袍。
百官此日知何处？唯有群乌早晚朝。

岑瑛吓坏了，确是帝王之诗啊，不敢怠慢，把老和尚送到了北京。眼看着就要以建文帝的身份吃吃喝喝，享受荣华富贵了，可惜老和尚历史没学好，露馅了。

御史：您老今年贵庚啊？
老和尚：九十多了。

御史：不对吧？建文君生于洪武十年，到今年也就六十四啊。
老和尚：那我是他爹……

老和尚供出了实情。原来他真名杨应祥，在寺院中遇到了个室友，气象不凡。一日瞄到了该室友题写在墙上的两首诗，跟岑瑛一样被吓坏了，帝王之诗啊。尿完之后，冷静一想，机会来了，遂直奔岑瑛的办公室。

官方把假建文处死之后，这才根据他的描述把真建文找了出来，验明正身然后迎入宫中，一直礼佛到老死。宫中人皆称其为“老佛”。迄今，中国西南地区，很多地方都有关于建文帝出亡后在当地为僧的传说和遗迹，真假莫辨。

从明朝中后期以来，这些传闻就广泛流传。连朱棣的后世子孙，对此事都很感兴趣。

万历二年（1574），年轻的万历皇帝朱翊钧突然向身边的大臣们发问：“建文君当年是不是真的没自焚，逃亡了？”内阁首辅张居正只好站出来，回答说：“此事国史没有记载，但先朝的大臣口耳相传，说当年建文君化装成僧人，从皇宫密道出走了。此后云游四方，没人知道他究竟去了哪里。”

张居正这个回答，代表了明朝半官方的态度，就是承认朱允炆确实以僧人形象出亡了，至于出亡以后的事迹，我们就不清楚了。可见他对此后出现的各种传闻，是不信的。

明末的钱谦益在国史馆整理史料三十多年，说看到建文朝史事就伤心流泪，因为这段历史实录无征，传闻异辞，伪史杂出，后人难以还原真相。对于研究国史的人来说，这是最悲伤的事了。

国可亡，史不可灭。当明朝灭亡时，那些从国史馆走出来的“亡国之臣”，或许除了仰天悲叹，还有深深的困惑：还原真相，难道就这么难吗？

280 多年过去了，雍正暴毙之谜依然无解

雍正皇帝，死了。

雍正十三年（1735）八月，正是仲秋时节，皇帝来到圆明园，原本还精神倍儿爽，却在三日之内突然病重，并于二十三日凌晨撒手人寰。这一震惊帝国的突发新闻，在此后二百多年间演变成了清宫的又一桩“罗生门”事件。

正史对此事讳莫如深，不过寥寥数语，甚至在当时，朝中大臣对雍正皇帝驾崩前几日的记载就已出现了分歧，好像他们也没法查清这事儿。

清人袁枚受雍正宠臣鄂尔泰后人之托写了一本《鄂尔泰行略》，说雍正帝临终前，鄂尔泰作为顾命大臣，在身边随时听命。雍正帝暴亡的紧要关头，正值鄂尔泰携带遗诏，骑着一头运煤的骡子从圆明园一路飞奔回宫，拥立弘历（即乾隆帝）继位。鄂尔泰骑骡子坏受了伤，到宫里时裤子上一片血迹。

但照官方的说法，弘历当时就在圆明园侍疾，他爹是在他眼前病逝的。

张廷玉是当时最受信任的大臣之一，也是雍正驾崩事件的亲历者。他在其所著的《年谱》中说，自己在圆明园几乎天天见到皇帝，雍正去世前三天还正常办公，却在之后毫无预兆地发病，连夜召集王公大臣安排后事，御医也没能抢救一下。张廷玉说，自己接到开会通知后“惊骇欲绝”，却没说其中另有隐情。

当历史在时空中逐渐变得扭曲、模糊，雍正之死也成了谜。

1

越是猎奇的野史秘闻，越能满足人们的好奇心。雍正去世后，关于他死于非命的小道消息传得满城风雨，其中最邪乎的就是“吕四娘刺杀说”。

孝女复仇，刺杀帝王，这是老百姓爱看的故事，特别刺激。

相传，吕四娘是清初学者吕留良的孙女。为了给家人报仇，她在江湖上拜师学艺，于雍正十三年（1735）趁夜潜入宫中，用剑砍下雍正的首级，带着这颗头颅逃出宫，从此销声匿迹。

还有另一种说法是，吕四娘是个美女，混进宫中后成功魅惑雍正，在侍寝时乘机弑君。这又让故事有了几分香艳的色彩。

吕氏刺杀一说深入人心，甚至直到近些年还很有市场。据说，清廷为了掩饰这一惊人事实，才在史书中“捏造”雍正病死的假象，并用黄金给雍正帝的遗体镶了一个假头。

1980 年，考古工作者考察清泰陵雍正地宫，因为某些原因中止。本来很正常的一件事，坊间却纷纷传言，“金头皇帝”之谜已经解开。还有人煞有介事地说，雍正的棺材打开后，里面的尸身无首，可见他当年真是被吕四娘刺杀的。

考古学家听了心好累，其实，雍正和他的后妃仍然完好如初地躺在泰陵地下宫殿里。

那么，吕留良是否有一个叫吕四娘的孙女？她又能否有机会刺杀雍正呢？

吕留良案，是发生在雍正年间的一起文字狱。

康、雍年间，反清势力仍在四处活动。雍正六年（1728），湖南书生曾静派了自己的学生张熙，投书策反川陕总督岳钟琪。岳钟琪当时手握重兵，控制西北重镇，据说还是岳飞的后代。曾静认为，由他带头反清，再合适不过了。

然而，岳钟琪看到张熙带来的书信大惊失色，回头就向朝廷上奏，把这对师生给举报了。雍正帝命地方官员将曾静、张熙师徒等人逮捕归案，进行审问。审案的官员问，你们为什么不好好过日子，要造反啊？

张熙一开口，害惨了别人一家子。他说，自己都是从吕留良著作里学的，于是引出了吕留良案。

此案的主角吕留良，早在案件发生的四十多年前就已经去世了。他生前与明末清初大儒黄宗羲等人相识，坚持反清，强调“华夷之辩”，有所谓“华夷之分大于君臣之伦”的说法，其门生遍布各地，还有一大批思想激进的支持者。

雍正帝可能也没想到，还有意外收获。

最后结案，却让人大跌眼镜。此案的导火索，有意策反地方大员的曾静、张熙二人被释放。雍正帝说，曾静的狂悖之言只是在诽谤他，“无反叛之实事，亦无同谋之众党”，免于一死。

曾静死里逃生后态度大变，回家写了篇《归仁说》，宣扬“本朝得统之正”，称颂皇帝“圣德同天之大”，还表示愿意到各处现身说法，为朝廷“化导愚顽”。更让人无语的是，这位原本的反清先锋，还真的出去溜达一圈，为朝廷四处宣讲。回到湖南后，当地官员给曾静发了 1000 两银子作为安家费。

讽刺的是，乾隆不赞同其父的做法，即位当年就下旨将曾静、张熙凌迟处死。

吕留良的子孙、门生却没有逃出雍正的制裁，在案发之后家破人亡。

当时，吕留良及其长子吕葆中已去世多年，还是逃不过惩罚，被开棺戮尸，枭首示众；其学生严鸿逵被关入牢中受迫害而死，并戮尸枭首；吕留良的另一个儿子吕毅中与徒孙沈在宽等被斩首；其他吕氏门生或充军，或杖责，或收监，或处死。吕、严、沈等受牵连家族的妇女及年幼子孙被发配边疆，给披甲人为奴。

这一大案，震惊了天下。

越来越多的人同情吕氏一族的遭遇，民间开始流传“吕氏孤儿”的传说，这就是吕四娘其人最初的来源。据说，吕四娘还向赫赫有名的反清侠客甘凤池学习剑术，一心想手刃仇人。

但是，这一切极有可能只是民众的凭空幻想。

雍正帝在位时，就已听过“吕氏孤儿”的传言，他密令宠臣李卫严查此事，看吕留良一案是否有漏网之鱼。李卫是雍正年间出了名的能臣，在地方任职时为官清正，审理了不少大案。用他办事，皇帝放心。

经过李卫调查，吕氏孤儿的谣言不攻自破。李卫向皇帝回奏了涉案吕氏家属的详情：其中吕留良之子 2 人，孙辈 20 人，曾孙辈 19 人，已过继出 2 人；相关的妻、妾 24 人，已出家者 2 人，又未许字之女 5 人，总共 72 人，都已发遣黑龙江。尚在人世的吕氏一族成员，都已受到惩处与监管，不可能有人漏网。

假如吕留良家有女子逃脱，她要怎样逃过李卫这一办案高手的侦查，又如何能在几年内学成剑术，潜入宫中刺杀雍正？

至于那位传闻中的大侠甘凤池，据史书记载，他在同一年的另一起反清案中与其他 150 余人被捕，并于次年处斩。这个案子也是李卫经办的，他不会欺瞒雍正。

史学界普遍认为，吕四娘刺杀雍正，只是一个虚构的传说。

2

既然雍正帝遇刺的故事经不起推敲，那他因何而暴亡?

雍正皇帝去世时58岁，在古代并不算早逝，但在位的13年间，他身体每况愈下，健康状况远远比不上他长寿的父亲康熙（享年69岁）和儿子乾隆（享年89岁）。

皇帝是一份苦差事，雍正承上启下，是“康乾盛世”名副其实的推动者。在涉及上至国家政治，下至黎民百姓的诸多政事中，他事无巨细，大都要亲自过问，每天时间安排得很满，白天议政，晚上批阅奏章。为此，他经常熬夜加班。

有时夜深了，灯光昏暗，雍正由于长期工作视力受损，在朱批上的字写得不好看，还要特地加一句“灯下所批，字画潦草”“灯下批写，字迹可笑之极”之类的话告知大臣。

雍正皇帝深知加班熬夜的危害，曾对亲信大臣鄂尔泰说，“凡夜晚办事最是伤人”。

熬夜，伤身体啊!

从现存档案可知，雍正所批奏折有数万之多，批语少则数字，多则数百字，甚至上千字。这位“劳模”自称:“一日之间，尝至二三十件，或多至五六十件，皆朕亲自阅览批发，从无滞留。”

面对群臣的奏章，雍正并非总是敷衍地回复一句“朕知道了”，反而经常满满都是干货。他亲自指导官员工作，甚至扮演人生导师:

“每折或手批数十言，或数百言，且有多至千言者，皆出一己之见，未敢言其必当。然而教人为善，戒人为非，示以安民察吏之方，训以正德厚生之要，晓以福善祸淫之理，勉以存诚去伪之功，往复周详，连篇累牍，其大指不过如是，亦既殚竭苦心矣。”

过度的操劳，最终导致雍正体力透支，而他又不爱运动，就连满洲贵族传统的骑马射猎活动也很少参与。我们只能在流传后世的《雍正行乐图》中，找到他户外游乐的兴趣。

但事实上，雍正习惯于深居简出，甚至都很少出宫远行。当时有人传言雍正沉迷酒色，因此染上重病。一个朝鲜使臣记载，雍正晚年由于沉溺于酒色，已病入膏肓，“自腰以下不能活动者久矣”。

可是见过雍正帝的大臣，没发现皇帝有这些不良习惯。陕西固原提督路振扬有一次进京面圣，临近离京前跟雍正说：“臣闻流言，谓皇上即位后常好饮酒。今臣朝暮入对，惟见皇上办事不辍，毫无酒气。”路振扬所见的与坊间所说完全相反。他敢这么当面说皇帝，也可见雍正应该没那些毛病，不怕人家揭短。

真正让皇帝身体日渐虚弱的，还是沉重的工作负担，以及难以改变的执着性格。

人生无常，任何人都不应该以健康为代价工作，意外的那一天来临时，谁又顶得住呢？

3

雍正七年（1729）之后，雍正皇帝一直在与病魔抗争，其中有两年病情颇重，甚至到了要考虑后事的地步。

多年操劳的雍正帝既不注意调养，也不依靠医学进行治疗，而是迷信旁门左道。他请了一批道士到宫中炼丹，如历史上多位追求长生不老的帝王一样，开始服食丹药。

从现有的史料可推断，雍正帝从大病之后的雍正八年（1730）就开始在圆明园中炼制丹药。

《清内务府活计档》是清宫日常用品的账本，其中记载，雍正八年冬，内务府总管海望与太医院院使刘胜芳等人，为圆明园采办、运输了一些物资：

桑柴一千五百斤，白炭一百斤；铁火盆罩，口径一尺八寸，高一尺九寸一件；红炉炭二百斤；矿银十两，黑炭一百斤，好煤二百斤……

可能有人会觉得，这些物品不过是取暖之用，但负责此事的两人身份极为特殊。刘胜芳是负责皇帝医疗的人员，海望是雍正皇帝的心腹，他们共同操办的事情绝不简单。

在之后的五年内，皇宫共向圆明园运送炼丹所需物品 157 次，平均每个月有两三次。据统计，共有黑煤 192 吨，木炭 42 吨，此外还有大量的铁、铜、铅制器皿，以及硫磺、矿银、黑铅、红铜等矿物，并有与道教仪式相关的杉木架黄纸牌位、糊黄绢木盘等物件。

在雍正十二年（1734）的《活计档》中，还有雍正赏赐大臣丹药的记载，且赏发丹药的谕旨与御赐丹药都是从圆明园送出。这说明，雍正应该曾在圆明园炼制丹药。

这些所谓的长生不老药，由铅、汞、硫、砷等毒物组成，唐太宗、唐宪宗、明世宗等帝王都迷信此邪说，却深受其害。美国学者恒慕义认为，正是这些“药物”导致雍正帝的死亡。

据《活计档》记载，就在雍正驾崩前 14 天，即雍正十三年（1735）八月初九，有 200 斤黑铅被运入圆明园。黑铅是炼丹常用的原料，也是一种有毒金属。

关于雍正之死，目前比较靠谱的记载是《清实录》，其中写道，雍正从发病到去世，只有短短 3 天。

八月二十日，雍正帝接见了从宁古塔远道而来的官员，可当天下班后，他身体出现不适。

二十一日，雍正抱病继续正常办公（“上不豫，仍照常办事”）。次日，他病情加重，由皇四子弘历、皇五子弘昼在旁朝夕伺候，到了晚上，果亲王允礼、大学士鄂尔泰、张廷玉等辅政大臣都到寝宫候命，恐有大事发生。

二十三日子时，雍正驾崩。

是否有这种可能，是雍正长期服食丹药，毒物长期积累后导致暴亡？还是某一种毒物让他本来积劳成疾的身体雪上加霜，在这短短 3 天内引发猝死？真相隐藏于史书的残篇断章之间。

在死亡面前，一切都是平等的。即便拥有至高无上的权力，行将就木时也会化为乌有。最终，原本严肃、避讳的龙驭上宾，也成了后世茶余饭后的谈资。

二 被遮蔽的皇嗣秘闻

巫蛊之祸的真相

公元前92年，汉武帝65岁了。

这一年，大汉建章宫发生了一件怪事：一个男的带着剑从中龙华门进入，刚好被汉武帝看见。汉武帝命人抓捕。这男的把剑丢在一边，在一大群侍卫的追赶之下居然成功跑路。

在堂堂皇宫禁地竟能带着剑来去自如？汉武帝恼怒异常，把负责看守宫门的人斩了，又命三辅的骑士大搜上林苑，关上长安城门戒严，11天后才解禁。

这是个不祥之兆。

1

公元前141年，汉武帝登基。0年后，汉朝结束韬光养晦，开始兴兵征战四方。三十年间南征北战，大汉天威远播。如此说来，国家不可谓不强。

然而，战争是要烧钱的，是要劳民的。虽然战绩好看，但对百姓生活来说，却不失为一场灾难。

汉武帝继位之初，国内还是一片太平治世的景象，所谓“汉兴七十余年间，国家无事。非遇水旱之灾，民则人给家足”。无论国都还是乡野，仓廪都储藏了满满的粮食，府库则有余财。社会人口不断增长，“殷殷屯屯，人衍而家富”。

百姓生活好，社会秩序自然也好。“民朴而归本，吏廉而自重”，犯罪率低，吏治也清明。但经过几十年战争之后，情况完全变了。

史载汉武帝通西域，制匈奴，“师旅之费不可胜记”，以致“民力屈，财用竭”，海内虚耗，一遇凶年便盗寇并起。

情况严重到什么程度呢？

“师出三十余年，天下户口减半。”许多农民无法继续安于生产，变成流民，以致户口减少。史载公元前 107 年，“关东流民二百万口，无名数者四十万”。

流民问题，首先直接影响政府的财政收入。而政府为了稳定财政，又会将赋税加派到农民身上，以致农民不堪重负，产生新的流民，进入恶性循环。“亡秦之迹”便是如此。

年迈的汉武帝很清楚事态的严重性，他意识到自己的政策必须做出调整了。不过，他也担心：民生凋敝如此，上至官僚，下至百姓，他们会怎么看我？一定有人在暗地里戳我的脊梁骨，盼我早死吧？

比如，太子刘据。

2

公元前 128 年，29 岁的汉武帝终于等来了自己的第一个儿子，刘据。汉武帝欣喜异常，又是命大臣写赋，又是修建婚育之神高禖之祠，举国欢庆。

刘据出生后，他的生母卫子夫便被汉武帝立为皇后，刘据的身份也随之变为嫡长子。

公元前 122 年，刘据被汉武帝立为太子，成为帝国的继承人。

然而，随着刘据一天天长大，汉武帝却渐渐发现，太子不像自己。

汉武帝心中的太子，应该跟自己一样雄才大略，坚定不移地继承自己的路线，继续开边、兴利、改制、用法，努力建设富强的国家。但刘据却不是这一路人。

史载刘据“性仁恕温谨”，在许多事情上，都跟汉武帝意见相反。比如每次汉武帝要兴兵远征，太子就出来谏征。一个“仁恕温谨”，坚持儒道的人，自然是不喜欢打打杀杀的。汉武帝对此颇为不满：“吾当其劳，以逸遗汝，不亦可乎？”我现在跑前跑后，苦活累活都干了，给你留个安逸不好吗？言外之意太子有点不知好歹。

在政治上，汉武帝“用法严”，多用酷吏，喜欢搞一大堆刑事案件约束百官；而太子却“宽厚，多所平反，得百姓心”。对此汉武帝更生气了：合着让我唱白脸当坏人，你跑出来唱红脸，好人都让你当了？朝堂上的酷吏们自然也不喜欢太子：要是这样一个“仁慈”的储君将来继承了皇位，那还要我们这些酷吏做什么呢？

一边是当今的天子，一边是未来的天子；一个严厉，一个宽厚。表面上太子对汉武帝恭恭敬敬，但实际上，两个人的立场针锋相对。

朝中群臣看得明白，于是“宽厚者皆附太子，而深酷用法者皆毁之”。要么站皇帝一边，要么站太子一边，大汉的朝堂实际上分裂成两派。

汉武帝嫌弃太子“材能少，不类己”，转而宠爱其他皇子，连太子的母亲卫皇后，也在这个时候失了宠。于是太子常常心怀恐惧，担心自己某日被废。而自古以来被废的储君，几乎没有好下场。

如今汉武帝年迈，随时有可能驾鹤西去。皇帝一死，太子就当皇帝了；皇帝早点死，太子就早点当皇帝了，不是吗？

对此，汉武帝心里始终有根紧绷的弦。

矛盾的爆发，需要有人点一把火。

3

建章宫闯宫事件发生后，紧接着丞相公孙贺之子公孙敬声便因挪用公款被逮捕下狱。

为了救自己儿子一命，公孙贺主动向汉武帝请缨，捉拿帝国头号通缉犯朱安世：以朱安世的命，赎自己儿子的命。

朱安世是行走江湖的大侠，抓这种来无影去无踪的人谈何容易，然而公孙贺竟然成功了，他真的抓到了朱安世。不过，被捕的朱安世却笑了笑——这大概是史上最恐怖的冷笑：“丞相祸及宗矣！”

在狱中，朱安世向汉武帝告发：“公孙敬声与你的女儿、卫皇后所生的阳石公主私通，为了能与之长相厮守，不惜在通往甘泉宫的路上让巫师埋了小木头人偶，以此诅咒皇上早日归天。”

汉武帝大怒，将公孙贺父子下狱，并命人调查。结果真的在甘泉宫之路挖出了木头人，公孙贺百口莫辩。

汉武帝于是斩了公孙贺父子，灭其族。一同被杀的还有卫皇后所生的两个女儿阳石公主、诸邑公主，以及卫皇后的侄子、卫青之子卫伉。

眼看这么多人被老爹砍了，太子慌了神。这不仅因为他生性“仁恕温谨”，更因为被处理掉的，皆是卫氏一族的铁杆党羽。公孙贺，其妻卫君孺，正是卫皇后的姐姐。换句话说，公孙贺等人被清洗，意味着太子在朝中的实力大受折损。他与母亲卫皇后瞬间成了孤家寡人。

然而，事情至此远没有结束。因为这作驱邪避灾之用的木头人，宫中到处都有埋。既然“埋木头人”跟“诅咒皇帝”联系在了一起，那么所有“埋木头人”的人，都有问题。

于是宫中掀起一股互相告发的血雨腥风，嫔妃、宫女、大臣，数百人因为这木头人丢了命。

杀人太多，年迈的汉武帝自己也怕。

某日，汉武帝做梦，梦到数千木头人向自己追袭而来，吓得魂不附体。自此以后精神恍惚，身体每况愈下。宫中“谈木头人色变”。

大祸终于临头。

4

眼见巫蛊之祸蔓延开来，太子一直惶惶不可终日：埋个木头人还不简单吗？这要是脏水泼过来，该怎么洗白？

脏水真的泼过来了。

汉武帝身边的酷吏、赵国人江充，奉行严刑峻法，素来受到汉武帝的赏识。

想当年在赵国的时候，江充曾向汉武帝告发赵国太子刘丹与其同胞姐姐及父王嫔妃有奸情，汉武帝听闻后大怒，下令包围赵王宫，并收捕刘丹。在父亲赵王刘彭祖的求情下，刘丹捡回一条命，但王国太子地位被废。这是昔日江充的“光辉事迹”。

一个人如果得到了汉武帝的赏识，那他多半就不受太子的待见。而江充，的确曾经因事忤逆过太子。眼下皇帝身体欠佳，怕是时日不多。假如日后皇帝驾崩，而太子真的坐上了龙椅，那这天下可还有江充的活路？

于是江充横了心，要趁汉武帝在世扳倒太子。他向汉武帝进言，说汉武帝的病，正是因为巫蛊诅咒：还有人在埋木头人！

汉武帝信了，命江充带人彻查巫蛊之事。

大汉天下刮起一股“寻找木头人”之风。百姓之间相互诬陷对方巫蛊害人，官吏之间则趁机以巫蛊之事相互弹劾。

血雨骤下，直到在太子的寝宫，挖出了许多木头人。

埋个木头人还不简单吗？

太子崩溃了，想跟老爹辩白，但木头人就在那里，百口莫辩。鬼知道是谁埋的，什么时候埋的！

太子问自己的老师石德“为之奈何”，石德给太子讲了一堆道理，说了一堆计策，其中有一句话：“你忘了秦朝扶苏太子的事了吗？”

思前想后，太子看了看剑。

七月初九，秋风瑟瑟。太子假传圣旨，收押了江充等人，将鼓捣木头人的胡人巫师烧死，又亲自监斩江充。监斩时，太子大骂江充：“赵虏！前乱乃国王父子不足邪！乃复乱吾父子也！”

江充人头落地，太子再无回头路。

5

长安大乱，流言纷纷，都说“太子反了”。

有人逃出长安，跑到汉武帝所在的甘泉宫报告长安发生的事。

老人家起初是清醒的，说太子一定是因为心里害怕，又与江充不合，才发生这样的事，便派人再去长安了解情况。然而，汉武帝派去之人却素来不讨太子喜欢，没敢进长安城便回来向汉武帝谎报：“太子反已成，欲斩臣，臣逃归。”

汉武帝听闻勃然大怒，急令丞相刘屈氂领兵征讨太子。太子在长安将城里的数万百姓武装起来与刘屈氂交战，打了五天，死者数万，长安城中血流成河。由于百姓们听闻是“太子谋反”，所以都不敢依附太子。太子最终兵败，一个人逃出了长安。

事后，太子的门客，尽被斩杀；凡是跟随太子造反的，一律灭族；被胁迫参与谋反的军民，一律发配敦煌。

八月初八，太子逃无可逃，绝望中自缢身亡，他的两个儿子，也旋即被杀。皇后卫子夫，早已在宫中自杀。

一场木头人引发的祸乱，随着太子之死，终于落下帷幕。

然而，杀戮却没有停止。因为汉武帝突然“醒悟”了。

壶关三老令孤茂上书替太子鸣冤。看到“太子进则不得见上，退则困于乱臣，独冤结而无告，不忍忿忿之心，起而杀充”，汉武帝心里有所触动。

后来，巫蛊之乱时众多相互告发的行为经过调查，发现大多不实。汉武帝怅然。守护汉高祖祭祀庙的田千秋又给汉武帝上书：“儿子擅自调动父亲的军队，其罪当受鞭刑；如今，天子的孩子误杀了人，该当死罪吗？我梦到一白头翁教我这么说的……”

汉武帝一听，守高祖庙的人梦到白头翁，这说的不会是高祖托梦吧。

至此，汉武帝终于相信自己的太子是被逼而反的，哀痛不已。修了一座思子宫、一座归来望思之台，悼念被自己逼死的亲儿子。

好的，既然太子是含冤被逼身亡的，那么当初那些构陷太子的人、逼迫太子的人，是不是应该血债血偿了？

在汉武帝的授意下，杀戮继续。丞相刘屈氂等与太子之死相关的人物，后来都因这样那样的理由，被汉武帝送去见太子了。

又一次，大汉杀红了半边天。

6

公元前 89 年，汉武帝风烛残年。

有感于近三十年来大兴兵事，劳民伤财，有感于太子之死，汉武帝内心甚为自责。在桑弘羊等人上书建议屯戍轮台，继续开疆拓土的时候，汉武帝下了一道《罪己诏》。

在这道诏书里，汉武帝说道："朕即位以来，所为狂悖，使天下愁苦，不可追悔。自今事有伤害百姓，糜费天下者，悉罢之。"

后世有很多皇帝，在形势困窘的时候，便下罪己诏，企图挽救局势，挽回民心，比如明朝末代皇帝崇祯，一生下了六次罪己诏。然而古往今来众多罪己诏中，只有汉武帝这一道，最有效。

随着这道诏书的颁布，汉武帝的政策正式转向守文，结束了连续数十年的征伐，以经济建设为中心，逐步恢复民生。

公元前 87 年，雄才大略的汉武帝走完了他辉煌的一生。13 年后，汉武帝的曾孙，太子刘据幸存的孙子刘病已，当上了大汉天子，即汉宣帝刘询。天道轮回，皇位继承回到了刘据这一支。而刘询也是历史上著名的明君。他沿着曾祖父临终前转变的道路，以昭宣之治让大汉这架马车，继续奔驰了近百年。

不过有件事着实令人不解。

关于帝王的谥号，刘询不顾儒臣的反对，坚决给自己的曾祖父汉武帝上了庙号"世宗"。而对自己的祖父刘据，刘询也上了谥号。这个谥号是：戾。关于这个谥号，历来争议颇多，有说意为"冤屈"，也有说根据谥法，"不悔前过曰戾，不思顺受曰戾，知过不改曰戾"。

这谥号是好是坏？为什么给被逼死的祖父上这样的谥号？这其中的曲折，大概只有刘询自己知道吧……

玄武门血案背后：被污名化的“隐太子”李建成

1

在当上皇帝 13 年后，贞观十三年（639），唐太宗李世民向史官褚遂良提了一个要求：“爱卿，朕想看看本朝的国史。”

没想到褚遂良却说，按照史学界传统，皇帝不能看当代史。被严词拒绝的李世民有点恼火，他说：“朕有‘不善’的地方，你也会记下来吗？”

褚遂良的回答是：“秉笔直书本朝的历史，本来就是史官的职责。”

一句话，戗得极力维护“明君”形象的李世民一时无话可说。可他心心念念，对 13 年前的一件旧事总是铭刻在心——那就是发生在公元 626 年的玄武门之变。多年来，李世民对于史官们如何阐述这件事，心里一直惦记得很。

在被褚遂良拒绝一年后，贞观十四年（640），按捺不住的李世民直接给宰相房玄龄下了命令，要求观看国史。这次，宰相房玄龄不敢违逆皇帝的旨意，在经过万分紧急的删改后，记载唐朝初年国史的《高祖实录》和《太宗实录》被送呈李世民面前。

在看到自己最关心的玄武门之变被写得比较隐晦后，李世民下令说：没关系，你们直接写啊，朕当初杀某些人，就像周公杀管叔、蔡叔以安定周朝，还有季友毒死叔牙安定鲁国一样，都是为了“安社稷、利万民”啊。

李世民指的某些人，核心人物就是说他在玄武门之变中杀死的同父同母的亲大哥、大唐帝国原本的接班人：太子李建成（589—626）。

对于李世民心心念念的这些事，就在李世民指示史官们应该怎么“写历史”的前一年，黄门侍郎刘洎就向李世民建议说：“天底下很多事，即使褚遂良不记载，史官不记载，天下人也会记载。”

但李世民顾不得这么多，在他看来，他所极力维护的“明君”形象，容不得马虎，所以他需要在国史中为自己“润色”粉饰一下：一方面是为自己进行“品牌包装”；另一方面，则是要把政治对手们“有艺术地”践踏抹黑。

于是，在经过李世民的“修改指示”后，记载唐朝初期国史的《高祖实录》《太宗实录》，以及后来的《旧唐书》《新唐书》，对于在玄武门之变中被杀的太子李建成，大概是这么写的：“建成荒色嗜酒……骄态纵横，并兼田宅，侵夺犬马……有禽犬之行……同恶相济，掩蔽聪明……昵近小人……信谗慝，疏骨肉……”——按照史书的说法，李建成就是个人面畜生，言下之意，他被“英明神武”的弟弟李世民所杀，也是很有道理的，似乎李建成是咎由自取。

但拨开历史的迷雾，李世民的亲哥哥、“隐太子”李建成，真的如此不堪吗？

2

隋朝大业十三年（617）农历六月，心急如焚的李渊，在晋阳（今太原）焦急等待着两个人的到来。他等的，是他的两个儿子：李建成和李元吉。

尽管在此后的人生中拥有多达 22 个儿子，但李渊与妻子窦氏，却只有四个儿子，这就是后来的长子李建成、二子李世民、三子李玄霸、四子李元吉。三子李玄霸早逝，所以李渊对自己嫡传的三个儿子李建成、李世民、李元吉非常爱护。

隋朝末年天下大乱，作为太原地区最高军政长官的李渊，也有意起兵反隋，于是他秘密派出自己的两个儿子李建成和李元吉，到河东地区秘密招贤纳士、笼络人才，历经两年准备，起兵已势在必行，18 岁的二儿子李世民催促父亲李渊说，应该开始干了。

但李渊却坚持要等到长子李建成和四子李元吉回到晋阳后才正式举兵，他告诫李世民说：“你哥哥和弟弟都还没回来，我们此时举兵，岂不是将他们陷入险境？”

等到李建成和李元吉归来后，万分焦虑的李渊才放下心来，隋朝大业十三年（617）农历七月，李渊最终率领三万军队宣布起兵、直扑长安。

接下来的历史，李建成隆重登场。

在进军长安的路途中，李建成治军严整，对于军队沿途经过的田园瓜果蔬菜，“非买不食”，对于百姓“秋毫不犯”，出兵仅仅九天时间，李建成就率兵攻克西河，这让刚开始还担心李建成太过年轻不懂行军打仗的李渊大喜过望。

攻克西河后，李渊的军队一度遭遇大雨，被困阻途中，当时兵粮匮乏，军心一度动荡，有人甚至建议李渊应该退守晋阳，此时李建成又力主应该继续前进，最终在李建成和李世民兄弟的力排众议下，李渊决心继续进军长安。

最终，在李建成的协助指挥下，李渊率军突入关中，李建成则率兵扼守关中地区的要塞潼关，并击败隋朝名将屈突通，随后，李建成的部下雷永吉又率先攻入长安城中，为李渊部队攻克长安立下了当之无愧的第一功。

从公元 617 年农历七月在太原起兵，到农历十一月攻克长安，短短三个多月、一百多天时间，李渊在李建成的主要辅助下攻克了关中地区，从而为第二年建立大唐一举奠定了军事、政治、经济基础。在这方面，作为李渊部队的左路统帅，28 岁的李建成当居首功。而在后来经过篡改的史书描述中，攻克关中地区，被描写成了是当时仅仅只有 18 岁的李世民的首倡和功劳。

3

在这场后世称为“晋阳兵变”、为期三个多月进军长安、建立大唐的伟大战役中，28 岁的李建成立下了不世功勋。鉴于李建成出色的军事政治才能，在夺下长安后半年，618 年五月，李渊正式建立唐朝，并将长子李建成立为太子。

公元 618 年的中国仍然四分五裂，此时隋炀帝刚被叛军所杀，各路军阀林立，为了完成国家统一及下一步的建国任务，李建成责无旁贷地协助父皇李渊开始经营大唐帝国，并掀开了唐朝初年大规模统一战争的序幕。

在历朝历代的开国皇帝中，尽管天纵英才，但李渊也是一个比较特殊的存在。当时，大唐虽然建国，但是周边仍然强敌环伺：李密、窦建德、王世充、宇文化及等各路势力错综复杂、交织纵横，身处这种危险的局面中，出身贵族世家的李渊却天性爱玩，不顾帝国风险，外出陕西华阴、终南山等地狩猎，甚至还到华山、老子庙等地祭祀、谒拜，完全不顾大唐草创的安危。

在这种情况下，作为太子的李建成经常被赋予监国重任，并坐镇长安主持朝政日常工作——可以说，唐朝初期无论是组织大规模统一战争、坐镇后勤，还是劝课农桑、发展经济，协助建立大唐各项规章制度，进行政权建设，李建成都是此中除了李渊之外，最为关键的角色。

太子坐镇后方的特殊职责，使得大唐建国初期显露出不凡军事才能的李建成，无法继续率兵打仗，历史也由此成就了率兵出征的李世民。唐朝的建立，李世民当然具有很大的功劳，但对于李建成坐镇后方、运筹帷幄的指挥，以及对前线功不可没的倾力支持，这些历史事实，在经过李世民的指示篡改后，在后世的史书描述中，李建成却成了一个安享其成的窝囊废。

这里面，有一件事很能显示出李建成的功劳和谋略。

公元 621 年，李世民率军击败窦建德，夺得河北地区，然而只注重军事镇压的李世民却无法真正平定河北，窦建德被俘和处死后，他的部下刘黑闼等人起兵反抗，在短短半年时间里，便全部恢复了窦建德原先的地盘，以致河北震动。

眼见李世民无力平定河北，李渊于是又派出自己的四子齐王李元吉前往平叛，没想到李元吉也被刘黑闼痛击惨败，无奈之下，李渊只好派出作为皇太子的李建成领兵亲征。

历史给了李建成青史留名的机会。在分析李世民和李元吉失败的原因后，李建成认识到，光靠军事高压政策无法真正平定河北地区，于是，李建成采取了攻心战，将军事打击与笼络人心并重，双管齐下，最终彻底平定了整个河北地区，而李建成与李世民的军事策略高低优劣，在河北争夺战中也显露无遗。

4

尽管天纵英才、聪慧睿智，但李建成却有一个致命的弱点——仁慈。

对于一个治国之君来说，仁慈不失为一大优点，但在残酷的政治斗争中，仁慈却经常会造成致命的伤害。

玄武门之变后，李世民在杀死李建成、李元吉后，又将李建成的五个儿子和李元吉的五个儿子全部斩杀。随后，李世民又下令大规模搜捕李建成和李元吉的部属，当时作为李建成主要谋士的太子洗马魏徵也被捕了。

李世民见到魏徵的第一句话，就是劈头盖脸训斥魏徵说：“你为何离间我们兄弟？”

李世民说这句话，是指魏徵此前一直建议李建成对李世民先下手为强。没想到听到这句话后，魏徵却强硬地回击说：“太子（李建成）就是性格太过仁慈，一直不忍心对你下手，不听从我的建议，才会有今日之祸！”

没想到李世民听后却哈哈大笑，命人释放了魏徵。后来，李世民下令任命魏徵为詹事主簿，此后又改为谏议大夫。

在李世民看来，自己就是抓住了大哥李建成宅心仁厚这个“缺点”，才得以成功发动政变，杀死了李建成，最终夺得帝位。

尽管在后来被篡改的史书中，记载李建成曾经试图用毒酒谋杀李世民，但事实上，为人宽厚仁慈的李建成有很多下手的机会，却根本没有动过手。因为在李建成看来，李世民始终是他的亲弟弟。

武德七年（624），看到秦王李世民依托秦王府部将，势力日益膨胀，支持自己大哥的齐王李元吉，派出手下潜伏在一个卧室内，试图谋杀李世民，临发动前，李元吉才告知了李建成，没想到“建成性颇仁厚，遽止之”！

在李建成看来，尽管李世民有谋夺帝位的野心，但作为同父同母的血肉兄弟，李建成并不愿意骨肉相残，因此尽管李建成后来也采取措施削弱李世民的势力，却从来没想过要谋杀李世民。

玄武门之变前一天，唐高祖武德九年六月初三（626 年 7 月 1 日），李世民耍了个诡计，在父皇李渊面前诬告兄长、太子李建成，以及自己的弟弟齐王李元吉，说他们“淫乱后宫”，试图以此引诱李建成、李元吉进宫对质，进而发动政变击杀李建成。

在这千钧一发的时刻，支持太子的张婕妤命人火速通报李建成，让他多加提防李世民。齐王李元吉当时也觉得事有蹊跷，主张应该“托疾不朝，以观形势”，但史载“性颇仁厚”“亲慈”的李建成却觉得，虽然李世民诬告自己，但应该也不至于怎么样，毕竟在李建成看来，李世民终究是他同父同母、一奶同胞的亲弟弟。

这种对于亲弟弟的仁慈和疏于防备，最终在第二天，在玄武门，要了李建成的命。

5

在李世民看来，太子李建成才华横溢，无论是治国理政，还是领兵打仗都很有一套，而且作为父皇李渊的嫡长子，兄长李建成从一开始就被立为太子，按照嫡长制的传承，作为秦王的李世民根本没有机会问鼎帝位，所以除了政变，已别无他法。

而在李建成看来，自己本来就是皇位的合法继承人，所以尽管谋士魏徵以及弟弟李元吉等人一直劝他要除掉李世民，但碍于骨肉亲情，李建成一直不忍心下手。出于提防，李建成也步步为营，将李世民秦王府的文臣武将们逐步调离：李建成先是试图收买李世民的猛将尉迟敬德，在收买不成后，李建成又转而将忠于李世民的程咬金外派到偏僻的康州（今广东德庆）担任刺史。随后，李建成又借助唐高祖李渊的支持，将李世民身边最重要的谋士房玄龄、杜如晦驱赶出秦王府，并严令他们不准私下接触李世民。

当时，李世民以洛阳为基地，在洛阳暗中培养自己的军事势力，谋划一旦与李建成决裂，将以洛阳作为未来与李建成决战的基地；另外，李世民又于武德四年（621）设立文学馆，招徕了杜如晦、房玄龄、长孙无忌等“秦府十八学士”作为谋士；武将则以秦王府的尉迟敬德、秦琼等人为基础，暗中培养了800名死士，试图一旦有变，就秘密出击，政变夺权。

对于李世民的暗中谋划，唐高祖李渊也心知肚明，对于自己几个儿子之间逐渐势同水火的局面，李渊也显得痛苦犹豫，不知如何是好。

武德五年（622），李渊对宰相裴寂评价儿子李世民说：“此儿典兵既久，在外专制，为读书汉所教（试图夺权），非复我昔日子也。”

此前，李渊还曾经当面训斥李世民说：“你秘密培养文人武将、蓄养死士，但皇帝自有天命，不是靠智力可获得的，你何必那么急着想要呢？”

尽管已经预感到李世民可能要行不轨之事，但李渊对于这场即将到来的皇族内斗，仍然从亲情的角度出发处理，没有充分预料到事情可能导致的严重后果。

在李渊看来，李建成自始至终表现都非常优越，且英才聪慧，是一个合格且优秀的帝国接班人，所以他从没有想过要将太子之位传给李世民，对于李世民的这种骚动，他看在眼里急在心里，但也仅仅只是表现出忧虑和训斥而已，没有采取足够的防范措施。

6

兄长的仁慈与父亲的迟疑，最终给了李世民先发制人的机会。

唐高祖武德九年六月初四（626年7月2日），李世民最终在玄武门成功发动兵变，杀死了兄长李建成、弟弟李元吉，并软禁了父亲唐高祖李渊。

李建成已死，尽管如此，他的部下却仍不惜为之一战。

李建成被杀的消息传来，太子东宫的翊卫车骑将军冯立在听说主公被杀后，感慨说：“太子生前，我蒙受他的大恩，如今他不幸被杀，我岂能因此逃难，不去为他复仇？”于是，冯立和太子东宫的副护军薛万彻、谢叔方等人，率领着太子东宫和齐王府的 2000 多名精兵迅速赶到玄武门，与被李世民买通的玄武门守军展开了激战。战斗中，冯立将支持李世民的云麾将军敬君弘斩杀于阵前。

当时，支持李世民的玄武门守军逐渐不支，在这千钧一发之际，尉迟敬德割下了李建成和李元吉的人头，并将两个人头直接出示给支持太子的军队观看，于是支持李建成的“宫府兵遂溃”。即使如此，有感于李建成人品和恩德的冯立仍然不愿意投降，于是解散亲兵逃亡到山野。临走前，冯立说：“我为太子而战，如今杀了敬君弘，才算稍稍报了太子的恩德。”薛万彻则与数十名骑兵，逃亡进入终南山避祸。

玄武门兵变当天，李世民的军队也控制了整个皇宫。当时，“擐甲持矛”浑身是血的尉迟敬德杀气腾腾，直接冲进了李渊的寝宫，面对这场突如其来的剧变，李渊只能恐慌地询问说：“今天到底是谁作乱？你又来这里干什么？”

尉迟敬德对此回答说：“秦王（李世民）以太子（李建成）、齐王（李元吉）作乱，举兵诛之，恐惊动陛下，遣臣宿卫。”

尉迟敬德名为宿卫，实际则是软禁控制了李渊。随后在李世民的授意下，尉迟敬德又强迫李渊颁布敕令，声明将所有军政大权全部授予李世民。在这道由李世民强迫授意的诏书中，太子李建成和齐王李元吉被训斥为罪行累累、死有余辜的罪恶分子。

玄武门兵变当天，在李渊被迫颁发的另外一道诏书《立秦王为皇太子诏》中，李世民借“父皇之口”，极力赞扬自己，说秦王李世民“气质冲远，风猷昭茂”，“遐迩属意，朝野具瞻”，以求把这场弑兄、杀弟、逼父、夺权的宫廷政变，尽可能包装得美好一些。

随后，李建成、李元吉分别被灭门。短短一天时间，李渊的两个儿子、十个孙子全部被杀。凶手，则是他的另外一个儿子。

在完成这些杀戮之后，李世民才跑到父亲李渊面前，假惺惺地扑到李渊怀里“痛哭”。

7

在对自己的哥哥李建成、弟弟李元吉进行灭门屠杀后，李世民还想接着对太子东宫和齐王府的臣僚们展开屠杀。

没想到，亲手割下李建成、李元吉人头的尉迟敬德，却站了出来拼命阻止，尉迟敬德说："罪在二凶，既伏其诛；若及支党，非所以求安也。"

于是，李世民才停止了大规模杀戮，平复心情后，李世民马上借李渊的名义下令说，对于李建成和李元吉的臣属和党羽"一无所问"。由此才逐渐平复了局势。

玄武门之变后，与李建成关系密切的幽州大都督、庐江王李瑗也被迫造反，但很快被部下所杀；而李建成在边境的部属们则放弃抵抗，以致突厥迅速入侵，直接攻到了长安城附近。

尽管边境危机相继化解，但考虑到李建成的巨大人格魅力和感召能力，李世民在收服李建成的谋士魏徵后，随即派出魏徵前往河北等地，巡视李建成的老部下，以求安抚人心。

玄武门之变后两个月，武德九年（626）农历八月，李世民正式逼迫父亲李渊"禅位"，自己取而代之，是为唐太宗。

又两个月后，武德九年（626）农历十月，李世民在多番考虑后，决定将李建成和李元吉"以礼改葬"，对于李建成，李世民下令将这位被自己所杀的亲大哥追封为"息王，谥曰隐"，是为"隐太子李建成"。

所谓"隐"，则是指："隐拂不成曰隐，明不治国曰隐，怀情不尽曰隐"，在政治斗争中取胜，并将兄长李建成灭门后，李世民考虑到各种势力的均衡和安抚，最终给了兄长李建成一个相对较为中性的谥号。

在给兄长李建成和弟弟李元吉发丧这一天，李世民甚至命令原来东宫和齐王府的部将旧属都去送葬，李世民则亲自到了长安城的宜秋门，"上（李世民）哭之……甚哀"。

然而李世民终究按捺不住心情，担心史书记载对他不利，于是发生了本文开头一幕，他先后向褚遂良和房玄龄要求查看当朝国史。

在李世民看来，在政治斗争的哲学里，从肉体到灵魂，都是不可宽恕的需要消灭的对象。

但李世民终究有所疏漏，没有彻底清查和销毁各类记载玄武门之变前后的论著和史料，以致温大雅的《大唐创业起居注》等部分记载了真相的史料还是流传于世。

尽管血腥不择手段，但偶尔，他也会闪过一丝不安。就在"指示"篡改玄武门之变的史料后三年，即贞观十七年（643），李世民在看了一篇文章后，似乎被触痛到了某个心结，对此他潸然泪下，独自哭了很久，他对身边的近臣们说："朕昨天看了徐干（东汉建安七子之一）所写的《中论·复三年丧》这篇文章，义理甚深，恨不早见此书……人情之至痛者，莫过乎丧亲也……但知自咎自责，追悔何及？"

对此，他是在怀念被他亲手所杀的兄长李建成，还是怀念玄武门之变后一直被他软禁的父皇、后来孤老至死的李渊？李世民没有直说，只能说，他心有所动。

六年后，649 年，51 岁的李世民猝然长逝，身后，他给大唐留下了一个伟岸的帝国，和自己用"贞观之治"塑造起来的"圣君"名声。

只是不知道，他临死前有没有想起来那个，因他指示在史书里被极力抹黑诬陷的皇兄李建成？

或许，在政治斗争的世界里，黑与白，永远模糊不清。

晚明三大案背后，那个追查真相的小官员

王之寀（cǎi）是明朝万历年间的刑部主事，大致相当于现在中央机构的一个处级干部。

在四衢八街权贵遍地的京城，这是一个不起眼的人物。

一起震惊天下的疑案却将王之寀卷入了帝国政治风暴的中心，而一切的起因，是一个比他更不起眼的小人物。

万历四十三年（1615），一个叫张差的河北汉子，手持枣木棍棒闯进了皇宫。

在这个全国戒备最森严的地方，平民百姓张差竟然如入无人之境，悄悄地来到太子朱常洛居住的慈庆宫，还打伤了宫门前的内侍，距离内殿不过一步之遥。说时迟，那时快，东华门的守卫指挥迅速派人把犯人给逮住了，总算没让他伤到太子。宫里的保安大队，也不是吃素的。

这就是晚明三大案中的梃击案。

张差被关押后，整天表现得疯疯癫癫。刑部等有关部门会同审问后，认定张差就是个疯子，并得出结论：

此人是一个蓟州樵夫，因为自己家柴薪让人烧了，气疯后进京申冤。走到半路，两个不愿透露姓名的热心群众告诉他，诉冤可以带上一根木棒。张差信以为真，就手持木棒，迷迷糊糊地从宫门外一路走到了慈庆宫。

手持凶器入宫，依律当斩。杀了“疯子”张差，这案子就可以结案了。

张差受审期间，王之寀一直在冷静地旁观，他不同意上司们草率的决断。

如果没有王之寀，梃击案或许只会作为一个疯癫樵夫袭击事件载入史册，不存在任何阴谋。但在王之寀看来，探寻真相就是一个刑部官员心中正道的光。此后 11 年，他都在追寻梃击案的真相，一心想把幕后黑手绳之以法，直到他自己冤死狱中的那一天。

1

张差到底是不是疯子？王之寀自有办法查明。

有一天，王之寀负责管理牢饭，为狱中的犯人们一一送饭，唯独没有张差的份。王之寀把张差叫来，把饭菜放一边，要他如实相告，才有饭吃，不然就把他活活饿死。

张差接着装疯卖傻，语无伦次地说：我是来告状的，你们还要问我什么？王之寀默默观看他的表演，内心似乎毫无波动。

张差肚子饿得不行，他皮糙肉厚不怕挨打，但要是不让他吃饭，那可受不了。于是，张差“招供”了，原本快要结案的梃击案重启调查，种种线索犹如藤蔓般向帝国的中心伸展。

在王之寀为张差所做的笔录中，故事是这样的：张差之所以来北京，是听两个乡亲介绍，让他跟着一个不知姓名的老公（民间对太监的称呼）办些事情。他们跟他说，只要好好听话，事成后就给他几亩田地和一些钱财。张差家里穷，不想错过发横财的机会，就这样进了京。

到北京后，有个太监把他带到慈庆宫门口，给了他一根木棍，告诉他：进了门，遇到人就把他打死，我们会救你。

两份供状，性质完全不同。如果张差是个疯子，单独作案，杀了他也就完事了。可他若是团伙作案，问题就来了，谁才是背后真正的主谋？

到底谁想杀太子？满朝文武都知道，最可疑的是一个女人——深受万历皇帝宠爱的郑贵妃。

郑贵妃是万历皇帝的宠妃，太子朱常洛却是皇帝心里的一根刺。这根刺，三十多年过去了还没拔出来。

2

万历皇帝年少继位，很多事情由不得自己做主。李太后给万历安排的皇后王氏，虽然知书达理，但不得宠，万历对她很冷淡。

万历九年（1581），结婚三年了，万历还没有皇子。一天，他到慈宁宫向李太后请安，正巧他妈不在，一个姓王的宫女过来伺候他洗手。

缘分就是那么奇妙。19 岁的万历正值青春期，也许一时冲动，不知怎的就看上了这个相貌平平的王宫女，并且和她发生了关系。

万历很快把这件事置之脑后，但王宫女的肚子藏不住。李太后发现有宫女怀孕，就把儿子叫来，问是不是他干的。万历原本还矢口否认，李太后都着急要抱孙子了，干脆命人找来起居注，只见上面明明白白地写着，某年某月某日皇帝临幸某宫女。皇帝每天干什么，起居注都写着，没法赖账。

李太后苦口婆心地劝说道：你也别嫌弃王氏出身低微，她要是能生个皇子，也是社稷之福啊。

次年八月，王宫女果然生下了一个男孩，他就是皇长子朱常洛，王宫女也因此被封为恭妃。

万历并不喜欢这个意外诞生的皇长子，对王恭妃也早已失去兴趣。到了万历十四年（1586），皇三子朱常洵的出生，一度让王恭妃母子的地位岌岌可危。

朱常洵是万历宠妃郑氏的儿子。万历爱屋及乌，为皇三子举办了比皇长子还要隆重的庆生宴，还将郑氏晋封为皇贵妃，偏心都写在脸上了。

皇帝中意哪个皇子，喜欢和哪个妃子亲近，这本来是人家的家事，但是这事儿发展到影响立储的地步，大臣们就要跟皇帝好好议论了。

皇帝选择储君，有嫡立嫡，无嫡立长，王皇后无子，万历也就没有嫡子。王恭妃生的皇长子与郑贵妃生的皇三子，都是太子之位的有力争夺者。朝中大臣为此分为几派，有的支持朱常洛，有的支持朱常洵。

因此，有了长达十多年的“争国本”事件。

万历在立储一事上一拖再拖，直到朱常洛 20 岁时才勉强将他册立为太子，迫于群臣的压力，他又封朱常洵为福王，之后命其离京前往洛阳就藩。史书对此评价道：“自古父子之间，未有受命若斯之难也。”

“争国本”事件落下帷幕，郑贵妃母子争立储君失败，却很不甘心。由于万历此前在立储上犹豫不决，郑贵妃根本没把朱常洛放在眼里，她一直暗中谋划扳倒太子，还觊觎着皇后之位。

尴尬的是，正宫娘娘王皇后虽然无子，却是明朝在位时间最长的皇后，大半生执掌后宫，直到万历四十八年（1620）与丈夫同年逝世。郑贵妃想要靠“子以母贵”将儿子扶上皇位，基本不可能。

后宫的另一个女人也对郑贵妃形成威慑，那就是万历的母亲李太后。

李太后对长孙朱常洛有些心疼，之前见万历迟迟不立太子，就质问皇帝，这是为何？

万历支支吾吾地说，皇长子是宫女之子。

李太后也是宫女出身，听到儿子这么说，勃然大怒，说："宫女怎么了，你也是宫女之子！"万历吓得腿软，连连跟母亲说，会马上册立太子。

郑贵妃再怎么闹腾，只要有王皇后在，她就当不了皇后，有李太后当王恭妃母子的保护伞，她也不敢乱来。但这么一看，梃击案发生的时间更是耐人寻味，万历四十三年（1615），是李太后去世的次年。

3

在王之寀发现梃击案另有蹊跷后，刑部会集十三司重审张差。

张差给刑部官员带来更多意外收获，供出了之前没有说出的人名：那两个为他穿针引线的乡亲，分别叫马三道与李守才，带他进京入宫的太监分别是内侍庞保与刘成。

他还直说，就是这两个太监唆使他打进慈庆宫去的，跟他说："你打了小爷，从此吃穿不愁。"住在宫里的小爷，当然是太子朱常洛。

这一审就都对上号了，形势对郑贵妃极为不利。庞保、刘成都是她宫里的太监，一旦他们被抓去审讯，不知道有多少"惊喜"。

郑贵妃感到不安，满朝大臣也都沉不住气了，一些大臣支持郑贵妃，仍认为张差是个一无所知的疯子，我们姑且称之为"疯癫派"，就连当时的内阁首辅方从哲也有意巴结郑贵妃，不愿把事情闹大；还有一些大臣站在了王之寀这边，认为此事必有幕后主使，我们可称之为"阴谋派"。

在真相即将浮出水面时，"疯癫派"却出乎意料地获得胜利。

这是因为，郑贵妃与太子和解了。

郑贵妃到底是万历的宠妃，半老徐娘风韵犹存，她见朝中大臣气势汹汹，就请万历为她做主。万历叹息道，朝中的议论难以化解，如果让太子出面，这件事可能还有解决的办法。

作为受害者的太子朱常洛，不敢得罪父亲，早想大事化小，小事化了。

据史书记载，在父亲万历的冷落下，朱常洛自小为人怯懦。

有一次，朱常洛出阁读书，正值寒冬腊月，太监竟然敢欺负他，不给他生火取暖。这位太子冻得浑身发抖，也不知道跟太监说一声添柴火。

后来万历病重时，朱常洛带着儿子朱由校（即天启帝）去探望，守门太监把他们拦住不让进去，朱常洛也不敢和他起争执，在门外从早等到晚。后来由杨涟、左光斗等东林党大臣和东宫太监王安周旋，才让朱常洛见了父亲最后一面。

郑贵妃听从万历的建议，亲自去找老实人朱常洛，一见面就下拜，吓得太子也急忙回拜，两个人一边说话一边拜。郑贵妃向太子哭诉自己受的委屈，请朱常洛救救她。

朱常洛差点儿就被人打死了，可听郑贵妃这么说，还是心一软，让东宫太监王安拟一道令，要群臣勿再纠缠，将凶手张差就地正法即可。

然而这并没有什么用，最后还是万历亲自出马，化解两派的矛盾。

怠政多年的万历，一反常态地把太子、三个皇孙和群臣召来。万历拉着太子的手说："我这个儿子很孝顺，我也喜爱他，他如今已长大成人，朕怎会别有意图？况且福王如今已前往他的封地，距离这里也有上千里。"

一番情意绵绵的告白后，万历对太子说："你有什么话，尽管对大臣们说。"

万历对立储有意见，这是众所周知的事情，可如今他却在百官面前表演了一出父慈子孝的好戏。太子见父亲都表态了，也很懂事，再次对在场的人说，张差不过是个疯子，速速处决就好了，不要再株连他人。

为了劝说支持他的大臣不要再彻查此案，朱常洛接着说："诸位已经看见，我们父子二人关系和睦，朝中议论纷纷，是要陷我于不孝之地。"

万历对太子的表现很是满意，连声问群臣："太子的话，你们都听到了吗？"

在皇帝与太子的默契配合下，大臣们只好乖乖听话，尽快结案，将张差处决。张差的"同伙"太监庞保、刘成也在刑讯过程中被杖毙于狱中，没有留下证据。张差的同乡马三道、李守才等原本就是不明真相的小人物，因此保住一命，被判了流刑。

梃击一案不了了之，没有查获幕后主使，也没有所谓的真相。

这个结果当然难以服众，坚持查案的王之寀尤为不满。他认为，自己是对的。一个刑部官员，将真相大白于天下有何错？但他的执着，得罪了郑贵妃，更得罪了皇帝。

万历脸上笑嘻嘻，其实早想整王之寀，史书称他"不遽罪之寀也"，不急着报复，不代表不会秋后算账。

梃击案的利益纠纷，表面上是郑贵妃与太子之争，实际上，也是群臣相互攻讦的一个战场。王之寀的立场与东林党人相近，与其对立的齐楚浙党不会放过打压对手的机会。

在梃击案两年后的“京察”（朝廷对京官的考察）中，王之寀受到齐楚浙三党的清洗，因莫须有的罪名被罢官，削职为民。虽是遭到政敌弹劾，其实也是万历皇帝的意思（“皇祖震怒，削籍为民，追夺敕命”）。

王之寀想不到，当他再度回到朝中时，梃击案依旧未能水落石出，明宫还接连发生了另外两件大案。

4

梃击案之后，太子之位得到稳固，朱常洛似乎因祸得福。

之后几年，郑贵妃在他面前也不再专横跋扈，还想尽办法巴结太子，隔三岔五就给朱常洛送礼。在得知太子贪恋美色的不良癖好后，郑贵妃给他送去了 8 个美女。

朱常洛从小被闷在宫里，整日战战兢兢，没过上几天太平日子，看到郑贵妃送来的美女，应该有种扬眉吐气的感觉，不由得放飞自我。不久后，他就纵欲过度，搞垮了身体。

于是，在梃击案的五年后，即万历四十八年（1620）的八九月，发生了晚明三大案的第二大案　红丸案。

朱常洛在长期压抑下当了那么多年太子，熬到万历病逝这一年，终于即位为帝，没想到却成了明朝在位时间最短的皇帝。

从朱常洛登基到驾崩，只有一个月的时间，他连自己的年号“泰昌”都没来得及用上。依照惯例，新君即位要到次年才能改换年号。

当年八月即位后，沉溺女色的朱常洛身体日衰，到八月十二日后甚至卧病不起。掌御药房的太监崔文升针对其病症，给他开了一服泻药。

朱常洛服用后一夜之间腹泻三四十次，整个人都虚脱了。他告诉众臣，说自己“头目眩晕，身体软弱，不能动履”，甚至想要安排后事。

到了八月底，鸿胪寺丞李可灼说自己有个仙药要进献给皇帝，也许能救命。

鸿胪寺主掌朝会、宾客、礼仪之事，不管医疗，李可灼不是专业医生，内阁首辅方从哲起初也不敢相信他。但朱常洛得知此事后，病急乱投医，决定豁出去试一试，让方从哲等人带李可灼入宫。

李可灼献上的是一种红色药丸，这究竟是什么药，至今仍有争论。朱常洛刚服下此药后效果显著，顿时神清气爽。

朱常洛连夸李可灼是忠臣，赐予其银币，命他再进一丸。方从哲问起皇帝的身体状况，宫里也回答说“好”，称皇帝已经“暖润舒畅，思进饮膳”。

可到了第二天，即九月初一，天还未亮，泰昌帝朱常洛却一命呜呼。神秘的红丸，没有救回皇帝的生命。

方从哲成了众矢之的，他本来就与郑贵妃有千丝万缕的联系。有一些大臣认为，红丸案就是梃击案的延续。更何况，进献红丸的李可灼是方从哲带进宫的，给皇帝开泻药的崔文升原先还是郑贵妃宫中的内侍。

这里有必要介绍一下方从哲。

当时，方从哲作为阁臣已有七年多，加上此后的天启，他先后辅佐三朝，被一些史书认为是浙党的领袖。更巧合的是，晚明三大案，全都发生在他为内阁首辅期间，他最后会被迫退休，正是因为在后两案中处置不当，难逃失职之罪。

朱常洛吃药死后，方从哲生怕摊上事儿，更怕被添上“弑君”之罪。他一开始为李可灼与崔文升辩护，声称这不是一起医疗事故，可还是难以平息众怒。

红丸案愈演愈烈，以礼部尚书孙慎行和左都御史邹元标为首的大臣上书，要求“诛李可灼，以泄神人之愤”，还指责“方从哲不伸讨贼之义，反行赏奸之典”，一定要给世人一个交代。上书弹劾方从哲的这几个人，都是东林党人。

红丸案一时难解，最后由几位阁臣出马，才压住了众议，方从哲暂时保住官帽，给皇帝看病的两个庸医受到了处分，李可灼被判处流徙，崔文升被贬到南京安置。

5

当时，明宫中停放着三口棺材未葬，先是有“前殿（乾清宫）皇祖（万历皇帝）之尊灵，坤宁宫孝端皇后（万历皇后王氏）尊灵”，现在又多了朱常洛的一口棺材。

皇帝尸骨未寒，方从哲才想舒口气，晚明三大案的最后一案爆发了。

朱常洛生前宠爱的李选侍（亦称西李），是一个不亚于郑贵妃的野心家，她随朱常洛入居皇帝所在的乾清宫，如今朱常洛死了，她还霸占着不愿离去，企图以养母身份控制储君朱由校，因此与朝臣起了争执。

明朝后宫中有严格的等级划分，皇后以下是皇贵妃、贵妃、妃、嫔等。选侍就是个龙套角色，可这位李选侍经常给自己强行加戏，朱由校的生母王选侍便是被她欺凌至死。李选侍还与郑贵妃有些勾结，朝中大臣曾说她是“郑氏私人”。

朱常洛刚继位时，李选侍难掩执掌后宫的野心。一次，朱常洛和大臣商议，说要封李选侍为皇贵妃。李选侍躲在旁边偷听，对这个安排很不满意，把身边的朱由校推出去，让他跟他爹说，不要封皇贵妃，要封皇后。

朱常洛吃了红丸丧命后，李选侍什么也没捞着，坚持赖在乾清宫就是她最后的倔强。

当以东林党为首的大臣们赶到乾清宫外迎立新君时，守门太监听从李选侍命令，手持刀棍强行阻拦。大臣们在宫门前面面相觑，不知所措。唯有兵科都给事中杨涟忍无可忍，上前呵斥：“奴才！皇上召我等入宫，尔等却挡在门口，是何居心！”

太监们被杨涟骂得一愣一愣的，只好放众臣入宫。李选侍仍不愿妥协，将朱由校藏在乾清宫暖阁中。

这时，与东林党交好的司礼监秉笔太监，即泰昌帝生前的心腹王安跟李选侍说：皇储必须面见朝臣才能即位，您这样藏着也没用啊。

李选侍自知难以僵持，只好把朱由校交给王安，可看到他领着朱由校急匆匆地往外跑的样子，她就知道上当了，立刻命身边的太监去把太子追回来。

然而，为时已晚，众臣先迎朱由校至文华殿册立为太子，之后要求赖在乾清宫的李选侍移宫，以便新君即位。

为了打倒李选侍，众臣上疏，各显神通。东林党人左光斗的批评尤为尖锐：“武氏之祸，再现于今，将来有不忍言者！”意思是李选侍要勾引朱由校，以达到当皇后的目的，可说是相当露骨了。

几番交锋之后，李选侍知道自己确实不是那帮文臣的对手，只好放弃抵抗，黯然离开乾清宫，徒步走到专供妃嫔养老的哕鸾宫。

方从哲在红丸案与移宫案中表现得里外不是人，自然难辞其咎，事后只好辞职回家。方从哲走了，党争并未就此平息，齐楚浙等党在天启朝找到了新的依附对象，与东林党继续缠斗。

之后几年，党争让三大案更加错综复杂，朝中各派也将三大案当成了打压异己的工具。

6

在泰昌帝朱常洛之后继位的，是沉迷木工活儿的明熹宗朱由校（即天启皇帝）。

大明王朝早已危机四伏，王之寀在此时被再度起用。

当初，正是王之寀在监狱中发现了张差的秘密。这个执拗的刑部官员，如今还想着调查梃击案，甚至将其与红丸、移宫二案联系起来，认为“李选侍、郑贵妃、崔文升、李可灼共一线索”。

天启二年（1622），王之寀上了一道《复仇疏》，劝告天启不要忘记君父之仇，谨防阉竖与后宫勾结。他说，泰昌帝朱常洛“一生遭逢多难，弥留之际，饮恨以崩”，有两大仇恨至今未报：

一是梃击案的幕后真凶还未查明。

王之寀指出，当年指称张差为疯癫者都是奸佞小人，他将“疯癫派”官员一一揭露，称他们为“诸奸”，正是他们收受了郑氏的贿赂，才将此案以疯癫定案。

二即泰昌帝服用红丸而死，谁是主谋？

在王之寀看来，在红丸案中，李可灼、崔文升这两个人绝对有问题，甚至连当时的首辅方从哲都有责任，怀疑他们背后还有什么人。

之后几年，王之寀仕途步步高升，当上刑部右侍郎，成了副部级干部，政绩上可圈可点。但朱由校没把王之寀这道《复仇疏》放在心上，也没有彻查旧案，对于其中劝说皇帝亲近阁臣、远离宦官的建议更是置若罔闻。

此后，魏忠贤在天启一朝出任司礼秉笔太监，逐渐权倾朝野，甚至到了天下“只知有忠贤，而不知有皇上”的显赫地位。齐楚浙三党中不少人为了打击东林党，投靠魏忠贤，成了所谓的“阉党”。

阉党得势时，东林党就被当作三大案的罪魁祸首，蒙受冤屈。史书称：“魏忠贤杀人则借三案，群小求富贵则借三案。”

由阉党一帮人所修的《三朝要典》，将万历、泰昌、天启三朝发生的这三大案颠倒黑白，把黑锅都甩到了东林党人身上，原本在此案中有功的人，反而受到处分。

根据《三朝要典》的记载，红丸案中，上书弹劾方从哲的东林党人邹元标等被论罪；移宫案中，从李选侍手中夺回皇储的杨涟与左光斗被改写成了罪人。

梃击案的罪魁祸首，竟然成了兢兢业业的审案官员王之寀。阉党认为，王之寀私审张差是用威逼利诱的手段，张差所招供的“打得东宫，吃穿皆有”等话也都是王之寀教唆他说的，不足为信。

现实有时就是如此荒诞，王之寀最终等来的，不是三大案的真相，而是下狱就死的命运。

阉党以“捏造案情，用以敲诈”的罪名将王之寀逮捕入狱，还说他当年从郑贵妃家人处敲诈了两万银两，要他交出“赃银”。阉党对付东林党人的手段极为恶劣，常诬陷他们得了赃银，还要追缴赃款，否则就严刑逼供，甚至将他们迫害致死。

王之寀当初只是为了寻求梃击案的真相，根本不曾敲诈勒索。

天启七年（1627），在镇抚司的严刑逼供下，王之寀不得不让家人筹集所谓的“赃银”。在七拼八凑了 8000 两后，仅仅过了半个月，当初率先揭发梃击案的王之寀冤死于镇抚司大狱之中。

阉党并没有得意太久，崇祯即位后，三案又“翻了回去”。崇祯粉碎了阉党，为三案被冤之人平反，恢复他们的名誉，其中就包括王之寀。

王之寀沉冤昭雪，然而，此后三大案的草蛇灰线却愈发模糊，到后世史书中成了扑朔迷离的疑案、奇案。在当时，也没有多少人还在意这些皇家丑事的真相，只有人将其当作党争的工具。正如《明史》所说，自梃击、红丸、移宫三案后，“两党是非争胜，祸患相寻，迄明亡而后已”。

南明弘光朝时，还有反东林党的人罔顾事实，以《三朝要典》为依据，认为王之寀有罪，请求弘光帝重印阉党所编的《三朝要典》，用来保存前朝的“真实历史”，还说梃击案中的张差就是个疯子，不过是贪污酷吏王之寀强行将他当作刺客。

晚明三大案依旧没有真相，也许，政治不需要真相。

只有王之寀这样的人在乎真相。

王之寀，字心一，陕西朝邑（今大荔东）人，一个原本默默无闻的刑部官员。有人在研究梃击案时发现，这位万历辛丑科进士，当年参加科举考试时，《周易》试题中有这么一句：“时止则止，时行则行，动静不失其时，其道光明。”

可在明明知道彻查三案将会得罪权贵，甚至是最高统治者的情况下，王之寀并没有做到“时止则止，时行则行”，而是一心查案，想要揪出幕后真凶。面对案件，公正司法，揭露真相，这就是他心中的光明。但那时的大明王朝，只剩下沉沉的黑夜，不见一丝光亮。

神秘的“朱三太子”，折磨了大清 80 年

山东曹县人班汉杰，成功引起了大清皇帝康熙对他被抢劫一案的关注。

康熙五十年（1711）二月，他连续两次在康熙出巡期间，拦住皇帝的车马叩阍（告御状）。

放在偌大的帝国背景下，班汉杰的案件实在微不足道。两年前，他曾向湖广总督、巡抚控告，说自己在河南做贸易，遭到以陈四为首的流动杂技班子的抢劫，他们夺走了他的货物和衣服。地方经过审理，认定陈四并未抢劫班汉杰。班汉杰不满这个判决结果，进京叩阍。

康熙没有放过这个小小的案件。他了解了案件详情后，忧心忡忡地命令刑部重审。

重审的结果是，陈四因“鸠党抢夺”被判斩立决，他的杂技班子中有 70 余人遭流放黑龙江，给披甲人为奴。原任湖广总督、巡抚、云贵总督、陕西巡抚等多名封疆大吏因“纵容滋蔓”“溺职”等罪名遭到降职查办。

一起小小的抢劫案件，为何会最终造成一人处死，数十人流放，并终结了多名封疆大吏的政治前途呢？

说起来，仅仅是因为这起案件戳中了康熙的梦魇。

康熙在命令刑部重审的批示中说：陈四等人如果真是饥荒导致的流民，到有良田的地方就应该停下来，安家耕种，赡养妻子，为什么又乘骡马，手执刀枪等器械绕行各省？像这样十百成群、越界远行的队伍，地方督抚并不上奏，不知是何居心？况且，如此多人流荡数年，每日需要许多口粮和喂马草料，都从何处取来？这种人怎么可能会是流民？

接着，他最忌讳的那个人名，在他笔下出现了：

前有伪朱三太子，曾被大户人家迎入，供其酒食，众所周知……

以前有伪朱三太子事件，许多人都知道，一些富豪大户还把他迎至家中，给他好吃好喝，此等事情朕都知道。

康熙在班汉杰、陈四的案子上大做文章，要求刑部重判，压根儿不是想为被洗劫的商民伸张正义，而是100多人的聚众规模，乘骡马、持刀枪越界远行，让他不由得怀疑这背后或许存在一股潜在的谋反力量——类似于数十年来，帝国内部不断涌现的“朱三太子案”。

他在位已经50年，被“朱三太子”的梦魇折磨得太久了。

1

据《明史》记载，明朝末代皇帝崇祯一共有7个儿子，分别为：第一子朱慈烺，第二子怀隐王朱慈烜，第三子定王朱慈炯，第四子永王朱慈炤，第五子悼灵王朱慈焕，第六子悼怀王，以及皇七子。

这个名单和排行，跟其他史书的记载有出入。在另外一些史书中，第三子定王的名字为朱慈灿，第四子永王的名字为朱慈焕。

虽然是乱世中的末代皇子，但史书对他们的记载这么漫不经心，前后抵牾，连名字都写不清楚，这当中一定有蹊跷。要知道，历史的书写本身就是一种权力，当权者想告诉世人什么东西，想掩盖什么东西，都会在其掌控的史书中得到体现。

在不同版本的历史记载中，朱慈焕究竟是崇祯第四子还是早夭的第五子，涉及康熙年间一宗谋反案的定罪问题，因此他的身份认定尤其重要。清朝官修史书《明史》把朱慈焕记为第五子，貌似无心之举，其实用意颇深。我将在后面具体阐释这个问题。

无论官修还是私修史书，它们一致表述的是，崇祯的7个儿子中，第二子、第五子、第六子、第七子均早夭。当李自成的起义军攻入紫禁城前夜，崇祯的身边只剩太子朱慈烺、三子朱慈炯（朱慈灿）、四子朱慈炤（朱慈焕）。

崇祯十七年（1644）三月十九日，崇祯自缢于煤山之前，曾召唤三个儿子，命令他们改穿旧衣服，随后语重心长地说：“尔等今日是太子，王城破，即小民也，各自逃生去吧。”停了许久，又说了一句，“万一得全，来报父母仇。”

三个皇子乔装打扮后，被送出宫，他们以后的行踪，外人难以得知。

据说，护送太监将三个皇子献给李自成邀赏。李自成把这三个皇子当作收拾人心的重要筹码，遂封太子朱慈烺为宋王，其他两个皇子也被封为公爵。四月十三日，李自成亲征吴三桂，随军带上了吴三桂的父亲，以及三个皇子，作为要挟吴三桂的人质，但未能如愿。

李自成的大顺军在山海关大战中惨败，退出北京西走。在这个过程中，三个皇子被大顺军裹挟着撤退，随后不知所终。

2

几个月后，北京城中，一个落魄少年叩响了明朝最后一任国丈周奎家的大门。

崇祯的大女儿长平公主，当时在外祖父周奎家里，与少年相见之后，掩面而泣。史书记载，周奎也给少年“跪献酒食”。他认定这个少年正是自己的外孙、太子朱慈烺。

但很快，周奎就说这个太子是假冒的，并上报帝国的新主人——清廷摄政王多尔衮。

多尔衮下令辨别太子真假，找来明朝贵妃袁氏和东宫太监一帮人辨认，都说这个太子是假的。但有几名内监坚持说是真的，结果这些说太子为真的人都被处死了。御史赵开心在上疏中说了一句“太子若存，明朝之幸”，被清廷认为是留恋故明的情感流露，差点遭处死。

在杀了一拨人之后，所有人都指认太子是假冒的。

随后，这个被清廷认定为“伪太子”的人遭到处斩。

在案件审理过程中，摄政王多尔衮公开表示：“有以真太子来告者，太子必加恩养。其来告之人亦给优赏。”但实际上，那些指认太子为真的人都遭惩处，而那些指认太子为假的人都得到了奖赏。

太子的外祖父周奎的态度前后变化，颇为可疑。当代史学家何修龄通过查阅顺治元年（1644）清廷的赏赐记录发现，明朝投降清廷的外戚不少，但独有周奎得到“缎百匹、银百两”的重赏，推测唯一的可能是周奎在出卖、举报和指认“伪太子”一案中立功了。

后世史学家大多认为，此案中的太子其实是真的。著名的明清史专家孟森论证指出，此案中被处死的所谓“伪太子”实为真太子，而被喊来证明太子为假的袁贵妃，其实才是冒牌货。

真真假假，成为明清易代之际一个重要的斗争工具。

在北京的“太子案”刚刚平息之后，位于南京的南明弘光朝廷又冒出来一个自称是朱慈烺的太子。

弘光帝朱由崧听闻消息十分紧张，对辅佐他的马士英说：“朕将何以自处？卿等细细查辨。”潜台词很明显，如果此人真是太子朱慈烺，那我还有什么资格坐这个位子？

马士英心领神会，立马组织了一帮人对少年辨别真伪。

据说少年举止傲慢，众人不敢轻下定论，最后，被激怒的大学士王铎说了一个“假”字后拂袖而去。马士英等人于是拍板，一致认定此人为“伪太子”。

在接下来的审讯中，这个少年招供称，自己本名叫王之明，是万历朝一个驸马的侄孙，乱世中突发奇想，假冒太子之名来求取富贵。

朱由崧松了一口气，赶紧命人将审讯记录颁行天下，以正视听。

无奈，当人们相信一件事情背后牵涉政治阴谋时，真伪的认定就失去了权威性和说服力。尽管弘光朝宣布这是个“伪太子”，但反对者也可以站出来声称朱由崧为了保住自己的帝位，故意以真为假。在武昌拥兵自重的左良玉此时借口救护太子，打着“清君侧”的旗号，出兵准备攻入南京。马士英将原本在东线防御清军的部队西调，去打左良玉。这场致命的内讧很快终结了弘光朝这个短命小朝廷。南下清军在东线防务空虚的情况下，轻而易举渡江攻破南京。

由于弘光朝的内讧是由“南太子案”引起的，当时有史学家指出，这个叫王之明的“伪太子”其实是清廷派出来的间谍，“借以蛊惑人心”，让南明政权“同室互斗”。不过，这一说法无法证实。

有意思的是，攻破南京城后，清军主帅多铎命人将关在狱中的王之明释放，毕恭毕敬地迎接、让座，并对南明降臣说：“此真太子也。”

此时此刻，多铎是南京城内的老大。他说太子是真，就是真，没人敢质疑和反对。

据说，多铎还将朱由崧所选的妃子赐给了所谓的“真太子”王之明。

正如我前面所说，太子的真假，全由政治斗争的需要来决定。多铎认为，树立一个“真太子”可以安定新归附的江南地区，所以就认定王之明是太子朱慈烺。等到江南的秩序稳定下来，这个“真太子”遂遭到冷落。清廷最终仍以假冒前朝太子之名，匆匆将其处死。

3

南、北两起“太子案”终结后，历史上再无关于太子朱慈烺的任何消息。但是，崇祯剩下的两个皇子——三皇子和四皇子，尤其是三皇子，开始以影子的形式频繁活跃在反清复明的舞台上。这就是所谓的“朱三太子”——清朝入关七八十年间，一个最神秘的政治敌人。

据不完全统计，自顺治至雍正中期，帝国内部打着“朱三太子”之名起义、谋反或行骗的事件，至少发生了 20 起。其中最大的几起，都发生在康熙朝，这正是康熙对陈四一类的群体流民十分敏感和厌恶的原因，搞不好这又是一起“朱三太子”式的谋乱。康熙对“朱三太子”的记忆太深刻了，他曾说，在他在位期间，“匪类称朱三者甚多”。

随着明亡的年月越来越远，民间对崇祯之子的排序和名号的记忆也越来越模糊。起事者自称“朱三太子”，有时候指的是皇三子，但大多时候指的其实是皇四子。他们给“朱三太子”安的名字也千奇百怪，都是叫朱慈 ×，但几乎没有一个是一样的。有的叫朱慈璊，有的叫朱慈英，靠谱一点的，叫朱慈炯、朱慈焯、朱慈焕、朱慈焞等等，这些至少知道明朝皇室子孙起名都用金木水火土五行做偏旁，崇祯的儿子轮到用“火”字旁。

顺治十三年（1656），直隶真定出现了一个自称是“朱三太子”的人，他说自己叫朱慈焞。这个“朱三太子”亦欲举事抗清，先搞庙会集资，香客按照未来明朝光复后的官职捐献相应价码的香火钱。结果，两个捐了未来七品县令的人因为争抢道路大打出手，把整个反清复明的大计划捅到了官府。自称朱慈焞的“朱三太子”随后被处死。

类似事件在顺治朝发生多起，但相比当时的南明政权，这些“朱三太子事件”给清朝造成的影响并不大。康熙继位后，除了台湾的郑氏集团坚持抗清之外，清廷基本实现了对明朝疆域的全面征服，此后，以“朱三太子”为旗号反清复明的事件越来越多，影响也越来越大。

康熙十二年（1673）十一月二十一日，吴三桂在云南起兵，扬言要在次年元旦把朱三太子推上帝位。一个月后，消息传至北京，汉人杨起隆伪称自己就是“朱三太子”，并组织了千人规模的八旗汉人奴仆起义队伍，起义者自称“中兴官兵”，建年号“广德”，以头裹白布、身束红带为标志，约定十二月二十三日五更时分在“京城内外，放火举事”。因消息走漏，杨起隆提前一天仓促起事。

康熙获悉这起发生在天子脚下的“朱三太子事件”，极为震惊，命令关闭京师九门，缉拿起义者。史书记载，“获贼既多，斩头无地，以车满载出九门斩之，尸积如山，如是者八日”。

杨起隆随后成为仅次于三藩之乱首领人物的特级通缉犯，康熙一刻也不放松对他的缉捕。大约七年后，陕西汉中缉拿了一个自称“朱三太子”的人，又称自己就是杨起隆。康熙却认定，此人既不是朱三太子，也不是杨起隆，仅是杨起隆起义队伍中的一个逃犯，后来托名造反而已。又过了两年，康熙还不忘提醒帝国官员，别忘了缉拿杨起隆的事。可见这个伪“朱三太子”在康熙心中留下了多大的阴影。

康熙十六年（1677），福建漳州人蔡寅自称“朱三太子”，组织“白头军”抗清。

康熙十八年（1679），清军在湖南新化县一座寺庙内俘获了一个自称“明朝太子朱慈灿”的人。此人自述曾随李自成败军离京，后在河南出家为僧，流落江西、湖广二十余年，因病还俗。康熙为此专门询问过明朝的老太监，最后含糊地认定“大约是假”，并将其处死。

对于此起彼伏的、大大小小的“朱三太子事件”，康熙一概十分关注，并亲自介入。真正的“朱三太子”或许从未现身，但已经在帝国的统治者心中留下了挥之不去的梦魇。

4

康熙四十七年（1708），一个可能是真正的“朱三太子”被捕了。

事情源于浙江的一起反清复明起义。张念一以“朱三太子”的名义起事，建年号“大明天德”，扬言“朱三太子要复中原”。起义失败后，张念一被捕，清廷在审讯中获悉一个可能是真正的“朱三太子”的人长期生活在江浙一带。于是，一张缉捕之网悄然张开。

大约两个月后，山东巡抚报告，在境内缉获了“朱三太子”。被捕后，“朱三太子”供称，他已改名王士元，“原姓朱，是明朝后裔，排行第四，叫慈焕，我二哥哥早死了，我与三哥哥同岁，自 10 岁上就离开了。”

据其供述，当年，李自成大顺军自北京败退后，朱慈焕流落到安徽凤阳，偶遇一名姓王的明朝给事中，说明了自己的真实身份，王收养了他，并为他改名王士元，随其子弟读书。朱慈焕 19 岁时，王家突遭变故，朱慈焕再度流落江湖，几年后，他娶了胡姓女子为妻，落户浙江余姚，在家开设私塾，人称“王老先生”。

朱慈焕曾向密友透露过他非同寻常的身份，消息由此传开来。张念一等人得知后，遂拥戴这个“朱三太子”反清，这让朱慈焕很害怕，从起义一开始就四处躲藏。其间，他的妻妾、女儿、儿媳等人因官府通缉而上吊，三个儿子也被捕。他本人被捕后供述：“我从没有非分之想。遇见他们要妄为的人，我惟有躲避了，因劝不住他们，所以躲到山东，苟延残喘而已。”

在康熙的授意下，清廷对这个“朱三太子”的审讯规格定得非常高。朱慈焕祖孙三代七人被押解到京城，由九卿会审。

当时，朱慈焕已经 75 岁高龄，他对主审官员说：“吾今年七十五岁，血气已衰，鬓发皆白，乃不作反于三藩叛乱之时，而反于清宁无事之日乎？且所谓谋反者，必占据城池，积草屯粮，招买军马，打造军器，吾曾有一此乎？”

刑部认定他未参与谋反之事，但又下定论说：“朱某虽无谋反之事，未尝无谋反之心。”

然而，最终的定罪，却与谋不谋反无关。几名大学士在联合审讯后，由张廷玉结案上奏说：“王士元自认崇祯第四子，查崇祯第四子已于崇祯十四年身故，又遵旨传唤明代老太监，俱不认识。王士元明系假冒，其父子俱应凌迟处死。”

康熙要朱慈焕死，底下人自然明白怎么操作——假冒前朝皇子，这个罪名既能让清廷摆脱严苛无情的骂名，又能让不管真真假假的帝国潜在敌人消弭于无形。正如孟森所说：“以前朝皇子非罪名，务令以假冒为罪。”真是前朝皇子，那是没罪的，按清廷宣称的政策还必须优待，所以一定要说他是假冒前朝皇子，这样才能定罪。

就这样，75 岁的朱慈焕被凌迟处死，他的儿孙也被杀。整个家族遭遇了灭顶之灾，无一幸存。

后来，清廷在修《明史》的时候，为了掩盖被杀的朱慈焕的真实身份，在崇祯几个儿子的排序和名字上做了手脚。朱慈焕自供是崇祯第四子，《明史》却记载崇祯第四子为朱慈炤，第五子为朱慈焕。因第五子早夭的事实众所周知，清廷就可顺势摆脱杀害朱慈焕的嫌疑，而进一步坐实康熙四十七年（1708）凌迟处死的这个“朱慈焕”是个冒牌货。这就是我前面所讲的，历史书写本身就是一种权力，它可以掩盖一些事实，也可以制造另一些事实。

总之，康熙四十七年（1708）的朱慈焕之死，是清朝入关以来“朱三太子”最接近真实的一次现身了。此后，民间仍以“朱三太子”为反清复明的象征，但通通都是假托其名而已。

5

1644 年清军入关，对明朝臣民宣布：“义师为尔复君父仇。”我们是替明朝复仇来的，明清的共同敌人是李自成的农民军。这个口号很有迷惑性，一开始颇得明朝臣民的认可，连南明弘光朝都曾计划与清军联手打农民军。

与“替明朝复仇论”相配套的是，清廷多次宣称礼遇和优待明朝皇室子孙。这是顺理成章的，你想啊，不可能我说替你报仇，完了把你全家都杀了吧，这样狼子野心全暴露了，还怎样取信天下！

顺治在即位诏中，承诺明朝宗室贵族“首倡投诚，先来归顺，赴京朝见者，仍给禄养”，只要跟了我，你们的待遇不变，跟明朝一样。清军攻克南京后，重申“遇明朝子孙，素从优厚”。康熙也曾在南巡期间，亲自祭拜明太祖朱元璋的孝陵，看到陵寝损坏严重，无人专职看守，遂表态说：“朕意欲访察明代后裔，授以职衔，俾其世守祀事。”

但事实上，由于明朝实行同姓贵族分封制，皇室成员众多，且在各地拥有巨大的政治和经济特权，南明各政权正是拥戴各个宗室成员建立起来的。所以，清廷对明朝宗室势力颇为忌惮，表面上宣称要优待，要寻访后裔供起来，背地里却对有实力、有身份而可能对其统治构成威胁的明皇室成员采取了斩草除根计划。

怎样不动声色地斩草除根，这是个技术活儿。

康熙拜祭完明孝陵，交代当地寻找明代后裔，地方官最终以“虽经查访，亦难得实”——找了，但明代后裔身份无法核实——而作罢。这是一种人畜无害的说辞，既顾全了皇帝的体面，又不至于真的找个明代后裔供起来，成为民间反清复明的象征。

然而，更多的时候，清廷采用的是“假冒”的罪名，将真真假假的明代宗室成员，一概置于死地。

真身一旦出现，按照清廷宣称的政策，不仅不能加害，还要礼遇优待。这是清廷不愿意承受的结果。因此，不管真假，一概认定为假，这就有了正当杀害的理由，一劳永逸。这就是清廷的如意算盘。上文讲到的所有“明太子案”“朱三太子案”，全部被清廷公开认定为“伪太子”“伪朱三太子”并处死，原因在这里。仅有多铎攻下南京后，一度为了政治需要宣称南京那个王之明是“真太子”，但很快，“真太子”进京后被覆案，重新认定为“伪太子”，匆匆处死。

不仅是各种名目的末代皇子被“打假”，连明朝宗室，清廷也以“打假”之名行杀害之实。

明朝永安王宗室朱华堧，封镇国将军。顺治二年（1645），多铎兵临江南，朱华堧投降后，携清廷恩诏一纸赴湖广招抚，见族中宗室俱已投顺，自己便在九华山出家。后外出化缘，在江西九江被捕。朱华堧当时已经79岁高龄，“衰病垂危”，但清廷仍以“诈传亲王令旨”罪将其处死。一个“诈”字，说明清廷认定这个朱华堧是冒牌货，跟后来康熙时期处死朱慈焕的操作，如出一辙。

明亡后，明朝宗室朱应龙出家为道，改名王道真，暗地里招募英雄好汉，密谋“恢复故业”，后被陕西平凉府捕获。被捕后，朱应龙只揖不跪，自供身世说是“天启东宫太子”。尽管王道真供述东宫太子细节甚详，但清廷仍以“诈称天启东宫”罪将其处死。

但是，问题也来了。清廷自以为以“假冒”之名可以从肉体上消除明朝宗室敌对力量，却没想到，由于那些“真身”迟迟未被认定，导致后续有无数的“真身”冒出来。“朱三太子”在清朝入关后80年内层出不穷，成为孟森所说的社会反清复明的一种“公名”，正是因为清廷从未承认其中任何一个人是真正的“朱三太子”，所以民间始终相信真正的“朱三太子”还活在人间。这就叫“假作真时真亦假”，真真假假，官民双方都可以从自身立场出发进行阐释，各取所需。

假如清廷从一开始就“以假为真”，认定具体的一个人为“朱三太子”，那么，哪怕真正的朱三太子现身了，他也难以自证为真，“朱三太子”这个名号的能量想必就会小很多，不至于折磨了清朝几十年。

尽管雍正中期以后，“朱三太子”再未出没（此时“朱三太子”要在世，已经年近百岁，打他的旗号，有违人寿的常识），但“朱三太子案”后遗症，仍然深深笼罩在雍正心中。雍正在他的《大义觉迷录》中说：“从来异姓先后继统，前朝之宗姓臣服于后代者甚多，否则隐匿姓名伏处草野。从未有如本朝奸民假称朱姓，摇惑人心若此之众者。”

到了乾隆时期，一个虚构的人物——朱洪英取代“朱三太子”开始走红，成为反清复明的象征性人物。天地会的起源传说中，就主打朱洪英要复兴明朝的点，作为吸纳会众的共同记忆。这也算是“朱三太子”留给乾隆的一个噩梦，终其一生，他像他的祖父和父亲一样，对各种可能存在的聚众谣言和实际上并不存在的妖术，都十分恐惧，必欲彻查追问到底。

康雍乾在所谓的盛世中，大兴文字狱，说白了也是这种政治性梦魇在作祟。

无论他们如何严苛地打击人心，消灭思想，整个清朝始终无法摆脱统治合法性危机，直至它覆灭为止。

九子夺嫡，四阿哥凭什么胜出？

四阿哥胤禛即位后，谣言让他在位十几年都相当苦恼。

雍正元年（1723），大概在胤禛登极 8 个月后，一队朝鲜使臣带了一则政治秘闻回国。

朝鲜使臣说，雍正在朝堂上公开责骂八阿哥允禩（即胤禩，雍正即位后，其兄弟为避皇帝讳，改胤为允），“奏本抄写甚是不好，贴补涂注甚多，轻忽不敬如此”。骂完了，雍正开始翻旧账，说今天在场诸位大臣，当年都在先帝康熙面前保举八阿哥“可承大统”，现在又怎么样呢？雍正最后责备诸臣说，你们俱不心服，道我暗窃大宝。我若将你们诸王议处，又恐伤残手足，必定坏我名声……朕自登极以来，有说不尽的苦楚，每日无一刻安时，都不如我在旧王府时，娇妻美妾，并为（无）拘束。朕自去年十一月至今无一日快活，吃的未有好东西，穿的并无好衣服。我想起来做皇帝有甚好处，如八阿哥要做皇帝，我情愿让他做何如？

以雍正的老谋深算，没有人会把他这话当真，但他深困“得位不正”的传言却是确凿无疑。

康熙做什么决定都英明，但在选择继承人这件事上，却出现了“九子夺嫡”的局面，实在有点失败。这导致了雍正从继位之日起就饱受质疑，不得不出书自辩。

雍正继位的真相，迄今存在三种截然对立的说法：遗诏继位说、改诏篡位说和无诏夺位说。前一种指向其继位的合法性，后两种均指向非法性。

有意思的是，后两种说法流传甚广，在民间和影视剧中被不断演绎，但却是史学家公认不靠谱的说法。史学家普遍持第一种说法——遗诏继位说，而分歧则在于，康熙宣布胤禛继承大统的遗诏，究竟是康熙的本意，还是胤禛等人在康熙临死之时矫诏草拟的？

1

雍正不是无缘无故记恨诸大臣“拥立”八阿哥胤禩。

康熙四十七年（1708）十一月十四日，在废掉皇太子胤礽两个月后，康熙召集满汉文武大臣齐聚畅春园，让他们从诸位皇子中举奏一位堪任皇太子之人。

大学士马齐先到了，说众人有意推举八阿哥。康熙帝不置可否，直接让马齐回去，会议他别参加了。

这时，领侍卫内大臣兼理藩院尚书阿灵阿等人开始搞小动作。他们偷偷给诸臣比画了个“八”字。于是，诸大臣异口同声推举八阿哥为皇太子。

这就弄得康熙很尴尬了。

此前，康熙已发现八阿哥到处拉拢，私结党羽，怀有野心。他甚至要把八阿哥锁起来，罪名是谋害皇太子胤礽。十四阿哥胤禵听说后进宫营救，结果康熙帝大怒，拔出佩刀，要杀胤禵。五阿哥胤祺跪抱劝止，康熙帝的怒火才慢慢消了下来。

不难看出，在诸子夺储的过程中，皇八子党的势力非常大。这也是四阿哥胤禛继位后痛恨八阿哥及其党羽的由来。

为消弭诸皇子对储君之位的纷争，康熙最终选择了复立胤礽为皇太子。

然而，事情远远没完。

胤礽并未吸取教训，故态复萌，公然结党营私，甚至联合步军统领托合齐等人策划逼老爸尽早让位。

康熙很生气，后果很严重。他召见文武大臣，把他们训了一顿：你们都是朕一手提拔的，受恩 50 年，现在站队站到皇太子那边去了，你们到底想干吗?

再次废掉皇太子胤礽之后，康熙已经不敢轻易指定他的继承人。皇太子党、皇长子党、皇八子党互相倾轧，让他头痛不已。

他曾忧愤地对他的儿子们说：“日后朕躬考终，必至将朕置乾清宫内，尔等束甲相争耳！”

在这里，他以春秋五霸之一的齐桓公晚年的境况自喻。齐桓公晚年，五个儿子树党争位，齐桓公刚死，诸子相攻，箭射在尸体上，也没有人顾及。其尸体在床上 67 天没法入殓，以致蛆虫爬出窗外。

在康熙执政的最后十年，储君之位就这么悬而未决，为后来胤禛继位演变成历史疑案埋下伏笔。

2

自第二次废储之后，康熙尤其关顾三阿哥胤祉、四阿哥胤禛以及十四阿哥胤禵。这三位皇子应是康熙帝关于皇储的属意人选。尤其是同父同母所生的四阿哥和十四阿哥，是储君的有力争夺者。

康熙五十七年（1718），命十四阿哥胤禵为抚远大将军，征讨准噶尔部。行前，康熙帝举行一系列仪式，表明他对这位皇子的期望。

九阿哥胤禟甚至对胤禵说："早成大功，得立为皇太子。"可见，他们都把这次出征立功，视为胤禵争取皇储的机会。

但人算不如天算。

胤禵尚未班师回朝，康熙却一病不起。康熙六十一年（1722）十一月十三日，康熙驾崩。胤禵不在身边。

正史记载，当天清晨，康熙病重，紧急召见三阿哥、七阿哥等 7 个皇子和步军统领隆科多，宣布："雍亲王皇四子胤禛，人品贵重，深肖朕躬，必能克承大统，著继朕即皇帝位。"

因这一事关皇位继承权的"关键证据"出自雍正朝史臣，一些历史学家迄今认定，这是雍正继位后伪造的遗诏。

不过，从当时的情境来看，康熙紧急召见皇子们，就传位胤禛一事予以明示，合乎情理。

康熙眼看自己危在顷刻，而国无储君，再不指定，一旦亡故，将会造成纷乱，或致江山不稳。这显然不是一代圣主希望的结果。

至于人选，或许他心中已属意胤禵，但胤禵此刻远在数千里之外，不是三五天赶得回来的。康熙应该深知，若指定胤禵为皇储，必定会如他所料想的，诸皇子又会在国无君主的空档期再度结党争位，而将他置于齐桓公死后停尸不葬的处境。

当时在华的耶稣会传教士巴多明神父也持这一看法，认为康熙"担心如果让十四子继承皇位，在他从远方赶回来即位期间，帝国内部会有动乱"。

因此，康熙帝选择了胤禛，或许是退而求其次的选择，却是当时情境下最好的选择。

3

在康熙心中，胤禛其实也是不错的人选。

在诸皇子争夺储君之位最激烈的时候，许多人都忽略了这个后来终临大位的四阿哥。他出身庶门，热衷佛学，与世无争，却把真实的动机隐藏在心灵深处，给康熙帝留下的是一个较为淳厚老成、孝敬恭谨的印象。

雍正自己曾说："四十余年以来，朕养志承欢，至诚至敬，屡蒙皇考恩谕。诸昆弟中，独谓朕诚孝。"

胤禛没有参加皇太子党，也没有参加皇长子党，更没有参加皇八子党。他头脑相当清醒冷静，在兄弟角逐皇储时做起了超然派。

皇太子胤礽第一次被废，胤禛非但没有落井下石，还给予关照。胤礽最初被幽禁，由大阿哥胤禔和四阿哥胤禛看守。胤礽吐槽说，皇父所斥"弑逆"一事，实为乌有，请两人代为奏明。胤禔不答应。胤禛却说："你不奏，我就奏。"胤禔只好代奏。这件事，无疑为胤禛加分。

后来，康熙说："前拘禁胤礽时，并无一人为之陈奏，惟四阿哥性量过人，深知大义，屡在朕前为胤礽保奏。"

随着时间推移，胤禛逐步加重他争储的砝码。当然，以他的工于心计和深藏不露，一切都以温情的名义进行。

他那乖巧的儿子弘历（即后来的乾隆），正是他最后打出的一张好牌。

康熙六十年（1721）四月十六日，康熙去热河时，随行的胤禛把自己 11 岁的第四子弘历也带去了。其间，胤禛让弘历在康熙的近侍面前背诵所学的经书，弘历出色地完成了表演，赢得交口称赞。

胤禛于是有了更进一步的想法：把弘历推荐给康熙，让他跟在祖父身边学习。

康熙六十一年（1722）三月二十五日，胤禛邀请康熙到圆明园赏牡丹，在宴席上把弘历唤出来，给祖父叩头行礼。康熙见弘历沉着稳重，很是高兴，当场降旨，将弘历收养宫中。祖孙俩的关系日益亲密，弘历在康熙的九十多个皇孙中脱颖而出。

不久，康熙带着弘历到木兰围猎。康熙用火枪打倒了一头熊，遂让侍卫领着弘历上前射杀，目的是让弘历初次围猎就有射杀大熊的美名。谁知趴在地上的熊突然跃起，弘历临危不慌，赶紧拉住马的缰绳，康熙急忙用虎枪将熊刺死。

康熙事后对和妃瓜尔佳氏讲了这次险情，指着弘历说：“伊命贵重，福将过予。”

在储君之争的最后关头，胤禛押对了宝，弘历也不负父望。康熙对弘历“爱护殊常”，多次公开表示弘历“福将过予”。

“福将过予”的话，康熙显然不是随便说说而已。他或许已经打定主意，通过他的安排，将来可以让他宠爱的这个皇孙登上皇位。

据朝鲜使臣在康熙六十一年（1722）十二月（即康熙死后一个月）的报告：康熙皇帝在畅春园病重，知其不能起，召阁老马齐说：“第四子胤亲王胤禛最贤，我死后立为嗣皇。胤禛第二子（指弘历）有英雄气象，必封为太子。”

至此，康熙实现了隔代指定储君，而胤禛可能是这一非常规做法的间接受益者。

三 王朝夺权疑案

曹操为何不称帝？

曹操 64 岁这一年，37 岁的孙权给他写了一封信。

这是东汉建安二十四年（219），距离赤壁大战已过去了 11 年时间。此时，尽管在争夺汉中的战争中败给了刘备，但是曹操却联合孙权在樊城之战中击败了关羽。袭取了荆州大半地区的孙权，此时则献上了关羽的人头，并且写信怂恿曹操称帝。

在将孙权“称说天命”的信传给内外群臣看了以后，曹操笑着说：“这小子是想把我架炉火上烤啊！”（是儿欲踞吾著炉火上邪！）

1

尽管不是皇帝，但曹操此时距离皇帝，只是差一个名分而已。

当时，曹操已基本统一北方地区，尽管秦岭、长江以南的广大地区分别被刘备和孙权占据，但这些地方在当时开发程度仍然较低，在人口、经济、军事等方面远远无法与北方地区相比。

而自从在建安元年（196）迎汉献帝前往许县（今河南省许昌市东）后，曹操此后的政治造势越来越火热：

赤壁之战当年（208），曹操先是废三公，恢复丞相制度，并自任汉朝丞相；

四年后（212），57 岁的曹操在汉献帝面前，开始“赞拜不名、入朝不趋、剑履上殿”，仿汉丞相萧何故事；

又一年后，建安十八年（213），在曹操僚属的鼓噪下，汉献帝更是被迫晋封 58 岁的曹操为魏公，并加九锡、建魏国，定国都于邺城，不仅如此，魏国还拥有冀州十郡之地，置丞相、太尉、大将军等百官；

到了建安十九年（214），曹操又折腾出了个新花样，让汉献帝封“魏公（曹操）

位在诸侯之上”；

但曹操的野心仍不满足，到了 61 岁这一年（216），汉献帝更是被迫将曹操从公爵提升为王爵，从魏公晋封为魏王，并且奏事不称臣，受诏不拜；

建安二十二年（217），62 岁的曹操更是以“十二旒、乘金根车、驾六马”的天子旒冕、车服、旌旗、礼乐郊祀天地，宗庙、祖、腊皆如汉制。

而“设天子旌旗，出入称警跸”的曹操，此时早已位极人臣，在礼仪上已与皇帝完全没有两样，他缺的，只是一个皇帝的名分而已。

所以两年后，建安二十四年（219），心怀鬼胎的孙权在斩杀关羽、被曹操表为荆州牧之后，作为政治交换，孙权马上给曹操写了封鼓噪“劝进”称帝的信，惹得曹操骚动不已。

但曹操很精，至死，他都坚持不称帝，没有迈出公开“篡逆”的最后一步。

事情都办到了这个份上，曹操为什么不称帝？

2

尽管在称帝的道路上步步挺进，但曹操的大后方，其实一直不稳。

作为东汉末年的风云人物，曹操一直有个难以言说的隐痛，就是他出身于宦官家族：曹操的父亲曹嵩是大宦官曹腾的养子，曹腾前后历经四代皇帝，被封为费亭侯，是炙手可热的大宦官；曹操的父亲曹嵩此后更是继承了费亭侯的封爵，并且通过贿赂“捐钱一亿万”而被封为太尉，一度位列“三公”之一。

东汉建立以后，世家大族鼎盛，与干政夺权的宦官逐渐形成了水火不容的态势，而汉末天下大乱的直接起因，就是因为公元 189 年，宦官与外戚争权，随后宦官十常侍诛杀大将军何进，引发董卓作乱而起。

在士族阶层看来，宦官在整个东汉时期为了夺权，一直残杀、打压士族，以致酿成宦官禁锢士人终身的两次“党锢之祸”，在这种士族与宦官长期势不两立的对抗格局中，在士族看来，作为大宦官家族出身的曹操，天生就有政治缺点。

尽管曹操一直试图摆脱这种宦官家族的名声拖累，他本身更是在汉末的董卓之乱中“首倡义兵”，并领兵作为关东联军的一分子协力进攻董卓，但是士族阶层仍然看不起他。后来，在与“四世三公”、作为士族代表的袁绍对战时，袁绍的下属、后来位列“建安七子”的陈琳在《为袁绍檄豫州文》中，就揭露曹操的家世说：

司空曹操，祖父中常侍（曹）腾，与（宦官）左悺、徐璜并作妖孽，饕餮放横，伤化虐民；父（曹）嵩，乞匄携养，因赃假位，舆金辇璧，输货权门，窃盗鼎司，倾覆重器。

因此，陈琳更是在檄文中直接痛骂曹操是“赘阉遗丑，本无懿德，僄狡锋协，好乱乐祸”。尽管骂得很难听，但说的基本是事实。

陈琳在袁绍败亡后被曹操大度赦免，但士族阶层仍然深刻鄙视这位“赘阉遗丑”出身的乱世奸雄。

建安元年（196）八月，颠沛流离的汉献帝被“独具慧眼”的曹操迎接到了许县，此后，曹操“挟天子以令诸侯”，而在拥汉派的士族大夫们看来，挟持汉献帝的曹操“实为汉贼”，因此，从建安五年（200）到建安二十三年（218）的整整18年间，拥汉派的士族前后三次发起了针对曹操的刺杀行动。

第一次刺杀行动发生在曹操迎汉献帝后四年，建安五年（200），20岁的汉献帝刘协不甘心做傀儡，于是密诏董贵人的父亲车骑将军董承设法诛杀曹操，然而事情泄露，董承以及将军吴子兰、王子服等全部被曹操诛杀。

第一次行刺失败14年后，建安十九年（214），尽忠汉朝皇室的伏氏家族试图行刺曹操未果，随后整个伏氏一百多人被曹操斩杀灭门。

就在曹操临死前两年，建安二十三年（218），拥汉派的士族少府耿纪、司直韦晃也起兵试图诛杀曹操，失败后，耿纪和韦晃也被“夷三族”。

尽管曹操前后18年间共挫败了三次刺杀行动，然而拥汉派的士族阶层前仆后继，不顾家族被灭门也要奋起刺杀的英勇，也极大地震撼了曹操。因此，尽管在称帝的道路上步步推进，但是曹操明白，他的内部并不稳定，很多士族只是迫于他的威权和兵势默不作声而已，所以尽管到了临死前一年（219），已经是“设天子旌旗，出入称警跸”，但曹操仍然心生顾忌。

3

而刘备、孙权未除，则是最大的外部隐患。

在建安元年（196）迎汉献帝到许县后，曹操先后击败了吕布、袁绍等强敌，随后又北征乌桓，基本平定北方，但建安十三年（208）赤壁之战的惨败，使得三国鼎立的局势开始形成，尽管在此后曹操又先后击败了马超、韩遂，占领了关中、陇右地区和河西走廊，但南方的刘备则趁势袭取了益州（今四川等地），并与孙权分割了长江以南的原荆州地区。

就在曹操“设天子旌旗，出入称警跸”的建安二十四年（219），在历经两年的战争后，刘备最终击败曹操，夺得了汉中地区，兵锋直指关中平原；同年，孙权为了争夺淮河流域，再次出兵围攻合肥。趁着曹操对抗孙权之际，刘备一方的关羽又从荆州派兵北伐樊城，并俘虏了曹操的大将于禁。

尽管曹操与孙权紧急休兵停战，随后孙权袭取荆州、斩杀关羽，解了曹军的樊城之围，但与此同时，孙权的势力也再次坐大，占据了从荆州到建康（今南京）的长江中下游地区，于是，在关中平原一侧，有占据秦岭以南的益州（今四川）和汉中地区的刘备虎视眈眈；而在整个辽阔的长江战线上，则有孙权的军队隔江对峙。

因此，尽管曹操在内部耀武扬威，不停斩杀拥汉派的士族，但在对外战场上，刘备和孙权这两个最大的隐患威胁，却始终未能铲除，这也成了曹操称帝路上最大的隐患。

在曹操看来，他距离皇帝只是差一个名分的问题。但只要他不称帝，他就仍然可以“挟天子以令诸侯”，以汉朝中央的名义讨伐作为地方势力的刘备和孙权，怎么说都还拥有那么一些舆论和道德的制高点；但如果他篡汉称帝，那么一方面他要背负“篡汉”的罪名，另外一方面刘备和孙权肯定也会称帝，这样大家就会平起平坐，而他曹操反而被人抓住口实，在舆论上处于弱势。

4

从曹操的人生历程来说，刚开始时，他确实没有什么远大的志向，只是想做一个大汉王朝的忠臣，扬名立万而已，尽管后来他的野心日益膨胀，但内心深处，他仍然挣扎不已。

在曹操击败吕布和袁绍后，关于曹操想要篡汉自立的猜测越来越盛，到了建安十五年（210），当时曹操的下属鼓噪要汉献帝封给曹操更多封地，于是，曹操一方面假惺惺辞让，一方面又趁机写了一篇文章阐述心扉，这就是后来广为流传的《让县自明本志令》（又名《述志令》）。

在《述志令》中曹操说，他年轻时“自以本非岩穴知名之士，恐为海内人之所见凡愚，欲为一郡守，好作政教，以建立名誉，使世士明知之”，起初，他只是想做一名太守，后来黄巾军起事，天下大乱，他升任典军校尉，就想着“欲为国家讨贼立功，欲望封侯作征西将军，然后题墓道言‘汉故征西将军曹侯之墓’，此其志也”。

当时，曹操的人生理想从做一个太守，晋升为想做一名“为国家讨贼立功”的“征西将军”，所以刚开始联合袁绍等人组成关东军讨伐董卓的时候，曹操为了避祸，刚开始并不敢招募太多兵马，“所以然者，多兵意盛，与强敌争，倘更为祸始。故汴水之战数千，后还到扬州更募，亦复不过三千人，此其本志有限也”。

然而在迎接汉献帝到许县后，曹操先后击败吕布、袁绍，基本统一北方，此时他胁迫汉献帝晋封自己为宰相，野心日益膨胀。但对外，曹操仍然自称“身为宰相，人臣之贵已极，意望已过矣”。

尽管在起初确实是一名试图忠心报国的将领，但随着地盘的扩大、野心的膨胀，曹操已经越来越不满足，但在对外的叙事上，他仍然努力维护着自己“忠心为国”的人设，并且以忠心辅佐周成王的周公自拟：“所以勤勤恳恳叙心腹者，见周公有《金縢》之书以自明，恐人不信之故。”

但是，对于外界要求曹操如果真是忠心报国就应该放弃军队的说法，曹操回应说：“实不可也。何者？诚恐己离兵为人所祸也。既为子孙计，又己败则国家倾危，是以不得慕虚名而处实祸，此所不得为也。”

在曹操看来，如果自己放弃军队，则势必将为人所祸害，所以为了自己的安危和子孙后代，也为了“保护国家”，所以他才不愿意放弃军权“慕虚名而处实祸”。

但前面说过的话无法收回，自己倾心打造的“忠心为国”的人设也已经散布出去，这也成了曹操心中的自我障碍，早在年轻的时候，面对董卓废汉少帝、立汉献帝等事，亲眼见到董卓败亡、遭万众唾弃的曹操就曾经说过：“废立之事，天下之至不祥也。”所以，自己心中曾经的报国情怀，加上董卓废立皇帝的败亡下场，这些也都在内心制约和警醒着曹操。

5

随着权势和年龄的增长，曹操的野心日益膨胀。

41 岁那年（196），曹操先是迎接汉献帝到了许县；43 岁时（198），曹操击败吕布；45 岁时（200），曹操又在官渡之战中击败袁绍；52 岁时（207），曹操远征乌桓，基本统一北方。

尽管在53岁那年（208）的赤壁之战中惨败，但随着年龄的增长，或许是感觉到了岁月的侵蚀，于是这一年，曹操先是废三公，自立为宰相。

四年后（212），57岁的曹操在汉献帝面前，开始“赞拜不名、入朝不趋、剑履上殿”；又一年后，建安十八年（213），58岁的曹操被晋封为魏公，并加九锡、建魏国；到了61岁这一年（216），曹操更是从魏公晋升为魏王，并且奏事不称臣，受诏不拜。

就在临死前三年，建安二十二年（217），62岁的曹操开始“设天子旌旗，出入称警跸”，至此，除了缺一个皇帝的名分，他已经拥有了一个皇帝所拥有的一切，差的，只是最后的临门一脚而已。

但现实的种种桎梏束缚着他，无论是拥汉派士族前仆后继的刺杀，还是刘备和孙权的虎视眈眈，抑或自身残存的一点对于大汉王朝的内疚，以上种种，都在妨碍着他迈出最后一步。

而就在他准备让汉献帝晋封自己为魏公、建魏国之前，他先是让手下的董昭秘密咨询被他称为“吾之子房”的心腹谋士荀彧。

针对曹操逐渐显露的篡位阴谋，作为拥汉派的荀彧却回应说：“君子爱人以德，不宜如此。”

曹操没想到自己最为看好的荀彧，却对自己的称帝野心暗示反对，曹操当然很生气，随后，荀彧神秘暴死。而在荀彧死亡的前后，曹操又先后杀死孔融、崔琰等士族代表人物，以让士族阶层不敢再表示异议。

但曹操之所以是曹操，就在于他在最后一刻的冷静与自制。

于是，在临死前一年（219），当37岁的孙权给他来信劝他称帝的时候，曹操先是很得意，把孙权的信传示给“内外群臣”观看，于是，手下们又趁机鼓噪，其中曹操的属臣陈群和桓阶更是趁机上书劝进：

汉自安帝以来，政去公室，国统数绝，至于今者，唯有名号，尺土一民，皆非汉有。……殿下应期，十分天下而有其九，以服事汉，群生注望，遐迩怨叹，是故孙权在远称臣，此天人之应，异气齐声。臣愚以为虞、夏不以辞让，殷、周不吝诛放，畏天知命，无所与让也。

但曹操忍住了，关于称帝的想法，他最后公开向“内外群臣”表示：“若天命在吾，吾为周文王矣。”意思是说，如果天命真的在曹魏这边，那么他就当个“周文王”，让“周武王”（曹操的儿子、魏国太子曹丕）去做他想做的事情好了，反正事后，也少不了他一个皇帝的名分。

在说出“吾为周文王”几个月后，建安二十五年（220）正月，曹操最终病逝于洛阳，终年 65 岁（虚岁 66 岁）。他死后，继位封国的魏王曹丕抛开顾忌，随即开始了马不停蹄的篡汉步骤，在“推却”汉献帝三次“禅让”后，魏王曹丕最终“勉为其难”接受了“禅让”，宣布取代汉朝自立为帝，建国号为魏。

随后，曹丕追尊父亲曹操为武皇帝，庙号太祖，是为魏武帝曹操。

如曹操所愿，他最终在死后，成了他想要的“周文王”。

还是他儿子曹丕说得直接，在汉献帝的“禅让”仪式结束后，曹丕当众感慨地说了一句：“舜、禹（禅让）的事，我现在总算明白了。”

曹魏建国 45 年后，咸熙二年（265），权臣司马懿的孙子司马炎也以“禅让”的名义，从曹魏末代皇帝曹奂手中篡位，并改国号为晋，曹魏最终灭亡。

而曹奂则被司马炎封为陈留王，邑万户，并被允许像汉献帝一样保留使用天子旌旗、上书不称臣、受诏不拜的待遇。

永嘉之乱时（307—313），陈留王随晋王朝衣冠南渡。到了 326 年，晋成帝司马衍封魏武帝曹操的玄孙曹励为陈留王，以接续魏国，此后，历经东晋、刘宋，直至南齐，陈留王国才被废除。

所谓帝业，最终化为千古一梦。

赵匡胤为何能轻松“黄袍加身”？

1

后周显德七年（960）正月初二，作为后周大将的赵匡胤，被一则到处谣传的消息搞得有点惶恐不安。

此前一天的大年初一，不知道从哪里传来的消息，说契丹联合北汉再次南下进攻后周。慌乱之下，后周朝廷急忙命令赵匡胤领兵出战，因为当时，赵匡胤是后周两大军队系统之一殿前司的最高统帅——殿前都点检。

尽管事前已经做了大量准备，然而消息还是走漏了出去，开封城里到处传言说：“出军之日，当立点检（赵匡胤）为天子。”

正值新年，开封城里的老百姓，却被这则传言吓得到处逃命，整个开封城里人心惶惶，然而诡异的是，好像已经被封锁了消息的后周朝廷却毫无反应，貌似对开封城里的大骚动毫不知情。

但是赵匡胤自己却被吓了个半死，正在千钧一发的当口上，事还没干呢，眼下这帮混账小兵就开始到处传言，万一出点闪失，岂不要误了卿卿性命?

惶恐不安的赵匡胤马上叫来家里人一起商量：“外间汹汹若此，将如何？”

赵匡胤的姐姐当时正在厨房里，她听到后铁着个脸，拿着个擀面杖出来打了一下赵匡胤，说：“大丈夫临大事，行不行自己决定！不要来家里吓女人！”

对此，北宋史学家司马光在《涑水记闻》中写道，在被打后，赵匡胤若有所思，“默然出”。

临走前，赵匡胤命令，将家里人全部隐藏到开封城中的封禅寺，以免失败罹祸，因为他决定，哥们儿要干大事了。

2

被姐姐拿擀面杖打的两天后，后周显德七年（960）正月初四早上，赵匡胤在离开封城不远处的陈桥驿（今河南省封丘县陈桥镇），发起了一场被后世称为“陈桥兵变”的政变，随后迅速回师开封，逼迫7岁的后周恭帝柴宗训“禅让”帝位，演出了中国历史上的一次“禅让”大剧。

陈桥兵变的推进，可以说顺利得惊人，不同于中国以往的大一统王朝每次建立都伴随残酷战争和腥风血雨，陈桥兵变的推进之巧妙和顺利，在中国历代都是一个特例，也因此，无数人都心生疑惑，赵匡胤究竟有什么本事，短短几天时间，就可以颠覆一个王朝、开创属于自己的新时代？

关于这件事，按照《宋史》等权威版本，说的是960年正月初四（2月4日）这天早上，喝了酒还没完全醒的赵匡胤，在稀里糊涂之中，被将士们拿着一件不知道从哪里搞来的“黄袍”，强行逼迫当了皇帝。

哦，事情可没这么简单吧？

事情确实不简单，对此，赵匡胤早已密谋了许久。

要夺权，首先要掌握禁军。

在后周世宗柴荣时期，后周拥有侍卫亲军司、殿前司两大军队系统，而当时，赵匡胤只是殿前司的副将：殿前都指挥使。而当时的殿前司主将殿前都点检，是后周太祖郭威的驸马张永德——如何才能取而代之当上主将，真正掌握其中一支禁军呢？

机会很快到来。

显德六年（959）六月，英明神武的后周世宗柴荣病重，就在这时，柴荣不知道从哪里听到一则传言，说“点检做天子”。此时，作为禁军大将的张永德兵强马壮，而后周太子柴宗训却只有7岁，于是，临死前几天，柴荣下令撤掉张永德的殿前都点检职务，改命赵匡胤接管殿前司这支禁军。

几天后，显德六年（959）六月十九日，38岁的柴荣病逝。

在一个来路不明、不知道是谁制造的传言帮助下，赵匡胤，作为最大的受益者，顺利得到了“殿前都点检”这个禁军大将职务。

此时，赵匡胤只有32岁。

3

这个32岁的帝国禁军大将，年纪之轻、手段之高、演技之精，堪称人精、戏骨。

眼看38岁的周世宗已经病死，而新继位的周恭帝柴宗训不过是个六七岁的小儿，所以，赵匡胤对皇位很是心动。

尽管宋代的史学家对陈桥兵变讳莫如深，因为或许在他们看来，一手提拔赵匡胤的后周世宗柴荣仅仅病死半年，赵匡胤就迫不及待兵变夺权，欺负柴宗训和符太后等孤儿寡母，于情于理实在太不光彩，所以，如何变着法儿为赵匡胤粉饰一下，自然是宋代史学家们的重大政治任务。

然而，总有那么丁点信息，隐晦传达着与“权威版本”相悖的神秘信息。

前面已经说过，后周时期，为了防止禁军掌控国家命脉，军队被分为侍卫亲军司、殿前司两大系统，周世宗柴荣临死前，赵匡胤通过一则广泛流传的传言，顺利当上了殿前都点检，掌控了殿前司这支军队。

然而还有一支军队，侍卫亲军司怎么办？

当时，作为柴荣的皇后，周恭帝柴宗训的母亲符太后还有一个身份。符太后有个亲姐妹，是赵匡胤的弟弟赵光义的妻子。

在符太后看来，赵匡胤是后党、外戚成员，掌控禁军，她心里比较踏实。在赵匡胤一党的撺掇运作下，不久，侍卫亲军司的最高统帅、始终效忠后周的侍卫马步军都指挥使李重进，就被外派到扬州，做了淮南节度使。

在曲线运作，调走自己的最大军事对手后，赵匡胤又在侍卫亲军司中，将“自己人”高怀德运作当上了侍卫亲军司马军都指挥使；另外一个“自己人”张令铎，则被任命为侍卫亲军司步军都指挥使——如此一来，尽管名义上的侍卫亲军司最高统帅仍然是外派扬州的淮南节度使兼侍卫亲军司马步军都指挥使的李重进，实际上的指挥权却已经落到了赵匡胤的“自己人”手中。

不知不觉，在周世宗柴荣死后半年，被符太后视为外戚和亲信的赵匡胤，已然隐秘掌控了后周帝国的两支军队。

4

在这个神奇的帝国，你要掌权，人脉是一件非常重要的事。

说起来，赵匡胤的祖父赵敬，曾经当过五代十国时期后唐的营州（今辽宁朝阳）、蓟州（今天津蓟州）、涿州等三州刺史；赵匡胤的父亲赵弘殷，则长期在后周的侍卫亲军司担任高级将领，为儿子赵匡胤留下了深厚的人脉，一直到陈桥兵变四年前的956年，57岁的赵弘殷才在军中病逝，死后还被后周世宗柴荣追赠为武清军节度使、太尉。

所以，后周帝国的军队系统中，到处都是赵弘殷和赵匡胤父子的人脉，而作为儿子的赵匡胤，在后周的军队中，还加入了一个连他在内，号称“义社十兄弟”的组织。

“义社十兄弟”，指的是赵匡胤、杨光义、石守信、李继勋、王审琦、刘庆义、刘守忠、刘廷让、韩重赟、王政忠十人，在他们年轻还是低级军官时组成的一个结拜组织。日后，这些人有的成长为后周帝国的高级军官。

到陈桥兵变前，赵匡胤的“义社兄弟”石守信，已经是殿前司的第三号人物：殿前都指挥使。另外一位“义社兄弟”王审琦，则是殿前司的第四号人物殿前都虞候。而赵匡胤的其他“义社兄弟”们，则分散在后周帝国的各个军队系统中，担任着大大小小的职务。

如此一来，整个后周帝国，说起来，军队系统中，上上下下、大大小小，都有赵匡胤的人。

大哥要是当了皇帝，兄弟们也该跟着沾沾光不是？

5

尽管筹谋已久，但发动兵变前，赵匡胤还是有点忐忑。这不，回到本文开头，底下那些该死的小兵就管不住自己的嘴巴，把个“出军之日，当立点检（赵匡胤）为天子”的话传得整个开封城人尽皆知。除了蒙在鼓里的符太后和小娃娃周恭帝，开封城里的老百姓，已经掀起了一场大逃亡，搞得赵匡胤心里惶恐不安，这才有了本文开头，被他的姐姐用擀面杖小打“训斥”的事。

说起来，赵匡胤一家对这场兵变早已了然于胸。陈桥兵变成功后，赵匡胤的母亲、荣升为太后的杜氏很是得意，说了一句很有名的话：“吾儿素有大志，今果然。”

有这样的好妈妈鼓励，小名为“香孩儿”的赵匡胤，当然要放手干一场、搏一把了。

于是，后周显德七年正月初一（960 年 2 月 1 日），一个诡异的消息从后周前线传来，说契丹联合北汉南下，军情紧急（后来事实表明，应该是假消息），请求允许让大将、殿前都点检赵匡胤立马带兵出征，慌成一团的后周朝廷立马答允。

说起来，符太后和后周朝廷的重臣们，忘记了十年前发生的一件事。那是后汉隐帝乾祐三年（950），当时，枢密使郭威也是以契丹入侵的名义，趁机掌控军队发动兵变，建立了后周；时间才过了十年，随着周太祖郭威、周世宗柴荣的相继去世，孤儿寡母的后周小朝廷，已然忘记了后周如何得以建立的“大事”了。

以军情紧急掌控大权后，后周显德七年正月初二（960 年 2 月 2 日），赵匡胤先是打发他的副手、殿前副都点检慕容延钊作为前锋，先整军出发离开开封城。当时，与殿前司的第三号人物石守信、第四号人物王审琦不同，殿前司二号人物慕容延钊虽然跟赵匡胤关系不错，但他并不知晓赵匡胤的兵变计划，所以赵匡胤先将他打发走远一点，以免妨碍“大事”。

新年的第三天，正月初三（2 月 3 日），赵匡胤也整军出发了，当晚，他就带兵抵达了陈桥驿。

当天傍晚，有一个自称懂得天文的军士苗训先是大叫起来，说你们看你们看，“日下复有一日”哦。原来，那会儿刚好日晕，但经苗训这么一说，似乎天机有变，大太阳要吞掉小太阳了！

于是乎，将士们开始“相与聚谋”，说这不对啊，要变天了哦！

然后，正月初四（2 月 4 日）凌晨，赵匡胤的弟弟赵光义、家臣赵普等一帮子人马涌进了赵匡胤的军帐，把一件事先准备好的黄袍披在了赵匡胤身上，然后跪下，大声喊起了万岁。

假装喝得有点晕乎乎，还没完全“酒醒”的赵匡胤，于是跟手下们约法三章，说：你们不要随便杀人哦，不要随便抢劫哦，这样子我才能当你们的皇帝。

早就说好的事，将士们自然大声说：一定一定。

6

在宋代史学家的渲染中，陈桥兵变似乎一呼百应，属于一个完全没有前期准备工作的突发事件。然而，史学家们总是春秋笔法，时不时就留下一点破绽，例如那个司马光，就有意无意记下了赵匡胤挨姐姐训打“点拨”的事。

正月初四日，在陈桥驿黄袍加身当天，赵匡胤带着大军杀回了开封城。

然而在开封城陈桥门值班的两位警备队长陆、乔二人（史书没有记下详细名字，仅留姓氏），在开封城几日来的异动中，已感觉到了不对，他们拒绝为赵匡胤打开城门，并与赵匡胤的部队形成对峙；赵匡胤也没有强行攻打，而是指挥部队绕路到封丘门进入开封城，在那里，赵匡胤的亲信打开了城门。

当时，作为后周两大军队系统之一的侍卫亲军司的二把手、马步军副都指挥使韩通正在皇宫内，在听说赵匡胤兵变入城的消息后，忠于后周朝廷的韩通在仓促之中，立马带着少数亲兵出城迎战，没想到却被赵匡胤的内应、作为“义社兄弟”的石守信派兵伏击。韩通随后冲出重围，并马上派人前往搜捕赵匡胤的家属，没想到的是，赵匡胤的前锋王彦昇已杀入开封城中，随后，韩通及其三个儿子全部被杀。

而在听说皇宫已经沦陷后，守卫陈桥门的陆、乔两位警备队长，不甘心投降赵匡胤，双双选择了上吊自杀，为后周殉国。

至此，开封城中微弱的敢于抵抗的军事力量，已全部消失。

7

陈桥兵变当天，赵匡胤随即杀进开封皇宫。对于这场突如其来的兵变，宰相范质在愤怒之中，紧紧抓住次相王溥的手，指甲几乎将王溥掐出血来。范质不顾生命危险，大声质问赵匡胤，赵匡胤的部下罗彦環则拔出剑，厉声威胁范质等人说：“三军无主，众将议立点检（赵匡胤）为天子，再有异言者斩！”

此时，被吓得面如土色的二号宰相王溥，随即跪拜起了赵匡胤，而范质则“颇诮让太祖，且不肯拜”。

赵匡胤倒也不杀范质，只是强行逼迫后周恭帝马上退位“禅让”。开封皇宫内杀气腾腾，仓促之中，赵匡胤突然想起来“受禅”还“未有禅文”，这下怎么搞?

没想到的是，早已有人提前洞察先机。翰林学士陶穀马上跑了出来，说自己早就写好啦（原话“已成矣”），然后从怀中掏出逼迫后周恭帝“禅让”的“禅文”，恭恭敬敬进献给赵匡胤审阅，然后转身交给了范质等人。

陈桥兵变第二天，960 年 2 月 5 日，赵匡胤正式将后周国号更改为宋，并改年号为建隆。至此，大宋帝国正式建立。

赵匡胤夺权后，周世宗柴荣遗留下的四个儿子，周恭帝柴宗训（953—973）在被迫“禅位”后，被降格为郑王，13 年后去世，年仅 21 岁，无子。陈桥兵变后两年，柴荣的另外一个儿子、年仅 10 岁的柴熙谨去世。而柴荣的最后两个儿子——柴熙让、柴熙诲，按照北宋史学家、编撰《新五代史》的欧阳修的说法是：“不知其所终。”至此，柴荣家族的血脉，也从史书中被“消失”了。

对于后世所谓宋朝皇家厚待柴氏后人，封其后人为世袭崇义公、宣义郎的记载，从血脉来说，他们其实并非柴荣的嫡系子孙。真实的柴荣子孙，早已在历史上或夭折，或无子，或“消失”了。

赵匡胤想不到的是，陈桥兵变后 16 年，公元 976 年，他自己也会在一场诡异的大雪之后离奇暴亡；而他仅存的两个儿子赵德昭和赵德芳，也先后一个自杀，一个离奇暴死。

历史，是有轮回的。

夺门之变：无人阻止的悲剧

正月十七日，天色微亮。按照大明皇帝朱祁钰跟群臣的约定，这天他将要恢复出早朝。

群臣早早等候在午门外。听到钟鼓齐鸣，他们鱼贯进入奉天门。但眼前的皇帝让他们目瞪口呆，一个个怀疑自己眼花了：

御座上的人并不是景泰帝朱祁钰，而是被幽禁了六年多的太上皇朱祁镇。

当众人面面相觑之时，徐有贞站出来高声说道："上皇复辟了！"

朱祁镇接着对群臣发话："景泰皇帝病重，群臣迎朕复位，你们各人仍担任原来的官职。"

群臣只好下跪，山呼万岁。

就在昨夜，正月十六的深夜，大明帝国发生了一起诡异的政变。主事者仅纠集了千余人马，却在一夜之间颠覆了大明皇权，场面平静得让人怀疑其间有没有爆发流血冲突。

第二次坐上皇位的朱祁镇，若出版回忆录，书名一定是《我的成功不可复制》。

1

当然，如果朱祁镇不想隐讳的话，他的失败同样不可复制。

一个皇帝被异族直接掳走，在漫长的中国历史上，除了极少数的亡国之君，朱祁镇算是破天荒的倒霉蛋吧。但反过来说，皇帝被异族直接掳走却没有亡国，最后还能生还，他也算是破天荒的幸运儿了。

正统十四年（1449）七月，蒙古瓦剌部的首领也先率军侵扰明朝。22 岁的明英宗朱祁镇在大太监王振的怂恿下，像打了鸡血一样，做出了一个让他后悔一辈子的决定：御驾亲征。

在 50 万明朝精锐的拥护下，朱祁镇出发了。

大军抵达大同，王振发现情况不妙，于是劝说朱祁镇回师。朱祁镇相当于只是到边境慰问了一下，就准备打道回府了。但王振又开始作妖，他是河北蔚县人，在回程中想让皇帝绕道他的家乡，好在家乡人面前显摆自己的能耐。结果耽误了行程，在土木堡（今河北怀来）被也先的瓦剌军追上。

明军遭到暴击。史载，50 万明军死伤过半，衣甲辎重全部被夺去。关键是，连朱祁镇也被瓦剌军俘虏了。而不断作死的王振，在乱军中被护卫将军樊忠一锤击杀。

当消息传回帝都，整个朝廷和皇宫都陷入惶恐之中。

也先把朱祁镇当作对明朝进行政治讹诈和经济讹诈的资本，时不时就带着朱祁镇出现在大同城门外，以朱祁镇的名义降旨要求见这个见那个，搜刮一批银子就走了。

朱祁镇的母亲孙太后，希望把皇帝赎回来。她和钱皇后一起，搜罗了宫中的金银珠宝，用 8 匹马把所有值钱的东西驮到瓦剌军营。也先照单全收，却只字不提放回朱祁镇。

这就把明朝逼到了没有君主的境地。

朱祁镇被俘 4 天后，他同父异母的弟弟、郕王朱祁钰摄政监国，代行皇权。

又 4 天后，朱祁钰临朝听政，群臣像往常一样上朝。有大臣在殿上揭发王振的罪行，说王振虽死，其余党还在，不诛灭九族无以谢天下。

群臣一起跪倒在地。

朱祁钰于是下令，让锦衣卫指挥使马顺去抄王振的家。

话音刚落，给事中王竑突然把马顺扑倒在地，劈头盖脸一顿痛殴。群臣迅速加入群殴，直至在朝堂上把马顺活活打死。

原来，满朝文武都知道，马顺一直是王振的忠实马仔。而不知情的朱祁钰竟让马顺去查王振的家，这才引发众怒，导致马顺被群殴而死。一起被打死的，还有王振的另两个死党——毛贵和王长随。

朱祁钰第一次听政，就遇上了史上罕见的当朝群殴事件。眼看着三个大活人死在朝堂上，他在太监的搀扶下悄悄撤走了。

2

大约10天后，群臣以太子年幼、需要有人领导抗击瓦剌入侵为由，请孙太后立朱祁钰为帝。

孙太后并不想让朱祁钰登上帝位，她死命要保住自己儿子朱祁镇的皇位。在早先给朱祁钰监国的敕书中，她就特别强调，皇帝（朱祁镇）“今尚未班师”，朱祁钰只是“暂总百官，理其事”。但慢慢迫于现实和舆情变化，她不得不接受了群臣要求朱祁钰称帝的事实。

朱祁钰却表现得很不想当这个皇帝。史书说，他“退让再三”，群臣则不依不饶。被逼急了，他厉声说：“皇太子（指朱祁镇的太子朱见深）在，卿等敢乱法耶？”大家都不敢说话了。

只有于谦大声说：“臣等诚忧国家，非为私计。愿殿下弘济艰难以安宗社，以慰人心。”

听了于谦的话，朱祁钰才放心地当起了皇帝。说起来，若没有土木之变这类突发事变，朱祁钰一辈子想都不敢想帝位的事儿。而现在，他却坐在了龙椅上，要领导这个国家对抗入侵的异族，这或许就是所谓的天命。明朝有两个皇帝的帝位是捡来的，朱祁钰正是其中一个。

但朱祁钰的帝位也不算白捡的，毕竟在王朝危急时刻，他也不辱使命，做了一名合格的主战皇帝。传统认为，是于谦临危不乱，领导并打赢了北京保卫战，从而延续明朝国祚；但大家忽视了于谦的背后，是新皇帝朱祁钰的授权与支持，没有朱祁钰的信任，于谦难以组织起同心同力的抗击瓦剌之战。

当时，侍讲徐珵等人曾主张放弃北京，举朝南迁。如果这一主张付诸实践，土木之变就将演变成明朝版的靖康之变。

于谦听了很生气，厉声说：“言南迁者，可斩也。京师天下根本，一动则大势去矣，独不见宋南渡事乎？”

朱祁钰力挺于谦，说他可不想做宋高宗赵构。

不南迁，那就跟瓦剌打。

也先发现明朝立了新皇帝，手中的俘虏朱祁镇变成了太上皇，利用价值大打折扣，遂在当年十月率兵进犯北京，结果被击败。次年（1450）春，又来寇边，再被大同总兵官郭登击败。

在于谦和朱祁钰坚决抗战的情况下，也先意识到继续拘留朱祁镇已经无利可图，不如把他送回去，说不定还能引发明廷二龙相斗、自毁长城呢。

明朝这边，朱祁钰对于也先表态释放太上皇朱祁镇，反应很冷淡。但群臣很兴奋，大臣王直等人都在讨论怎么奉迎太上皇。朱祁钰很不高兴地说："朕本不欲登大位，当时见推，实出卿等。"埋怨群臣当初逼他做皇帝，现在又要把"正牌皇帝"接回来，意思很明显：你们将朱祁镇迎回来后，要把我摆在哪里？

又是于谦站出来，从容地说，"天位已定，宁复有它"。皇位已经定下来了，您就放心吧。但按道理，是应该把太上皇接回来的。

吃了于谦的定心丸，朱祁钰这才说："听你的，听你的。"

瓦剌人在送还朱祁镇时，还不忘补上一刀，希望明廷内讧。知院伯颜帖木儿屏去左右，让译者对朱祁镇说："今日天可怜见，皇帝回去，今日你兄弟在家做了皇帝。皇帝位子是你的，你到了家里不要怕大小臣宰们，你要你的皇帝位子坐。"

不知是真心还是假意，当了一年左右俘虏的朱祁镇却说："愿看守祖宗陵寝，或做百姓也好。"

关于权力欲望，重返大明的朱祁镇似乎表现得很淡了，但坐稳了帝位的朱祁钰却表现得越来越重。

3

景泰元年（1450）八月，太上皇朱祁镇被迎回帝都后，朱祁钰把他安置在南宫内生活，并派了一支军队负责守卫。这意味着，朱祁镇遭到了朱祁钰的幽禁。

毕竟在朱祁钰临危登基时，朱祁镇已经做了十几年大明皇帝。这使得根基未牢的朱祁钰要想尽办法让朝臣淡忘这个太上皇。他禁止群臣去朝见朱祁镇。他只允许孙太后去探望自己的儿子，还有侍奉太监可以出入南宫，给予朱祁镇最低限度的尊严。他相信时间的力量，一切坚固的东西会随着时间的推移烟消云散，包括一个活着的前皇帝的影响力。

朱祁钰的本心并不算坏，但权力的甜味终究让他欲罢不能。他不仅自己做皇帝，还想让自己的儿子、子子孙孙都做皇帝。权力的父子相传，堪称父系社会的共识，在这一点上，他无法产生超越时代的思想。

当时的情况是，朱祁钰是大明的皇帝，但太子却还是朱祁镇的儿子朱见深。也就是说，在朱祁钰驾崩之后，帝国皇权将又回到朱祁镇一脉。这是朱祁钰内心的隐忧。

任何时代都不缺乏深度揣摩上意，进而求取高额回报的人。很快，广西一个都指挥使因为谋杀土官被捕，赶紧派人上书“请易太子”，希望借此自救。

朱祁钰见到这封奏疏，一定恨不得捧起来亲吻一下。他赶紧召集礼部讨论此事，群臣不敢反对，一个个唯唯诺诺地签名，同意易太子。

景泰三年（1452）五月，6 岁的朱见深被废为沂王，朱祁钰改立自己的儿子、5 岁的朱见济为皇太子。

然而，易储之事终于激起了一些人的不满。朱祁钰的皇后汪氏明确反对，结果被朱祁钰废掉，另立朱见济的生母杭氏为皇后。

仅仅一年半以后，景泰四年（1453）十一月，皇太子朱见济夭亡了。这或许是朱祁钰一生中最悲痛的事。而朱见济的死，一定程度上传导着后续一系列事件的爆发。

朱见济死后，朱祁钰没有其他儿子可补立为皇太子，一些大臣遂提出恢复朱见深为太子。朱祁钰怒不可遏，他才二十六七岁，精力旺盛，再生几个儿子不成问题，这些大臣为什么这么着急替朱祁镇的儿子说话？他一面将重提复立东宫的大臣打入诏狱，一面为了尽快生出一个继承人而努力，甚至一度把当时的名妓李惜儿召入内宫。

逐渐被人淡忘的太上皇朱祁镇，在易储风波中又被人提起来。负责朱祁镇日常生活的太监阮浪，曾得到朱祁镇赠予的一个金绣袋和一把镀金刀。阮浪又把这两样东西转送给他的朋友王尧。不知怎么回事儿，这事被捅了出来，认为是朱祁镇图谋复辟的一个阴谋，阮浪和王尧双双下狱。好在阮浪至死都不肯供述朱祁镇有复辟的企图，朱祁镇才未受牵连。

景泰六年（1455）七月，一个名叫徐正的刑科给事中面见朱祁钰，请求屏去左右，对朱祁钰密语说：“上皇（朱祁镇）临御岁久，沂王（朱见深）尝位储副，天下臣民仰戴。宜迁置所封之地，以绝人望，别选亲王子育之宫中。”

史载，朱祁钰听后，惊愕大怒，指着徐正说：“当死！当死！”

徐正原本想着富贵险中求，借挑动朱祁钰除去太上皇家族的潜在威胁来谋取富贵，没想到有些太过直白的“指点”是犯了忌讳的。

朱祁钰将徐正判了个流放充军，但他内心其实无比认同徐正的话。

朱祁钰对朱祁镇的幽禁立马升级为 2.0 版。他要彻底断绝朱祁镇与外界的联系，防止他与外人“通谋议”。他下令加固了南宫的门锁，增高宫墙，同时砍去靠墙的大树。日常给朱祁镇的饭菜，也只是从一个墙洞送入。连纸笔的供应量，都进行了严格控制。据说当时正值夏季，朱祁镇看到平日纳凉的大树突然被砍光了，心中十分害怕。

但朱祁钰终究不算是一个大坏人。

他把太上皇朱祁镇禁锢起来，却从没想过直接取了他的性命。尽管在长达六七年的时间里，只要他流露出一丁点儿对朱祁镇仍然存活于世的不安，底下的人立马就会心领神会，把人解决得干干净净，不留手尾，就像朱祁镇后来对他所做的一样。

然而，朱祁镇始终活得好好的，也就有了翻盘的可能。

4

到景泰七年（1456）年底，朱祁钰还没有折腾出一个儿子，却把身体折腾垮了。

他开始生病，连一些仪式活动都无法参加。

次年（1457）正月十二日，他病重不能临朝，群臣到左顺门请安。宦官兴安出来说，你们是朝廷的股肱之臣，“不能为社稷计，徒日日问安，有何益处？”

群臣无言以对，退了出来。

大家一起商议怎么办，认为兴安话中有话，是否在暗示大臣们赶紧商议立储之事。

大家于是围绕储君人选展开议论，最后公推时任兵部左侍郎兼左春坊大学士商辂主笔草拟了《复储疏》，并特地根据于谦的提议加上两句话：“乞早择元良，以安人心事。陛下（指朱祁钰）宣宗章皇帝之子，当立章皇帝子孙。”然后众大臣挨个署名。由于明宣宗朱瞻基的嫡孙只剩沂王朱见深一人，这个折子相当于把复立朱见深为太子之事公开化了。

两天后，正月十四日，折子递了上去。

朱祁钰很快下了谕令，“所请不允”，不同意群臣的意见。他说，自己只是偶感寒疾，正月十七日当早朝。

群臣认为这是皇帝身体好转的标志，于是各自退去，等待三天后，即正月十七日再议。

正月十五，按惯例，皇帝要亲自祭祀天地。朱祁钰想自己去，却站都站不稳。他选了总兵官、太子太师、武清侯石亨代替自己去。

石亨被召到皇帝的病榻前。他得知了朱祁钰的真实病情。出来后，立即联系了司设监太监曹吉祥、都督张軏二人，偷偷告诉他们说：皇帝已经快不行了。

石亨说，景泰帝病已沉重，如有不测，又无太子，不若乘势请上皇复位，倒是不世之功。

三人当场决定干一票。一场仓促的阴谋由此拉开了序幕。

按照分工，曹吉祥进宫去见了孙太后，并取得孙太后的支持。孙太后给了曹吉祥一份懿旨：“天子（指朱祁钰）疾大渐，殆弗兴，天位久虚。上皇（指朱祁镇）居南内于今八年，圣德无亏，天意有在。以奸臣擅谋，闭而不闻，欲迎立藩王以承大统，将不利于国家。（石）亨等其率兵以迎上皇。”明朝的一些史料指出这是曹吉祥、石亨等人伪造的懿旨，不过从孙太后希望自己儿子重登大位的立场来看，这份懿旨极有可能是真的。

石亨和张軏则连夜去找了善观天象、足智多谋的徐有贞。徐有贞就是土木之变后提议南迁的徐理，因名声太臭，长年不得升迁，听从高人的建议改名徐有贞。后因治理黄河有功，晋升为左副都御史。他有经世才华，但为人功利心太重，总想着建立盖世功业。

听完石亨等人的来意，徐有贞相当兴奋，当即夜观天象，并说：“帝星已见移位，事不宜迟，咱们得赶快下手。”

经过详细谋划，他们将举事时间定在第二天，即正月十六晚上。

正月十六晚，徐有贞换上朝服，出门前交代家人说：“我要去办大事，办成了是国家之福，办不成对徐家可能是灭顶之灾。你们要有心理准备。”

一路上，徐有贞又邀请左都御史杨善、老将王骥加入。王骥当时已 70 多岁，不但自己披甲上马，还将儿孙带在身边。与石亨叔侄、曹吉祥叔侄会合后，张軏也带着京营兵出现了。

他们全部人马加起来不过千把人，一齐向着皇城进发。

张軏调兵进城的借口是瓦剌军骚扰边境，需要护卫京城安全。石亨掌管皇城钥匙，直接打开大门，让这群搏取富贵的亡命之徒顺利进入了紫禁城。进入皇城后，心思缜密的徐有贞重新将大门锁上，防止外面的援兵进来。

众人顺利到达南宫。途中遇见的皇城守军，竟然无人敢过问。

南宫的宫门被朱祁钰加固后，怎么都打不开。石亨派人用巨木撞击，还是撞不开，反倒把墙撞出一个大洞。众人从洞口一拥而入。

太上皇朱祁镇此时还没入睡，看到黑压压的人闯进来，以为死期已至。谁知道众人见了他，伏地跪拜，口呼万岁。

朱祁镇问道："你们请我复位吗？这事务必审慎。"

众人于是簇拥着朱祁镇直奔大内。一路上，朱祁镇挨个儿问清姓名，表示不忘大伙儿的功劳。

到了东华门，守御士兵上前阻拦。朱祁镇站出来叱退守御士兵，众人兵不血刃进入了皇宫。另一些史料则表明，东华门的守御士兵跟石亨、张軏的子弟兵发生过一场小规模的冲突。不过，并未能阻止朱祁镇在当夜登上奉天殿宝座。

天色已微亮。按照大明皇帝朱祁钰跟群臣的约定，这天——正月十七日，他将要恢复出早朝。

群臣早早等候在午门外。听到钟鼓齐鸣，他们鱼贯进入奉天门。但眼前的皇帝让他们目瞪口呆，一个个怀疑自己眼花了：

御座上的人并不是景泰帝朱祁钰，而是被幽禁了六年多的太上皇朱祁镇。

当众人面面相觑之时，徐有贞站出来高声说道："上皇复辟了！"

朱祁镇接着对群臣发话："景泰皇帝病重，群臣迎朕复位，你们各人仍担任原来的官职。"

群臣只好下跪，山呼万岁。

历史上著名的宫廷政变——夺门之变，就这样诡异地成功了。

当朱祁镇重新登上皇位时，朱祁钰正在梳洗，准备临朝。听到钟鼓齐鸣，他问左右："莫非是于谦反了不成？"在朱祁钰的心中，隐藏着他对手握重兵的兵部尚书于谦的担忧。

没多久，底下回奏说，不关于谦的事，是太上皇复位了。

朱祁钰连说了三个"好"，重新回到床上，面朝墙壁睡下。没有人知道他此刻的心境是怎样的。

而于谦已经做好了赴死的准备。

在朱祁钰当政初期，帝国处于战时状态，兵政合一，兵部尚书于谦是毫无疑义的帝国二把手。后来，于谦是少保兼兵部尚书，再加总督军务，权重一时。他多次提出辞去一部分职务，但朱祁钰说"国家重务委托于卿"，"不允所辞"。

夺门之变发生时，甚至在朱祁镇重登帝位接受群臣朝拜后，手握重兵的于谦如果想阻止政变，那是分分钟的事。他如果愿意的话，绝对有能力让朱祁镇变回太上皇。但无论夺门之变发生时还是发生后，于谦都没有采取任何行动，这表明他默认了夺门之变的结果。

明朝后来的史学家分析说，徐、石密谋夺门之变，于谦并非不知，但他却认为如果以武力相抗，自己身家可保，而英宗、景帝势不俱全。因此，当他知道徐、石带兵夜入南宫时，听之任之，坐等待毙。“公（指于谦）盖可以不死，而顾以一死保全社稷也。”

5

于谦的死期果然到了。

重登帝位的朱祁镇，内心被复仇情绪填满了，似乎只有把旧账清算完毕才能对他 6 年多的幽禁生活有个交代。而首当其冲，便是朱祁钰倚重的“救时宰相”于谦。

夺门之变后第二天，正月十八日，于谦被捕下狱，罪名是莫须有的“意欲迎立外藩”——想要另立储君。

正月十九日，朱祁镇命三司九卿从速审理此案。

正月二十日，20 多名官员在大理寺对于谦进行会审。于谦身遭酷刑，始终保持沉默。

正月二十一日，于谦被杀。

从立案到处死于谦，前后仅用了 3 天时间。这种非常规的死刑执行模式，表明有人迫不及待要于谦死。

根据史书的说法，朱祁镇对于是否处死于谦还颇为犹豫，认为“于谦实有功于大明”，但徐有贞在一旁进谗言说：“不杀于谦，此举为无名。”意思是，不杀掉于谦的话，你现在的皇位就是得之不正，没有合法性。于是“帝意遂决”，下旨处斩了于谦。

处死于谦的同一天，朱祁镇下诏赦免天下，并改景泰八年为天顺元年。几天后，被软禁起来的景泰帝朱祁钰被废为郕王。

朱祁镇在诏书中，指责朱祁钰当年是篡位上台，还对他 8 年来的为人、为政进行了全面的否定，大骂朱祁钰“不孝不悌，不仁不义，秽德彰闻，神人共怒”，甚至诅咒朱祁钰“既绝其子，又殃其身”。

经过朱祁镇的抹杀，曾经坚决抗击瓦剌、延续明朝国祚的朱祁钰、于谦君臣二人，一个被黑成了“神人共怒”的昏君暴君，一个则被黑成了包藏祸心的奸臣野心家。

大约在夺门之变一个月后，朱祁钰死了，年仅30岁。《明英宗实录》说朱祁钰是病死的，但这可能是朱祁镇出于掩盖真相而指使史官所写的。野史的说法则是，朱祁钰死于朱祁镇派出的太监的缢杀。

朱祁钰死后，朱祁镇给他定了一个恶谥——“戾王”。随后，又命人毁掉了朱祁钰生前为自己营建的寿陵，另在北京西郊将他草草下葬。

明朝诸帝中，只有两个皇帝不能进入皇陵，一个是下落不明的建文帝朱允炆，另一个正是景泰帝朱祁钰。而这两人身后命运的背后，是明朝立国不足百年间发生的两起震惊天下的宫廷政变。皇权的争夺，从来就是这么赤裸裸，亲情与血缘算不得什么。

相对而言，朱祁镇的手段比捡到皇位的朱祁钰要狠得多。朱祁镇或许仅有一个想法：我只是拿回原本属于我的东西，只有他人亏欠我，我谁也不亏欠。这种“不亏欠”的心理，也是人性使然。即便贵为皇帝，他亦无法超脱作为人的局限性。就像作为臣子，石亨、徐有贞等人提着脑袋也要往上爬一样。他们总是以自我私利去指导自己的行动。毕竟世界上如于谦者，百年难得一见。

在夺门之变成功后，那些信奉富贵险中求的亡命之徒，一个个封官晋爵。我也懒得一一去记述他们得到了什么。我们只需要记住，他们也不是最终的赢家，他们仅仅沦为了皇权更替的工具。

这些人最终都迎来了不好的结局——在明英宗朱祁镇巩固了自己的权力后，当年的夺门功臣一个个变成了乱臣贼子——石亨、曹吉祥等人均以谋逆罪被下狱或诛杀，尽管石亨谋反案可能仅是朱祁镇罗织的一起冤狱；而徐有贞在政争落败后一度遭流放，始终得不到他想要的功名富贵，据说获释归乡后，每次酒后就绕屋一圈一圈地跑，边跑边叫“人不知我”，大概是已经疯了……

从某种意义上说，他们跟于谦一样，都是皇权之争的牺牲品。只是，他们死得没有意义，而于谦以高贵的人格，死后成了我们民族和国家共同膜拜的悲情英雄。

站在历史的长河之中，当我们感受着流水的方向，就会发现任何宫廷政变其实也都毫无意义——除了增加阴谋与权术的运作，以教坏世人之外，根本没有改变河流的方向。夺门之变更是如此。

我压根儿不关心朱祁镇与朱祁钰兄弟的生死，抑或夺门功臣们的命运，他们要么咎由自取，要么死不足惜。他们都想掌控权力的开关，却无一例外都是权力的奴隶而不自知。正如诗人北岛所说，卑鄙是卑鄙者的通行证。仅此而已。

而我之所以愿意用这么长的篇幅写下这场毫无意义的帝国政变，仅仅因为它造成了于谦被杀的悲剧，从而印证了北岛的下一行诗句：高尚是高尚者的墓志铭。

整个事件中，无数的人物来来往往，但经过历史的淘洗，唯有于谦的遭遇和精神超越了时代。那个拥有权力而最终弃用权力的悲情英雄，或许是唯一有灵魂的人。是他，让这段历史值得被反复追忆，被永久铭记。

宁王之乱："叛乱来得正是时候"

在无厘头电影《唐伯虎点秋香》里面，宁王是一个从头到尾叫嚣着要发飙的人物，动不动就来一句"你别逼我发飙"。最后被唐伯虎逼得没办法，在华太师府里当众脱裤子尿尿，算是发过飙了。

真实的历史却是，那泡尿可能是唐伯虎撒的。

史载，落魄文士唐伯虎曾应征到宁王府服务，半年后觉察出宁王有造反的迹象，想走又走不了，于是装疯卖傻，日日纵酒，做些违规逾矩之事，正史的记载叫"佯狂使酒，露其丑秽"，当众尿尿的事估计也干了。宁王最后受不了，才把唐伯虎打发走了。

5 年后，大明正德十四年（1519），宁王真的造反了。

就像那泡尿照见的历史一样，这场被称为"宁王之乱"的帝国藩王叛乱，从头到尾透露着荒诞的色彩。

因为，宁王朱宸濠要反的皇帝，本身就是一个无厘头的皇帝。

1

朱元璋出身穷苦，虽然后来靠着一帮兄弟逆袭夺得天下，但他骨子里对异姓功臣十分猜忌。明朝开国后，这帮功臣都被收拾得很惨。

在朱元璋眼里，只有自家人靠得住，于是大封宗室。自己的子侄，一个个都封为藩王。按照朱元璋的设想，一旦中央有事，皇权旁落，各地藩王可以起兵护卫皇室，即"清君侧"。

自西汉搞分封搞出了皇室自相残杀的七国之乱，此后历代很少敢这么搞法——即便分封藩王，也不实封。只有西晋的晋武帝真诚地向刘邦"学习"，结果又闹出了八王之乱，“国家之祸，至亲之乱，未有今日之甚者也”（《晋书》）。朱元璋可能不读历史，也可能从历史得到唯一的教训，就是不吸取任何教训。

在他死后没多久，根据历史定律，明朝的藩王之乱果然不期而至。那场名为靖难之役的帝国内乱，最终以他的儿子朱棣，取代了他的孙子朱允炆而告终。从某种意义上说，明朝虽然还是朱元璋的血脉，但已经颠覆了他生前安排好的血脉承继秩序。

有一就有二，朱家的血脉已经有了造反的致瘾性。朱棣死后不到两年，有个儿子想要复制父亲的成功——他的儿子朱高煦意欲干掉他的孙子朱瞻基。但失败了。这场谋权夺位的汉王之乱结束后，朱高煦死得很惨，据说被罩在一口 300 斤重的大铜缸里面，点火，活活烤死。

在汉王之乱 30 年后，1457 年，又爆发了两个兄弟皇帝——朱祁镇与朱祁钰之间的夺门之变，成者为帝，败者被废为王。这是一场毫无意义的政变，却搭上了一代英雄于谦的性命，实在可恶。

到正德皇帝朱厚照继位时，他已是明朝的第十个皇帝。这个倒霉的无厘头皇帝，在位 16 年，就遭遇了两次藩王叛乱。

朱厚照是明孝宗朱祐樘的独苗（另一个儿子早夭），万千宠爱于一身，养成他聪明而任性的性格。虚龄 15 岁继位，他还是个孩子呀，就跟玩游戏一样，开始了治理帝国的旅程。

事实证明，他永远长不大，从不按照帝国运转的体制来，也受不了身为帝王的责任和束缚，一切还是按自己的天性来，想怎么玩就怎么玩，怎么舒服就怎么来。

正德五年（1510），封在宁夏的安化王朱寘鐇起兵叛乱。

说起来，朱寘鐇之乱带有偶然因素。自朱棣以藩王身份造反成功后，朱棣真切感受到父亲朱元璋立下的分封制度的漏洞，为了防止别的宗室效仿自己，他开始削弱藩王的兵权，将其护卫力量降低到了仅有象征意义的地步。手里没兵，自然无法造反。藩王们吃好喝好，王朝的供养一分不少，但起兵谋反的念头就不要有了。

朱寘鐇其实手里也没兵，但他结交了宁夏的一批武官，他们手里有兵。当时，权阉刘瑾派御史到各地清理屯田，实际上是变相搜刮地方，损害军队利益。最早被激怒的是宁夏的戍将卫卒。朱寘鐇趁机打起“清君侧”的旗号，以讨伐刘瑾相号召，得到了地方武官和士兵的支持。

不过，这次叛乱前后仅 18 天就被平定。对于留恋豹房的 20 岁皇帝朱厚照，几乎没有造成什么反思。唯一的重要影响是，朱寘𨱍之乱平定后，内阁杨一清与太监张永联手，由张永利用献俘的机会揭发了刘瑾的“十七宗罪”。一代权阉刘瑾因此被凌迟处死。

而那个聪明而荒诞的皇帝，扶植起新的代理势力，继续他的游乐人生。他为今天的段子手提供了很多素材，营建豹房、热爱真人实战、自封大将军亲征、热爱钓鱼、禁止杀猪……直到 9 年后，正德十四年（1519），又一个藩王反了。

2

这个造反的藩王，正是宁王朱宸濠。而朱宸濠也成为明朝历史上最后一个公开挑战皇权的藩王。

朱宸濠敢造反，是有历史原因的。宁王府这一系，跟坐上皇位的朱棣一系，曾有过一个秘密约定。

第一代宁王叫朱权，是朱元璋第十七子。在朱元璋的所有儿子中，朱权天性聪慧，文武双全，14 岁被册封为宁王，16 岁到分封地大宁（今内蒙古喀喇沁旗南大宁故城）。大宁是帝国北方的军事重镇，朱权统领塞上 90 余座城，拥兵 8 万。他本人曾数次率军在边境上建立大功，是帝国的实力派人物。

但很快，朱权就卷入了靖难之役中。建文元年（1399）七月，燕王朱棣起兵，以“清君侧”之名对抗侄儿皇帝朱允炆的削藩政策。朱允炆担心朱权与朱棣这两大北方藩王搞在一起，立马召朱权回京，朱权不从。这时候，诡诈的朱棣单骑入大宁，谎称向朱权求救，却在郊外设了伏兵，将朱权及其妃妾、世子挟持到了北平。

为了说动十七弟与自己干大事，朱棣与朱权约定，事成后“中分天下”。朱权于是加入朱棣的阵营，时时出谋划策。

3 年后，朱棣造反成功，登上帝位。朱权眼巴巴等着他兑现承诺，而新皇帝朱棣却成了一个健忘的人，“中分天下”之事不了了之。

入了坑的朱权没有回头路，只能奏请封国。先请苏州为封地，朱棣不许。再请杭州为封地，又不许。这些富裕之地，想都别想，朱棣给了朱权四个选择——建宁（位于福建）、荆州、重庆和东昌（位于山东），都是当时不怎么好的地方，让朱权四选一。

朱权一怒之下，直接出走到了南昌。朱棣将计就计把朱权的封国定在南昌，护卫、禄米等通通减半，算是完成了当初对十七弟的承诺，尽管打了很多折扣。

然而，朱棣对所有藩王都不放心，对十七弟尤其不放心。朱权很快发现，自己的宁王府周围，侦探密布，他的一举一动随时都会被密报上去。没多久，朝廷就说朱权“巫蛊诽谤”，派人彻查，结果查无实据。

但经此恫吓，朱权已经对政治心灰意冷，开始读书、弹琴、学道，史载他著书有130多种，尤其精通音律戏曲。他以此证明自己毫无政治野心，终于没有死于非命，韬晦过完余生。他一直活到了明英宗正统十三年（1448），享年71岁。

第二代宁王朱奠培是朱权的孙子（因其世子早于朱权过世）。朱奠培继承了祖父的才气，擅文辞，工诗画，但他性格不太好，与自己的兄弟形同仇人，跟江西的地方官也合不来。江西布政使、按察使等官员曾告发朱奠培与其祖父、父亲的宫人私通，宁王府因此被褫夺了护卫。朱奠培也很高寿，活了74岁，到明孝宗弘治四年（1491）才去世。

朱奠培的儿子朱觐钧是第三代宁王。此人在位仅六七年，没什么存在感。

但朱觐钧的庶长子、第四代宁王朱宸濠，可就太有存在感了。据说，朱宸濠出生时，他的祖父朱奠培梦见有大蛇在房中咬人，认为此子必为邪妄，要把他溺死，所幸被其母冯氏救下来。

史书一直说，朱宸濠的生母冯氏是一个娼妓。但1962年出土的冯妃墓墓志显示，冯氏是一个贤良淑德、貴富兼备的人。因为冯氏死在其子朱宸濠造反之前，墓志保留了谀美的评价；而后来的史书出于对叛乱者朱宸濠的贬低，顺带贬低了他的出身，也贬低了他的母亲。这是历史的一种惯用写法。

我们现在已经无法真正还原朱宸濠此人。因为所有关于他的史料，都是他叛乱失败后形成的，字里行间充满了政治正确，无非就是说此人骄横无礼，恶贯满盈，强夺民田、民女，豢养群盗，劫财江湖间，“有司不敢问”。我们既然无法真实了解朱宸濠其人，就只能对这种成王败寇的历史叙述保留一丝怀疑的态度。

假如朱宸濠真的如此之坏，那与他的坏相匹配的，一定是当时在位的正德皇帝的昏。

史载，随着宁王府财富的聚敛，朱宸濠的政治野心也被激发了出来。他通过巨额的送礼和行贿，几乎打通了皇帝身边的所有重要人物的关节，由此恢复了其祖父在位时被褫夺的藩王护卫，成为他后来起兵的主要武装力量。

同时，他开始招揽各种能人，把江西有名的土匪强盗都笼络到府中，并勾结广西的狼兵和赣南的山民武装。他还派人到广东购买走私枪支与佛郎机兵器，在府中仿造，日夜不息。

这些事情要掩人耳目是很难的。数年来，宁王府中不断有人逃跑到京城告发朱宸濠意欲谋反。但朱宸濠就是没事，告发者却都被搞死了。江西巡抚孙燧七次上疏，疾呼“宁王必反”，这些加急奏疏却如石沉大海。朝廷中，正德皇帝的佞臣们，几乎都收了朱宸濠的好处，心甘情愿成为他的眼线，以至于他身在南昌，却对朝廷中的事了如指掌。

直到正德十四年（1519）六月十四日，朱宸濠以自己的生日为名宴客，胁迫江西官员跟他一起起兵，诛杀不听命于己的官员，“宁王已反”的既定事实才在半个月后到达正德皇帝朱厚照的案前。

但朱厚照不紧张，也不生气，他乐了。

3

此时的朱厚照巴不得帝国的南方多一些动乱，这样，他才有充分的理由“御驾亲征”——到南方游玩去。

朱宸濠或许不知道，在他造反前的三个月，朱厚照因为自己的南巡计划受阻，与内阁大臣和科道言官闹得不可开交。臣子们上疏要皇帝取消南巡计划，老老实实在北京治国，朱厚照抵挡不住大家的说教，干脆耍赖，要拿刀抹自己的脖子，吓唬人。对立的结果是，朱厚照处罚了 100 多名参加请愿劝阻的官员，其中 10 多人被廷杖致死，而他本人则被迫暂停了他的南巡计划。

宁王之乱，乱得正是时候。

史学家估计朱厚照大约在朱宸濠起兵的半个月后，就接到了王阳明的《飞报宁王谋反疏》。而朝廷正式接到这一事变的报告则在七月中旬，也就是事变发生一个月后。这半个月间，朱厚照没有将宁王之乱拿到朝廷上讨论，而是与豹房系统中的近臣进行了出征前的准备。

到了朝廷的公开会议上，兵部主张派武将讨伐即可，但朱厚照坚持要“亲征”。争执到最后，朱厚照下狠心发了一道圣旨：

朕当亲统六师，奉天征讨，不必命将……传闻（朱宸濠）已至湖口，将犯南京。即令总督军务威武大将军总兵官后军都督府太师镇国公朱寿（即朱厚照自己），亲统各镇边兵征剿。

正德十四年（1519）八月二十六日，威武大将军朱寿带着大队人马，出发南征了。

到达涿州（一说良乡），南征队伍已经接到王阳明的捷报——叛乱仅维持了43天就被平定了，宁王朱宸濠也被俘虏了。

看到捷报，朱厚照和随行的许泰、江彬、张永等人都傻眼了，这朱宸濠也太不经打了，就不能再坚持坚持，老子才出大北京呢！

为了不让蓄谋已久的南巡计划泡汤，朱厚照决定把王阳明的捷报压下来，继续他的“御驾亲征”之旅。许泰、江彬等佞臣心里也不爽，原本想着借皇帝南征，抢个头功，没想到被王阳明搞定了。在这些君臣眼里，他们对王阳明的平叛胜利都带有怨气。王阳明太能打了，这为他后续的悲催命运埋下了伏笔。

话说宁王朱宸濠在六月十四日，借着江西主要官员到宁王府为他庆生谢酒的机会，突然登台宣布：“太后娘娘有密旨，着我起兵，你各官知大义否？”

孙燧、许逵二人要求当场查看皇太后密旨。

朱宸濠大怒说：“杀这不知大义官，以定民志。”

两人当场被押出杀害后，朱宸濠对众人许诺，大事成后，封官加爵。

在起兵檄文中，朱宸濠指出朱厚照为政荒唐，宠幸奸臣，治国如同儿戏，根本不配拥有皇位。更关键的是，他还爆猛料说，朱厚照其实不是朱家子孙。这跟朱宸濠造反失败后，史家说他是“娼妓所生”的攻击手法如出一辙。对于皇族，血统即是正统，难怪历史上的类似争斗都要拿出身做文章。

据估计，朱宸濠起兵时握有大约一万兵力，号称十万大军出鄱阳湖，蔽江东下，直指南京。一路破九江，下南康，攻安庆，声势浩大，一时间“藩郡震动，宗亲慑忧”。

不幸的是，他遇到了王阳明。

王阳明是千年一遇的文武全才，不仅是一位伟大的哲学家，还是一位杰出的军事家。史书说，“终明之世，文臣用兵制胜，未有如守仁（王阳明）者也”。

朱宸濠起兵时，王阳明任右副都御史，巡抚南（昌）、赣（州）、汀（州）、漳

（州），正奉命前往福建处理卫所军人作乱事件。六月十五日，在路上的王阳明听到朱宸濠昨日在南昌起兵的消息。

听闻消息，王阳明立刻易服潜返吉安。一方面与吉安知府伍文定调集兵粮、船只；另一方面发出征讨令，呼吁各地起兵抗击宁王。

王阳明分析说，“贼若出长江顺流东下，则南都（南京）不可保”。所以他采取一系列兵不厌诈的谋略，对朱宸濠实施缓兵之计，拖延其攻打南京的时间。比如，他派出“死间”潜入南昌，故意被朱宸濠的人擒获，将各道勤王兵马火速赶来的假消息供出来，吓唬朱宸濠，让他不敢轻进。他还伪造朱宸濠的亲信谋士李士实、刘养正的投降秘状，四处散布，并专门写回信，感谢他们“精忠报国之心”，由此引发朱宸濠集团内部的相互猜忌。在李士实主张尽快出兵取南京、即大位时，朱宸濠出于猜忌，对这个建议迟迟不回应。

等到朱宸濠意识到自己中了王阳明的缓兵之计，开始发兵攻打南京，王阳明则直取其老巢南昌，迫使其回援。

一切尽在王阳明的掌握之中。南昌被打下来了，朱宸濠也在回援的过程中被生擒，这场帝国藩王内乱在第 43 天戛然而止。

朱宸濠的失败，很大程度上是败于王阳明的智谋，也败于起兵仓促、时机不成熟。清初史学家查继佐后来说，如果朱宸濠晚几年起兵，以当年朱棣未践行“中分天下”的许诺相号召，或许还能一搏，则“天下事未可知也”。

历史无法假设。真实发生的历史是，朱宸濠被生擒时，远在北京的皇帝朱厚照还在忙着“御驾亲征”的各种准备。当他出发南征时，捷报送到，他装作没看见，继续南下，一路游玩，用了四个月时间，终于在当年十二月二十五日抵达南京。

因为这次南巡是打着征讨朱宸濠的旗号进行的，所以，围绕着“战犯”朱宸濠，一场争夺早已悄无声息地开始了。

4

朱宸濠太惨了，发飙没发成，还沦为阶下囚，成为各路人马争抢着去邀功的“奇货”。但更惨的是王阳明，凭借自己的军事本领，平定了一场可能颠覆帝国的军事叛乱，结果不仅未受封赏，还接连遭受了各种势力的逼迫和陷害。

朱厚照自称威武大将军南征。许泰则被任命为副将军，张忠为提督军务太监，刘晖为平贼将军左都督，这三人率数千京军到了南昌，抢着要邀平乱的头功——虽然他们一分力都没出过。

王阳明之前给皇帝上疏说：“觊觎者非特一宁王，请黜奸谀以回天下豪杰心。”意思很明显，皇帝身边有坏人，与宁王勾搭在一起了。许泰、张忠等人怕王阳明揭发他们的罪行，于是恶人先告状，诬陷王阳明“先与（朱宸濠）通谋，虑事不成，乃起兵”。

后来，他们又命令王阳明将朱宸濠放回鄱阳湖，“待帝自擒”。战争被他们当成了邀功的游戏。

王阳明不从。

为了不让这些太监和佞臣抢功及销毁私通罪证，王阳明一度带着朱宸濠等俘虏东躲西藏，最后上疏请求向皇帝“献俘”，同时阻止皇帝南征。

在《请止亲征疏》中，王阳明说，叛乱已定，首恶已擒，请皇帝停止亲征，而他将押解朱宸濠等罪犯到北京。

朱厚照和他的亲信们各怀鬼胎，对王阳明的这个决定非常不满。但王阳明豁出去了，他连夜从玉山（今江西玉山县东）取道浙江北上。没想到刚走到杭州，就被朱厚照的心腹太监张永截住了。《明史·王守仁传》记载：

> 至钱唐（即钱塘，今浙江杭州）遇太监张永。永提督赞画机密军务，在（张）忠、（许）泰辈上，而故与杨一清善，除刘瑾，天下称之。守仁夜见永，颂其贤，因极言江西困敝，不堪六师扰。永深然之，曰：“永此来，为调护圣躬，非邀功也。公大勋，永知之，但事不可直情耳。”守仁乃以宸濠付永……

王阳明将朱宸濠交给张永后，只身赴京口（今江苏镇江），准备拜见皇帝——朱厚照当时已南下到了京口。途中，王阳明被任命为江西巡抚，没见成皇帝就直接回南昌了。

许泰、张忠等人知道王阳明已经悄悄把朱宸濠送出去了，十分恼怒，开始找王阳明的各种麻烦。

他们质问王阳明：“听说宁王府富甲天下，这些财富在哪里呀？”

王阳明说：“朱宸濠拿这些财富贿赂京师要人，买通内线，这些到时都有案可查。”

许泰、张忠心中有鬼，不敢说话了。

但他们又开始挑衅，质疑王阳明是一个文士，哪有本领平乱。他们提出要与王阳明在教场比射箭，想以此出王阳明的洋相，结果，王阳明三发三中。

到了冬至，许泰、张忠无奈从南昌班师，到了南京，在朱厚照跟前拼命诋毁王阳明："守仁必反，试召之，必不至。"

之前，许泰、张忠多次矫诏召见王阳明，王阳明识破他们的伎俩，所以不理睬。这次，他们使出毒计，怂恿皇帝下诏召见王阳明，如果王阳明不来，就坐实了"守仁必反"的诬告，死路一条。还好张永派人急报王阳明，告知他情况。王阳明于是乘船经鄱阳湖入长江，直下南京。

王阳明来了，许泰、张忠等人又千方百计阻止他见皇帝。最终还是见不到皇帝。

王阳明很郁闷，心累呀，半夜一人在江边静坐，萌发遁世之心。回南昌途中，他写下了《铜陵观铁船歌》，表达自己艰难的处境和复杂的心情：

我欲乘之访蓬岛，雷师皷舵虹为缫。
弱流万里不胜芥，复恐驾此成徒劳。
世路难行每如此，独立斜阳首重搔。

一个为帝国平定藩王之乱的功臣，却落得跟个罪臣似的，不仅自己和属下都未受封赏，连见上皇帝一面自证清白都没办法。如他自己所言，自己要乘船访蓬岛（代指皇帝居住的地方），但无论怎么努力都是徒劳的。这就是一代圣贤的悲哀，一个时代的悲哀。

朱厚照在南京逗留了七八个月，具体在干吗，史书无载，想必是吃喝玩乐怎么爽就怎么来吧。

到了正德十五年（1520）七月中旬，朱厚照离开北京已经快一年了，某天，他在南京的寓所突然落下一个绿色的猪头。朱厚照终于感到了一丝怪异，人们则认为这是上天对皇帝的一种警告。

与此同时，王阳明根据上面的要求，做出了妥协，重新写了一份捷报——《重上江西捷音疏》。在这份新的捷报里，王阳明违心地强调，宁王之乱的平定，是由于皇帝的英明指示，以及诸位跟随皇帝南征的将领们共同战斗才取得的。

大约三个星期后，宁王朱宸濠又出场了。他被放到南京一个教场里，四周围满了帝国士兵。朱厚照着戎装，骑高头大马，以“威武大将军朱寿”的身份，追着朱宸濠绕场跑。经过一轮仪式性的表演后，朱厚照像老鹰捉小鸡一样，亲手擒拿了帝国叛乱者朱宸濠。

所有人欢呼，皇上威武。

只有大汗淋漓的朱宸濠瞪大了惶恐的双眼：什么，你是在逗我吗?

朱厚照的所谓“南征”，至此圆满落下了帷幕。4 天后，正德十五年（1520）闰八月十二日，他决定载誉北归了。

返程中，经过清江浦（今属江苏淮安），朱厚照自驾小船下水捕鱼，翻船落水，被救起后落下疾病。

到了通州，离北京近了。不知为何，朱厚照突然决定，不带朱宸濠继续回京去向臣子们炫耀他南征的战果了。于是，45 岁的朱宸濠——大明最后一个公开叛乱的藩王，被就地杀掉了。

正德十六年（1521）正月，离京南征接近一年半的朱厚照，总算回到了北京。臣子们来不及庆幸，两个月后，年仅 31 岁的朱厚照就病重，死于豹房，没有留下一个儿子。

5

帝国皇位最终还是传给了一个藩王的后代，来自湖广安陆（今湖北钟祥）的兴献王之子、朱厚照的堂弟朱厚熜（即嘉靖皇帝）。

而平定宁王之乱的真正的头号功臣王阳明，终正德一朝，都未受到朝廷表彰。这种诡异的状态一直持续到嘉靖皇帝朱厚熜继位半年后，朝廷才对平乱的有功官员进行了封赏。王阳明被封为新建伯，原吉安知府伍文定升为左副都御史，其他有功官员升一至三级不等。

然而，王阳明的艰难遭遇并未到此以圆满结局收场，一场更大的打击靠近了他。

在朝廷封赏后半年内，随着新皇帝与内阁旧臣权力斗争的升温，那些追随王阳明的平叛功臣，陆续成了牺牲品，一个个遭到弹劾或黜官。这让王阳明如何安心享受伯爵之封?

嘉靖元年（1522）初及七月，王阳明两次上疏请求辞去封爵。他说，平叛的功臣们一个个被惩处，“人但见其赏未施而罚已及，功不录而罪有加，不能创奸警恶，而徒以阻忠义之气，快谗嫉之心”。

他的请求未获批准，只好借服丧之机辞官还乡。

直到嘉靖六年（1527），广西发生土司之乱，两广都御史根本搞不定，朝廷这才又想起王阳明。五月，朝廷重新起用王阳明。十一月，王阳明抵达广西。

第二年七月，王阳明就平定了广西思（恩）、田（州）土司之乱。

十月，嘉靖皇帝朱厚熜读到王阳明上奏的捷报后，却大发雷霆，说王阳明的捷报“近于夸诈，有失信义，恩威倒置，恐伤大体”。总之就是怀疑王阳明夸大战功。

此时，王阳明已经病重。不等朝廷同意，他自己就率性选择了返程。

朱厚熜并不体谅这些，说他无诏行动，目中无皇帝。那些惯于诋毁的朝臣，也都出来添油加醋，说他是“病狂丧心之人”。

王阳明最后病逝于江西南安的一条小船上，留下“此心光明，亦复何言”的遗言。

刻薄寡恩的朱厚熜并未因为王阳明的病逝，而消除对他的吹毛求疵。朱厚熜在王阳明死后，翻出了他当年平定宁王之乱的旧案说：

至于宸濠之变，与伍文定移檄举兵、仗义讨贼，元恶就擒，功固可录，但兵无节制，奏捷夸张……所封伯爵本应追夺，但系先朝信令，姑与终身，其殁后恤典具不准给。

意思是，本来王阳明的伯爵之封应该褫夺的，但自己开恩，不计较了，只取消王阳明殁后的恤典、世袭及荫子的特权。

朱厚熜一生以类似针对臣子的莫名其妙的打压，实现了皇权的张扬。只可怜一代圣人王阳明，自起兵平定宁王之乱后，就卷入了无休无止的帝国权斗的痛苦之中，至死不免。

好在历史终究向王阳明展示了良善的一面——那些生前高高在上的帝王，通通死不足惜，只有他的死，历经五百年，仍在照亮无数人的路：“此心光明，亦复何言！”

曾国藩为何不称帝?

1

在攻陷天京（今南京），消灭太平天国后，1864 年，曾国藩迎来了人生的权力巅峰。

此时，他拥兵三十多万，湘军兵强马壮、功盖天下。作为大清帝国的两江总督、钦差大臣、协办大学士，他还节制着作为帝国经济命脉所在的江苏、浙江、安徽、江西四省军事，自巡抚、提督等以下文武百官全部归他节制。

当时，全国八名总督中，有三名是湘系（分别是两江总督曾国藩、直隶总督刘长佑、闽浙总督左宗棠），此外四川总督骆秉章和两广总督毛鸿宾也和湘军关系密切。全国十五名巡抚中，也有七人属于湘系。放眼大清帝国，担任各地官员的湘军将领更是不计其数。可以说，此时的曾国藩和他的湘军势力，几乎把持了半个大清帝国。

野史记载，眼看湘军势可倾国，湘军高级将领曾国荃、鲍超等人密谋拥戴曾国藩自立称帝。太平天国首都天京城破后不久，以曾国荃等人为首的三十多名湘军高级将领，齐聚曾国藩军营，企图重演一出“赵匡胤黄袍加身”的历史剧。没想到正当众人鼓噪之际，曾国藩却当场写了一副对联:“倚天照海花无数，流水高山心自知！”

曾国藩委婉向部下们表达，自己效忠大清帝国，并无意称帝。

一百多年来，关于曾国藩为何不称帝这个问题，一直是中国近代史上的一个热点，因为早在太平天国陨落前，想劝曾国藩自立称帝的人，已是一拨接一拨。

1861 年 8 月，湘军攻下长江要镇安庆，直逼太平天国首都天京，此时，恰逢咸丰皇帝驾崩，年仅六虚岁的载淳（同治皇帝）登基，慈禧等人随即发动辛酉政变夺权，垂帘听政。

当时，第二次鸦片战争刚刚结束不到一年，大清帝国随即帝位更替、中枢震荡，眼看主少国弱，湘君将领李元度随即写了一副对联“王侯无种，帝王有真”进呈给曾国藩。没想到，曾国藩却勃然大怒说：“你们只知拉我上草案树（湖南土话，草案树为荆棘）以取功名，图富贵……”

曾公无心，但属下有意。

趁着曾国藩生日的名义，友人、湖北巡抚胡林翼前来祝贺。据说，交谈间，胡林翼偷偷写了一张字条：“东南半壁无主，我公其有意乎？”但曾国藩却不说话，只是悄悄将字条撕了个粉碎。

作为曾国藩的幕僚，王闿运有一天也来到曾国藩幕前，密献“纵横计”，暗中劝进。没想到曾国藩也不说话，只是用手指蘸着茶水在桌子上点点画画，然后起身离去。王闿运一看，写的竟是“荒谬”二字。不得已，王闿运随后紧急离开了曾国藩的幕府。

从 1853 年组建湘军，到 1864 年太平天国临近覆灭前，曾国藩势可倾国，这一点，连他的对手都看得清清楚楚。

太平军翼王石达开在被俘后就提醒曾国藩说，你若汉代韩信一般，何不率众独立？否则你功高震主，怕是难免“狡兔死，走狗烹”。太平军忠王李秀成在 1864 年被俘后，也向曾国藩进言说，自己愿意为曾国藩招抚仍然坚持在长江两岸抵抗的十多万旧部，拥戴曾国藩为帝。

但对于这些连续不断的“劝进”之言，曾国藩并没有听进去。

2

虽然属下乃至对手极力拥戴，但对于是否称帝，曾国藩心里明白，尽管湘军表面上势可倾国，内中已暗藏分裂。1864 年前后的湘军，尽管名义上拥兵 30 多万，内中却派系复杂，真正归属曾国藩直接指挥的，其实只有大约 12 万人，而其中真正的嫡系部队，只有归属弟弟曾国荃指挥的 5 万人马，其他各部，跟曾氏兄弟多少都有点不同程度的矛盾。

清廷对此看得清清楚楚。1854 年，当湘军攻克武昌后，咸丰皇帝一度喜形于色，说曾国藩一介书生，竟然能立下如此奇功，大学士祁寯（jùn）藻却不紧不慢地说，曾国藩只是一个不在官位的侍郎，却能迅速拉起一支上万人的队伍，这恐怕不是国家的吉兆，咸丰皇帝听后顿时变色。此后咸丰在世期间，一方面让曾国藩打仗，另一方面却故意不肯将地方总督巡抚等实权交给手握重兵的曾国藩等汉人。

1861 年咸丰皇帝驾崩后，垂帘听政的慈禧等人碍于帝国动荡，无奈下授予曾国藩“节制四省军政大权”，但为了抑制曾国藩、分化湘军，慈禧也在湘军内部不断地扶持曾国藩的反对派和敌对势力。

以左宗棠为例，左宗棠尽管也是湘军干将，但却性格倔强，与曾国藩有点政见不合，于是慈禧见缝插针，在 1863 年破格提拔左宗棠为闽浙总督，使得左宗棠率领的几万湘军精锐从曾国藩麾下分化出去。

此外，作为曾国藩的老幕僚和老部下，江西巡抚沈葆桢，此时也跟曾国藩决裂了。

沈葆桢是林则徐的外甥和女婿，1861 年，在曾国藩的上疏保奏下，沈葆桢晋升为江西巡抚。后来，曾国藩的弟弟曾国荃领兵围攻天京，前线急需军资给养，曾国藩为了筹措军饷急得“夜不成寐”，然而沈葆桢却将原定移交湘军的半数江西厘金全部扣除，对此曾国藩怀恨在心。

为了报复沈葆桢的“忘恩负义”，曾国藩命令湘军在太平军反攻时，故意不防守安徽南部的广德和宣城，以致太平军长驱直入江西。为此，曾国藩与沈葆桢最终绝交，双方形同陌路。

在清廷和慈禧等人的授意和故意分化下，到 1864 年，尽管名义上曾国藩号称“节制”江苏、浙江、安徽、江西四省军事，但浙江的左宗棠势力和江西的沈葆桢势力，实际上已经难以为曾国藩所控制。

利用湘军的内部矛盾，清廷在此基础上进行分化和釜底抽薪，这大大削弱了湘军的内部势力，使得曾国藩即使要反清称帝，也不得不仔细衡量一番。

3

在清廷和慈禧的故意扶持下，另一股抑制湘军的势力——淮军，此时也迅速崛起。

作为淮军的创始人，李鸿章是曾国藩的门生，一度还给曾国藩做过幕僚，尽管没有像沈葆桢一样与曾国藩公开决裂，但随着淮军的不断壮大，曾国藩也不得不开始忌惮起来。

李鸿章在组建淮军时，正是太平军势力最为雄厚之时，对此曾国藩还催促李鸿章尽早组建成军，以协助对抗太平军。但随着淮军的不断壮大，曾国藩心中非常不爽，不仅要求李鸿章自我限制，而且派出心腹韩正国带着两个营的湘军进驻淮军，监视李鸿章的举动。后来，曾国藩还截留了 4000 名本来要补充进淮军的新兵，并将其擅自编入湘军。

对此，李鸿章心里很是恼火，李对淮军的二号人物程学启抱怨说，曾国藩和湘军是："湖南人鸡犬升天，客籍人颇难出头。"

尽管淮军在创建早期发展艰难，但到达上海后，在上海士绅雄厚的财力支持下，仅仅两年时间，淮军便从 6000 人剧增至 70000 人。在洋人的支持下，淮军还一跃超过湘军，装备了洋枪洋炮，成为清军中装备最精良、火力最强大的一支武装。

此外，淮军内部跟湘军的矛盾也非常深。

当时，急剧扩张的淮军有两个特点：一个是原太平军的降军多；二是安徽老乡多（很多都是李鸿章的要员），跟以湖南人为主的湘军有很深的隔离感。

以太平军的降将、淮军二号人物程学启为例。程学启起初投降的是湘军，但曾国藩的弟弟曾国荃却对他疑心很重，经常排挤、欺凌程学启等人，打仗的时候经常叫程学启等人在最前面冲锋送死，筑营的时候也不允许程学启等降兵跟湘军在一起，担心他们捣乱。

由于深受湘军歧视，程学启还曾自杀过，所幸被部下救出，因此在改投淮军后，占据淮军大部的原太平军成员，也对湘军恨之入骨。

可以想象，假若曾国藩造反称帝，那么在当时最为强大、与湘军向来不合的淮军部队，难免会与湘军公开决裂。

4

实际上，为了防范湘军等汉人武装的闹事分裂，清廷也一直在不断提防。尽管太平天国战乱时期，南方战火滔天，清廷却一直将八旗骑兵（京营八旗）的主力十几万人，驻守在北京周围。

为了防范湘军，垂帘听政的慈禧和议政王奕䜣还在军事上做了其他防备，以提防湘军北进。当时，湘军西面有钦差大臣官文所率领的 20 万大军守在武昌，控制长江上游；著名悍将僧格林沁则率兵驻守在安徽、湖北；在湘军东面，清廷还布置了富明阿统率的大军镇守在镇江、扬州等长江下游地带，几乎是全面遏阻湘军。

湘军虽然看起来强大，但主力以水军最强，骑兵力量非常薄弱，所以假如北上作战，湘军的水军相对清廷的八旗骑兵并无优势。此外，清廷当时还有 60 万绿营兵。

而在曾国藩的湖南湘军之外，清廷当时还命令直隶、江苏、安徽、河南、山东、江西等 9 个省的另外 41 位官员也举办团练武装，这些分布全国各地的势力，也都是阻扼湘军的雄厚势力。

在此情况下，尽管部下们热心涌动，期望着跟随曾国藩一起造反称王称霸，但对全国兵力分布和湘军内部矛盾了然于心的曾国藩，也不得不三思而行。

有鉴于湘军内部的“骚动”，清廷也洞若观火，一直在不断敲打曾国藩。

1864 年 7 月，当曾国荃攻破天京后，湘军连夜上奏捷报，原本以为会得到重赏的曾国藩和曾国荃，却没想到迎来了清廷和慈禧等人一顿劈头盖脸的狂训。

此前，咸丰皇帝在临死前曾经许诺“克复金陵（南京）者为王”，然而清廷不仅没有兑现这个承诺，还训斥曾国荃指挥失当，没有将太平军一网打尽，以致让太平天国幼主洪天贵福等 1000 多人逃走。此外，针对当时到处传言湘军掳掠太平天国的金银宝库“天国圣库”的问题，清廷还命令曾国荃必须限期将财宝如数上缴朝廷。

不仅如此，清廷还颁发圣旨警告曾国藩，要求曾国藩严格管束部下，不得骄奢淫逸、四处掳掠，旨意中严厉训斥、暗藏杀机。

对此，以曾国荃为首的湘军将士心中非常愤怒，认为自己血战多年，如今攻下天京，不仅没有得到封赏，相反还招来清廷的猜忌，由此他们更加倾向于离心叛变，但曾国藩并未迷失心智，只是默默忍了下来。

5

曾国藩明白，湘军立下大功，清廷却敢于这般训斥和猜忌，是有底气的。

碍于湘军内部的矛盾，淮军的坐大和制衡，以及八旗骑兵和各路绿营兵、团练武装的监视，曾国藩了然于心的是，尽管湘军外表强大，但其实已经危机四伏。

即使在曾国藩直接控制的湘军内部，当时贪腐之风也越来越严重，军队中的各级将士纷纷往家中偷运金银财宝，士兵们普遍厌战。由于赏罚不当、分配不公，湘军内部还出现了闹饷、抗令等问题。在军中，湘军很多底层士兵大量加入哥老会等帮会组织，小集团的分化问题也越来越严重，曾国藩明白，经过十多年的征战，湘军已不复当年锐气，在到达巅峰之日，也是衰落之时。

1864 年湘军盛极而衰，也是湘军内部骚动不安的真实写照。

而作为一介书生，曾国藩内心也没有反清称帝的野心。

在曾国藩心中，他组练湘军，原本就是为了忠君报国，儒家的忠义概念在他心中根深蒂固；起兵之初，曾国藩就在讨伐太平天国的《讨粤匪檄》中指出，他之所以反对太平天国，乃是因为太平天国本身毁灭儒释道等一切传统的中国信仰——太平军毁孔庙、烧道观、杀僧人，对于一切名教的毁灭："此岂独我大清之变，乃开辟以来名教之奇变，我孔子、孟子之所痛哭于九原，凡读书识字者，又乌可袖手安坐，不思一为之所也。"

所以，捍卫儒教信仰和忠君报国的所谓"大义"，正是曾国藩内心的真实写照。

此外，在十多年的征战中，曾国藩曾高达五次大难不死，这也让他身心俱疲、无力再战：在靖港大败后，曾国藩试图自杀，幸亏被幕僚所救；第二次，回到长沙后，听说清廷要解散湘军，曾国藩一度悲愤，写下遗书、买好棺材想要自杀，还好前线湘潭大捷的消息传来，才打消了自杀的念头；第三次，湘军在湖口大败，曾国藩投水自杀，幸亏被李元度所救；第四次，南昌被围，曾国藩差点被石达开活捉，幸亏当时刚好天京事变，石达开撤兵离去，曾国藩又逃过一劫；第五次，太平军李世贤、杨辅清所率十几万大军包围湘军总部祁门，当时曾国藩手下只有几百亲兵，几条退路也全部被堵死，没想到太平军却由于情报失误撤围而去，曾国藩再次大难不死。

尽管自己多次大难不死，但曾国藩的四弟曾国葆却在战场上累死，二弟曾国华则战死。从 1853 年组练湘军，到 1864 年攻下天京，11 年间曾国藩历经坎坷，自身和家人的遭遇，也使得他对于所谓自立称帝，且不说心中的儒家道义束缚和实际情况的诸多阻碍，即使在内心，曾国藩也已是感觉到心力交瘁、沮丧难行。

6

而在攻克天京之前，曾国藩内心的惶惧就已显露。

在 1861 年终于受命"节制四省军事"时，曾国藩就在写给家人的信中表示："权太重，位太高，虚望太隆，悚惶之至。"

1862 年，曾国藩在两次写给儿子曾纪泽的信中就谈道："余忧惧太过……忧惶战栗之象不为少减，自是老年心血亏损之症。""但求全局不遽决裂，余能速死，而不为万世所痛骂则幸矣！"

这位早年游戏嬉乐的书生，根本没有想到他人生的后半段，竟然会卷入一场中国历史上最大规模的农民战争，并且成为决定时局的最关键人物。战争的残酷，远远超过了他心中所能承受的程度，更何况，自古“功高震主”“狡兔死，走狗烹”的无数案例摆在眼前，曾国藩更是战战兢兢。

为此，曾国藩写信给弟弟曾国荃说，以年羹尧等人的惨死为例，大清开国两百多年，没有几个汉人像他这样手握重兵的，所以朝廷不放心，是很正常的事；对此他劝诫曾国荃说，受点窝囊气很正常。

此外，考虑到当时天京虽然已攻破，但太平军仍有数十万残部在坚持战斗，北方捻军也活跃流窜，再加上资本主义列强环伺、虎视眈眈的危险局面，曾国藩也不忍再挑起战祸，以致殃及天下。

为了急流勇退，就在湘军攻破天京一个多月后，1864 年 8 月，曾国藩决定自削兵权——裁湘军 25000 人，且削的都是他直接控制的湘军核心部队。1864 年 11 月，曾国藩又自己奏请停征了作为湘军军饷的厘金、亩捐；曾国藩还让弟弟曾国荃主动“抱病离职、回原籍调养”。

通过自我裁军、主动交权等一系列举措，没有反清称帝的曾国藩，最终实现了急流勇退和自我保全，而清廷对他“再造大清”的回报则是一个御赐的所谓“太子太保、一等侯爵，世袭罔替，并赏戴双眼花翎”的“殊遇”。

八年后，急流勇退的曾国藩，最终以两江总督的身份死在任上。清廷给予他的待遇是：追赠太傅，谥号“文正”，并下令各省建立专祠纪念。

以再造帝国之功，功高震主，却能全身而退，不称帝的曾国藩，显然读透了历史。

四

将相离奇结局

伍子胥复仇之谜

他的一生充满了矛盾性和传奇性。

两千多年来，他以复仇与忠君的双重标签闻名于世。无论是复仇还是忠君，他都以极端的方式表达他的态度：复仇以鞭尸泄愤收尾，忠君以忠谏身死告终。

但在他身上，复仇与忠君又以极其矛盾的方式留待后人评说，时而被当成不忠不孝的典型，时而被当成至忠至孝的模范。

关于他的争议，未曾平息。他是英雄，也是恶神。是叛逆，也是功臣。

对他做出评判的人，或许根本不在乎历史真实，只在乎自己所处时代的现实需要。

后世为他的故事增添了许多传奇性，层累制造的历史，使得他的本来面目也日渐模糊。

然而，即便两千多年过去，我们依然能从附加在他身上的真真假假的历史与传说中，描定一条清晰而又悲情的主线——他的父兄因为忠诚而被杀，他为了报仇，隐忍半生，实施了一个长达十五六年的复仇计划，但最终却难逃父兄一样的命运，他仍然因为忠诚而被杀。

这个宿命般的结局，恰恰是历史上难以打开的一个死结，一个悲催的循环。我们讲伍子胥（？—前 484）的故事，其实是在讲历史的悲剧循环。

1

伍子胥复仇故事的起点，是一个王、一个美女和一个奸臣。在后来两千多年的中国历史中，忠奸对立的事情反复发生，而这几乎成为历史学家展开乱世叙述的三大标配。

王是楚平王，美女是秦国女子，奸臣是太子建的老师费无忌。

楚平王让费无忌负责太子建的婚礼仪式。费无忌看到新娘，来自秦国的女子“绝美”，转头就给楚平王汇报，怂恿楚平王自己把这个秦女娶了，再重新给太子娶一个。

这样，费无忌取悦了楚平王，却得罪了太子建。为了给自己留后路，费无忌开启了抹黑太子的模式。先是鼓动楚平王将太子建调到城父（今安徽亳州谯城区东南边陲），随后进谗言，说太子建在城父厉兵秣马，结交诸侯，恐怕要叛变啊。

楚平王信了，召回伍奢进行拷问。伍奢任太子太傅，是太子建的另一名老师。伍氏家族在楚国是地位很高的政治家族，伍奢的祖父伍参在晋楚之战中曾献奇谋，助楚军大胜。伍参之子、伍奢之父伍举也是楚庄王的重臣，见楚庄王不理政务、沉迷声色，就给楚庄王出了个谜语：南方有一只鸟，三年不展翅，三年不鸣叫，这是什么鸟？楚庄王知道伍举拐着弯儿骂自己不是好鸟，瞬间被激起了斗志说：你的意思，我知道了。虽然三年不展翅，但一飞必将冲天；虽然三年不鸣叫，但一鸣必会惊人。后来，楚庄王终于成就春秋霸业，人称“大器晚成”。

根据《史记》记载，面对费无忌对太子建的构陷，伍奢直言劝谏楚平王：“王独奈何以谗贼小臣疏骨肉之亲乎？”而《左传》记载伍奢劝谏楚平王的话是：“君一过多矣，何信于谗？”意思是，大王您娶太子之妻已经是过错了，为何还要一错再错，听信小人谗言，疏远至亲？

伍奢有伍家流淌在血液里的直言忠谏基因，但楚平王毕竟不是楚庄王，他动了杀心。

费无忌继续进谗言说，伍奢有两个儿子，不杀掉将来恐成楚国忧患，可以其父伍奢为人质，把他们召回来，一网打尽。楚平王对此“言听计从”，一面派人去追捕太子建，一面派人去抓伍奢的两个儿子。

问题就出在这里。历史上，君王为何常常听不进忠臣的直言，而对奸臣的谗言却言听计从？除了忠臣的直言听起来刺耳，是否还有可能是因为，奸臣更善于揣摩和迎合，说出了君王想说而不便说出来的心声呢？奸臣是坏，但他们只是君王的代言人，最坏的人其实是君王本人。

在楚平王派出的抓捕使者赶到之时，伍奢的两个儿子——伍尚和伍子胥，进行了最后一次对话。兄弟俩都知道，父亲被囚禁，不过是楚平王要挟他们兄弟返楚宫，好斩草除根、永绝后患的筹码而已。但伍尚为人仁厚，遂将报仇的重任托付给伍子胥，自己则选择回到楚宫与父亲同死。在《左传》的记载中，伍尚最后对伍子胥说：“父不可弃，名不可废，尔其勉之！”

在父兄的印象中，伍子胥为人刚戾忍诟，能成大事。在家族面临灭顶之灾时，他最终做出了“奔他国，借力以雪父之耻”的抉择。但应该强调，在生死关头，一留一去，一死一生，这是兄弟俩共同的选择。

历史上，生死抉择的背后，附加着忠孝仁义等各种意义，是一个古老的二人困境。两千多年后，晚清的谭嗣同在维新变法失败后，决定留下来受死，并写诗说“去留肝胆两昆仑”，把赴死的人和逃命的人，都置于一个崇高的地位，因为任一选择，都有不同的使命，都不容易。

伍尚束手被捕，等待他的是殉父而死。而伍子胥拉开了弓，搭上箭对准使者，使者不敢上前，伍子胥便逃走了。

当父亲伍奢和哥哥伍尚被杀的时候，伍子胥已经逃亡在了邻国的土地上。一场伟大的复仇，拉开了序幕。

2

在先秦最权威的史书《左传》中，关于伍子胥的逃亡路线，只有简简单单的三个字：“员如吴。”伍员（即伍子胥）去了吴国。逃亡中间到底发生了什么事，则由其他史书和小说进行补述，越往后世，叠加了越多的想象与传说。

司马迁《史记》说，伍子胥为了躲避追杀，最早逃到宋国，跟先前已经出逃的太子建会合，然后一同投奔郑国，最后又去了晋国。不久，太子建在晋顷公的怂恿下重返郑国，而郑国人很快发现，太子建可能已被晋顷公收买为内应，于是把他杀掉。伍子胥惊恐不已，连夜带着太子建的儿子，逃向吴国。

在伍子胥的最后一次逃亡中，他竟然冒着巨大的危险穿越楚国的昭关（今安徽含山县），而不是选择从其他国家抵达吴国。这成为一个难解之谜。

昭关地处吴头楚尾，是楚国重兵把守之地。按照正常人的思维，被捕的风险这么大，伍子胥不可能走这条路线入吴。但从古代历史叙述的偏好来看，将主人公置于极大的险境之中，才能催生出精彩的情节。伍子胥过昭关因此更偏向于虚构和传说。事实上，也正因为有了伍子胥过昭关的设定，后世才能不断往里面增添传奇情节。比如，战国时期法家代表作《韩非子》里面，就演绎了伍子胥过昭关的智谋：

> 子胥出走，边候得之。子胥曰："上索我者，以我有美珠也。今我已亡之矣，我且曰子取吞之。"

意思是说，伍子胥被守关的负责人抓住了，想拿他去楚平王那里领赏。伍子胥反问守关人，你知道楚王为什么要抓我吗？因为我有一颗价值连城的宝珠，但我已经把这颗宝珠弄丢了，到时我只能在楚王面前说，是你夺了我的宝珠并吞到肚子里去了。那个时候没有 B 超、X 光什么的，守关人一听就怕了，赶紧把伍子胥放掉。

司马迁《史记》则重点讲述伍子胥被守关人追捕，跑到江边，恰好有一位渔翁划船而来，渡他过江。伍子胥十分感激，解下佩剑赠给渔翁，作为报答。渔翁拒绝了，说：楚王的悬赏令规定，抓到伍子胥的人封爵，并赐米五万石，这些都不入我眼，我又怎么会要你的宝剑呢？

正如法家重在突显伍子胥的谋略，司马迁则重在强调世道人心，在《史记》中，不乏渔翁、屠夫、耕夫这些无名的世外高人，他们地位卑微，与世无争，但品格高洁，总在关键时刻代表正义出手，帮助苦主。

到了东汉时期，当时流行的杂史，进一步附会出新的情节，说伍子胥渡江后特别叮嘱渔翁，不要泄露出去。当伍子胥因为不放心而回头再看时，渔翁已凿船自沉江中。一个逃亡者的猜忌和一个隐世者的高洁，在这个离奇的细节中得到最大的强化。但这已跟真实的历史完全无关。

还有，今天人们熟悉的伍子胥过昭关一夜白头，则是到了元代才编出来的。真实性更加不值一驳。

根据司马迁的叙述，过昭关后，伍子胥生病，中途依靠乞食为生。但我们不难发现，在《史记》中，除了伍子胥，百里奚、重耳、韩信等人都曾沦为乞食者。这可能又是历史叙述的一个偏好：将失志的牛人推入山穷水尽的境地，让他沦为一无所有的乞丐，其实是为他最终超越困境、成就大业做好了铺垫而已。这就跟现在的闯关游戏设置一样，闯关难度越大，胜利的意义和快感也就越大。

总之，在《左传》的"员如吴"三个字背后，历代史学家和小说家推演出了伍子胥逃亡和闯关的许多传奇故事，只有这样，苦其心志，劳其筋骨，饿其体肤，空乏其身，才能促成一个悲剧人物去完成他的复仇大业。因为，在正统的观念中，任何结局的成功，都不是随意得来的，中间必经过九九八十一难。

3

从当时的诸侯形势分析，伍子胥历经千辛万苦也要逃往吴国，是有道理的。

在春秋中前期，主要是晋楚争霸，能威胁震慑楚国的，除了晋国就没有了。当时的楚国逃亡者，一般会先跑到中立国宋国、郑国，然后到晋国，从晋国寻求复仇本国的机会。流传到现在的成语“楚材晋用”，反映的就是楚国君臣矛盾，使人才出逃到晋国，并为晋国所用的史实。

但到了伍子胥生活的春秋后期，晋国大族横行，内乱不止，已经无心与楚国争霸了。来自楚国的逃亡者，如果背负复仇使命，依靠晋国攻打楚国来报仇，就显得不现实了。他们只能继续寻找有能力、有雄心抗衡楚国的国家，这就是新崛起的吴国。无论是伍子胥，还是与伍子胥有相同遭遇、父亲同样被楚国所杀的逃亡者伯嚭，都因此选择了奔吴。

但，伍子胥入吴国乞兵伐楚的计划并不顺利。

虽然吴楚两国为世仇，常年在边境打仗，但当伍子胥向吴王僚献策一举攻破楚国时，公子光却站出来阻止吴王僚，挑明说，伍子胥不过是想替自己复仇而已，“不可从”。

这是一场读心术的较量。公子光看出伍子胥仅为了个人复仇考虑，不为吴国社稷考虑。而伍子胥从公子光的阻挠，则看出他有异志，不想让吴王僚独占破楚之功。

伍子胥决定退而求其次，向公子光推荐了一个名叫专诸的刺客，自己则隐退到乡下种田去了。

伍奢当年说自己这个儿子性格刚戾，但能隐忍，确实是知子莫若父。在复仇计划受阻之后，伍子胥选择了放慢步伐，用时间去赌公子光能上位成为新一代吴王，再利用其建功立业、巩固权威的需求，游说其攻破楚国。而这注定是漫长的等待。

五年后，伍子胥介绍给公子光的专诸，刺杀了吴王僚。公子光自立为王，是为吴王阖闾。一上位，他果然把伍子胥从山野之间召回来，任命为“行人”之官，参与国家大政。

又过了九年，吴王阖闾灭楚称霸的欲望，已经比伍子胥灭楚复仇的欲望强烈得多。伍子胥遂向阖闾献策，以三支军队分别骚扰的疲楚之策，拉开了大举进攻楚国的序幕。

公元前 506 年，春秋后期的一场经典战役——柏举之战，3 万吴国军队深入楚国境内，在柏举（今湖北麻城境内）击溃了楚国 20 万主力。吴国军队随后攻入了楚国都城——郢都。

这一刻，伍子胥已经等了十五六年。但当时，他的复仇对象楚平王已经死去十年，在位的是楚平工与秦国女子的儿子楚昭王。郢都陷落，楚昭王逃入山中。据司马迁《史记》记载，十多年间一直胸怀血海深仇的伍子胥，四处搜寻不到楚昭王，怒气仍无法发泄，遂掘开楚平王的墓，进行鞭尸。但《史记》在另一处则记载，伍子胥仅对楚平王之墓进行鞭挞。

究竟是“鞭尸”还是“挞墓”，已无定论。但伍子胥这一带有极端侮辱性质的举动，已经严重挑战了当时的社会伦理。伍子胥当年的好友申包胥，听到消息后派人传话，怒斥伍子胥：“你这样复仇，未免太过分了！已经不讲天理到极点了！”

伍子胥则对来人说：“为我谢申包胥曰，吾日莫途远，吾故倒行而逆施之。”替我向申包胥致歉吧，就说我因为年事已高，而报仇心切，就像眼看要日落西山，却仍路途遥遥，所以才做出这种倒行逆施的事情来。

但这也符合伍子胥刚戾极端的性格，复仇，他就一定要狠狠地泄愤。

当初，伍子胥逃亡楚国之前，跟申包胥说：他（楚平王）杀了我父兄，我一定要灭了他的楚国。据《左传》记载，申包胥“勉之”，尊重伍子胥的决定，让他加油。但申包胥同时表达了自己的态度：“子能复之，我必能兴之。”你能灭楚，我也能兴楚。两人一个复仇，一个忠君，都是合理的诉求，没有对错，所以互道珍重。

后面的事情我们都知道了，申包胥在郢都沦陷后，跑到秦国搬救兵，据说在秦宫哭了七天七夜，终于感动了秦哀公。秦国出兵救援楚国，迫使吴国撤军回国。

伍子胥的复仇故事，至此以差点灭了楚国而告终。而当年的一对好朋友，各自实现了自己的诺言。

4

有意思的是，申包胥做了楚国的忠臣，而伍子胥最终做了吴国的忠臣。

在伍子胥完成复仇大业之后，他并没有功成退隐，而是继续服务吴王阖闾，成为吴国的重要智囊。阖闾在世时，伍子胥颇受重用，帮助吴国奠定霸业之基。史载，“吴以伍子胥、孙武之谋，西破强楚，北威齐晋，南服越人”。

但在阖闾死后，伍子胥在继位的吴王夫差那里，关系日渐疏远。当年与他同病相怜的复仇者伯嚭，开始取代伍子胥，成为吴王夫差最信任的重臣。

针对吴国的对外战略，是北伐还是南征，伍子胥与伯嚭形成了两条路线的斗争。尤其是在公元前 494 年吴越会战之后，吴国军队打得越王勾践率领残部退守会稽山，越国濒临亡国。伍子胥与伯嚭的战略分歧，达到了空前严重的阶段。

伍子胥多次向夫差谏言，一再强调越王勾践不死，“必为吴患”，“今吴之有越，犹人之有腹心疾也”，力主吴国应当杀掉勾践、灭掉越国，摘除心腹之患，然后才能挥师北上，争霸中原。而伯嚭收受了越王勾践的贿赂，极力鼓动夫差与越国结盟罢兵，以便将主力投入北伐，尽早称霸天下，这也可以让越国获得喘息之机。

夫差最终站在伯嚭这边，仅对勾践进行奴役式的惩罚，而留给他一条命，也没有灭掉他的国，这给了勾践后来卧薪尝胆翻盘的机会。伍子胥对夫差发出警告，说天要灭越国，如果吴国不接受，一定会反遭其殃。而夫差已经开始用兵于北方，并被短暂的胜利冲昏了头脑。

大约十年后，伍子胥在吴国抵达武力巅峰的时候，却已预见了吴国的败亡。

尽管先秦的儒家一再劝告，忠君要有度，君王不听劝谏，可以选择离开。可是，也许伍子胥血液里流淌着家族忠谏的基因，也许他对自己的地位和现状仍有所留恋，他并未像年轻时离开楚国一样选择离开吴国。他采取的最决绝的做法，是在自己出使齐国时将儿子留在齐国避祸，自己还是返回了吴国。伯嚭则立马抓住他是一个“裸官”的把柄，再次向夫差进谗言。

夫差彻底被触怒，当场以属镂之剑赐死伍子胥。伍子胥自杀前留下遗言：把我的头颅挂在城头吧，我会看到越国灭亡吴国的。夫差听说了伍子胥的遗言，更加愤怒，命人以鸱夷革裹其尸浮于江，一代忠魂就此长眠于烟波浩渺中。

在伍子胥临死的时候，不知道有没有那么一个时刻让他感觉到吊诡的恍惚？在那一个时刻，父亲的命运在他身上重演了一遍：那一刻，吴王夫差就是当年的楚平王，伯嚭就是当年的费无忌，而他，伍子胥则是当年自己的父亲伍奢。一模一样的悲剧，在两代人身上进行了复制。

数百年后，司马迁在给伍子胥作传的时候，肯定意识到了悲剧的循环。《史记·伍子胥列传》的整个叙述，就是被奸臣陷害—隐忍复仇—再被奸臣所害的故事循环。在司马迁的悲情叙述中，隐含着一个深刻的社会学原理，那就是：在相同的文化生态中，同样的人和事总会不断地被复制出来。

从某种意义上说，中国历史的时间线是圆形的。整个春秋时代，多少乱世豪杰陷于诸侯争霸的漩涡而无法脱身，真正功成告退、平安着陆的人，或许只有范蠡一人。这使得范蠡成为中国人梦寐以求却极难复制的理想人格镜像。而伍子胥，则是更具普遍性的悲剧人格原型，在当时和以后的历史中，不断地被复制。历史上的英雄，几乎都难逃伍子胥式的宿命。

5

大约两百年后，楚国的屈原将伍子胥当作自己的镜像，从中照见了自己的命运。

屈原多次在他的楚辞中歌颂伍子胥，对他的悲惨结局感到痛心：

“忠不必用兮，贤不必以。伍子逢殃兮，比干菹醢”——忠臣和贤人不一定会受到重用，可能还会死得很惨，就像伍子胥受谗言而死，比干被剁成肉酱而死；

“吴信谗而弗味兮，子胥死而后忧”——吴王夫差听信谗言，昏庸啊，等到伍子胥死后，才知道后悔，来不及了；

“浮江淮而入海兮，从子胥而自适”——我屈原真想以伍子胥为榜样，追随他而去（后来屈原真的投水自尽，随伍子胥而去了）；

……

屈原为什么要歌颂伍子胥呢？他肯定从伍子胥“信而见疑，忠而被谤”的历史遭遇中，看到了自己的影子。他为伍子胥鸣不平，何尝不是以伍子胥自况，曲折地倾诉他为国竭忠却两次遭楚怀王流放荒野之地的悲愤之情，以及对楚国前途的悲观之情。

我在这里专门引述屈原表彰伍子胥的诗句，除了表达历史悲剧在英雄人物身上的循环发生之外，还想借此阐述一个历史常识：先秦时期，到底存不存在爱国观念？

现代人容易用后起的观念去套用早先的历史情境，甚至去苛求过往的历史人物。在伍子胥的身上，他在现代就背负起“卖国贼”的骂名——一个楚国人，为了报私仇，投靠外国，不惜引入外国军队，还差点灭了自己的祖国，这不是典型的叛徒和卖国贼吗？

然而，任何脱离时代背景对历史人物的批判，都是不合理的。

屈原在现代被当作伟大的爱国者，但他在诗句里不止一次地对伍子胥表达尊敬、同情和爱慕。如果先秦存在爱国观念的话，屈原还会如此炽热地歌颂一个楚国的叛徒吗？

申包胥在现代同样被当作伟大的复国者和爱国者，但他对伍子胥颠覆楚国的复仇决心，不仅没有劝阻，还表达了加油鼓劲的态度；即便后来伍子胥的计划成真，成为吴国攻陷楚国的带路党，申包胥也没有骂他是卖国贼，只是对他鞭尸楚平王的残暴举动表示斥责。如果先秦存在爱国观念的话，申包胥还会鼓励一个楚国的叛徒吗？

事实上，爱国观念是一个很晚近的概念。用它来评判先秦的历史人物，显然是不适用的。屈原、申包胥的所作所为，在今人看来是爱国的，其实他们不过是忠君罢了。而伍子胥的所作所为，在今人看来是叛国的，其实也不过是不忠于楚国的君王而已。

春秋战国时代，是一个没有祖国的时代。当时的士人阶层为实现自己的人生价值和理想抱负，在各诸侯国之间游走，采用游说的方式使国君采纳其政治主张。范蠡、文种是楚国人，却为越国所用。李斯、商鞅，一个是楚国人，一个是卫国人，却都为秦国所用。类似现象十分常见，当时称为"楚材晋用"，并不带有任何道德评判色彩。

当时人信奉的两大观念，一是孝，二是忠。孝体现在"杀父之仇，不共戴天"，这也是伍子胥复仇故事被广泛称颂的社会观念基础。而忠，并不一定要像帝制时代那么愚忠，先秦儒家推崇的是君臣之间的平等关系，孔子说"君使臣以礼，臣事君以忠"，孟子说"君之视臣如手足，则臣视君如腹心，君之视臣如犬马，则臣视君如国人；君之视臣如土芥，则臣视君如寇仇"，所以当时的社会主张，君王如果德行有亏，或者屡劝不听，臣子可以离去，另择明君。这与帝制时代臣子必须对皇帝从一而终的观念，是截然不同的。

当孝与忠发生冲突的时候，后来的帝制时代主张"移孝作忠"，忠大于孝，但先秦时代恰好相反，是孝大于忠。按当时的说法，叫"为父绝君，不为君绝父"，可以为了父亲断绝君臣关系，但不能为了君王断绝父子关系。

在这种观念背景下，伍子胥向楚平王的复仇，天经地义，无懈可击。这是他至孝的一面。他后来死谏吴王夫差，则是他死忠的另一面。虽然死忠不像后世那么受统治阶层追捧，荀子甚至称这种死忠为"下忠"，但当时人对此总体抱持同情、尊敬的态度。任何时候，愿意以生命去坚守自己信仰的东西，总会让人同情和尊敬，这在古今并无差别。伍子胥对吴王，申包胥、屈原对楚王，本质上是一样的，都是死忠的体现。

由此可以看出，伍子胥之所以被当成至忠至孝的典范，是因为他的复仇和忠谏都具有时代正义性。而当帝制时代开始向臣民灌输愚忠的观念以后，伍子胥就逐渐受到了一些历史盲的苛责：他背叛楚王是为不忠，不能随父而死是为不孝。

每当听到这些苛责之声，我就在想，我们信奉时代总是在进步，但人的观念，真的也会一直进步吗？是否会受到思想的禁锢，反而出现倒退呢？

反正在司马迁生活的时代，帝制君臣观念已开始被重建，但司马迁显然更怀念和向往四百年前，伍子胥生活的那个快意恩仇的时代。他在给伍子胥写完传记后，忍不住赞赏伍子胥是一个“烈丈夫”，是一个“弃小义，雪大耻，名垂于后世”的大英雄。

而千百年来，民间对伍子胥复仇故事不厌其烦地反复传述，不也正是他们对昏君暴君不满却无法报复的一种心理补偿吗？

英雄的历史悲剧总在循环发生，而击碎这种循环的时代观念，早已老去，只存在于故事之中。这或许才是最让人悲哀的地方，一叹！

范蠡为何能够全身而退？

历史长河中，帝王将相，才子佳人，英雄豪杰，乱臣贼子，什么样的人物，应有尽有。但像他这样，一生功成名就，且活得明白透彻之人，实属凤毛麟角。

他一生，三次抵达巅峰，三次清零重启，官位、财富、权力和荣誉，随时丢弃掉，毫不在意。最终在波诡云谲的时代中，全身而退，活到了高寿。

后来人评价说，春秋战国近五百年，以功名始终者唯其一人而已。

在他的事迹被记载并流传后，两千多年来，他一直是中国人的理想人格镜像。虽不能至，心向往之。历史上的每个时代，都有无数人想参照他的活法，却鲜有人模仿成功。

因为他的人生太过完美，所以被奉为经典范式。也因为如此，各种头衔在层累的历史中，不断加到他头上：一流的谋士，政治家，军事家，外交家，顶级的商人，富豪，慈善家，中国商圣；道家代言人之一，民间的财神，完美爱情诠释者，游刃有余的成功者……

他是范蠡。一个满身谜团的传奇人物。

1

范蠡的出场，就是一个经典。

他是楚国人。春秋末年的楚国，出了很多人才，我们后面将要看到的吴越争霸过程中，背后较量的两拨谋士基本都是楚国人。在人才济济的楚国，出身贫寒的范蠡，虽然腹有才学、胸藏韬略，但却没有机会崭露头角。怎么样攒人气，养名气呢？他采用的是当时的牛人惯用的手法，即《史记》所说的“佯狂倜傥负俗”——假装疯癫，“一痴一醒，时人尽以为狂”。

恰好范蠡当时所在的宛县县令叫文种，也是个遗落人间、落落寡合的英雄人物。文种的志向，就是找一个最佳拍档，一起干一番轰轰烈烈的大事业。范蠡佯狂的举动，引起了眼光不凡的文种的注意。

文种先派了个小吏去请范蠡。小吏回来报告说："范蠡本国狂人，生有此病。"范蠡这个人啊，真的有病。意思是，文种您看走眼了。

文种听后哈哈大笑："吾闻士有贤俊之姿，必有佯狂之讥，内怀独见之明，外有不知之毁，此固非二三子之所知也。"说白了，文种是在赌范蠡是真狂还是佯狂，是真有病还是装病，这个概率是五五开。加上当时的社会，正赶上一个秩序崩溃与重建的时代，一切人和事往往都是反着来的，所以文种也说"狂夫多贤士，众贱有君子"。这么一算下来，范蠡是贤士佯狂的概率大增。

真的被文种赌对了。

当他亲自去拜访范蠡的时候，第一次范蠡在他面前学狗叫，对着他狂吠，他毫不在意；第二次范蠡就放弃了疯癫之态，修整衣冠，以一个君子的形象出现在了文种面前。

两人彻夜相谈，越聊越投机，相约前往当时的新兴国家——吴越两国，寻求实现个人抱负的机遇。

春秋末期，列国的争霸事业，促成了各国之间人才的流动，以及职业经理人"政客"的出现。这些流动的政客，类似于现在的职业经理人，以辅佐君王建立霸业为根本目的，注重谋略和手段，而轻视是非与对错。这一时期，列国后起之秀，已从黄河流域的传统强国，逐步转向长江中下游的新兴三国——楚、吴、越。尤其是楚国，人才溢出效应明显。

范蠡和文种结伴离开楚国，先到了吴国。但此时的吴国，已经有楚国人在那里主政，著名的伍子胥、太宰伯嚭都是楚国人。

两人觉得在吴国留下来建功立业的胜算不大，只好继续前往实力更加弱小的越国。当时的越王允常，接纳了他们。

这一年大约是公元前 510 年，距离战国时代开端还有 35 年。此时的范蠡，25 岁左右，风华正茂。

接下来将近 40 年的吴越争霸，是春秋时期最后的大国崛起之战。两国虽然仅赶上了雄霸天下的末班车，但精彩程度和戏剧性丝毫不逊色。

2

在吴越争霸中，范蠡最大的本事被发挥得淋漓尽致。

范蠡曾向越王勾践进谏，阐述了他的治国核心思想："夫国家之事，有持盈，有定倾，有节事。持盈者与天，定倾者与人，节事者与地。"具体来说，持盈靠天道，一个国家要维持强盛状态，应该顺应天道，盈而不溢；定倾靠人事，只有任用合适的人，才能使一个国家从危亡险境中安定下来；节事靠地道，国家要注重经济建设和生产，处事要有所节制，从而奠定强国之基。

简单来说，范蠡的能力就是两个词：一个是"识机"——把握时机，什么时候该做什么事，不该做什么事，他都看得很准；另一个是"识相"——认清形势，该服软的时候服软，该强硬的时候强硬，绝无二话。

我们来看范蠡的实战操作。

在吴越最初的交手中，吴王阖闾几乎是常胜将军，越王允常却总吃败仗，最后含恨而死。公元前496年左右，允常的儿子勾践即位，阖闾认为新君不稳，这是攻击越国的最佳时机。没想到，越国在国丧期间受到攻击，反而激起极大的斗志。据说越国出动了一批死囚作为敢死队，分成队列，步伐坚定地冲到吴国阵前，然后停下来，也不开战，而是大声叫喊一阵后，齐刷刷挥剑自杀。这种残酷的死士打法，把吴国军队打蒙了。最后，当越国主力发起真正的进攻时，吴国乱了阵脚，大败而归，连吴王阖闾都被击伤，随后不治而亡。

阖闾临死时，交代儿子夫差说："绝不可忘记越国之仇。"夫差遂以复仇为志，专门找了一个人站在院子里，一看到夫差就大声提醒："夫差，你忘了越王的杀父之仇吗？"夫差一定要回答："不敢忘！"通过这种仇恨宣传，吴国上下弥漫着一股复仇的气息。

越王勾践则叫嚣着要趁势灭掉吴国。但范蠡劝谏，反对越国出兵打吴国，理由是吴国的复仇斗志一如此前的越国，被激发起来后就难以被战胜。此时出兵，时机不对。

勾践不听，于公元前494年发动了进攻。吴越双方激战于五湖（今太湖），越军果然一败涂地，狼狈逃回越国。吴国乘胜追击，连战连捷，勾践一退再退，最后在五千战士的护卫下，退守会稽山。越国面临亡国之灾。

眼看社稷难保，勾践赶紧向范蠡求教如何摆脱危机。

范蠡指出，事到如今，只能识相，向吴国委曲求和，卑辞厚礼。只要不被灭国，越国甘愿接受一切条件，称臣纳质，奴隶人民，什么都可以。

勾践这次听从范蠡的建议，派出文种前往吴国军中求和。文种用美女和厚礼贿赂了太宰嚭（伯嚭），太宰嚭遂在夫差面前替勾践求情。伍子胥站出来，坚决反对饶过勾践和越国，他说，天要灭越国，如果吴国不接受，一定会反遭其殃。夫差有过三秒钟的犹豫，最终还是决定退兵，放过了勾践。

条件是勾践夫妇一起到吴国，做吴王夫差的奴仆。

出发前，勾践要带上文种。范蠡表示，自己愿代替文种随勾践同行，他说："四封之内，百姓之事……蠡不如种也。四封之外，敌国之制，立断之事……种亦不如蠡也。"文种擅长内政，理应留下来打理战败后的国家，而自己擅长外交，应当出发陪同越王一起为奴。

在吴国，范蠡要越王勾践把"识相"二字贯彻到极致。在吴王夫差生病时，范蠡教导勾践亲自去尝夫差的粪便，以此迷惑和打动夫差。夫差果然动了恻隐之心，三年后允许勾践等人返回越国。

与此同时，战胜了越国的吴国向北方扩张，夫差准备对齐国发动战争。伍子胥仍然表示反对，一再跟夫差强调要把力量用来防范越国。夫差不听，而进攻齐国也取得了胜利。对此，伍子胥认为，虽然胜利了，也不是好事。这时，收受贿赂的太宰嚭，跟伍子胥闹起了内讧，太宰嚭向夫差进谗言，说伍子胥是一个批评者，但不是一个爱国者，他并不爱吴国。

吴王夫差已然被胜利冲昏了头脑，他选择相信太宰嚭而怀疑伍子胥，并命令伍子胥自杀，让太宰嚭主管国政。伍子胥临死的时候预言说：把我的头颅挂在城头吧，我会看到越国灭亡吴国的。夫差不以为然。

而回到越国的勾践，接受了范蠡关于"十年生聚，十年教训"的长期强国计划。可是，勾践卧薪尝胆的耐心，终究没有我们想象的那么坚定。到第四年，他就坐不住了，想起兵伐吴。范蠡按住他，跟他说：时机未到，时机未到！

以后几乎每一年，勾践都要催问范蠡：时机到了没？范蠡每次只能苦劝他耐心等待。

伍子胥自杀后，勾践要伐吴，范蠡劝阻说，天时未尽。

吴国遭灾，水稻歉收，勾践又要伐吴，范蠡又劝阻说，人事未尽。

勾践闻言大怒说：我跟你谈人事，你就跟我谈天时；现在我跟你谈天时，你又跟我谈人事。你是存心耍我呢？

范蠡解释说，人事必须与天时、地利相结合，方可大功告成。今吴国遭灾，人民恐慌，君臣上下反而会同心协力，共度内忧外患。大王仍宜歌舞欢饮，迷惑吴国，夫差见此，必然不修德政。待其百姓财枯力竭，心灰意散，便能一举成功。

吴王夫差在黄池之会上，达成了吴国的霸业，但他没有料到，所谓的巅峰，过后尽是漫长的下坡。

一直到公元前 473 年，越国终于向吴国发动了总进攻。因为夫差连年北上中原争霸，国力空虚的吴国很快就全线溃败。夫差逃到姑苏台上固守，并派出使者向勾践乞和，希望勾践能像 20 年前自己对他那样宽容，允许保留吴国社稷，而自己也会像当年的勾践一样倒过来为之服役。

勾践还真的心软了。

这时，范蠡强硬地赶走了吴国使者，他说："当年上天要灭亡越国，吴国放弃了，所以才有今天的报应。如今上天要灭亡吴国，越国能逆天而行吗？"说完，他击鼓兴师，灭了吴国。

吴王夫差最终蒙面自杀。蒙面是为了死后不见伍子胥，他没有脸面去见伍子胥。

吞并吴国之后，越王勾践北上与诸侯争霸，成为春秋最后一霸。

3

而在越王勾践忍辱多年，终于走上人生巅峰的时候，他的身边，早已没有了人生导师范蠡的身影。

根据《国语》的记载，范蠡在从灭吴的前线返回越国的途中，走到五湖，未入越境就跟勾践辞行。是的，在所有人认为范蠡应当享受越国崛起的荣华富贵之时，这个向来不按常理出牌的智者，这次把手中所有的牌都出光了——无论是官位、荣誉、权力还是财富，他通通弃之如敝屣。

勾践急了，一半诱惑一半威胁，说："子听吾言，与子分国。不听吾言，身死，妻子为戮。"你不走，我跟你分国而治，如果非要走，我绝不会对你和你的家人客气。

范蠡不为所动，淡淡地说："君行令，臣行意。"大家各行其是。

《国语》记载，范蠡“遂乘舟以浮于五湖，莫知其所终”。给历史留下一个功成身退的背影，仅此而已，没有人知道范蠡的最终去向。

数百年后，到了汉武帝时期，司马迁写《史记》，才补写了范蠡功成身退后的经历。

《史记》记载，范蠡出海到了齐国，没有忘记与他共患难的老朋友文种，他千里致书，劝文种赶快离开越国，以免遭杀身之祸。书中说：“飞鸟尽，良弓藏；狡兔死，走狗烹。越王为人长颈多喙，可与共患难，不可与共乐，子何不去？”文种接到范蠡的信，或许是认为自己对越国有功，勾践不至于杀他，或许是实在放不下身边的荣华富贵，因而没有当机立断离越，只是“称病不朝”。

这时有人向勾践进谗言，诬陷文种“作乱”。此时的勾践已经是春秋霸主了，哪里还记得卧薪尝胆的苦日子，身边也不需要什么贤士能臣了，于是赐剑给文种说：“子教寡人伐吴七术，寡人用其三而败吴，其四在子，子为我从先王试之。”话说得这么漂亮，实则非常残忍。你教我“伐吴七术”，我用了三招就灭了吴国，天下无敌了，你真厉害呀，剩下的四招，你留着去教教我那位生前老吃吴国败仗的父亲吧！用现在的话，其实就是“你去死吧”。

面对绝情的勾践，文种最终伏剑自杀了。

而范蠡早已“浮海出齐”，改变姓名为鸱夷子皮。先是在海边耕作，父子共同劳动，艰苦奋斗。时间不长，就成为新一代富豪，齐人共推范蠡担任齐国的丞相。他认为自己的人生太顺利，不管做官还是经营，都迅速达到极致，这样反而不吉利，于是归还相印，把家财分给朋友和乡亲，带着家人悄悄离开。

最后，范蠡看中了陶（今山东定陶，或肥城）这个地方，认为居于天下的中心位置，四面通途，有利于从事贸易，发家致富。不久之后，果然财富积累巨万，人称“陶朱公”。

《史记》说，范蠡离开越国后，“十九年之中三致千金，再分散与贫交疏昆弟”。就是说，范蠡晚年三次创业，三次都成了亿万富翁，每次，眼睛都不眨一下，把钱全捐了。

司马迁将范蠡在越地、齐地、陶地生活空间的转换，称作“三徙”“三迁”。《史记》写道：“范蠡三徙，成名于天下。”又说：“范蠡三迁皆有荣名，名垂后世。”可见，司马迁对范蠡三次重启人生、三次均能达致成功非常佩服。

忠以为国，智以保身，商以致富。这就是范蠡的成功人生。每一个阶段，都活得明明白白。

按照司马迁的记载，范蠡大概活到了 88 岁，相当高寿。

4

在我看来，司马迁是按照“史上活得最明白的人”这一刻度在刻画范蠡这个人物的。

一般认为，《国语》是战国时期的作品，离范蠡生活的年代更近，而《史记》的问世是在《国语》的两三百年后。所以问题来了，《国语》对于功成身退的范蠡去了哪里、又做了什么，均没有交代，只说“莫知其所终”。而《史记》突然对这一切都有了清晰的交代，离历史现场越远，记载却越详细。这正是史学大师顾颉刚提出来的“层累地制造历史”，时代愈往后，历史人物的形象愈得到放大和强化。也就是说，至少从司马迁的时代开始，范蠡已经被传奇化了。

回看春秋诸侯争霸的历史，其实非常模式化，仿佛是为了说明同一个道理而共同编写出来的。这个道理很简单：任用贤人则王，轻信奸人则衰。吴越两国争霸，历经三四十年，两度兴亡，都在这个道理中循环。范蠡这个人在吴越争霸中，有两个镜像：一个是吴国的伍子胥，一个是越国的文种。

论才能，同为谋臣、各为其主的范蠡和伍子胥不分上下，论功绩，主军的范蠡与主政的文种，亦难分伯仲。但这三人中，只有范蠡得到善终，这才是整个中国历史上最缺失、最稀罕的品质——能力和功绩都是容易复制的，尤其是在一个人才大爆炸的人类文明“轴心时代”；但活得明白的人，永远只是凤毛麟角，甚至独一无二。无论是 100 年，还是 1000 年，甚至 3000 年，都跳脱不出这个定律。

每一个时代都有每一个时代的功业，但当无数的大脑为了建功立业生死与之的时候，最终能走出来的那个唯一的全身而退者，才是打破定律、超越时代的存在。

司马迁写范蠡，不排除传说和虚构，可能正是想突出这一层意义：人要做自己命运的主宰。

因为司马迁生活的朝代，也是历史大循环中的一环。西汉立国之前的楚汉争霸，就是春秋末年吴越争霸的一个镜像，身陷其中的各种英豪都能在历史中找到他们对应的“原型”：刘邦—勾践；项羽—夫差；伍子胥—范增；文种—韩信；范蠡—张良……

不管是为人，还是经历，这些人物对照组都有十分类似的地方。包括他们说出来的话，讲出来的道理，比如韩信被诬谋反，喊出那句“飞鸟尽良弓藏，狡兔死走狗烹”，不正是范蠡对文种留恋权位的告诫吗？而范蠡这一理想型人格，终于在时隔数百年后，找到了张良这个完美对应的镜像，以至于有不少学者质疑，司马迁到底是以张良的形象在重新塑造范蠡呢，还是以范蠡的形象在塑造张良？

司马迁表面是在写历史，实际是在写政治寓言。通过描述吴越和楚汉这两个时代的人事纷争，揭示了历史的循环论。而他寄寓跳脱历史循环的完美人物，无疑就是范蠡—张良这一组镜像。坚持自己掌握自己命运的权力，智慧才有助于独立人格的建立。

范蠡得到后世的尊崇，原因正在于此。

到了东汉，人们给范蠡虚构了一个搭档叫西施（关于范蠡与西施的爱情，也成为后世一个经久不衰的虚构题材），并认为范蠡是神仙转世，在传奇化的基础上又进一步神化。唐宋时期，范蠡配享武成王庙，地位进一步提升。唐代诗人汪遵有一首《五湖》诗，对范蠡激赏不已：

已立平吴霸越功，片帆高扬五湖风。
不知战国官荣者，谁似陶朱得始终。

宋人黄震则评价说，“春秋战国近五百年，以功名始终者惟范蠡一人”。

最有意思的是偏居一隅的南宋，宋高宗赵构以越王勾践自居，大力弘扬卧薪尝胆精神，在君臣的对话中，经常以吴越争霸的历史做比喻。赵构曾以吕颐浩、秦桧并相，将他们比作范蠡、文种。而臣子们也用范蠡的话术，告诫皇帝“人事未尽”“天时未尽”，什么时候该强硬，什么时候该妥协，等等。在这种政治语境下，范蠡成了南宋君臣相互利用的历史资源。可惜南宋最终呈现出来的时代格局，却走向了越国崛起历史的反面。

到了近代，正如我们所知道的，范蠡因为他在商业上的成功，而被民间广泛奉为“财神”。

然而，这些加诸其上的头衔，说到底只是历史对于成功人物的“马太效应”罢了，了不起的人在层累创造之下，显得越发了不起。

尽管没有几个人做得到，但不可否认，范蠡就是中国人孜孜以求的理想型镜像。像一面镜子，照出了这个世界上，满满当当都是，活得稀里糊涂、死得不明不白的人啊：功名自古是危机，谁似先生早拂衣？（赵孟頫《题范蠡五湖杜陵浣花》）

商鞅为何死得那么惨?

司马迁在《史记》里写过一个极其戏剧化和讽刺性的情节:

公元前 338 年，秦孝公去世后，一帮旧贵族告发商鞅意欲造反。新继位的国君秦惠王派人去逮捕商鞅，商鞅连夜逃到秦国边境，准备投宿旅店。

店主不知道眼前这名落魄的逃亡者是何人，只是一再要求他出示身份证明才能住店:“商君有令，容留他人无证住店，店主要连坐判刑。”商鞅长叹一声:“哎呀!想不到我的新法，贻害到了此等地步!”

最终，走投无路的商鞅下场很惨，有的史书说他被杀后遭车裂示众，有的史书说他直接被处车裂之刑而死。

司马迁说，商鞅这是作法自毙，活该。

两千多年来，关于商鞅及其变法的是非，毁誉无常。由于司马迁的巨大影响力以及儒家在帝制时代的强势地位，作为法家实践者、改革家的商鞅，基本处于毁大于誉、贬大于褒的状态。

那么，商鞅究竟是否被污名化了呢?

1

任何时代，那些看人很准、眼光够毒的人，往往更容易成功。商鞅就是这种人。

他名义上是卫国国君之后，实际上顶多算个没落贵族，也要像当时的游士一样，凭一张嘴推销他的政见换口饭吃。

史书说他“少好刑名之学”，对李悝、吴起在魏国的变法十分钦慕。公元前 365 年左右，在他大概 30 岁的时候，商鞅跑到魏国当了相国公叔痤的中庶子(家臣)。

公叔痤发现商鞅是个奇才，就趁着魏惠王探视自己病情的时候，向魏惠王推荐了商鞅，说在自己死后，可以让这个年轻人接替他的职位。魏惠王听后，沉默不语。公叔痤又屏退左右，跟魏惠王耳语，说大王如果不用这个年轻人，就一定要杀掉他，不能让他为别国所用。魏惠王点头答应。

魏惠王走后，公叔痤唤来商鞅，把刚才的事情跟他讲了一遍，然后说：我是先君后臣，先公后私，魏惠王要杀你了，你赶快逃跑吧。

商鞅却从容地对公孙痤说："彼王不能用君之言任臣，又安能用君之言杀臣乎？"

他没有立即离开魏国，魏惠王果然既没想重用他，也没想杀掉他。

虽然性命无虞，但商鞅的内心应该是悲凉的：没有什么比自己被当作一个无足轻重的小人物更让他难过的了。

公元前 361 年，公孙痤死后，商鞅获悉西边的秦国刚继位的新君秦孝公正在诚意求贤，便带上李悝的《法经》投奔秦国而去。

当时的秦国僻处西边，中原诸侯会盟都不带它玩，把它当作夷狄。秦孝公很有志向，想要恢复 300 年前秦穆公时期的霸业，重夺失去的土地，最主要的，要让中原诸侯瞧得起秦国。说白了，秦孝公要搞变法图强，这也是整个时代的趋势，魏用李悝，韩用申不害，楚用吴起，都是如此。

站在历史的角度看，春秋战国时期是中国史上制度变革最剧烈的时代之一。这不难理解，诸侯国之间的军事竞争，是牵引历史发展的一条主线，弱国求存，强国争霸，何其惨烈。于是，如何实现富国强兵，就成为时代精神的主题。

商鞅入秦后，四次面见秦孝公，陈述治国之道：第一次谈尧舜帝道，秦孝公听得快睡着了；第二次讲禹汤文武之王道，秦孝公还是昏昏欲睡；第三次讲霸道，秦孝公这才打起精神，觉得还行；第四次详谈强国之术，秦孝公大悦，"语数日不厌"。

商鞅的师承虽然有儒家的影子，但他的偏好和主业是法家，而且他是带着《法经》入秦的，但他为了试探秦孝公的信仰和决心，不惜多次"钓鱼"，言不由衷地大谈尧舜禹汤文武之道，最后才讲到重点。其实他早就看出秦孝公想要什么，秦孝公要的是一套速效的强国之术。你不要跟我讲百年大计，我要的是立竿见影。

好巧，你想要的，我正好有。

商鞅通过放长线钓大鱼，跟秦孝公达成了共识。舞台搭好了，就等他登场。

2

但对秦孝公和商鞅来说，他们还有共同的障碍需要面对。

秦孝公的意图很明显："今吾欲变法以治，更礼以教百姓，恐天下之议我也。"我想变法，让秦国强大起来，但我怕天下非议。所以他很聪明地把商鞅推到前台，作为自己变法的一个工具。商鞅拿着秦孝公赋予的权力，当然也要顶着一切冲向秦孝公的压力和非议。这是他们二人在无形中达成的契约。

旧贵族代表甘龙、杜挚，与商鞅进行了一场"秦国要不要变法"的大辩论。历史上，每次变法改革之前，都会有对立的双方进行类似的辩论，但有意思的是，辩论的议题永远是"要不要变"，而不是"怎么变"。这就导致双方都容易走极端，不愿变的人会失去更多，而主张变的人往往在最后遭到反扑，也会失去很多。假如双方辩论的焦点能集中在"怎么变"上面，或许会是更好的博弈，但这只是"假如"。

事实上，这是一场结果已定、纯属象征性走过场的辩论。旁观者都知道，法是秦孝公要变的，但旧贵族代表还在纠缠这一点，说不能变啊不能变。商鞅则很明确地拿强国利民说事儿，只要是强国利民的事，没什么不能变的。他的原话是："圣人苟可以强国，不法其故；苟可以利民，不循其礼。"谁能击中秦孝公的内心，已经不言而喻了。

随后就是我们从小熟知的"徙木立信"。变法开始了，为了向民众传达国家诚信、令出必行的决心，商鞅命人在南门立了一根木头，谁把这根木头搬到北门，给予十金赏赐。没人信，赏金提到五十。有一人抱着试试的心态，结果真的拿走了巨额赏金。

世人一直都以徙木立信来强调诚信的重要性，但商鞅为什么会采用这么无聊的方法来建立诚信呢？搬一根木头根本用不着这么多钱，而且从南门往北门搬木头的意义何在？这根本就像是江湖术士凭空构建的一个场景，而不是现实需要的生活或劳动场景，难怪围观的人很多，但动手的人几乎没有。因为所有人觉得这个事情本身就很荒诞不经。但这或许才是商鞅的本意：你们不用管这件事合不合逻辑，也不要质疑，你们只要照着做，就能获得超出预想的好处。我要推行的变法，就是另一个场景的"徙木立信"，听话的人有饭吃。

至此，商鞅通过辩论搞定了贵族阶层，通过立信搞定了平民阶层，变法大幕拉开了。

史载，商鞅变法分两次进行。第一次变法的要点是：在户籍上实行什伍连坐，开告密揭发之先河；明令军法，奖励军功，废除世袭，建立二十等爵制。第二次变法的要点是：开阡陌，废井田，土地归为私有；废封建，立郡县，官自天子赏；统一度量衡；为统一思想、明确法令，排除复古思想的干扰，下令焚烧《诗经》《尚书》以及诸子百家的著作等。总体来看，商鞅变法的主导思想来自管仲“利出一孔”的主张，就是君主控制一切利源，控制国人的一切获利机会甚至生存机会。

而商鞅为秦国设计的这个“孔”，就是耕战。老百姓响应国家号召，开荒地，种庄稼，并积极参军打仗，把这两件事做好了，就能获得国家奖赏，包括赢得爵位，实现阶层跃升。其他从事与耕战无关工作的人，不管是贵族、商人还是游士，则都在国家的打击和羞辱之列。

通过这个“孔”，商鞅实现了变法与秦国参与诸侯争霸的利益对接：打仗所需要的充足的粮食、英勇的战士，这下全都有了。尤其是“尚首功”制度，推崇在战场上砍下敌人的头颅来记功，以斩获人头的多少来确定赏爵的级别。这项制度，使秦人成为嗜战的战士，一上战场，“左挈人头，右挟生虏”。据司马迁不完全统计，从商鞅变法到秦始皇即位，秦军在历次战争中一共砍下了敌人 140 万颗头颅。

平民依靠耕战实现阶层流动的另一面，则是旧贵族的备受打击。

商鞅变法先用军功爵制剥夺宗室贵族的世袭特权，“宗室非有军功论，不得为属籍”。出身论那一套不吃香了，一切都要凭军功说话。再用“废封建，行郡县”的办法，加强国君对地方的直接控制，取消了贵族分封、建立“国中之国”的特权。这两点对秦国贵族构成致命打击，商鞅因此得罪了大批贵族，“宗室贵戚多怨望者”。

作为对抗，以太子驷（即后来的秦惠王）的老师公子虔和公孙贾等人为首，挑动太子去触犯商鞅之法。商鞅也不是好惹的，身为“铁血相国”，他为了确保法令的严肃性，决定对公子虔和公孙贾动刑，一个被处劓刑，一个被处黥刑。公子虔被打击后，闭门八年不出。而这也为商鞅后来的惨死埋下了伏笔。

贵族被压制，但平民获得晋升通道。商鞅变法从某种意义上讲，是一次实践平等理念的改革，而耕战制度，就是先秦的科举制呀。司马迁虽然很不喜欢商鞅及其代表的法家，但他还是在《史记》中对商鞅变法的反响给予了肯定：“行之十年，秦民大悦，道不拾遗，山无盗贼，家给人足。民勇于公战，怯于私斗，乡邑大治。”

当然，我们需要分清，平民阶层跃升，只是商鞅实行强国之术的手段，而不是他的初衷。就像他需要打击贵族，确保国君一人的权威一样，他对平民同样没有好感，在他的言论和政策中，经常充斥着愚民的思想，通过刑（刑罚）与赏（封赏）两种手段，把百姓当作利用和控制的对象。这是商鞅被后世诟病的原因之一。

3

在商鞅的变法中，他唯一确保的就是君主（中央）集权。通过君主（中央）集权制的制度安排，驱动秦国国家机器，在战国时期后半段的群雄争霸中迅速崛起。

整个春秋战国，有两场改革见效特别快，一场是春秋末期范蠡治理越国，另一场就是战国中期商鞅在秦国的变法。这两人都仅用了 20 年左右的时间，就让自己辅佐的落后穷国，一跃而成为强国。

而当时方兴未艾的诸侯争霸战争，及时地检验了他们改革的成效。越国崛起后，越王勾践发动灭吴战争，并成为“春秋五霸”最后一个霸主。而商鞅变法后，秦国开始向东收复失地和扩张，连连击败魏国。从商鞅变法到秦始皇即位前的大概 110 年间，秦国同六国作战 65 次，其中 58 次获得全胜，拔城 147 座，攻占下来的领土共建立了 14 个郡。后来，商鞅虽死，秦法未亡，终于在秦王嬴政时代灭六国，建立起大一统帝国。

李斯在《谏逐客书》中说：“孝公用商鞅之法，移风易俗，民以殷盛，国以富强，百姓乐业，诸侯亲服，获楚魏之师，举地千里，至今治强。”这说明商鞅变法的余烈，直到秦始皇时代，对于统一帝国的形成和专制王朝的建立，都有积极的影响。

商鞅本人也因为这场成功的变法而实现了年少时的抱负，风光无两。

公元前 340 年左右，商鞅在秦魏河西之战中使用诈术，俘虏旧时好友、魏国主将公子卬。此战之后，魏国割河西之地献秦求和，魏惠王后悔不迭，说自己恨当年不听公孙痤的话呀。此战成为秦魏两国实力转换的一个标志性事件。因为此战的胜利，秦孝公封商鞅于商地，号为“商君”，这是商鞅（原名公孙鞅）在后世被称为“商鞅”的由来。

秦国历史上很少裂土封侯，商鞅是首例。以一人而封侯拜相，至此，商鞅可以说是权倾秦国。

危机逼近。

一个叫赵良的人，在商鞅最红的时候去劝他归还封地，退隐山林。据赵良说，商鞅在秦国的强力改革，招人忌恨，树敌太多，以至于每次出门都要十几辆车跟随，车上全是全副武装的卫士，没有这重重警卫，商鞅连门都不敢出。所以赵良才劝商鞅改弦更张，急流勇退。

商鞅不听，他是一个典型的“恃力者”，迷信武力，对自己手中的权力，以及本人在秦国的影响力充满了信心。

但他的对手，以公子虔等人为代表的旧贵族，也非等闲之辈。当年被商鞅处以劓刑之后，公子虔闭门不出长达八年，静待时机，其隐忍和冷静可见一斑。

这一切，在公元前 338 年秦孝公病逝后，终于有了一个了结。

《吕氏春秋》记载，秦孝公病重之时，有意传位于商鞅，商鞅不敢接受。

太子驷继位为秦惠王后，各种攻击商鞅的流言蜚语开始传到这个新君的耳朵里。从根本上而言，在商鞅变法的 20 年间，他与秦惠王并无直接的矛盾，相反，他加强君主集权的举措，对任何一个继位的国君都是有利的，他是秦孝公的功臣，也可以成为秦惠王的功臣。秦惠王唯一担心的是，商鞅权力太大，怕他会以臣欺主。攻击商鞅的旧贵族，正是抓住这一点，向秦惠王进谗言：“大臣太重者国危，左右太亲者身危。今秦妇人婴儿，皆言商君之法，莫言大王之法，是商君反为主，大王更为臣也。”

然而，就在对手欲置他于死地的关键时刻，商鞅却犯了一个致命的错误——他没有继续采取铁腕手段镇压反对者，而是软了下来，向秦惠王请假送老母亲返回故里。他可能希望以暂时离开是非之地来平息各种恶毒的诽谤之言。

公子虔则瞄准这个时机，出手了。在商鞅告归之后，这名当年的太子老师，向自己的学生秦惠王告发说“商君欲反”。“欲反”，想要谋反，没有既定事实，但稳准狠。公子虔这一招堪称历代罗织“莫须有”罪名的鼻祖。

秦惠王于是发兵追捕商鞅。

另一边，奉母返回魏国邺地的商鞅，遭到邺令的拒绝，不得入境。理由是商鞅在两年前的河西之战中以诈术俘虏魏公子卬，完全丧失信义。

商鞅只得返回秦国，知道自己被追捕，开始了逃亡，然后发生了本文开头的一幕。这次逃亡，商鞅还是想跑到魏国，但魏国不让他入境，怕秦国怪罪到魏国头上引发争端。

据历史学者晁福林分析，无处可逃的商鞅，最终回到自己的封地，发动自己手下七八万兵力，北出进击实力较弱的韩国，图谋在韩国西部地区发展。秦惠王发兵追击，商鞅兵败，被诛杀于渑池（今河南三门峡）。

史书对于商鞅的死，有不同的记载。有的说他被车裂而死，有的说他死后被车裂，但不管如何，施以车裂的酷刑，可见秦国的贵族们对他恨之入骨。先秦最著名的一代改革家，把一个穷国改造成强国之后，自己却落了个惨死结局，悲矣！

4

对于商鞅的褒贬毁誉，并未随着他的惨死而终结，在此后两千多年的历史长河中，他总是适时地被痛骂，或被怀念。

有学者说，商鞅治国理论对中华制度文明影响巨大，以秦国（秦朝）遗产的形式，影响中国历史两千多年。从国家建设及其历史影响上看，先秦诸子无人能出商鞅之右。

商鞅死后，他所制定的制度依然长期被奉行。秦国人也并不认为商鞅是个逆贼，而认为他是秦国的英雄。秦昭王时，范雎说商鞅“义之至，忠之节”，蔡泽也说，是商鞅使“秦无敌于天下，立威诸侯”。

先秦法家集大成者韩非子，封商鞅为“圣人”。这跟我们现在对商鞅的认识相去甚远，但也不难理解。毕竟每一派学说都会追捧本派的牛人，只是后来儒家获得主流学说地位，我们也就自然认同了儒家体系的“圣人”，而商鞅则以残酷无情、作法自毙的面目被后人记住。

但我们有没有想过，关于商鞅的评说，到底哪些是真实的，哪些是构建出来的?

司马迁对商鞅的评说，在后世影响极大。无疑，他是一个严谨的史学家，但他同时有自己的偏好——他是一个儒家弟子，对法家相当反感。所以他在为商鞅作传时，一方面肯定商鞅变法的成效；另一方面却对商鞅个人全无好感，说他“天资刻薄”。

更典型的例子来自司马光。这名撰写《资治通鉴》的大史学家，同时也是一个政坛保守派，极力反对同僚王安石推行变法。在他政坛失意，以编撰《资治通鉴》度日的时候，他自然要把历史上的变法者作为影射王安石变法的工具。所以，《资治通鉴》基本承袭了《史记》的内容，却把《史记》褒扬商鞅变法的内容全部删掉，仅留下贬低商鞅的文字。

商鞅是一个悲剧人物，他有个人的局限，也有时代的局限，他对民众力量的轻视，对严刑峻法的热衷，都可以供批判和反思。但关键是，他死后的命运，已经无法被自己掌控，只能随着历史沉浮。每当这个国家面临改革的关头，他就会被作为一个符号祭出来。

西汉昭帝时期，盐铁会议上，朝臣桑弘羊等人与各地召集来的儒士，围绕盐铁是否应由国家专营一事进行激辩。这是西汉乃至中国历史上影响巨大的一次经济改革会议。双方都知道，引用历史资源对于自己的立论很有帮助，所以就都找到商鞅身上。

作为改革一方的桑弘羊，极力推崇商鞅，说商鞅变法"收山泽之税"，使秦国强起来。反方则说，秦朝国祚短暂，正是商鞅变法害的，我们可不能学。桑弘羊逮住反方的漏洞，反驳说，商鞅死后一百多年，秦朝才灭亡，跟商鞅没有半毛钱关系。秦亡的原因应是秦始皇父子君临天下，"邪臣擅断，公道不行"。将秦亡之因归结为商鞅变法，就等于把商亡之因归结为伊尹之过一样，无论在史实上还是在逻辑上，都是荒谬的。

就像这场盐铁会议一样，历代围绕着国家改革，都会拿商鞅变法出来说事儿。司马光在王安石变法期间，通过写史书贬低商鞅，以表达对当下推行的变法的不屑。而作为变法一方的主导者，王安石却对商鞅惺惺相惜，他写诗说：

自古驱民在信诚，一言为重百金轻。
今人未可非商鞅，商鞅能令政必行。

两千多年来，商鞅是历朝历代改革者的一个镜像。但凡改革者，都会推崇商鞅；保守者，则无一例外非议商鞅。作为社会主流思想的儒家，其构建的理想社会在上古三代，在遥远的过去，这个理想经过王莽改制的折腾之后，大家都知道是不靠谱的。所以以后提改革，大家都会从法家特别是商鞅变法那里寻找历史资源。这是历史上的改革者们拥护商鞅，并喜欢以商鞅自喻的主要原因。

另外，外儒内法是传统中国的普遍政治形态。外儒是见得人的，内法是得藏着掖着的。强调仁政、德治等儒家理念，是一个王朝的面子；使用刑赏手段、"利出一孔"等具体措施，则是一个王朝不能说的本质。所以商鞅虽然一直被使用，但他也一直需要受批判，受非议，这才能显示出一个王朝的王道。

与之相应的，各个时代以商鞅自喻的改革者，也难逃商鞅一样用后即弃的悲剧命运。从桑弘羊卷入谋反案被杀，到张居正死后被皇帝清算，每一个朝代几乎都有一个挽救帝国危亡的“商鞅”，在完成他的历史使命后堕入个人悲剧的深渊。

每个朝代的“商鞅”们，都不是传统意义上的君子，但他们是做事的人，是解决问题的人，是愿意承认自己有缺点的人。这比起大多数只会抡起道德大棒打人，除此一无所长的伪君子，无疑要伟岸许多。谁才是历史发展的推动者，也无须辩论了。正如鲁迅所言：“有缺点的战士终竟是战士，完美的苍蝇也终竟不过是苍蝇。”

我看过一段关于商鞅被符号化的文字，谨引用于此，作为本文的结尾：“天下若治，他便背负苛政、刻薄的骂名；天下若乱，他便成了能臣效仿的先驱。往者已矣，商鞅作为历史人物早已盖棺论定，对其个人的毁誉渐渐地与他本人和那个时代无关了。”

希望真正的商鞅能够被世人看见，而不要被一直遮蔽下去，也希望每个时代的改革者，都不用再重蹈商鞅的悲剧命运！

韩信之死，疑窦重重

早在汉代史书中，韩信之死就已经“盖棺定论”。

司马迁、班固等史学家对这位开国功臣的人生结局有明确的记载，可谓言之凿凿：

> 信乃谋与家臣夜诈诏赦诸官徒奴，欲发以袭吕后、太子。
>
> （汉十一年）春，淮阴侯韩信谋反关中，夷三族。
>
> 见疑强大，怀不自安，事穷势迫，卒谋叛逆，终于灭亡。

这位立下赫赫战功的一代名将，被朝廷定为谋逆，受自己曾经的伯乐萧何诱骗，走向吕后一手布置的陷阱，最终被处死于长乐宫钟室。之后，受牵连被杀的还有他的全族。临死前，韩信仰天长叹：“我后悔没有听蒯通之计，才被妇女小儿所骗，这难道不是天意吗？”

这是我们熟知的故事，充满戏剧性。可是，这是真相吗？自古以来，无数学者试图找寻被历史烟云遮盖的答案，更有甚者，认为韩信谋反案是冤狱。

晚清郭嵩焘说：“当时爰书之辞，史公叙当时事但能仍而载之。”爰书，即当时审案的司法文书。一些学者认为，司马迁、班固等人确实是根据汉朝对此案的实录进行记载，认同韩信谋反说，但这样的“客观”叙史，实际上是不得已而为之。他们只是参照汉廷狱案，讲述一个汉王朝所认可的韩信结局。

1

韩信被杀的罪名，是与自立为代王的叛臣陈豨勾结，谋反关中。

二人合谋还在史书中留下了一段有板有眼的描写。《史记》记载，韩信被贬为淮阴侯，受困于长安后，手下无一兵一卒，处处受到监视，“由此日夜怨望，居常怏怏”，心里老不乐意，经常称病在家。这时，刘邦的亲信赵相陈豨找上门。韩信屏退左右，牵着他的手，在庭中散步，说：“你值得信任吗？我有话想跟你说。”陈豨答道：“唯将军令之。”

韩信说出了自己的计划：“你所处的赵、代之地，是天下精兵所在；而你是陛下的亲信。有人告你谋反，陛下必不信，再有人说，他或许会怀疑，等到第三次有人告发你，他必会怒而出兵。那时，我在关中响应你，天下可图也。”

陈豨素来知道韩信的能耐，便听从他的安排，不久后果然起兵造反，刘邦亲自带兵前去征讨。韩信称病不从，留在长安，并暗中派人告诉陈豨，自己会从中接应。之后，韩信与家臣将一群奴隶武装起来，计划袭击吕后与太子。

这事儿怎么捅出来的呢？原来韩信有一个叫栾说的门客，和他老板闹了点儿矛盾，就向吕后告密。吕后知道后，果断地与相国萧何设局，称陈豨已死，骗群臣入宫庆贺。韩信本来称病不想去。萧何前来劝说道，你病了也要勉强入宫，免得让人怀疑。韩信一进宫，吕后就命士兵将他绑起来，处死于长乐宫钟室。

史书中的这段文字绘声绘色，看似无懈可击，实则充满了疑点。有人认为，这是司马迁照抄官方档案，故作疏漏，以表明韩信其实并未谋反。

疑点有哪些呢？首先，刘邦出兵平定陈豨叛乱，到十二月已经基本平定，而韩信直到春正月（汉初沿用颛顼历，以十月为岁首）才与陈豨取得联系，约定“从中应之”。对一位身经百战的名将而言，这种贻误战机的行为显然不合常理。

其次，举报韩信的栾说被封为慎阳侯，而他的功绩只有一个，就是“告淮阴侯信反”。根据《史记·高祖功臣侯者年表》记载，他封侯的时间是汉十一年十二月，比韩信之死还早了一个月。是否有人在韩信不知情的情况下收买了栾说，授意他诬告韩信“谋反”呢？这早已不得而知。

最后还有一点，韩信在军事实力达到顶峰时，不愿听从谋士蒯通（本名蒯彻）的劝说，没有占据三齐之地与刘邦、项羽三分天下，却在无兵无权时铤而走险，酿成身名俱裂的悲惨结局，更是让这一谋反案疑窦重重。

刘邦平定陈豨叛乱回到长安，得知韩信获罪伏诛，他的反应是，“且喜且怜”，喜的是拔掉了一根心头刺，怜的是惋惜韩信的下场。他问吕后韩信死前说了些什么，吕后把韩信“悔不听蒯通之言”的遗言告诉他。刘邦一听，就召蒯通前来。

刘邦一见蒯通便怒气冲冲地问："就你小子教韩信谋反啊？"

蒯通如实说道："不错。臣是曾教他拥兵自立，但他不用我之计策，落得个身死族灭。如果他听我的话，陛下如何能将他灭族？"

这话真是火上浇油，刘邦当场就要把蒯通烹了。蒯通大喊，冤枉啊！

你都说自己教唆韩信谋反了，还有什么冤枉的？蒯通淡定地说："秦失其鹿，天下共逐之。能力出众、行动迅速的人会先得到鹿。盗跖的狗冲着尧叫，不是说尧不仁，而是尧非其主。当时，我只知韩信为我主，不知陛下。况且天下披坚执锐想做皇帝的人数不胜数，只是力所不能及，陛下能把他们都烹杀吗？"

毕竟韩信已死，蒯通的话也有些道理，刘邦就把他放了。

蒯通向韩信献计是在七年前，而这七年，也是刘邦与韩信君臣之间，从一见如故到形同陌路的阶段。到底是韩信欲反刘邦，还是刘邦想杀韩信？国士无双的一代名将，为何落得如此下场？

2

我们可以将时间拨回到案发的七年前，即汉高祖四年（前 203），韩信拥兵王齐时期。

彭城大战后，刘邦与项羽在前线对峙，正是韩信分兵扫平北方各国，开辟第二战场，改变了楚汉之间长期相持的局面。在大破齐楚联军、占领齐地后，韩信的个人实力达到顶峰，掌握赵、代、燕、齐等国的大片土地。如果他野心膨胀，完全可以割据一方，与刘邦、项羽三分天下。当时，项羽与韩信的谋士都意识到，韩信的选择将逆转天下大势，便对他展开游说。

一向高傲自负的项羽，出乎意料地展现了自己的政治手段，他派谋士武涉到临淄面见韩信，称愿承认韩信的功业，请他背弃刘邦，保持中立。

武涉对韩信说：刘邦是个言而无信的无赖，却有独霸天下的野心。若汉王在打败项王后对你用兵，早晚能够将你擒拿。足下之所以未受囚，只不过是因为项王尚在。如今楚汉相争，决胜的钥匙掌握在足下手上，足下投向右，就是汉王胜，投向左则项王胜。如果项王灭亡，下一个就轮到你了。足下与项王是故交，为何不与他联合，三分天下而称王自立呢？足下如果放弃眼前机会，恐怕不是智者的作为啊！

韩信的回答十分关键，他表明对刘邦的忠心，也谢绝了项羽的建议。他说："我以前在项王帐下，不过是一介执戟郎中，进言不被听从，献策也从未被采用。汉王却授予我上将军印，交给我数万士卒，还将衣服解下为我穿上，分食物赏赐于我，对我言听计从，我才能有今天。我韩信得人厚爱信任，背叛必会招来不祥。我心意已决，至死不会改变。”

这段话的意思就是，韩信以前在项羽手下上班，福利少，升迁慢，后来跳槽到刘邦这里升任高管，走上人生巅峰，他不可能背叛刘邦。“夫人深亲信我，我倍之不祥，虽死不易”，这就是韩信的答复。武涉无功而返。

在武涉失望而归后，韩信的谋士蒯通也站出来劝韩信早做决断。蒯通是秦汉时的一个奇人，曾流浪江湖四处游说，助陈胜部下武臣攻取燕赵之地，助韩信奇袭齐国，后来见韩信不听自己谏言，又装疯卖傻做了巫祝。

蒯通以相面为由，与韩信进行了一场经典的论战。《史记》中这一段写得特别精彩。

蒯通为韩信分析天下形势，其观点与武涉相似，都认为韩信平定齐国后独霸一方，刘邦和项羽的命运都将掌握在他手中，他帮助谁，谁就会取得胜利。

他引经据典，告诫韩信功高震主的危机，当年越国大夫文种辅佐越王勾践灭吴称霸，最后却是“飞鸟尽，良弓藏；狡兔死，走狗烹”，像勾践这样的君主可与之共患难，不可与之共享乐。

蒯通还结合时事，说陈馀、张耳是一对挚友，共同起兵反秦，可后来陈馀却借齐兵攻打张耳，张耳逃亡后投靠刘邦，又借汉兵诛杀陈馀，二人本为刎颈之交，竟落到自相残杀的下场。

论朋友情谊，韩信与刘邦不如陈馀与张耳；论君臣之交，他们也还不如文种与勾践。

蒯通的长篇大论只有一个意思，机不可失，时不再来。“猛虎之犹与，不如蜂虿之致螫；孟贲之狐疑，不如童子之必至。”猛虎犹豫不动，不如毒蜂针刺；勇士狐疑不定，不如庸人行动。韩信如果甘心屈居刘邦之下，身为人臣，却有震主之威名，处境必定危险。

韩信依然婉言谢绝蒯通的计策，他还是一句话，刘邦对他有恩，他不会背叛刘邦。

历史告诉我们，韩信并非忘恩负义之人。

在韩信仗剑游走四方的落魄时期，其母亲去世，他穷困潦倒，无力筹办丧事，却找了一块高敞的风水宝地将母亲埋葬，立志等自己功成名就后，让成千上万户人家在此看守坟墓。司马迁到淮阴实地考察时，“观其母冢，良然”。这是韩信的一片孝心。

韩信穷困时，忍饥挨饿在城外垂钓，一个洗衣服的老妇人见他可怜，一连数十日给他送来饭菜。韩信感激不尽，说：“我将来必会重重报答您。”漂母还有些恼怒，说：“你身为大丈夫，不能自食其力，我不过是同情你一个王孙落难于此，才送来食物，岂能贪图回报？”后来，韩信就任楚王，找到这位分饭给他的漂母，送千金作为酬谢。这是韩信的报恩之心。

3

但是，冰冻三尺非一日之寒，韩信平定齐国后的所作所为，还是为自己埋下了祸根。明末大儒王夫之认为，韩信的悲剧结局与他自请封齐王有着必然的联系：“云梦之俘，未央之斩，伏于请王齐之日。”

韩信做了什么呢？他在齐地连打胜仗，写信告诉刘邦，齐国这个地方反复无常，且与项羽的地盘接壤，局势动荡不安，请汉王允许自己代理齐王治理齐国。

刘邦得信后大怒，说：我被项羽困在广武（在今河南荥阳），差点儿丢了老命，日夜盼着你韩信带兵来救，你不但不来，还想自立为王，岂有此理！一旁的张良和陈平见刘邦发火，赶紧劝阻，踩了一下刘邦的脚，悄悄地对他说：“现在形势不利，我们不能阻止韩信称王。不如成全他，立他为齐王，让他安心守护齐国。不然，恐怕会发生变故。”

刘邦虽然还在气头上，但也顿时醒悟，顺着刚才的话骂道：“男子汉大丈夫南征北战，平定疆土，要当王就当个真王，代理什么假王？真是没出息。”于是，韩信被封为齐王。

从请封齐王一事上，并不能看出韩信的不臣之心，但他与刘邦讨价还价，无异于与虎谋皮，犯了臣子的大忌。可这恰恰是韩信的性格弱点，他不知君臣之道，而且从不掩藏自己的欲望。

从韩信受萧何举荐，与刘邦初见时提出的“汉中对”中，就可看出韩信一直心怀封侯拜将的志向，甚至在第一次见面，就提出“以天下城邑封功臣，何所不服”的建议。后来在垓下之战前夕，韩信也是向刘邦讨要封地后才出兵救援，最终在四面楚歌中击败了项羽。

但刘邦不是一个大度的老板。韩信坐大后，刘邦名义上是老板，实际上却被韩信战功光辉下的阴影所遮盖。刘邦第一个反应是削弱韩信的兵权，相当于是对韩信说，你好好给我打工就行。

刘邦夺取韩信兵权，最早是在韩信带兵攻取代、赵之地后。

当时，彭城之战中刘邦几十万大军输给了项羽 3 万精锐，被项羽追着打。刘邦在荥阳和成皋被杀得丢盔弃甲，逃跑时带着自己的一对儿女还嫌累赘，好几次要把儿女踢下车，幸亏“司机”夏侯婴紧紧抱住他们。与此同时，韩信却发挥自己的军事奇才，率领刘邦拨给他的几万人马连战连捷，攻克数国之地，屯兵于修武（今河南省西北部），准备向齐国挺进。

从战场上落荒而逃的刘邦，屡战屡败，心里不是滋味，还未重整旗鼓，就和老司机夏侯婴一路跋山涉水偷偷跑到了修武，意欲夺取韩信的兵权。到了韩信驻兵之地，刘邦假装成汉王使者，趁夜悄无声息地溜进韩信帐中，取走了兵符、令箭和将印，夺回了韩信手下这支大军，去正面战场和项羽对阵。韩信第二天起床后，才知刘邦耍赖把自己的大军带走了。

之后，刘邦为了安抚韩信，拜他为相国，让他自己在赵地征发一支新军攻打齐国，才有了之后韩信攻齐之战。刘邦还以同样的手段，夺取了另一个将领张耳的军权。

史书中这段看似荒诞的描写，反映的是刘邦对韩信长期以来的猜忌与提防。

4

垓下灭项羽后，刘邦在诸侯的拥戴下当上了皇帝，第一时间就夸赞齐王韩信的战功。在一次庆功宴上，酒酣耳热之际，刘邦问群臣：“你们可知我为何得天下？”

一些大臣就说：“陛下派遣将领攻城略地，战后将城邑封给功臣，共享其利。项羽却杀害有功之臣，怀疑贤能之士，终究失天下。”

刘邦笑道：“你们只知其一，不知其二。运筹帷幄之中，决胜千里之外，我不如张良。治理国家、安抚百姓、输送补给、不绝粮道，我不如萧何。率百万之众，战必胜，攻必取，我不如韩信。这三个人杰，我能用之，所以才得天下，而项羽有一个谋士范增却不能用，这就是他被我消灭的原因。”

可以说，没有韩信在军事上的胜利，就没有大汉王朝的统一。此前刘邦已经用实际行动证明，自己在战场上不是项羽的对手，跟项羽打仗，几条命都不够用。

可在大功告成不久后，刘邦对韩信的态度突然 180 度大转变，不仅再次夺下了韩信的兵权，收编了其率领的几十万大军，还将他由齐王改封为楚王。

刘邦的理由也很充分："楚地已定，义帝亡后，欲存恤楚众，以定其主。齐王信习楚风俗，更立为楚王。"韩信老弟你熟悉楚地风俗，还是去当楚王吧。齐王徙楚，实际上使韩信远离了自己打下的大本营——负山固海、物产丰饶的三齐之地，并且与旧部断绝联系。

在刘邦看来，这样还远远不够，鸟尽弓藏的时候到了。

5

韩信徙封楚王还不到一年，刘邦就以有人上书告韩信谋反为由，上演了一出好戏。这是韩信陷入的第一次"谋反案"。

当时，刘邦向足智多谋的陈平问计，该如何收拾韩信。陈平当然知道根本没有所谓韩信谋反的证据，他为刘邦酝酿了一条毒计，先反问道："有人告发韩信谋反，这事别人知道吗？"

刘邦不假思索地说，没有。

陈平接着问，那这件事韩信自己知道吗？

刘邦老实说，他不知道。

陈平最后得出结论，刘邦和手下诸位将领出兵肯定干不过韩信。如果发兵攻打，就是逼迫韩信起兵造反，这对刘邦来说是最危险的情况。刘邦听罢，还是那句经典的提问："为之奈何？"

陈平向刘邦献计："古代天子巡狩天下，所到之处的诸侯必会前来拜见。陛下可假装要到云梦泽一带游猎，告诉诸侯在陈县与您相会。陈县在楚国边境，韩信必然会来拜见陛下，到那时只需要一个武士就能将他抓捕。"不少史学家认为，陈平此举分明是落井下石的小人行径。清人王鸣盛说："平不以此时弥缝其隙，乃倡伪游云梦之邪说，使信无故见黜。其后为吕后所杀，直平杀之耳。"

不久，刘邦依陈平计，诈称将巡游云梦，会诸侯于陈。韩信大老远就前来迎接，却当场被刘邦喝令抓捕，囚在后车。韩信还没回过神来，已经束手就擒，他悲愤不已地高喊："果然如别人所说，'狡兔死，良狗烹；高鸟尽，良弓藏；敌国破，谋臣亡。'

天下已定，我固当烹！”

韩信被捕之前还有一段插曲。韩信前往陈县见刘邦之前，有人建议他带着楚将钟离眛的人头去讨好刘邦，换取他的信任。

钟离眛是项羽麾下的将领，与韩信是故交，项羽死后，他为了避祸不得已投靠韩信。韩信就将别人的主意跟老朋友坦诚相告，钟离眛唾骂韩信无情无义，说：“公非长者。”你韩信不是个忠厚的老实人，我今天死，你将来也会跟着死的。钟离眛说罢，自刎而死，韩信就带着朋友的人头去拜谒刘邦。可此时韩信仍被刘邦治罪，他心中的愤怒顿时爆发，更加不顾君臣之礼，当着刘邦的面大呼冤枉。

刘邦听着韩信在囚车中陈述冤屈，自认理亏，只说了一句：“你不要高声叫，就凭你这抵触情绪，就是谋反的证据。”一向为人圆滑的刘邦，此时竟然也找不到话语来搪塞，找不到正当理由驳斥，真是欲加之罪，何患无辞。

刘邦将韩信投入囚车中带回京，之后故作仁慈，只是将韩信削为淮阴侯，剥夺兵权，困于京城中严加看管，不敢放虎归山。

韩信的人生，再度跌落低谷。

6

若是韩信就此退出政治游戏，也许还有求生的希望，但为人耿直的他，一次又一次地撞在枪口上。

明人袁宏道有一句话，写为官之道：“上官直消一副贱皮骨，过客直消一副笑嘴脸，簿书直消一副强精神，钱谷直消一副狠心肠。”人在江湖，总要懂得迎来送往，阿谀奉承。可韩信偏不，他被降为列侯后，还是像当年那个心高气傲的仗剑少年，身处在大汉王朝的中心，他政治上的幼稚，在刘邦看来就是忤逆。

有一天，刘邦召见韩信，与他聊起当年南征北战的往事，讨论诸位将领的统帅才能。刘邦问韩信：你看我能统领多少兵马？

韩信爽快地答道，陛下不过能统领十万人马而已。

刘邦又问韩信，那你自己呢？

韩信直言相告：“对臣而言，自然是多多益善了。”

刘邦大笑，说：“你带兵多多益善，为何还被我擒获了呢？”

韩信这才知道自己又失言了，向刘邦赔罪道：“陛下虽不善于带兵，却擅长指挥将军，韩信才会被陛下擒获。况且陛下的天资是上天赋予的，非常人所能及也。”

韩信不知变通，还体现在他与同僚的相处上，韩信被贬为淮阴侯后，就与周勃、樊哙等老战友同一级别，都是列侯。韩信是汉朝定鼎江山的头号名将，而樊哙等人才能远不及他，更不如他军功显赫，韩信难免居功自傲，愤愤不平。

韩信在长安，有一次从樊哙府上经过。樊哙是刘邦的连襟，娶了吕后的妹妹，可他敬重韩信，还亲自跪迎，好生接待，依旧称他为王，自称为臣，客气地说：“大王乃肯临臣！”

韩信却不买账，出门后冷嘲热讽地大笑道：“生乃与哙等为伍。”如此傲气，自然难以让刘邦放心。

或许，从韩信降为淮阴侯，受困长安之时，其悲惨结局早已注定，他要么自觉屈辱地活下去，要么因罪死于横祸。

7

韩信的遭遇，在开国功臣中并非个例，刘邦处置异姓王的手法出奇的一致，都是在他们卷入谋反案后，再一一剪除。就在韩信被告发谋反、夷三族的前后几年间，汉初受封的异姓王几乎无一幸免，纷纷遭到贬杀。

赵王张敖，是张耳的儿子，娶了吕后唯一的女儿鲁元公主。刘邦路过赵国，张敖以女婿之礼伺候得好好的，仍无端遭到刘邦辱骂。赵相贯高等人想要为主子出口气，借机报复刘邦，却被人告发，赵王也因此陷入谋反案。张敖靠着老婆的关系幸运得到赦免，只是降为列侯，免于一死。

梁王彭越，下场最为悲惨，他被告发谋反后，原本只是贬到蜀地为庶人，走到半路遇到吕后。吕后又将他带回来，跟刘邦说：“彭王是壮士，如今贬到蜀地，恐为后患，不如将他诛杀。”刘邦同意后，彭越一族被杀，彭越本人遭到醢刑（剁成肉酱），肉酱装好送给各地诸侯，作为威慑。

淮南王英布，在韩信、彭越被杀后惴惴不安，被地方官员举报有谋反迹象，最后万不得已，真的起兵反了。刘邦亲自率领大军平定叛乱，英布战败后逃亡乡里，这员当年威震四方的猛将，最终在一处民宅中被人杀死。

燕王卢绾常年活在恐惧中，在他之前，前任燕王臧荼正是因谋反被杀，而卢绾也在刘邦病重后，被告发伙同匈奴叛乱。他只好带着家属、亲信跑到长城边上，一心想找机会进京向刘邦谢罪，但刘邦就是不给机会，认为解释就是掩饰，掩饰就是确有其事。刘邦死后，卢绾带着老婆孩子投靠匈奴。

在刘邦生命的最后一年，他与吕后终于将对皇权形成威胁的异姓王进行了一番大清洗，用诛杀与平叛了却心中大患，而那些征战四方的名将都已灰飞烟灭。病中的刘邦摆脱了韩信等人的阴影，与群臣杀白马为誓，与天下臣民约定："非刘氏而王者，天下共击之。"

至少在刘邦去世之前，江山依旧是大汉的江山，大汉也仍旧是刘家的大汉。韩信、彭越、英布等人的死，正是为了这一天。韩信生前是否真的参与了陈豨谋反案，也许在刘邦看来，真相早已无关紧要。

三国最大的冤案：魏延之死

这一天，刘备终于走上事业巅峰。建安二十四年（219），刘备从老对手曹操手中夺下汉中，自立为汉中王，打算给员工派福利。

汉中，是益州北境的咽喉，也是北伐的战略要地。当时，众将都以为镇守汉中的人非创业骨干张飞莫属。张飞这位老干部也想继续在前线发光发热（“飞亦以心自许”）。

刘备的安排却出人意料，他把汉中太守的职位给了另一位大将——魏延。

在一众文臣武将的质疑中，刘备问魏延：“文长（魏延字），你跟大家说说，今日我对你委以重任，你身居其职，该如何做啊？”

魏延当着众人的面，说出了一番豪言壮语：“如果曹操举天下之兵而来，我愿为大王抵挡；如果他派一个偏将率十万人马来攻汉中，我就为大王吞了他们。”

此话一出，刘备连连点头，群臣也对魏延刮目相看。

魏延没有辜负刘备的期望。此后，他镇守蜀汉的北大门，多次参与北伐，大破曹魏军队。

蜀汉朝廷对他的评价很中肯：“临难受命，折冲外御，镇保国境。”可这段赞词还有后半句，说他“不协不和，忘节言乱”，最后不得善终。

在建安二十四年（219）那次君臣对话 15 年后，魏延因起兵作乱而身首异处，人头被对手狠狠踩在脚下，一家老小也未能幸免于难，被灭三族。

受明清以来小说、评书的影响，有人深信魏延叛乱确有其事，但历朝历代也不乏史学家根据史书记载为魏延“翻案”。这位蜀汉大将，究竟是含冤莫白，还是死有余辜？

1

魏延是刘备一手提拔的猛人。

史书记载，魏延本是河南义阳人，以部曲追随刘备作战，从基层干部开始干起。所谓“部曲”，是当时地方豪强编入军队的流民、壮丁，与主人有人身依附的关系。

魏延出身平平，本领却过硬，凭借“数有战功”当上了牙门将军。这一职务，相当于警卫部队大队长，赵云就担任过此职。在汉中之战后，魏延更是力压得票数最高的张飞，成为汉中太守。

刘备死后，魏延随诸葛亮北伐，逐渐成长为蜀汉军事上的二号人物，负责督前部军马，挂着凉州刺史的名号，还是司令部参谋长（丞相司马）。随着关羽、张飞、马超、黄忠、赵云等骁勇善战的名将相继去世，魏延论资排辈，也算是蜀汉大将中的翘楚，因此得到诸葛亮倚重。

蜀汉北伐与魏延后半生息息相关，甚至决定了他最后的命运。

田余庆先生说，蜀汉政权既不是“偏安”，也不是“称霸”，而是“偏霸”。

说到底，诸葛亮北伐，是执行蜀汉“兴复汉室，还于旧都”的革命纲领，也是以攻为守的战略，不能说是一种“表演型努力”。让人不解的是，第一次北伐时，魏延提出了著名的子午谷奇谋，却被诸葛亮无情否决。

蜀汉与曹魏主要以东西走向的秦岭为界，秦岭以北是关中，以南是汉中，道路穿行于山谷之中，最东边有一条崎岖狭窄的子午道，路程最短，却极为艰险。当时，镇守关中长安的夏侯楙是曹操的女婿，靠着关系户才得到这个肥差，整日沉迷酒色。

在此情况下，魏延主张率领一支奇兵从东边的子午道出兵，一举攻占长安，兵贵神速，成败在此一举。

他对诸葛亮说：“请丞相准许我率五千精兵，带足粮草，从褒中（今陕西褒城）出兵，经子午谷（子午谷道南口曰午谷，北口曰子谷）进军，不到十天就可兵临长安城下。夏侯楙听到我大军杀到，一定弃城而逃。攻陷长安后，关中一带有足够的粮食可作为补给。此时，丞相率主力从斜谷（在今陕西眉县）出兵，两军会师长安，就可控制咸阳以西的地方。”

正所谓“诸葛一生唯谨慎”，诸葛亮没有采纳魏延的计策，而是稳中求进，出祁山收取陇西（今甘肃六盘山以西、黄河以东一带），再向东徐徐图之，如此，也可解除北伐的后顾之忧。

诸葛亮的方针有一定道理。蜀军发起北伐后，曹魏已经“分命大将据诸要险”，秦岭各条道路的北口都有曹魏重兵把守。之后，魏明帝还派大将曹真替换了无能的夏侯楙，加强对关陇地区的防御。

实际上，面对严阵以待的曹军，魏延奇袭长安未必能成功。更何况，蜀汉国力相对弱小，每一支精兵强将都是无比珍贵的筹码，经不起豪赌。

但是，魏延的战略为诸葛亮提供了另一种可能。他的看法是，先取关中，再取陇西。蜀军出子午谷后，假使能速战速决占据关中，陇西被孤立，不足为惧，蜀汉也没有西顾之忧。

攻取关中后，也可凭借这一富庶的天府之国，解决粮草紧缺的问题。物资是蜀汉的短板，在曹真之后镇守关陇的司马懿，就是靠与诸葛亮打持久战，不断消耗蜀军的战斗力，甚至耗尽了诸葛亮的生命。

历史无法假设，孔明不用子午谷奇谋，是错失良机，还是眼光独到，永远不得而知。此事却成了魏延的心结。魏延是一个心高气傲的人，他提出子午谷奇谋时，曾自比西汉开国功臣韩信，想要自领一军，与丞相分兵而出，建立不世之功。

诸葛亮没有采纳他的“奇谋”，魏延为此愤懑不已，时常抱怨诸葛亮谨小慎微，“叹恨己才用之不尽”，没少发牢骚，大家也都知道他的脾气。

魏延不满的情绪都写在脸上，诸葛亮看在眼里，但他并没有因此对魏延有所轻视。诸葛亮十分爱惜魏延这个人才。有一次，魏延与另一位蜀汉元老刘琰在军中争吵，诸葛亮还以刘琰狂妄为由，对其进行责备，遣送回成都，果断站在了魏延一边。

史书中没有留下诸葛亮与魏延将相失和的记载，至于小说中写诸葛亮在临终前留下除掉魏延的遗计，更显得荒诞不经。

2

在诸葛亮五次北伐中，魏延都能大施拳脚，多次单独领兵，立下不少战功。这也是他受重用的证明。

蜀汉建兴八年（230），魏延率军入羌中（今甘肃临夏自治州），行至阳溪一带，击败了曹魏后将军费曜、雍州刺史郭淮率领的大军。次年，他更是在一次交战中战胜了司马懿，获甲首三千级、玄铠五千领、角弩三千一百张，打得司马懿撤回大营思考人生。

由于魏延功勋卓著，蜀主刘禅下诏拜其为征西大将军，封为南郑侯。在军中，魏延拥有二把手的地位。

尽管如此，诸葛亮始终无法解决一个问题：当时，魏延与丞相长史（相当于相府的秘书长）杨仪不和，两人经常吵得不可开交。

有一次，魏延吵不过，持刀威胁杨仪。这下子确实做得过火，杨仪吓得“泣涕横集”。男子汉大丈夫当着众人的面一把鼻涕一把泪，可见受到多大惊吓。

这也不能全怪魏延。杨仪是个善于筹集粮饷的后勤干部，深得孔明信任，但他品行一向为人诟病。

史载，杨仪“性狷狭”，也是一个不好惹的主。他原本是曹操旗下荆州刺史傅群的主簿（也是个类似秘书的职务），在关羽领兵攻打襄阳时，背叛曹军，临阵投降。后来，关羽派杨仪入蜀，向刘备汇报工作。刘备见到杨仪，聊了会儿天，发现此人对军国计策、政治得失颇有见解，于是提拔他去给尚书令刘巴当部下。

杨仪不久前叛曹投刘，跳槽后快速升职加薪，正常情况下就该好好工作，感谢老板知遇之恩吧，可他偏偏不这么做。他就职后不久就与上司刘巴闹矛盾。刘巴可是刘备的重臣，与诸葛亮一同制定了蜀汉法律文件《蜀科》。

不知好歹的杨仪惹怒了刘备。刘备将他降了级，命其遥领弘农太守。弘农在今河南西部，是曹操的地盘，杨仪有官无职，相当于失业了。

刘备去世后，诸葛亮才再次起用杨仪。每次出兵，杨仪负责筹集粮草，办事周到迅速。因此，诸葛亮爱惜杨仪的才干，也信任魏延的骁勇，没有偏心，苦恼的是二人不和，多亏他另一位得力助手费祎时时从中调停，经常给魏延和杨仪当和事佬。

关于魏延与杨仪的八卦新闻在当时传播甚广。

有一次，费祎与董恢出使孙吴。吴主孙权大醉后对费祎说：“杨仪、魏延不过是小人，对国事只有微不足道的功劳，现在却重用他们，让他们权势不轻，哪天诸葛亮不在了，一定会成为祸害。你们当大臣的，对此事不应该有所谋划吗？”

为人机智的费祎竟一时语塞，估计平时没少为这二人忧虑，心累了。

幸亏董恢献计，悄悄对费祎说：“您可以如此回答，说杨仪、魏延不过是私人恩怨，不会像黥布、韩信那样有叛逆之心。如今当务之急是扫除曹贼，这必须凭借有才之士才能成功，要是舍弃二人不用，就像是为了防备风浪而砸沉船只，不是长久之策啊！”

费祎就这么跟孙权说。孙权一听，好像挺有道理，也不再挖苦他们。

诸葛亮听说此事后，还特意赏赐了董恢。但顽疾不除，肌体难愈，魏延与杨仪的恩怨终于在诸葛亮死后彻底爆发。

3

建兴十二年（234），诸葛亮在北伐途中积劳成疾，病逝于五丈原。

史书记载：“亮病困，密与长史杨仪、司马费祎、护军姜维等作身殁之后退军节度，令延断后，姜维次之，若延或不从命，军便自发。”

这是说，诸葛亮在弥留之际与杨仪、费祎、姜维等人秘密商议撤军，作为第二号军事人物的魏延不仅没有参加这次战略性会议，还被下令断后，甚至说如果他不听令，就直接把他抛在后方，大军自行撤退。

一些史学家，如吕思勉先生，就曾质疑这一秘密军事会议的真实性。他认为，杨仪想利用诸葛亮遽逝的机会，以退兵计划对付魏延。

《三国志》中还提到一个小插曲，说魏延在行军途中曾做过一个梦，梦见自己头上长角。魏延不知其中玄机，便请教懂得解梦的赵直。

赵直告诉魏延，麒麟有角而不用，这是不战而屈人之兵的好兆头。史书并没有说魏延是否相信这一说法，但魏延离开后，赵直对其他人说了另一个解读，角这个字头上有把刀，头上长角就是头上用刀，是大凶之兆。

这句话，魏延是听不到了。死亡的陷阱，正一步步向他逼近。

4

在确定退兵方案后，杨仪让费祎到魏延军中探探口风。

魏延是坚定的鹰派，一向以抗曹先锋自居，他得知孔明噩耗后，不肯退兵，还要求大军留下来继续北伐。魏延对费祎说：“丞相虽然去世了，可我魏延还在。你们自行为丞相扶丧送葬，我可以继续带领军队北伐，为什么要撤退？岂可因一人而耽误天下之事？”

他要求费祎联合签署军令，宣布北伐部署，下达给诸将。

费祎没有听从，还欺骗了魏延，对他说，杨仪不懂军事，你让我回去对他做做思想工作，说完，他出门骑上马，掉头就跑。费祎回去后，就与杨仪等人执行退兵计划，魏延发觉后，要追上已来不及。

陈迩冬先生就说，魏延“为费祎所卖”。

脾气火暴的魏延得知自己被撇下后大怒，抢先南归，烧了沿途的栈道，意图在南谷口阻止杨仪率领的大军。此时，魏延与杨仪共同上书蜀主刘禅，都说对方起兵造反。

刘禅一时也不知道相信谁，而朝中文臣都偏向杨仪。于是，刘禅派出蒋琬率领近卫军“宿卫营”到前线查看情况。还没等蒋琬到现场，魏延的军队就散了。史载，两军对峙时，杨仪军中的王平在阵前大喊：“丞相尸骨未寒，你们竟敢如此！”魏延部队军心大乱，士卒以为魏延有罪，不敢继续追随，一哄而散。

此事吊诡之处在于，魏延平时善待士卒，其部下更是精锐之师，竟然因为王平一句话就乱了阵脚。很多人对此表示怀疑。

有学者认为，魏延军败退，绝不仅仅是因为王平一声喝退。真正瓦解魏延军队的，应该是刘备皇后吴氏的哥哥吴懿。吴懿当时正在北伐军中，论关系他是国舅，算是朝中宫廷派的代言人，而他另一个身份是魏延多年的副手，因此对其所部了如指掌。

军队溃散后，魏延带着儿子等数人逃往汉中，半路上被蜀将马岱斩杀。值得一提的是，今五丈原诸葛亮庙，守山门的两尊塑像，就是“魏延”和“马岱”，想必当初的设计者有几分黑色幽默。

马岱向杨仪送上魏延的首级。杨仪得意扬扬，“起自踏之”，骂道：“你这家伙，还敢作乱吗？”之后，杨仪为泄愤，追究魏延之罪，夷灭魏氏三族，其阴狠歹毒令人发指。

魏延究竟有没有反叛？答案，是显而易见的。

如果魏延真有谋反之心，他至少有三种选择。一是临阵倒戈，投降司马懿，此举易如反掌；二是按兵不动，等杨仪等大军撤退后割据汉中，观望形势；三是以迅雷不及掩耳之势，南下成都，篡夺蜀汉政权。

然而，魏延没有选择其中任何一条路，仅仅是因为不满杨仪撤军，带兵与其对峙。这本身只是蜀汉内部的一场军事冲突，因魏延与杨仪的私人恩怨而起。正如《三国志·蜀书·魏延传》所说：“延意不北降魏而南还者，但欲除杀仪等。”

魏延为蜀汉南征北战、东征西讨近三十年，最终竟落得如此下场，魏、杨争斗的结果更是让人不胜唏嘘。

魏延被杀后，杨仪自以为立下大功，却很快被诸葛亮指定的继承者蒋琬、费祎架空，失去了实权，地位反而大不如前。杨仪心怀不满，为此整日抱怨，怒形于色。费祎去安慰他，杨仪一句话就搭上了自己的前程，他说："当初丞相病逝之际，我如果举兵投靠曹魏，也不会如此落魄吧？而今追悔莫及啊！"

这句话可能是气话，可言者无意，听者有心，费祎揪住这根辫子，如实上报。

魏延死后仅一年，杨仪被罢黜为民，流放汉嘉郡（今四川芦山县），一路上他多次上书申诉，言辞激切。朝廷看到后更是不肯放过杨仪，派人将他逮捕下狱，杨仪绝望自杀。

这场内斗的最大赢家，是蒋琬与费祎。他们在政局动荡的背景下，除掉了两颗钉子——军事二把手魏延和骄横跋扈的杨仪，更加安稳地完成权力过渡，可惜的是，魏延死后，"蜀中无大将，廖化作先锋"，蜀汉元气大伤，此后更是只剩下姜维孤木难支。

5

如今的成都武侯祠，祠中的文臣武将廊中蜀汉人物塑像风采依然，却没有魏延的塑像。

多少年来，莫须有的罪名渐渐掩盖了魏延的赫赫战功与本来面目。

甚至在后世小说中，魏延更是"坐实"了叛乱的罪名，起兵作乱后在阵前大喝一声"谁敢杀我"，为马岱所斩杀，以滑稽的结局收场，被进一步丑化。而与魏延互相挑衅的杨仪却成了无辜的一方，文人将对武将的轻蔑，写进了虚构的文学创作中。

历史上，文武不和，一直是蜀汉的老大难问题。

蜀汉绷着一股劲与强盛的曹魏死磕多年，最后却是从内部开始瓦解。

当姜维继承诸葛亮的遗志，执意北伐时，诸葛亮的另一位继承者费祎实行休养生息的政策，多次予以牵制，每次姜维要出兵，费祎给前线派的人"不过万人"，使姜维难以施展拳脚。

错的不是姜维，他多次北伐，与魏军互有胜负，维持了蜀汉大军的士气，扛起兴复汉室的大旗，没有他，蜀汉可能亡得更快。这也不是费祎的错，他主政时期，蜀汉繁荣发展，百姓安居乐业，与孙吴也长期处于蜜月期。两人心怀不同的理念，却都是为蜀汉尽忠。

在蜀汉内部的重重矛盾中，费祎之死成了一大疑案。蜀汉灭亡的十年前，延熙十六年（253），费祎在与僚属举行岁首大会庆祝新年时，因欢饮沉醉不及防备，被魏国降将郭循一刀刺死。

郭循行刺究竟有没有幕后主使，早已成不解之谜。

费祎遇刺身亡后，朝中鸽派势力不减，光禄大夫谯周作《仇国论》，宣传反战言论，认为姜维北伐是不识时务，“极武黩征”，“民疲劳而骚扰之兆生，上慢下侮，则瓦解之形起”。

谯周是蜀地大儒，他和蜀郡成都人杜琼、巴西阆中人周舒等清一色的益州士人，坚决地反对北伐，四处散布蜀汉必亡的言论。

文化人就是高明，谯周等人编造谶语，用刘备和刘禅的名字大做文章。先帝叫什么名字？备，意思是足够了。刘禅的“禅”又是什么意思？就是禅让，把皇位让出去。蜀汉凭什么和曹魏斗，还是早早投降吧。

景耀六年（263），魏将邓艾率军突袭成都。刘禅原本还想逃亡东吴，谯周却力排众议，劝他向曹魏投降。谯周对刘禅说，到了吴国我们也只能称臣，既然称臣不如就挑个大国，魏国迟早会吞并吴国，投降魏国肯定比逃奔吴国靠谱。

刘禅听罢，放弃抵抗，开城投降，蜀汉灭亡。

二虎相争，必有一伤。内斗，占便宜的往往都是第三方。

五

帝国惊天大案

南北榜案：金榜题名日，两名状元被杀了

新科状元陈郊没有想到，金榜题名日，竟然就是自己的人头落地时。

这是大明洪武三十年（1397）三月，这一年的科举殿试结果公布后，北方学子立马炸开了锅。

原来，这次科举考试录取的 52 人中，状元陈郊是福建闽县人，榜眼尹昌隆是江西泰和人，探花刘仕谔是浙江山阴人——剩下的 49 名进士，也全部是南方人。

对此，北方士子们非常愤怒，他们联名上疏，认为这一定是 85 岁的主考官、湖南茶陵人刘三吾作弊偏袒南方人，才导致北方士子们全部落榜。

事情传到了 70 岁的老皇帝朱元璋耳朵里，尽管历年以来，每次新科进士，占绝对大头的都是南方人，但像今年一样全部是南方人中榜、北方人全部落榜的情况，还是第一次出现，同样心中疑惑的朱元璋于是下令，让洪武二十七年（1394）甲戌科状元、侍读学士张信等十一人组成联合调查组，每人“各阅十卷”重新审阅试卷。

但张信等十一人审来审去，都认为该次殿试的北方士子的试卷“文理不佳，甚至有犯禁忌之语”，无论各方面，确实明显不如南方士子的答卷优秀。

于是，张信等人联合向老皇帝启奏说，新科进士的录取名单并无不妥，录取的确实都是才学优秀之士，并且评卷时采取糊名制、誊抄制，公布前根本不知道谁是南方人、谁是北方人，而且从试卷来看，刘三吾主持录取的 52 人的试卷，确实明显“文理更佳”。

为了方便对比优劣，张信等人还特地抽取了北方考生的卷子进呈朱元璋，请老皇帝定夺最终结果。没想到北方考生又大肆鼓噪说，这一定是刘三吾授意张信等人，故意将北方考生中的“陋卷”进呈给老皇帝，以此来掩盖他们偏袒南方考生的罪责。

调查结果公布，北方考生还是不满意，作为帝国最高规格的人才选拔考试，如今

竟然破天荒出现了一边倒的局面，而前后两批考官则都认为结果没有问题。

但，朱元璋却认为问题很大。

龙颜大怒之下，朱元璋下令，直接将新科状元陈䢿、主持复查试卷的老状元张信，以及主考官白信蹈等人全部斩首弃市，而85岁的主考官刘三吾考虑年纪已大，改而被充军戍边。

两任状元无辜惨死，但朱元璋认为，这并不足以安抚北方考生人心，在杀死一大批南方士子后，明朝洪武三十年（1397）五月，朱元璋又宣布重新进行会试（殿试前的选拔考试），这一次朱元璋亲自一一阅卷，并将全部61个录取名额都分给了北方考生；同年六月，朱元璋又亲自主持殿试，专门录取了山东人韩克忠为状元，以此笼络北方士子。

至此，历时三个月的科举大案表面上落下帷幕。后来，记录者将当年第一次全部52名录取进士皆为南方考生的春榜，称为南榜；第二次61名录取进士全部是北方考生的，则称为北榜，史称南北榜案。

1

前后两任状元陈䢿、张信，仅仅因为才学出众、秉持公正，就无辜枉死南京城下，对此，朱元璋心中并非不知晓个中蹊跷，如果说洪武三十年（1397）三月的南榜录取结果有问题，那么最该处死的，显然应该是主考官刘三吾。

但刘三吾并没有死。

朱元璋刻意放过了85岁的主考官刘三吾，并非因为他年纪大，而是朱元璋心中明白，能被他选为主考官的刘三吾，多年来一直是朝野公认的品行端正、德高望重之士，因此出现南榜录取结果全部是南方考生这一情况，朱元璋明白，肯定并非是刘三吾故意所为。

但作为最后意外扭转的胜利者，当年的北方考生们则一致认为，当年三月的南榜，一定是刘三吾搞的鬼，肯定是老头子作弊、偏袒南方人，最终幸亏是老皇帝朱元璋亲自出马，才矫正了这场惊天的“科场舞弊案”。

两任状元同时被杀，但时人对刘三吾的评价依然很高，在当时人看来，“三吾为人慷慨，不设城府，自号‘坦坦翁’。至临大节，屹乎不可夺”。

这是一位在当时人看来“三军不可夺志”的品行高尚之士，想当初，刘三吾的女婿、户部尚书赵勉贪污犯法，但刘三吾并未徇私舞弊、利用自己为朱元璋高度信任而替女婿求情，反而主动请求将女婿下狱论法，并且刘三吾还上书自责“素失教诲”，请求引咎辞职，“以励廉耻”。

据《震泽纪闻》记载，朱元璋时期有一名御史名叫王朴，作为陕西人的王朴刚直不阿，多次与朱元璋直面相争，最终被朱元璋下令斩首处死，临刑前，王朴在路过史馆时大声呼叫说：“学士刘三吾听之，某月日皇帝杀无罪御史王朴。”由此可见，在当时朝野正直大臣们的心目中，刘三吾都是值得信赖的人物，其品行、才学，都是朱元璋时期的出类拔萃之人。

另外从刘三吾的角度和立场来说，他作为主考官，虽然也是南方人，但与新科状元陈䢿等人既不同省又不同县，根本素不相识，当时已经年届 85 岁高龄的他，经历了朱元璋时期动辄杀戮几万人的腥风血雨，不会不明白朱元璋的作风，因此他根本不可能也犯不着为了偏袒南方考生，而将自己置于生死悬崖甚至连坐族诛的危险境地。

2

主考官既然不太可能偏袒南方学子，张信等十一人的联合调查组也认为洪武三十年（1397）的南榜录取结果没有问题，那么，朱元璋为何还要大开杀戒，拿两位状元开刀？

1368 年，朱元璋在应天即皇帝位，建立明朝。明朝建立初期，朱元璋曾经在洪武三年（1370），将 72 名举人直接录取为进士；但此后明朝的科举制一度停摆，恢复隋唐以前的荐举制，由于荐举制容易滋生徇私舞弊等问题，到了洪武十五年（1382），朱元璋又下令恢复科举制，并且“三年一试，著为定例”。

科举制发展至明代后，已经普遍实施了试卷糊名制、考卷誊抄制，以防止主考官认名字、认笔迹徇私舞弊，科举制度空前严格。

在考试级别上，明代科举考试分为童试、乡试、会试和殿试等多个层级，经过童试等地方选拔的，称为“秀才”；通过乡试等省级选拔的，称为“举人”；举人们到京城参加由礼部主持的会试，会试中试者，参加由皇帝亲自主持的殿试。

在明代，殿试不黜落考生，只是对考生重新排定名次，选中者统称为“进士”，其中第一名称为状元，第二名称为榜眼，第三名称为探花。

从隋唐开始兴起的科举考试，让无数学子为之癫狂，在唐朝安史之乱以前，科举考试的霸主，基本都是北方人。

以唐朝状元为例，在安史之乱（755—763）爆发前，详细知道籍贯的8位状元，有7个是北方人。

但是安史之乱以后，北方逐渐衰落，中国的经济文化中心逐渐从黄河流域迁徙到江淮流域，大约从唐武宗会昌年间（843年前后）开始，来自南方的状元人数逐渐增多，从公元843年至907年唐朝灭亡，64年间，秦岭淮河以南的南方地区，相继出现了11位状元，约占这一时期状元人数的31.4%。

唐朝灭亡以后，历史进入五代十国时期，北方持续战乱动荡，在大量人口南迁和经济中心南移的背景下，北方支持读书人的经济和文化基础都受到了严重摧残，经历中唐、晚唐和五代十国历时两百多年的动荡后，北方在文化上逐渐式微，而政治相对清平的南方，其经济文化开始全面崛起。

公元960年宋朝建立后，尽管北宋未能收复北方的燕云十六州，但其领土仍然基本涵盖了今天的南北方区域，从宋仁宗朝时期（1022—1063）开始，在科举考试中，南方考生的全面崛起，已经势不可挡。

据史料记载，在宋仁宗朝代以前的北宋，明确籍贯的27名状元中，南方人仅为6人，占比22.2%；然而宋仁宗时期开始的30名北宋状元中，南方人却高达21人，占比高达70%。

而从进士数量来看，在现在可以考据的北宋进士9630人中，其中南方诸路（省）为9164人，占比高达95.2%；北方诸路（省）仅为466人，占比仅为可怜的4.8%。

另外在后世扬名的“唐宋八大家”（唐代韩愈、柳宗元；宋代苏轼、苏洵、苏辙、王安石、曾巩、欧阳修）中，除了韩愈（今河南洛阳人）、柳宗元（今山西运城人）两位唐朝名家是北方人外，宋代的六位全部是南方人：其中苏洵、苏轼、苏辙父子三个人，是今天的四川眉山人；王安石是江西抚州人；曾巩是江西南丰人；欧阳修是江西吉安人。

可以说，“唐宋八大家”的籍贯所在地，和北宋进士的南北方籍贯对比，也反映出从北宋开始，秦岭淮河以南的南方考生，就已经在科举考试中开始碾压北方了。

3

作为自安史之乱以后北方持续动荡、南方持续发展的结果，这种南北方经济文化发展的全面失衡，反映出来的，就是从北宋时期开始，南北方在科举考试进士录取人数上越来越严重的失衡，但这种状况在元朝时期，一度因为制度安排有所均衡。

1127 年北宋被女真人灭亡后，偏居南方的南宋更加着力发展经济，进一步为南方的经济文化夯实了根基；1279 年崖山之战南宋彻底灭亡后，历史全面进入了元朝时期（1271—1368）。

蒙古人全面入主中原后，忽必烈对推尊孔子、提倡理学很是积极，在元朝一度恢复的科举考试中，蒙古人规定，会试考生为 300 人，其中蒙古人 75 人、色目人 75 人、汉人 75 人、南人（原来南宋治下的汉人）75 人；在录取比例上，蒙古人也平均分配，规定最终录取的 100 名进士中，蒙古人、色目人、汉人、南人比例各为 25 人。

而在朱元璋看来，元朝统治尽管只有 97 年时间，但蒙古人统治在北方士子中仍然留下了深刻的印迹。

1368 年明朝建立后，同年大将徐达北伐中原攻陷大都（今北京），尽管元顺帝逃亡漠北，但当时北元在漠北、辽东、西北和云南等地仍然保留有强大军队，其中占据宁夏、甘肃一带的扩廓帖木儿，“骑兵十万，步卒倍之”，经常进犯兰州；在辽东，北元太尉纳哈出则拥兵 20 万，屯于辽河流域的金山。

史书记载，在 1368 年明朝建立后，当时北元“引弓之士不下百万众也，归附之部落，不下数千里也，资装铠仗，尚赖而用也，驼马牛羊，尚全而有也”。

当时，尽管北元被赶出了中原大地，但依托在各地遗留的强大军队，仅仅朱元璋执政时期，元朝残余势力就对明朝北边展开了 10 次大规模侵扰进攻，为了反击，朱元璋则在 1368 年后，先后组织了 17 次大规模反击，最终在明朝建立 21 年后的洪武二十一年（1388），明朝大将蓝玉率领 15 万大军，在捕鱼儿海（今贝尔湖）之役中，彻底击败了北元最后的主力军，此后北元国力彻底衰颓，不再使用大元国号。

面对明朝建立后北方边境这种复杂的政治战争局势，性情多疑、手段残酷的朱元璋非常敏感。当时，明朝境内尤其是北方地区，仍然有不少读书人死忠于元朝，并以元朝遗臣、遗老自居，或“身在江南，心思塞北”，或“诈死佯狂，求解职事”，总之就是不愿意臣服明朝，“以不忘故国（元朝）也”。

因此，如何笼络北方读书人的人心，是明朝初期的政治大事。

在朱元璋看来，他在洪武十五年（1382）恢复三年一考的科举制，就是不仅仅要完成在政治上的光复，还要实现文化上的光复，所以科举制对于笼络北方的士子和人心，无疑是重中之重。

面对明朝建立初期，和北元势力仍然处于拉锯交战的复杂局面，如何确保内部尤其是北方的人心安定，如何拉拢北方读书人，成为一等一的政治大事。

偏偏就在这种复杂的政治军事文化背景下，发生了洪武三十年（1397）的南榜事件，以致北方士子集体上疏抗议，并到处鼓噪考试选拔不公。如果在从前或以后的朝代，这或许可以理解，但是，这是在与北元激烈对抗的明朝初期，无论是政治、军事还是文化，在各个层面上，明朝都不能输，也输不起。

所以，作为开国皇帝，朱元璋内心深处对秉持考试公平却不讲究政治正确的考官刘三吾，以及主持复查的老状元张信等人，内心无比恼火。

朱元璋考虑到“北方人士服属于元较久，虑遗民犹有故元之思，颇欲以假科举名以笼络之”，但是，单纯从考试公平原则出发的刘三吾、张信等人，却没有看透朱元璋怀柔北人的“宏图远略”。于是，在南榜事件之后，手段毒辣的开国皇帝朱元璋，最终决定以简单、粗暴、极端的方式，来解决由于南榜事件引发的北方考生骚动不满问题。

在读书人刘三吾和张信看来，这是一场纯粹的考试公平问题；而在开国皇帝朱元璋看来，这则是一个有关帝国开邦、对抗北元、镇抚人心、安定北方的政治远略问题。

思想单纯的读书人，没有领悟开国皇帝的宏图远略，如果碰到一位像刘秀一样的开明皇帝，或许只是挨一顿训、降职或贬官了事，但碰到一位像朱元璋这样手段毒辣的开国皇帝，这注定又将是一场腥风血雨。

对于在胡惟庸案、李善长案、蓝玉案，以及郭桓案、空印案等案件中，动辄诛杀几万人，前后残杀二十万人的朱元璋来说，即使是在建立大明帝国后，他虐杀、残杀、无理株连酷杀的爱好，随着年龄的增长，始终不曾根除。因此，对于朱元璋来说，在南北榜案中，杀掉两位状元和几个主考官，平息下北方考生的怒气，实在是太轻松了。

对于一位动辄将杀人作为政治权术手段的帝王来说，这实在不值一提。

不仅如此，朱元璋还宣布将南榜中中举的全部52位南方考生，“俱不刻《登科录》”，也就是说，他还宣布，南榜的考试成绩无效。

在朱元璋的刻意安排和亲自阅卷提拔下，在当年六月的北榜中，在三月的南榜殿试中落榜的山东人韩克忠，最终被录为状元；另外一位山东人王恕被录为榜眼；山西人焦胜则被录为探花。

此外，还有 58 位北方考生被录取为进士。

在南榜事件之后，集体鼓噪的北方考生们，最终踩踏着两位状元陈郊和张信的人头，在帝国政治中走上了金銮殿。

4

尽管两位状元被杀，南榜进士被撤销功名，但南北榜案的遗波，并未消失。

南北榜案之后，根据有心人统计，在整个朱元璋执政的洪武时期，包括南北榜在内，录取各科进士共 867 人，其中南方籍 620 人，占总数的 71.5%。

尽管朱元璋开始有意矫正这种南北方科举考试全面失衡的局面，但南北榜案后的第二年，洪武三十一年（1398），70 岁的朱元璋最终病逝。

大明帝国的南北方文化严重失衡问题，仍然没有得到矫正，也难以矫正。在朱元璋之后的建文帝时期，共取进士 106 人，其中南方籍 89 人，占总数的 84%；到了明朝的第三位皇帝、明成祖朱棣时期，共录取进士 1819 人，其中南方籍 1519 人，占比 83.5%。

面对这种南北方文化成绩全面失衡的局面，为了延续朱元璋的政治策略和改革思路，同时也是兼顾考试公平与区域公平原则，于是，到了明朝的第四位皇帝明仁宗时期，作为江西吉安泰和人的大学士杨士奇，决定对科举考试中南北考生录取失衡的问题提出建议。

当时，杨士奇向明仁宗提出，应该在科举考试中分为南北两个区域分别取士，并提出应该按照“南六北四”的比例分配科举进士的录取名额。

杨士奇指出，当时北方士子由于长期在科举考试中大规模落败，以致对读书上进和进入帝国官场意兴阑珊，“北士得进，则北方学者亦感发兴起，往年只缘北士无进用者，故怠惰成风”。

对于杨士奇的建议，明仁宗也深以为然，并计划开始实施南北分卷制度，可惜，执政未满一年的明仁宗朱高炽在 1425 年猝死，南北分卷未能及时实施。

一直到两年后的宣德二年（1427），明仁宗的儿子、明宣宗朱瞻基最终将南北分卷制度付诸实施，并按照“南六北四”的比例录取进士，以实现科举考试的区域均衡，将考试公平与区域公平并举齐驱。

到了明代宗朱祁钰时期，景泰五年（1454），明朝最终将南北卷制度详细划分为南、北、中卷制度，其中还对南、北、中卷所属地区进行了详细划分，其中规定："南卷，应天及苏、松诸府，浙江、江西、福建、湖广、广东；北卷，顺天、山东、山西、河南、陕西；中卷，四川、广西、云南、贵州及凤阳、庐州二府，滁、徐、和三州也。"

在这种分南、北、中区录取的制度安排下，大明帝国的科举考试公平和区域公平问题最终得到了有效的均衡，而为了防止部分考生利用规则考试移民到北区和中区报名考试，明朝官方还规定"妄报中卷、北卷者，本部指名参退"，其中明确指出，如果查出属于考试移民，将进行除名处理，目的就是为了维护南北区域的考试公平。

在南北分卷的区域公平照顾下，北方的文化教育事业也获得了极大的进步，此后，从唐朝安史之乱后，历经五代十国和两宋、元朝动荡，文化贫弱的北方，开始出现了欣欣向学的局面："无地不设之学，无人而不纳之教。庠声序音，重规叠矩，无间于下邑荒徼，山陬海涯。"

这也使得明朝大大增强了在北方地区的人心吸引力，有力促进了明朝中央对北方和边疆地区的重新控制。

此后，明朝的科举考试分区制度改革，一直延续到了清朝，到了顺治年间（1643—1661），清朝将中卷并入南、北卷，开始实行南北卷制度；康熙五十一年（1712），南北卷制度最终被废除，实行了分省录取制度。

而回顾历史，这场始自明朝洪武三十年（1397）的科举改革，最终以南北榜案中两位状元的人头为代价，在残酷中婉转促进了历史的进步。

只是历史的每一次前进，经常都滴淌着无辜者的鲜血。

1542 年，一群宫女刺杀大明皇帝

1

明嘉靖二十一年（1542）十月二十一日，嘉靖皇帝朱厚熜经历了一个毕生难忘的惊魂夜。

这一夜，皇宫万籁俱寂，微弱的灯火陪伴着皇帝沉入梦乡，一切看似寻常。

此时，以杨金英为首的 16 名宫女悄无声息地来到御床前，手中紧紧握着一根由多条丝花绳绑成的粗绳，计划在嘉靖熟睡之时将他缢杀。

明清时期的紫禁城有严密的安保措施，仅仅是皇帝居住的乾清宫就有九个房间，“上下共置床二十七张，天子随时居寝，制度殊异”，要想趁夜行刺，还得知道皇帝这天睡哪儿。可随侍皇帝身旁的宫女们偏偏知道这些机密，也只有这帮最特殊的“刺客”才能谋划这一惊天计划。

宫变发生的这一夜，嘉靖帝来到端妃宫中就寝。端妃曹氏年轻貌美，是当时最受宠的妃子之一，她对宫女们的计划一无所知，却注定将因这场行动受到牵连。

危机临近，嘉靖帝还在沉睡，杨金英见他毫无防备，与其他宫女拿出绳子套在了皇帝的脖子上，还有宫女用黄绫蒙住了他的脸。万事俱备，十几名手无缚鸡之力的宫女一拥而上，有人掐嘉靖的脖子，有人按住身体和四肢，并用力拉紧绳套。嘉靖从梦中惊醒，却无力反抗，登时就要气绝身亡。可是，众宫女这才发现，她们慌乱之中误将绳子的活扣打成了死扣，因此无论如何也拉不紧，嘉靖并没有丧命，只是被勒昏了。

有一个叫张金莲的宫女见计划可能败露，情急之下当了叛徒，偷偷跑去向方皇后告密。皇后得知此事后大惊失色，急忙带领太监、侍卫前来救驾。在一片混乱中，方皇后还被宫女打了一拳，可皇后毕竟人多势众，很快就将这些刺客逮捕归案。嘉靖皇帝陷入了重度昏迷，还有救。

这一年是农历壬寅年，这一宫女行刺事件被称为“壬寅宫变”。

2

眼看嘉靖都快要咽气了，皇宫上下手忙脚乱，要赶紧想办法救人啊。

为皇帝看病是一门高风险的技术活，尤其是嘉靖如今生死难料，治不好可是要被治罪的。正当众人一筹莫展时，一个叫许绅的御医站了出来，冒着生命危险给嘉靖开了一服药。嘉靖服药后过了几个时辰，口吐紫血数升，总算能开口说几句话，从鬼门关走了一圈回来。

许绅给嘉靖开药时，自己心里也没底，一直提心吊胆，一天下来身心疲惫，不久就得病去世。临终前，许绅留下遗言：“我是没救了。之前宫变，我知道自己开的药若没起效，一定会惹来杀身之祸，因此心中惊悸，此非药石所能疗也。”他把皇帝救活，自己却被吓死了。

嘉靖皇帝经过这一番折腾，身体虚弱，需静心调养，宫中事务全部交给方皇后处理，由她主持审理此案。方皇后命司礼监太监等审讯被捕的 16 名宫女。经过严刑拷打，逼问她们谁才是背后的主谋元凶。

众宫女把宁嫔王氏供了出来，一致供认此事是宁嫔所策划。自嘉靖十年（1531）起，皇宫仿古制在后妃中设立九嫔。宁嫔是其中之一，两年前刚得到册封，可随着红颜渐老已经失宠，在宫中地位不保。如果说她有刺杀嘉靖的动机，可能是对他刻薄寡恩、喜新厌旧感到不满。

宁嫔“招供”后，曹端妃也被拉下水。宁嫔一口咬定端妃虽然没有参与其中，但对这次刺杀早已知情，毕竟案发现场正是在她宫中。宁嫔这招够狠，皇帝没死成，倒是成功地拉端妃同赴黄泉。

如果说宁嫔有作案动机，端妃若是想刺杀嘉靖那就匪夷所思了。她是嘉靖的宠妃，因美貌得宠，常伴其身边饮酒狎欢，就像养在笼中的金丝雀，嘉靖若死，她就失去了一切，一点儿好处也捞不着。

端妃得知自己将被治罪，大喊冤枉，至死都说自己是被诬陷。她极有可能是这起事件中的无辜牵连者。

如此一来，“凶手”在不到十天内都已落网，这场宫变即将结案。审案官员上报嘉靖皇帝称：

“金英（杨金英）与苏川药、杨玉香、邢翠莲、姚淑翠、杨翠英、关梅秀、刘妙莲、陈菊花、王秀兰亲行弑逆，宁嫔王氏首谋，端妃曹氏时虽不与，然始亦有谋。张金莲事露方告，徐秋花、邓金香、张春景、黄玉莲皆同谋者。”

之后，刑部得到方皇后以嘉靖名义颁布的谕旨，会同锦衣卫将杨金英等16名宫女押赴市曹凌迟处死，剉尸枭首。史书记载，端妃、宁嫔与众宫女“悉磔于市，并诛其族属十余人”，很多人都采用这一说法。但南开大学林延清教授认为，此说法不实。端妃与宁嫔的身份是嫔妃，不应该在街头行刑，这两个女子是在宫中被秘密处死的。

几天后，大学士严嵩等上疏道：“事出仓卒，人心惊惑。今虽甫平，犹恐传闻未定。”他们请皇帝昭告天下，以安定人心。嘉靖帝在诏书中宣布自己一切平安，将会祭告宗庙，要臣工安心工作。此案到此告一段落。

3

对于这个结果，方皇后可说是唯一的赢家。

她不仅立下大功，还利用这次机会除掉了正受宠的竞争对手曹端妃。嘉靖一朝，帝后关系一直不太和睦。方皇后是嘉靖的第三任皇后，在她之前的两任皇后都遭受过嘉靖的“家暴”，那些往事还历历在目。

嘉靖的第一任皇后是孝洁皇后陈氏。

有一次，怀孕的陈皇后和嘉靖帝在宫中闲聊，有两个妃子进来献茶。嘉靖见二妃玉手细腻白嫩，当场就拉过来抚摸了一把。陈皇后心生醋意，投杯于地，起身就要离开，这下子触怒了嘉靖。嘉靖勃然大怒，大声呵斥，身怀六甲的陈皇后受到惊吓，流产后大病一场去世。临死前，陈皇后想见母亲一面，冷酷无情的嘉靖还不准许。

第二任皇后张氏遭受到更加残暴的对待，她因为替人说情，触怒嘉靖，最后惨死于冷宫，连谥号都没有。

方皇后一方面对得宠的嫔妃有些嫉恨，另一方面也畏惧嘉靖的喜怒无常。有学者认为，此次审理案件时将端妃也牵连进去，“显系方皇后主意”。后来嘉靖帝身体康复，才知道端妃临刑前坚称自己不知宫女们的谋划，此事确有冤情，为爱妃之死深深痛惜。端妃惨死后，疑心病重的嘉靖帝还一直怀疑宫中闹鬼，对大臣徐阶说："壬寅大变，内有枉者为厉。"

更为蹊跷的是，壬寅宫变五年后，嘉靖二十六年（1547）十一月，方皇后也在一场意外中离奇去世。

当天，皇后居住的坤宁宫突然失火，宫中太监报告嘉靖，他却眼看着大火燃烧而不派人前去救火，最终使方皇后在惊惧中死去。之后哀悼皇后时，嘉靖还耐人寻味地说了一句："后救我，而我不能救后。"有人认为，嘉靖对方皇后见死不救，是痛恨她擅作主张处死端妃，但皇后救驾有功，没有过失，不能公开废后，只能出此下策。

一个失宠的嫔妃，指使十几个宫女行刺皇帝，本就耐人寻味，之后皇帝的宠妃含冤而死，五年后皇后也死于非命。壬寅宫变似乎成了后宫三个女人的一场宫斗。

4

事情并没那么简单。

关于宫女行凶的动机，还有另一种说法。在这一说法中，不仅端妃是被冤枉的，宁嫔或许也不是主谋，这场宫变，其实是由于嘉靖帝虐待宫女，以杨金英为首的宫女为求自保主动发起的一次"起义"。

嘉靖皇帝爱炼丹，自小就沉迷于道教，整天想着修仙。长期服用丹药易造成慢性汞中毒。史书记载，嘉靖帝服药多年后脸色灰暗，四肢麻木，性情暴躁，显然就是服用这些"灵丹妙药"的后果。

道士们为了讨皇帝欢心，就发明了各种丹药，其中一种所谓的长生不老药叫作"红铅"，是用宫女的经血烧炼而成。嘉靖帝求丹心切，在民间大选少女入宫。为了采取经血，宫中还强迫宫女服药催经下血，她们饱受摧残，不少人因失血过多而死，就算不死，也会遭受病痛折磨。为了保持"洁净"，宫女经期时甚至不能正常饮食。嘉靖性情乖戾，还经常因一些小事对宫女进行责罚，动辄打骂。

史书记载，"（宫女）因此殒命者，多至二三百人，蓄怨积苦，发此凶谋"，"宫人等不胜怨惧，同谋构乱"。总结一句话，壬寅宫变就是无良老板嘉靖皇帝残忍迫害小宫女，引起了反抗。

这一说法有一定说服力，宫女亲眼目睹姐妹们饱受残害，不堪受辱，不愿坐以待毙，才向皇帝发出史无前例的挑战。试想一下，即便杨金英等人刺杀成功，也注定难逃一死，她们是为宫中受苦的姐妹们奋起抗争，如果没有这个皇帝，宫女们就不用再受这种折磨。16 人舍弃生命，只是为了让其他人更好地活着，而下此决心的人，不过是一帮十几岁的少女。

原本被认为是主谋的宁嫔贵为九嫔之一，尽管失宠，可显然不会因为取宫女经血而与嘉靖产生矛盾，为了争宠行刺皇帝也要承担极大的政治风险，得不偿失。如果说她是为打抱不平而支持宫女谋刺皇帝，这思想就太超前了。因此，宁嫔是否真的是幕后主使，有待商榷。

壬寅宫变到底是一场宫闱争斗，还是一场宫女起义？抑或是某些势力策划的政变？可惜的是，真相早已被掩埋。嘉靖帝也没有从这场事变中吸取教训，而是变本加厉，更加热衷于求仙问道，将朝政视为儿戏。

5

壬寅宫变过去大半年后，嘉靖进行自我反思，说：“朕非赖天地鸿恩，遏除宫变，焉有今兹。”他以为，宫女犯上作乱，全靠上苍保佑才铲除祸害，不仅没有丝毫自责，还有些自鸣得意。此后，嘉靖不是痛改前非、体恤宫人，而是为了答谢天神劳师动众。

嘉靖帝更加狂热地崇信道教，一心炼丹。他因遭遇刺杀而心有余悸，也为了专心玄修，特意从乾清宫搬到了长乐宫（后更名为永寿宫）居住，从此久居西苑，求仙问道，不上朝视事。他忙着斋醮祈祷，朝廷日常事务难以打理，更需要一个听话懂事的助手。

《明史纪事本末》曰：“猜忌之主，喜用柔媚之臣。”在壬寅宫变同一年入阁的严嵩，因能写一手好青词（举行斋醮时献给上天的祝文）、擅长拍马屁而赢得嘉靖信任。之后他更是在嘉靖后期怠政时，利用内阁首辅的有利地位一手遮天，网罗党羽，遂使朝政日益腐败，嘉靖初年改革弊政的清明局面，就此荡然无存。

此后二十多年间，嘉靖帝依然迷恋着丹药，还是接着征选宫女，还是继续采集经血，平时除了严嵩和宫人，见的最多的人就是道士。史书记载，壬寅宫变的十年后，“嘉靖三十一年冬，命京师内外选女十八岁至二十四岁者三百人入宫。嘉靖三十四年九月，又选十八岁以下者一百六十人”。为嘉靖炼丹的道士也直言不讳地说：“供炼药用也。”

人啊，总是好了伤疤忘了疼。

雍正最爱的大舅子——年羹尧为什么必须死?

1

雍正三年（1725）十二月初三，北京城中，闯进了一只大老虎。

当时，北京周边虎患严重，但这样一只老虎突然出现在首都城内，仍然让人震惊不已。十二月初三夜，这只老虎就在北京东便门一带出现，后来又窜至前门，转入西江米巷年羹尧家中。在咬伤几个人后，老虎又跳上了屋顶。

一直到十二月初四日天亮，九门提督率兵赶到，兵士们开枪将老虎赶下平地，随后用长枪将老虎扎死。

对于这一亘古奇事，北京城中议论纷纷，但都没有人能够说清，这只老虎究竟是从哪里窜入北京城中的。

对这只老虎的突然出现，雍正皇帝却大喜不已。

因为当时，作为雍正朝中的第一号“大老虎”，曾经贵为川陕总督的年羹尧，正被雍正关在牢中。此前，坊间早有传言，说年羹尧是“白虎托生”，如今又突然出现一只来路不明的老虎死在他家中，莫非天意有所暗示?

此时，雍正正为找不到什么借口来杀这位“功高震主”的大功臣感到苦恼。猛虎的从天而降，无疑让相信“天人感应”的雍正找到了借口，对此，他在署直隶总督蔡挺的奏折上，朱批老虎入城事件时表示:“年羹尧之诛否，朕意实未决……有此奇事乎（猛虎入城）！年羹尧，朕正法意决矣。如此明彰显示，令朕愈加凛畏也。朕实惊喜之至。奇。从古罕闻之事也。”

而说起来，雍正帝要杀的年羹尧，当初可是拥护雍正上位的大功臣。

康熙晚年，皇位竞争异常残酷激烈，康熙即将驾崩之时，康熙仅仅年满 20 岁的皇子，就多达15人。作为康熙第四子的胤禛（后来的雍正帝）对能否上位并无十足把握。但幸运的是，靠着内外两位大臣，胤禛最终顺利夺下皇位。

胤禛倚靠的“内”，指的是他的舅舅，当时掌管北京卫戍兵权的步军统领隆科多。康熙六十一年（1722）十一月十三日，康熙帝在北京北郊畅春园病逝，当时，负责带兵控制畅春园一带的正是隆科多，这为胤禛夺下皇位立下了超级大功。

胤禛倚靠的“外”，指的则是他的大舅子、川陕总督，当时控制西部兵权的封疆大吏年羹尧。康熙病死之时，康熙的皇十四子、抚远大将军胤禵（后被改名为允禵）正率领重兵在外征讨准噶尔，如果他挥兵回师北京争夺皇位，那么胤禛（雍正）处境势必凶险。幸亏有了年羹尧在西部的重兵“监视”，胤禵才没有兴起大浪，最终确保了雍正平安上位。

所以，雍正真是爱死了年羹尧和隆科多。

也因此，后来人更是想不到，雍正帝为何执意要杀死年羹尧。

2

作为雍正在上位前最为出色的“藩邸旧臣”，年羹尧的才干过人，早已满朝公认。

年羹尧是工部侍郎、湖北巡抚年遐龄的儿子，但他并非纨绔公子哥。早在康熙三十九年（1700），他就高中进士并官至翰林。文人科举出身的年羹尧，武功也相当了得，在出任四川巡抚期间，他多次平定西部叛乱，并协助剿定了蒙古准噶尔部之乱，是康熙朝中文治武功并举的一大名臣。

年羹尧还是雍正的大舅子——他的妹妹年氏是雍正即位前的侧福晋，雍正即位后，年氏被封为贵妃，最后还晋封为皇贵妃——有了这层姻亲关系，在康熙晚年十几位皇子争位的混乱局势中，胤禛才得以倚靠舅舅隆科多和大舅子年羹尧两位军政要人的“枪杆子”，最终脱颖而出。

雍正即位不久，雍正元年（1723），青海和硕特蒙古部首领罗卜藏丹津趁机叛乱，妄图控制青藏地区。在此情况下，刚刚登基，仍然与各位兄弟明争暗斗、皇位未稳的雍正派出年羹尧前往平叛。年羹尧果然不负所望，顺利平叛，协助雍正稳住了西北局势和皇位大局。

所以，对待这位扶持自己上位的大功臣和大舅子，雍正对其也宠幸过人：平定青海叛乱后，年羹尧被晋封为一等公，并以川陕总督的身份，受命管理西北以及云南、贵州、四川一带全部军政，整个西部几乎全部归他统辖。年羹尧，俨然成为控制半个大清王朝的超级重臣。

不仅如此，雍正还赐封年羹尧的父亲年遐龄为一等公，赏加太傅头衔，儿子年斌封为一等子（子爵）。年家可说满门富贵。

雍正二年（1724）十月，年羹尧入京觐见，雍正赐他双眼孔雀翎、四团龙补服、黄带、紫辔及金币等非常之物。年羹尧的手腕、臂膀有疾及妻子生病，雍正都再三垂询，赐送药品。对于年羹尧父亲年遐龄在京情况，年羹尧之妹年贵妃，以及她所生的皇子福惠的身体状况，雍正也时常以手谕告知年羹尧。有一次，地方上贡荔枝，雍正甚至命令驿站千里加急，在六天内，就从北京送到了西安给年羹尧"尝鲜"，堪比唐玄宗示爱杨贵妃。

当时，年羹尧进京，雍正还肉麻地对他说："你此番远行，朕实不知如何疼你，方有颜对天地神明也。""朕此生若负了你，从（天地）开辟以来未有如朕之负心之人也。"

不仅如此，雍正还对年羹尧说："朕要是不做一个出色的皇帝，就对不起你如此对朕；但你要是不做英武超群的大臣，那也不能回报朕对你的知遇之恩。但愿我们两个能给后人做千古榜样。"

为了彰显年羹尧的"丰功伟绩"，雍正还下令，要大清王朝的子民也一起歌颂年羹尧，否则便不是他的好臣子："（年羹尧）不但朕心倚眷嘉奖，朕世世子孙及天下臣民，（也）当共倾心感悦。若稍有负心，便非朕之子孙也；稍有异心，便非我朝臣民也。"

一个皇帝捧臣子，简直到了无以复加的地步。

3

遗憾的是，这种肉麻的亲密感，并没有维持多久。雍正即位的第二年秋天，年羹尧，这位雍正帝眼里的超级大红人，就从神坛开始跌落下来。

这着实让人大跌眼镜。

雍正二年（1724），在平定青海叛乱，以及成功分化、镇压诸位兄弟后，雍正的帝位开始稳固下来。有了内政的稳定，雍正随即开始着手处理"外部事务"，而雍正开出的"第一炮"，轰的正是当初积极拥戴他上位的年羹尧。

当年九月，年羹尧奉命进京。在此期间，雍正帝与年羹尧的关系发生了巨变。年羹尧离京后，雍正就在四川巡抚王景灏的奏折上朱批，“年羹尧今来陛见，不知精神不加，不知功高自满，有许多朕不取处”，现已“被朕看破”，“非无瑕之器”，“奏对之间错乱悖谬，举止乖张，大露擅作威福，市恩揽权情状”。

年羹尧打探到消息后，立马上了一道请罪的折子，对此雍正又在上面批示说：“凡人臣者，图功易，成功难；成功易，守功难；守功易，终功难。”“若倚功造过，必致返恩为仇。”“尔等功臣，一赖人主防微杜渐，不令致于危地；二在尔等相时见机，不肯蹈其险辙：三须大小臣工避嫌远疑，不送尔等至于绝路。三者缺一不可，而其枢机在尔等功臣自招感也。”

读到雍正的朱批后，年羹尧寝食难安，回奏称：“寝食不宁，自怨自责，几无地自容。”

从极端宠爱，到狂暴打击，仅仅一年多时间，就将年羹尧从巅峰打落神坛，雍正自然有他的想法。在他看来，眼下青海叛乱已经平息，敢于跟他争位的兄弟们也整治得差不多了，那么，权力斗争的矛头，自然也要转移一下了。

长期以来，关于雍正要杀年羹尧的原因，坊间有年羹尧蓄谋造反的说法。然而真实原因，只有雍正自己心里清楚。年羹尧死后，当看到年羹尧的旧部汪景祺的著作《西征随笔》有“狡兔死，走狗烹”的字样时，雍正恨得咬牙切齿，下令将汪景祺斩首示众，头骨挂在北京菜市口示众达十年之久。

对于雍正来说，有些秘密，即使全天下都知道，但就是不能说，谁说谁就得死。

而说起来，雍正要年羹尧死，年羹尧自己也有很大的责任。

雍正上位时，作为皇帝的大舅子和守边大臣，自以为立下不世奇功的年羹尧，张扬跋扈得很。在西安的川陕都督府中，他令人在辕门鼓厅、公馆墙壁上全部画上了四爪金龙，文武官员逢五逢十做班，他赏给别人东西叫“赐”，各属察谢称“谢恩”，吃饭称“用膳”，请客叫“排宴”，出行要让百姓用黄土填道，很有一番皇帝的排场。

作为雍正的宠臣，年羹尧在向蒙古王公、地方总督、巡抚们发布公文时，都号称“令谕”，把蒙古贵族们和平级官员都当成了他的下级僚属。曾经担任布政使高官、同是“藩邸旧人”的戴铎等进见时，甚至被年羹尧命令在地上席地而坐。

对于雍正派来的御前侍卫，年羹尧却把他们留在身边当作“前后导引，执鞭坠镫”的奴仆使用。按照清朝的制度，凡是皇帝有上谕到达地方，地方大员必须迎诏，行三跪九叩大礼，跪请圣安，但雍正的恩诏两次到达青海西宁的时候，年羹尧竟“不行宣读晓谕”。

雍正二年（1724）十月，年羹尧第二次进京陛见。赴京途中，他居然命令都统范时捷、直隶总督李维钧等人跪在地上迎接他。到达北京后，王公以下官员出城跪迎，年羹尧却坐在马上，对他们连看都不看一眼。王公大臣下马向他问候，他也只是点点头，完全不放在眼里，以致京城的王公贵族、士大夫们看在眼里，怒在心里。

而据雍正自己的说法，年羹尧即使在他面前，竟然也是“箕坐无人臣礼”。在皇帝面前都敢“箕坐”，雍正开始感觉到，自己这个大舅子，“能耐”似乎越来越大。

4

但在雍正看来，年羹尧的跋扈，只是一种表象，真正让他寝食难安的，是年羹尧在西部以及朝廷上下长期培植起来的“年党”势力，以及年羹尧与雍正的各位兄弟暧昧未知、纠缠不清的各种关系。

年羹尧的结党营私，说起来，其实也是雍正自己造的孽。

当初，雍正让年羹尧掌控了从陕西、青海、四川、云南、贵州等几乎半个大清王朝的军政财权，而吏部和兵部对于年羹尧保举的“上进分子”，也一律优先录用，时称“年选”。在朝廷之中，很多官员都是由年羹尧保荐上任，例如四川巡抚王景灏就是由年羹尧举荐，王景灏对年羹尧百依百顺，被人称为年羹尧的“干儿子”。

年羹尧甚至因为看原直隶巡抚赵之垣不爽，就公开参奏他“庸劣纨绔”，“断不可令为巡抚”，最终改而举荐自己的亲信李维钧当上了直隶总督。被参奏丢官的赵之垣看到形势不妙，赶紧给年羹尧送了价值20万两白银的金银珠宝，年羹尧看到赵之垣“很懂事”，于是又推翻之前的说法，向雍正上奏说，赵之垣这个人，看来还是不错的嘛，“再三恳求引见”，力保其人可用。

年羹尧的党羽势力之广，其权力一度通天，由此可见一斑。

在西北年羹尧的辖区，“文官自督抚以至州县，武官自提镇以至千把”，雍正都给了年羹尧很大的任免权力。年羹尧也因此得以排斥异己，任人唯亲，以致亲信党羽、门生故旧遍布川陕，形成了一个“年记”小集团。

当时，作为大将军的年羹尧，手下掌控着十多万大军，并控制整个西北防务。对西北地区的军权、政权、财权，他都大权在握，俨然已成了大清王朝的“西北王”。

另外，年羹尧还与雍正的政治对手、雍正的各位兄弟纠葛不清。康熙的皇八子、雍正的死对头廉亲王允禩的亲信、工部侍郎岳周给年羹尧送了2万两银子，于是年羹尧就保荐岳周出任布政使。而当时，雍正与允禩集团的斗争已进入白热化阶段，年羹尧这个聪明一时的“傻大愣”，却为了2万两银子给雍正政敌的手下求官，这让雍正愤怒不已。

这不由得让雍正想起他还是皇子的时候，年羹尧就向康熙的第三子胤祉的门人孟光祖示好，有接近胤祉的意思，惹得当时还没当上皇帝的胤禛大骂年羹尧是“恶少”，还闹着要去康熙面前举报揭发。

种种往事，都让雍正恼怒不已，他开始怀疑年羹尧究竟是什么心理，怒斥年羹尧是“悖谬乖张”“昏聩之极”。

5

年羹尧如此跋扈骄横，又结党营私，与雍正的政敌们纠缠不清。这些在雍正看来，这家伙敢情是不靠谱了，但想当初自己那么宠幸年羹尧，如果一下子将他打翻在地，那么当初，自己对年羹尧那些宠幸得近乎谄媚恶心的话语和举动，又该怎么对外解释？否则，外界都说他诛杀功臣，传出去毕竟不太好听。

在杀了年羹尧三年后，雍正七年（1729），雍正曾经命令编著了一本奇书——《大义觉迷录》，摘录了雍正本人的十道上谕，对全天下质疑雍正“谋父、逼母、弑兄、屠弟、贪财、好杀、酗酒、淫色、诛忠、好谀、奸佞”的十一个问题进行了公开回应。而其中涉及年羹尧等人的问题，就是“诛忠”。在雍正看来，年羹尧就该死，怎么能说他雍正“狡兔死，走狗烹”、忘恩负义呢？

为了整治年羹尧，雍正想了一系列法子，并开始分步实施。

首先，雍正先是秘密跟年羹尧的各个亲信党羽打招呼，让他们注意“站好队”，远离年羹尧，做好思想和舆论工作。雍正二年（1724）十一月，雍正在给年羹尧的党羽、直隶总督李维钧的谕旨中写道：“近者年羹尧奏对事，朕甚疑其不纯，有些弄巧揽权之景况……朕今既少疑年羹尧，亦明示朕意，卿知道了，当远者，不必令觉，渐渐远些好。”

对于被称为年羹尧“干儿子”的四川巡抚王景灏，雍正又秘密指示说，年羹尧“有许多朕不取处……你虽系他荐举，乃你自勉与朕恩之所致”。雍正还明确告诫王景灏，尔宜“幡然醒悟”，毋“首鼠两端”。

紧接着，雍正开始清洗年羹尧的党羽，并将年羹尧调离他的大本营川陕地区。

雍正三年（1725）三月，由于出现了“日月合璧，五星联珠”的所谓“祥瑞”，清朝群臣纷纷上表祝贺。年羹尧也上贺表称颂，但一时疏忽，把“朝乾夕惕”误写成了“夕惕朝乾”。对此，雍正大吵大闹，借题发挥，说年羹尧办事粗心，“显露不敬之意”，于是先是将陕西、四川等地的年羹尧的党羽，例如甘肃巡抚胡期恒等人进行革职处理。接着，又解除年羹尧的川陕总督职务，并将他调任杭州将军。

6

并没有造反心思的年羹尧，突然在巅峰之中失去了“根据地”，被贬黜到杭州任个闲职。他开始发呆、发傻、发愣，他没想清楚、没想明白之前还那么好的皇帝、妹夫，对他嚷嚷着说“朕实不知如何疼你”的雍正，怎么突然要拿自己开刀了？

到了杭州的年羹尧，经常坐在杭州城的涌金门一侧静静发呆，以致当地人都不敢从涌金门一带经过，纷纷说“年大将军在此”。

面对开始发傻的年羹尧，雍正则加紧了整治这只大老虎的步伐。

为了给自己洗白，免得落下“杀功臣”的骂名，雍正又给文武大臣们暗示，要他们“揭露”年羹尧的罪状。雍正假惺惺地说，“自古帝王之不能保全功臣者，多有鸟尽弓藏之讥”，于是他降旨询问各省将军、督抚、提镇，要求他们“各秉公心，各抒己见，平情酌议，应作何处分（年羹尧）”。

在皇帝的授意下，“识相”的满朝文武开始对年羹尧群起攻之。最终，经过满朝文武大臣们群情汹涌的“告发”，年羹尧被定了92款大罪，分别是大逆罪5条，欺罔罪9条，僭越罪16条，狂悖罪13条，专擅罪6条，忌刻罪6条，残忍罪4条，贪婪罪18条，侵蚀罪15条。

为了向雍正帝表忠心，群臣们纷纷上奏，请求雍正帝诛杀年羹尧这个“奸恶悖乱之逆臣，以正国法”。在满朝文武似乎舆论一致的声讨下，雍正也成功塑造出了一个氛围，那就是，要杀年羹尧，是大家的意思，不是皇帝不仁义。

最终，雍正不仅打趴下了年羹尧这只天字第一号大老虎，而且还在舆论和道义上“大获全胜”。

雍正三年（1725）九月，年羹尧被雍正下旨革去所有职务和头衔，并锁拿进京治罪。而此时距离年羹尧被封为大将军，仅仅两年时间。

7

年羹尧被镣铐锁拿进京了，但接着，怎么处置年羹尧呢？

就在这个节骨眼上，雍正三年（1725）十二月初三日，正如本文开头所提到的，那只似乎从天而降、不知道从哪儿冒出来的（搞不好是雍正让人放的）大老虎，闯进了年羹尧家中，最终被兵士们用长枪扎死。

有了老虎闯入年家这件事，雍正最终决定要“顺应天意”，搞死年羹尧。

所以说，这只大老虎，来得真是诡异。

随后，文武大臣们又开始一拥而上，说应该赶紧处死年羹尧，尽快“明正典刑”。在接到朝臣们“群情汹涌”的上奏后，雍正又假惺惺地说：你们给年羹尧定的92款大罪中，应服极刑及立斩的就有30多条，但念及年羹尧功勋卓著，杀了他怕天下人不服，而自己还得背上杀功臣的恶名，所以啊，朕特别开恩，就赐年羹尧在狱中“自裁”吧。

此前，在给年羹尧的折子朱批中，对于自己打算杀掉年羹尧这件事，雍正又说：“上苍在上，朕若负你，天诛地灭；你若负朕，不知上苍如何发落你也！……你这光景，是顾你臣节、不管朕之君道行事，总是讥讽文章、口是心非口气，加朕以听谗言、怪功臣之名。朕亦只得顾朕君道，而管不得你臣节也。只得天下后世，朕先占一个是字了。”雍正的意思是说，我雍正要杀你年羹尧，在舆论和后世的名声方面，“朕先占一个是字”，是满朝文武想杀你，是百姓想杀你，你是死于舆论和大家之手。

为了让年羹尧心服口服地自杀，雍正又给年羹尧下谕旨说：“尔自尽后，稍有含冤之意，则佛书所谓永堕地狱者，虽万劫不能消汝罪孽也。”意思是说，你死后，可不能觉得自己冤屈，否则，你就要堕入十八层地狱，万劫不复。雍正的意思，是担心年羹尧到了地府，向阎罗王告状，所以在命令年羹尧自杀前，还要向他打个预防针，说他到了地府，可不能埋汰、冤枉自己杀功臣。

最终，雍正四年（1726），年羹尧在狱中自尽。此后，年羹尧族人中所有任官的全部被革职，年羹尧的子孙则全部被发遣到边地充军，家产全部充公，至此，煊赫一时的年羹尧家族彻底身败名裂。

此时，敢于争位的各位皇族兄弟，都已被打得服服帖帖，朝中骄横的大老虎年羹尧也已被干掉。于是，雍正又在雍正五年（1727），学习处置年羹尧的做法，发动满朝文武，给当初拥戴他上位的亲舅舅隆科多定了41条大罪，并幽禁于畅春园。

雍正六年（1728），隆科多最终也死于被拘禁之地。

至此，在登基六年之后，雍正最担心的皇位稳固问题，终于彻底解决。

至于年羹尧为何必须死，答案当然只有雍正才明白了。

清朝惊天窝案:“从来未有之奇贪异事”

事发乾隆年间。

一次捐款行为，偶然揭开了一起捂了七八年的惊天贪污案。

乾隆四十六年（1781），在甘肃布政使王廷赞个人捐出 4 万两银子资助国家打仗之后，向来对数字十分敏感的乾隆皇帝不仅没有给王廷赞点赞，还派人去查他的收入来源。

一查，就查出了“从来未有之奇贪异事”，连乾隆自己都说被吓了一大跳。

清朝最大的集团性贪污案，逐渐浮出水面。

1

这年三月，甘肃爆发苏四十三起义。兰州城内八百守兵，一战就损失了三百。乾隆震怒，直接撤了陕甘总督勒尔谨的职。

最大的头儿都被撸掉了，消息传开，甘肃地方官战战兢兢，惶惶不可终日。

甘肃布政使王廷赞，相当于主管民事和财政的常务副省长，很怕轮到自己遭殃。他去找乾隆的亲信、此时和阿桂一起被派到甘肃督战的和珅，寻求对策。

王廷赞与和珅私交不错，他每次进京都少不了给和珅送银子。

和珅建议王廷赞“破财消灾”，让他交出一些银子资助兵饷，以博取皇帝好感。

王廷赞于是主动向乾隆上了一道奏折，大意如下：国家正是用兵之际，开销巨大，臣情愿将历年积蓄下来的工资收入 4 万两捐献出来，以资兵饷。

万万没想到，乾隆本身是一个十分精明且对数据非常敏感的皇帝。他看到王廷赞的诚意后，甩开奏折，直接责问:“王廷赞仅任甘肃藩司（即布政使），何以家计充裕？其中情节总未能深悉。”意思是，甘肃是个穷得叮当响的地方，一个布政使竟然家道如此充裕，出手就是 4 万两，水很深啊，一定要彻查。

乾隆当即命令在甘肃的大学士阿桂和署理陕甘总督李侍尧一起密查王廷赞，据实回报。

乾隆反应这么快，是因为他想起另一个人了：前任甘肃布政使、现任浙江巡抚王亶望。

上一年，乾隆四十五年（1780），乾隆第五次南巡。王亶望迎接圣驾，把浙江沿线布置得很奢华，遭到乾隆的斥责：小王，过了啊。谁知，南巡过后就爆发了浙江几个道、州的官员借皇帝南巡之机虚开浮冒进行贪污的案件，乾隆严重怀疑作为浙江主官的王亶望也参与了腐败。王亶望知道乾隆怀疑自己，为了表达诚意，他急忙给浙江海塘工程捐了 50 万两银子。

事情就是这么巧合，甘肃前后两任布政使怎么都是这么有钱的主儿？这引起了乾隆深深的怀疑。

这时候，在前线平叛的阿桂多次在给乾隆的军报中提到，甘肃多雨，导致行军困难。乾隆得报后回想，过去这些年，无论是王亶望还是王廷赞，在奏折中都说甘肃不下雨，经常大旱，需要地方和朝廷拨粮赈灾。

这其中一定有猫腻。

几个关键细节一勾连，乾隆命人彻查甘肃的赈灾情况。至此，牵出了一起震动全国的“甘肃冒赈案”，以王亶望为首，前后两任甘肃布政使勾结全省官员，以赈灾为名组成利益同盟，共谋作弊，肆意侵贪，牵涉总督、布政使以及道、州、府、县官员 100 多人，问题金额高达 1000 多万两。对于这起“清朝第一贪污大案”，乾隆曾无奈地点评说：

> 甘省王亶望侵冒监粮诸弊无人不知，而事未败露，竟无一人首先发觉，可见外省官官相护，牢不可破，实可寒心。

2

这桩大窝案从乾隆三十九年（1774）就开始了，隐匿真相长达七八年，其间许多官员调任或升迁离开甘肃，但自始至终没有一个人举报。

事情源起于“捐监”。

科举是清朝人做官的主要渠道，但不是唯一渠道。有些人考不上秀才，没法通过科举步入仕途，还可以通过捐钱或捐粮取得监生（国子监学生）资格，称为“捐监”。成为监生后，便享有与秀才同等的权利，可以直接参加乡试考举人，进入官场；也可以靠监生的资格进一步加捐官职，连试都不用考就能做官。

这么一说，大家就都知道捐监是富贵子弟进入仕途的捷径。不仅影响国家的正常选官制度，制造社会不公平，而且容易滋生腐败，带坏官场和社会风气。所以清朝像前朝一样，对于捐监都有许多约束规定，通常也只在小范围内实施。即便如此，乾隆登极后，还是觉得影响不好，下令在全国停止实行捐监。

但是，对于甘肃这种穷省而言，停止捐监之后，地方财政少了一大块收入。为了解决当地灾荒和军民的吃饭问题，朝廷户部每年都要向甘肃拨银 100 多万两。

到了乾隆三十九年（1774），陕甘总督勒尔谨上奏请求皇帝在甘肃最穷的州县恢复捐监，理由是，甘肃地瘠民贫，经常闹灾荒，百姓要靠政府的接济度日，而甘肃官仓储备的粮食向来不足，如果能够恢复捐监制度，官仓的粮食储备就不成问题了，朝廷也能省去一年 100 多万两的财政转移支出。

当时管理户部的是大学士于敏中。于敏中认为可行。乾隆遂听从于敏中的意见，同意在甘肃部分地区恢复捐监。

但因为捐监这个玩意儿猫腻太大了，乾隆特别叮嘱勒尔谨：第一，银子相对更容易滋生腐败，因此捐监只能捐粮食，不能捐银了；第二，过程中如果出现问题，一定唯你勒尔谨是问。

为了确保甘肃捐监成为利国利民的好事，而不致发生变质，乾隆亲自挑选了一个人选到甘肃主持这个事情。这个人选便是浙江布政使、代理浙江巡抚王亶望。

王亶望根正苗红。他的父亲王师，是乾隆树立的廉政典型，官至江苏巡抚，在官场和民间有口皆碑。王亶望本人是举人出身，考不上进士，就以捐纳的方式步入仕途。他的仕途起点正是在甘肃当知县，并以清廉勤政、捐资兴学为人称道，颇有乃父之风。一路从山丹（今隶属甘肃张掖市）知县、皋兰（今隶属甘肃兰州市）知县，干到了兰州知府，又升任浙江布政使，代理浙江巡抚，官运亨通。

王亶望曾两次觐见皇帝，乾隆都给予他很高的评价。第一次说“此人竟有出息”，第二次朱批“王师之子，将来有出息”。所以，这次甘肃恢复捐监，乾隆第一时间就想到了这个“有出息”的王亶望。

王亶望遂从浙江被调任为甘肃布政使。

3

但这次人事任命，君臣之间可能出现了一些误会。

乾隆的本意是，这么重要的职位，事关捐监制度恢复的试验田，一定要派靠谱、有能力的官员去才行，这次任命体现了自己对王亶望的重用。可王亶望并不这么理解，明明自己已经是全国数一数二富裕省的代理一把手了，突然之间被平调去穷僻省，这是万岁爷对自己的执政能力不满意还是咋的？

所以王亶望到甘肃走马上任后，极力要表现自己的能力。

乾隆三十九年（1774）十月，在王亶望上任仅仅半年后，乾隆就收到了这名“有出息”的官员的奏报。奏报说，甘肃在6个月内捐监生员19017名，共收到粮食827500石（1石大概相当于120斤）。这个数字把乾隆吓了一跳。要知道，当年全年，户部报捐的人数才11739人，而甘肃这个穷地方，半年就有19017人捐监，这也太神奇了吧。

乾隆于是向陕甘总督勒尔谨提了几个问题，要求他务必查实作答，解释清楚：甘肃那么穷，很多人连饭都吃不饱，怎么半年就有近两万人捐监呢？甘肃当地产粮都不够本地人吃，又怎么有80多万石余粮来捐监呢？如果半年就收了80多万石粮食，照这个趋势，年复一年，官府储粮越来越多，到时变质了怎么办……

勒尔谨此前已经跟王亶望勾兑过了，实际上这两个数据都是王亶望严重注了水的浮夸数据。王亶望为了证明自己的能力，想通过政绩来邀功，博取尽快升官，于是在捐监的数据上虚夸了两三倍。事实上，乾隆三十九年（1774）全年，甘肃捐监人数只有7455人，捐监收入换算成粮食也仅为30多万石。

不仅浮夸虚报，王亶望还说服勒尔谨突破“捐粮不捐银”的底线，擅自将捐监改成只收银子。原定每人捐粮43石就可获得监生资格，王亶望把43石粮食改成47两银子，另外加收各种名目的管理费8两银子，合计每人捐监收银55两银子。王亶望这么做，说明他已经打定了侵贪的主意。

勒尔谨起初不同意，王亶望给他的说辞是，改成收银子，捐监的人数一定大大增加，而且收了银子后再用于采购粮食归入官仓就是了，完全符合上面的要求，没毛病。勒尔谨遂不再反对。

面对乾隆的质询，勒尔谨有机会捅出实情，但他生怕自己要被追究责任，于是反过来替王亶望掩饰。

勒尔谨奏报乾隆说，自从平定新疆后，甘肃就成为新疆与内地商业往来的门户，商人纷纷就近买粮捐监，图个方便；至于甘肃为什么有这么多余粮，那是因为皇帝护佑，近来连年丰收，所以本地富户有余粮供人购买用于捐监……反正就是一通忽悠，想把乾隆忽悠住。

接下来，王亶望和勒尔谨要解决的，就是乾隆提出来的第三个问题：捐监粮食这么多，时间久了坏掉了可怎么办？

我们知道，在王亶望改成收银子之后，甘肃的捐监其实是没有收到一粒米的，只收到白花花的银子。但他们需要把奏报乾隆的谎言给圆好了，就要假装甘肃有很多很多粮食，而且，为了不露馅，他们还需要把这些凭空虚构出来的粮食尽快给消化掉。

就像编织谎言难不倒帝国官僚一样，圆谎同样如此。

与谎报粮食收入同步，从乾隆三十九年（1774）秋季起，王亶望就开始向朝廷虚构灾情，每年至少谎报春、秋两次旱灾，请求朝廷允许放粮赈灾。

根据案发后时任甘肃按察使福宁的供述，在虚构灾情和放粮捐赈的过程中，王亶望很高明的一招就是让其亲信、兰州知府蒋全迪全权处理此事。全省各州县受灾有多严重、需要赈济多少人口、需要发放多少“粮食”，幕后全由王亶望一个人决定，他人无从插手。各州县官员按照王亶望定下来的“灾情”领取银两，这些银两当然没有买成粮食，名义上是“放赈”，实际上就是被各州县官员瓜分。

小灾报大灾，无灾报有灾，成为甘肃官场的生财之道。一些州县官员为了把“灾情”往大了报，拼命讨好和贿赂王亶望，以至于甘肃官场流传一句话：“一千两见面，两千两吃饭，三千两射箭。”

王亶望用利益共享的方式，在甘肃建立起一整套严密的集体贪污体系，上至总督勒尔谨，下到州县主要官员，都参与分肥，以救灾放粮的名义将捐监所收的银子放进了官员的腰包。

因为官场中人人有利可图，所以也从来无人告发。在王亶望任甘肃布政使的三年间，以救灾的名义开销监粮600余万石。而这些销去的粮食，实际上都是落到贪官口袋中的银子。

这期间，为了圆谎，王亶望连中央的钱都敢骗。首先，捐粮增多，所需粮仓也要相应增多，故报请朝廷拨款新建粮仓；其次，粮食多了，运输和监管的开支也会相应增多，于是再请朝廷拨款满足。这些圆谎细节，在这场贪污游戏的逻辑里，不但是合理的，而且是必需的。通过这两项，王亶望又从户部骗取了二三十万两拨款。

最终，所谓的新增粮仓，只存在于奏折里，拨款则同样被贪官们瓜分殆尽。

4

乾隆四十二年（1777）初，乾隆派刑部尚书袁守侗前往甘肃开仓查粮。

钦差大臣察访，原本是揭开王亶望骗局的一个契机。但王亶望事先收到线报，甘肃各州县官员串通作弊，在粮仓的下面铺架木板，木板上面撒上谷物，给袁守侗营造出粮仓满囤的假象。

不知道袁守侗是真的被忽悠了，还是收了好处配合忽悠，他回京复命，奏称甘肃“仓粮系属实贮”，乾隆帝信以为真。

同年五月，一直被蒙在鼓里的乾隆下达谕旨：因王亶望办理监粮有功，着其调往浙江升任巡抚。

王亶望“成功”了，在甘肃三年，他捞足了300万两银子，又最终得到了梦寐以求的浙江巡抚官职，简直是乾隆朝人生赢家的模板。

在乾隆眼里，王亶望是自己选中的能吏，皇帝是不可能看走眼的。他甚至下旨赏赐王亶望之母邓氏“御书匾额，并大缎两匹、貂皮四张”。而事实上的王亶望，是一个官场两面人。

据清代野史记载，王亶望的生活极其骄奢淫逸。他好女色，私藏有“四足裤”，上面绣字“鸳鸯裤”，出任浙江巡抚后，专门建了私密的玻璃室，贮藏美姬。在饮食上，他喜欢吃驴肉丝，厨房有专人养驴，如果他传话说要吃驴肉丝，厨师就在驴身上肥美的地方，割下一块肉，烹煮后奉上。驴身上被割肉的地方，鲜血淋淋，就用烧红的烙铁烙之，当场止血，相当残忍。

当王亶望发财升官而去的时候，甘肃布政使迎来了他的接任者——王廷赞。

王廷赞几乎是一个翻版的王亶望。他原本是一个好官，接任布政使后，发现甘肃捐监的骗局，一开始被吓惨了。他跑去找陕甘总督勒尔谨，勒尔谨让他淡定，说全省官员都这么做，改是改不了了。

一个官员最难抵挡的，可能是自己的私心，也可能是官场生态。王廷赞因此半推半就地“被腐化”了，继续王亶望在任时的那一套操作。他最终的“政绩”跟王亶望不相上下，在任三年多完成了数字上的“监粮”500 多万石，再虚构大大小小的灾情把这些“监粮”消化掉了。

统计数据显示，王亶望、王廷赞两任甘肃布政使在六年时间里，共收捐监银两 1300 万两以上，其中除一小部分确实用于采买粮食投入赈灾，剩下大概有 1000 万两，相当于当时全国一年财政总收入的 1/5 到 1/4，最终流入了甘肃全省大小官员的腰包。

令王廷赞和王亶望万万没想到的是，他们事后对朝廷的慷慨捐献，暴露了他们的资产与其合法收入完全不对等。再加上阿桂赴甘肃平定苏四十三起义期间，甘肃连下大雨，激起了乾隆对该地连年上奏遭遇大旱的怀疑。这起被认为天衣无缝的贪腐窝案，在帝国监察机制全面失灵的情况下，最后由乾隆亲自揭发，终于掀开了盖子：

甘肃此案，上下勾通，侵帑剥民，盈千累万，为从来未有之奇贪异事。案内各犯，俱属法无可贷。

最终处理结果，甘肃捐监一事立即停止。陕甘总督勒尔谨被赐令自尽，两任甘肃布政使王亶望和王廷赞、兰州知府蒋全迪等 50 多名官员被处死。

按照律法，贪污 1000 两以上者，拟斩监候。这样一来，甘肃全省官员几乎都该杀，一省政务也要停摆了，最后乾隆只得从轻处理，将斩监候的标准提高到贪污 1 万两以上。

因为该案牵涉面实在太广了，乾隆在指示定罪时一宽再宽，除了 50 多人被处死，大部分判死的官员最终仅被处以流放充当苦差，并未处决。尽管如此，时人还是感慨说，整个甘肃官场“为之一空”。这种涉案规模，放在整个中国历史上都是极其罕见的。

在这起窝案的主犯王亶望被处死 13 年后，乾隆五十九年（1794），国史馆进呈《王师传》。乾隆回想起王师的政绩和口碑，突然动了恻隐之心，说了一句：“勿令（王）师绝嗣也。”于是特赦王亶望的儿子由流放地伊犁返回山西临汾老家，继承王家香火。

5

然而，在一堆官员被处死和流放之后，这起惊天大案并未画上句号。它还陆续牵出了案中案，至少有两名帝国高官，或把名声，或把仕途和生命栽在了上面。

先是乾隆曾经的第一宠臣、官至文华殿大学士兼户部尚书、首席军机大臣于敏中。甘肃冒赈案爆发时，于敏中已经病逝一年多，但在案件审理过程中，他还是被乾隆惦记起来。

乾隆认为，于敏中任户部尚书十几年，“其时王亶望为甘肃布政使，恃有于敏中为之庇护”。言下之意，于敏中才是这起巨大贪腐案的元凶。

但当杀掉最后一批甘肃冒赈案的贪污犯后，乾隆下了一道谕旨，说念在于敏中“宣力年久，且已身故，朕不忍追治其罪”，将于敏中的罪行掩饰而过。

到了乾隆五十一年（1786），乾隆有一次在把玩嘉靖年间器皿的时候，想到了嘉靖朝的大奸臣严嵩，又联想到了他宠信多年、恩眷未衰的于敏中，说于敏中表面伪装得很清廉，实际上拥有厚赀，“必出王亶望等贿求酬谢”。越想越气，于是下令将于敏中撤出贤良祠。后来，乾隆还收回了于敏中后人的世袭职位。

谁也没想到，一代宠臣于敏中会因甘肃窝案，搭上了身后之名。

也没有人会想到，闽浙总督陈辉祖在奉命抄没王亶望家产时，竟然还敢动贪念，将王家的好东西调包，换了些便宜货解送进京。他可能认为王亶望聚敛的好东西实在太多了，没有人会真正阅读抄产清单上的内容，几处小的变动也不会引起任何注意。

但陈辉祖不曾料到，乾隆本身就是个收藏狂人，他也“觊觎”查抄上来的好东西。一种说法是，乾隆念念不忘某年王亶望献给自己却被自己违心退还的一对玉瓶；另一种说法是，乾隆知道王亶望收藏有石刻米帖（北宋大书法家米芾的字帖），一直想得到它。总之，当查抄物品运至京城时，乾隆发现，他知道的和想要的，都不见了，运到的物件“均属平常”，“多系不堪入目之物”。

乾隆怒了。

经过三个月的调查后，这起案中案终于水落石出：作为抄家主官的闽浙总督陈辉祖趁机抽换了王亶望的一些古董书画，而负责贴封条的几名官员纷纷效法，抽换了几件皮衣蟒袍和上等绸缎。

紧接着，一些官员适时地参奏陈辉祖在位期间尸位素餐，酿成桐乡聚众闹漕大案。最终，陈辉祖被赐自尽，像王亶望一样，他的家产也被抄没。

至此，围绕甘肃冒赈案，从案发到处理，整个帝国官场的弊病暴露无遗。为了国体和颜面，乾隆都不敢再查了，到此为止吧，谁知道再查又会查出什么幺蛾子！

历史学家统计，乾隆年间，督抚大吏因侵贪被立案查处者达三十几起，其中明正典刑或赐令自尽的有二十余名，平均一两年就有一名省级军政大员因贪贿而被正法，这是前代所罕见的，也是有清一代所仅见的。但讽刺的是，整个清朝吏治的败坏，也是从乾隆朝开始的，尤其是乾隆中期以后，官场贪污腐败已成为国家最严重的问题之一。清朝由此出现了惩贪愈严、贪风愈烈的怪现象。

也许，当皇帝大权独揽之后，欺上瞒下就已泛滥成灾。官场中人更容易结成利益共同体，对抗皇帝及其钦差。因为，只要瞒住了皇帝一个人，其他都好办。

正如历史学家评价甘肃冒赈案时所说：比起贪腐，乾隆更恨王亶望的欺君，所以才非杀不可。

晚清第一奇案：没有真相，只有政治

人世间，有真相这回事吗？

实际上，很多事，根本没有真相。

至少，作为晚清四大奇案之首的“刺马案”（两江总督马新贻被刺案），一百多年过去了，仍然疑窦重重。

1

同治九年（1870）七月二十六日，一个爆炸性的消息震撼了整个江宁城（以下称为南京），那就是：

两江总督马新贻，竟然在众目睽睽之下，被人用匕首，当街捅死了。

当时，两江总督可是江苏、安徽、江西三省的最高军政长官，以及晚清权力最大的封疆大吏。

话说当天，两江总督马新贻在校场阅兵后，正在一大帮护卫的前拥后簇下，返回总督衙门途中，突然，在两边围得密密麻麻看热闹的人群中，冲出来一个人跪在了路中，他双手高举一封书信，用马新贻老家山东菏泽的口音高喊了一声：“大帅！”正当大家的注意力被他吸引的时候，人群中突然又冲出来一个人，他大声喊道：“大帅申冤！”然后也冲到马新贻面前跪了下来。马新贻还没回过神来，这人却突然蹿起，猛地抽出一把匕首，直接就捅进了马新贻的右胸。马新贻惨叫一声，扑倒在地。护卫们猝不及防，登时乱成一团，但凶手却不逃跑，甚至高声嚷道：“刺客就是我张文祥。一人做事一人当，我没有同伙，不要胡乱抓人。我大功告成，现在可以跟你们走。”

说罢，刺客束手就擒，仰天狂笑起来。

当时，布政使梅启照闻讯后立即赶到现场，他被吓得手足无措，只是一直反复喊着："捉拿凶手、捉拿凶手！"江宁将军魁玉听说后，连便服都来不及换，一路紧跑赶到现场，并指挥将凶手张文祥马上押到官府审问。在府堂上，魁玉直接呵斥张文祥说："你是不是疯子？有何仇恨？受何人指使？"

张文祥却骄横地说："养兵千日、用兵一时！我为天下人除一恶贼！"

2

说起来，马新贻（1821—1870）的官场口碑，其实很不错。

作为与李鸿章同年（1847）登榜的进士，马新贻个人能力过硬，从合肥知县、庐州知府，一路做到了安徽按察使、布政使和浙江巡抚，最终升任两江总督兼通商大臣。他协助清廷平定太平军与捻军之乱，在处理漕运、盐政、河工等各项工作上都颇有政绩，解决了许多民生问题，颇受百姓爱戴。

马新贻为何惨遭毒手，而且凶手还宣称，要"为天下人除一恶贼"？尽管百姓、家人和各级官员百思不得其解，但对于自己的死，马新贻好像早就有了预感。

同治七年（1868），在前任两江总督曾国藩被调往北方，改任直隶总督后，担任浙江巡抚的马新贻被升官担任两江总督一职。两江总督是晚清政坛中最受朝廷倚重和信赖的封疆大吏，同时也是油水最肥、权力倾国的要职，但马新贻却高兴不起来。

据马新贻的儿子马毓桢回忆说，在接任两江总督前，马新贻曾经到北京朝见慈禧，当面请求"训示"。觐见慈禧出来后，马新贻惊恐失态，大汗淋漓，甚至连朝服都被汗水湿透了。

按照当时的惯例，马新贻久未进京，按理说应该到处会见京城的大小官员，但面见慈禧后，马新贻很快就离开了北京，并且专程请假回家"祭祖"，在山东菏泽老家与兄弟们告别之际，马新贻将自己的两位哥哥叫到身边，对他们说："我此去吉凶难料，万一有不测，千万不要到京告状，要忍气吞声，方能自保。"

3

马新贻的惶恐和死亡预感，来自慈禧对他的"训示"。

马新贻的儿子马毓桢后来回忆说，马新贻生前曾经说，慈禧当时嘱咐马新贻，要他密查 1864 年湘军攻克天京后，太平天国的国库天国圣库的金银财宝下落，因为清廷一直怀疑，湘军抢掠了太平军的巨额财宝，却刻意隐瞒不报。另外，慈禧还要求马新贻贬抑湘军势力，削除湘军在两江地区日益膨胀的影响力。

但久浸江湖的马新贻知道这个“训示”意味着什么，对他来说，两江地区，显然是一块凶多吉少的“恶地”。

1864 年，担任两江总督、钦差大臣兼协办大学士的曾国藩，其属下的湘军最终攻克太平天国的首都天京。当时，拥兵 30 多万的曾国藩，也达到了自己的军事政治生涯的巅峰。在当时，关于曾国藩是否会拥兵叛乱、自立为帝的疑虑，一直在清廷高层和慈禧等人心中徘徊不去。

因为当时，曾国藩控制着整个大清帝国最为关键的财赋来源江苏、浙江、安徽、江西四个省份的军事、行政大权，并且四省的巡抚李续宜、沈葆桢、左宗棠、李鸿章也都源自湘军系统；而曾国藩的大量部下，更是在两江地区分别担任大小官职，关系错综复杂。

此外，在当时全国八名总督中，有三名是湘系（分别是两江总督曾国藩、直隶总督刘长佑、闽浙总督左宗棠），另外四川总督骆秉章、两广总督毛鸿宾也和湘军关系密切；此外，全国其他地区，也有七名巡抚出自湘军，或与湘军有密切关系，至于担任各地官员的湘军将领，就更加难以计数。

眼看曾国藩和湘军大权在握、势力鼎盛，清廷如临大敌，处处惶恐提防，并不断对曾国藩进行敲打。

1864 年湘军攻破天京后，围攻天京的湘军主将、曾国藩的弟弟曾国荃急忙连夜上奏捷报。曾国荃原本以为会得到清廷重赏，没想到清廷下发的圣旨，不仅没有兑现咸丰皇帝在 1861 年临死前许下的“克复金陵（南京）者为王”的承诺，而是严厉批评曾国荃指挥失当，没有将太平天国一网打尽，以致让太平天国幼主洪天贵福等 1000 多人逃走。

另外，清廷还限令曾国荃查清太平天国的国库天国圣库的库存金银下落，并限期将财宝如数上缴朝廷。与此同时，清廷还严厉警告曾国藩，要其严格约束部下，不得骄纵淫逸，申斥中暗藏着无限杀机。

对此，湘军的将士们当然不服。在他们看来，他们为大清辛辛苦苦保住江山，如今攻下天京，不仅没有赏赐，反而被严厉申斥；为此，湘军的将领如曾国荃、鲍超、李元度等人，多次暗示曾国藩，与其如此，还不如拥立曾国藩称帝，大干一场。但还好，信奉忠君报国的曾国藩，并没有叛乱称帝的野心，从平定太平天国的 1864 年开始，曾国藩就开始急流勇退、自裁湘军，以博取清廷的信任。

4

但清廷，显然无法放心。

为了瓦解分化湘军，清廷先是支持曾作为曾国藩幕僚的李鸿章编练淮军，让淮军从 6000 人急速扩张至 70000 人，以与湘军形成分庭抗礼、相互制约之势。清廷还让江苏、直隶、安徽、河南、山东、江西等九省四十一位官员，先后举办团练，通过扩大各个地方武装，来制衡湘军。

为了进一步防范湘军，清廷还让钦差大臣官文率兵 20 万扼守长江中游的重镇武昌；长江下游，则让富明阿等人把守镇江、扬州；长江以北，则让悍将僧格林沁重兵驻防在安徽等地；在京城所在的直隶等地，清廷还保留了近百万绿营兵和地方团练武装等后备军队。

在做好军事上的一系列安排和分化、防范后，1868 年 8 月，清廷下令将曾国藩从他的江南大本营、两江总督任上调离，改任曾国藩为直隶总督——清廷的目的很明显，就是将曾国藩调到京城周边进行看守、防范，让他远离湘军势力。

接任曾国藩担任两江总督一职的，正是慈禧所信任和安排的马新贻。慈禧显然希望，马新贻能带着清廷的期望，继续在东南地区扫荡湘军势力，以确保大清帝国的江山稳固。

因为在慈禧看来，曾国藩既是汉人，已然妨碍到了满人天下的安危；另外作为在太平军之乱中崛起的地方势力，湘军更是威胁到了清廷的中央权威——在这种满汉矛盾、中央与地方之争的背景下，马新贻显然被安排了秘密重任。

但这显然不是一个好时机、好差事。所以在面见慈禧出来后，马新贻预感到，自己的死期，或许就要到了。

但马新贻是个办事认真的人。

当时，湘军尽管部分被裁撤，部分被打散到各支军队系统中，但势力仍然非常强大。在此前攻打太平天国和捻军的过程中，湘军就以勇悍著称，并且到处攻城略地、杀戮成性，曾国藩更是被称为“曾屠户”“曾剃头”，意为放纵部下、杀人残酷。

1864 年，曾国藩先自裁了 25000 多湘军。这些失业的湘军士兵，很多人并未返回家乡，而是到处游荡掳掠，有些人甚至参加哥老会，成为帮会成员，并勾结仍在军中的湘兵到处为害。

在此情况下，孑然一身来到两江地区的马新贻，开始训练新兵，贬抑湘军，并起用袁保庆担任营务处总管，负责长江的江防水陆军队，对湘军等散兵游勇和帮会组织进行整治。当时，袁保庆以彪悍著称，抓到危害百姓的湘军散兵游勇，往往就地正法。对此，湘军和各地的帮会势力，也对马新贻恨之入骨。

曾经担任江苏巡抚、湖广总督的郭柏荫，后来对他的孙子郭公铎说："张文祥行刺有幕后怂恿者，最初有意制造流言的，也是他们。"

与此同时，不断抑制、铲除湘军势力的马新贻，离死亡也越来越近。

5

凶手究竟为何刺杀马新贻？背后的真正指使者，又是谁？

马新贻被刺后，很快就因伤势过重死亡。江宁将军魁玉，开始提审凶手张文祥，没想到张文祥嘴硬得很，只说自己的姓名，却不说杀人的缘由。

为此，整个南京城各级大小官员轮番上阵，从布政使到按察使、道员、知府、知县等 50 多名官员，分班轮流会审张文祥。魁玉则六百里加急，将两江总督被刺杀的消息马上上报清廷。慈禧等人极为震惊，急命漕运总督张之万赶赴南京会审此案。

最终，在被长期"熬审"后，张文祥终于开口了。对于为何刺杀马新贻，张文祥是这么说的：

他是河南汝阳县人。道光年间，他在浙江宁波开了一家典当行，后来太平军攻入宁波城，因为太平军有熟人，他就参加了太平军。1864 年太平军失败前，他偷偷返回宁波，才发现自己的妻子已经被一个叫作吴炳燮的人霸占了，家里的所有财物也被其全部骗走。后来，张文祥告到官府，虽然领回了妻子，但财物却无法要回。就在这时，穷困潦倒的张文祥，碰到了一个当海盗的人叫龙启云。龙启云给了张文祥一些本钱，让他重开了一家典当行，龙启云则经常借典当行进行销赃。1866 年，时任浙江巡抚的马新贻到宁波巡视，张文祥拦轿喊冤，想要追回被吴炳燮霸占的财物，但马新贻觉得事情小，就不予办理，相反，马新贻还下令取缔了张文祥违规经营的典当行。

张文祥再次走投无路，龙启云便劝张文祥说，马新贻是个昏官，他的海盗弟兄们有很多也被马新贻捕杀了。龙启云便怂恿张文祥刺杀马新贻，为他自己和大家"报仇"。

此后，张文祥开始到处寻找机会刺杀马新贻，历经近两年时间，最终得手。张文祥辩称，“刺马”那天，先他喊冤的那个人，只是恰巧碰到而已，此案跟他没有关系。

6

听起来，这真是一个奇案。

魁玉等人的汇报，慈禧当然不相信，她下令继续追查。但这事，明眼人都知道，水太深了。

当听说自己被慈禧指令协查此案后，漕运总督张之万吓得不轻，他故意迟迟不动身。从同治九年（1870）八月二十三日接到朝廷谕旨，张之万一直拖到九月份才出发前往南京。

张之万被吓坏了，他觉得自己也很不安全，在前往南京途中，即使上个厕所，也要数百名士兵层层保卫，然后才敢放心拉撒。这事在后来也成了晚清官场的笑谈。

抵达南京后，张之万马上住进了魁玉的江宁将军府，几天都不敢露面，也不接见下属，只是每天和魁玉两个人一起研究张文祥的供词。

一直到九月下旬，张之万才开始会见审理此案的下级官员；九月二十五日，张之万、魁玉正式开始联合审讯张文祥。

奇怪的是，在上报给慈禧的审讯奏报中，张之万和魁玉的说辞非常混乱，前后矛盾。他们俩先是跟慈禧汇报说，张文祥是因为受到了海盗龙启云等人的指使，所以才行刺马新贻；但后来他们又给慈禧奏报说，张文祥应该没有人指使——这种前后矛盾的说法，也让慈禧大感蹊跷。

在此情况下，深感案情复杂的慈禧，无奈之下，只得提出让湘军老帅曾国藩重新回任两江总督，以稳定形势。随后，慈禧又派出素有“铁面无私”之称的刑部尚书郑敦谨，让他作为钦差大臣，紧跟着曾国藩去监督、复审此案。

在慈禧看来，虽然太平天国主力已经被歼灭，但是太平军的余部李文彩等人仍在负隅顽抗；南京虽然已经克复，但叛乱仍未完全剪除。她派遣马新贻去南京，本来是要去扫清湘军势力的，但现在马新贻突然被杀，如果牵涉的人物太复杂，导致江浙地区再次陷入动荡，那将是千疮百孔的清廷难以承受的结果。

所以，虽然清廷一直处处提防湘军势力，但眼下，她只能让曾国藩重新回去主持江浙地区的大局了。当曾国藩临行前向慈禧请示应该如何办理此案时，慈禧却故意回避，只是说："你到任后，要好好练兵！"

此前曾被怀疑"功高震主"的曾国藩，对慈禧的态度有点捉摸不透。为此，曾国藩召集他的幕僚赵烈文、薛福成、吴汝纶等人，进行了反复商讨。

尽管没有证据显示"刺马案"跟湘军和曾国藩有关，但慈禧显然是怀疑他们的，然而要恢复两江地区的稳定，没有曾国藩，又万万不能。

曾国藩当然也有自己的想法。

于是，作为湘军老帅的他故意缓缓南下。1870 年 12 月，曾国藩到达南京就任两江总督后，他还是故意拖延，不审理案件。一直等到两个月后的 1871 年 2 月，当钦差大臣郑敦谨抵达南京后，曾国藩才陪着他一起提审了张文祥。

7

后面的审讯，还真审出了一些新情况。

此时，张文祥又来了个新说法，说他刺杀马新贻，是想为国除害，因为他听说，马新贻勾结西北的回王，想对大清国不利。

作为一个小小的平民，张文祥竟然知道这么隐秘的事？大家当然不信。但张文祥也在无意中说出了一个细节。

张文祥说，他一直在寻找机会刺杀马新贻。有一次，马新贻去一家法国天主教堂，张文祥就想冲上去杀他，结果突然被人拉了一把。只见一个三十来岁的书生从背后一把拉住他，悄悄对他说，距离太远，护卫又多，还不是时候。

后来，这个书生又多次出现，不断与张文祥进行接触，并且对张文祥出手阔绰，说只要能杀掉马新贻，花多少钱都没关系。而张文祥知道马新贻要去校场，也是来自这个神秘书生的信息提点。

张文祥说，本来平时老百姓是难以进入校场的，但刺杀马新贻那天，校场外面突然来了超多看热闹的人，一下子冲掉了栅栏，涌进了校场，说要看士兵们操练。张文祥便跟着这股人流"混进了"校场。士兵演练结束后，马新贻步行离开，"看热闹的群众"又汹涌向前，说要看看总督大人的风采。马新贻不以为然，也没有让士兵拦阻，没想到的是，张文祥就在这个时候，揣着匕首闯到了他面前，最终一举刺杀成功。

8

张文祥口中的海盗龙启云以及这个神秘的书生，到底是谁，无人知晓。官员们似乎有所感悟，也不敢、不想知晓了。

但案件审了近八个月，究竟应该如何定性？到了 1871 年 3 月，一直陪着钦差大臣郑敦谨审案，却绝少说话、提问的曾国藩，终于对郑敦谨说了一句："这案子，还是照着初审的意见办吧！"

曾国藩的意思是，追查太细，对谁都没有好处。郑敦谨也心知肚明，无奈之下，他只得同意曾国藩高深莫测的"建议"，上奏慈禧说，张文祥刺杀马新贻，确实是受海盗指使，"挟私怨行刺"，并没有其他主使及同谋。

为了慈禧嘱咐的"大局"，郑敦谨选择了沉默。但他给张文祥的"凌迟处死"罪名，又加了一条，即要"摘心致祭"——就是说，凌迟处死张文祥后，还必须把他心脏挖出来，在马新贻坟前献祭。或许在郑敦谨看来，他能为马新贻做的，也就只有这些了。

但曾经受过马新贻知遇之恩、联合审理此案的官员孙衣言、袁保庆，却提出异议，指出应该用重刑审讯张文祥，否则如此结案，众人不服。对此郑敦谨说，张文祥是朝廷钦点彻查的要犯，如果因为用刑过重死了，那谁也担当不起这个责任。

最终，这一刺杀总督的大案，就这么上报了。接到结案报告后，慈禧没说什么，也没再追究，估计也不好彻查追究。或许在慈禧看来，为了清廷的维稳大局，很多事情，也只能到此为止了。

否则以当时清廷刚刚平定太平天国后千疮百孔、风雨飘摇的局面，已根本无力再应对一场内部的动荡。

9

1871 年 10 月，就在刺杀马新贻一年多后，张文祥最终被凌迟处死，并被挖出心脏，在马新贻坟前进行献祭。莫名其妙被杀的马新贻，则被清廷下令追加为太子太保，并入祀贤良祠；在马新贻的老家山东和他做官的江浙等地，朝廷还给他建了忠烈祠，可谓备极哀荣。与清廷的态度相对，部分湘军将领则直接给被凌迟挖心的张文祥立了碑，许多湘军将士公开宣称，"张文祥真是个英雄"。

与此同时，一些经人授意的剧本，也开始在市面上流传开来。内容是说，马新贻在剿灭太平军和捻军的时候，与张文祥，还有太平军曹二虎等人是结拜兄弟。后来马新贻升为安徽布政使，竟然欺骗奸污了曹二虎的妻子，并诬陷曹二虎“串通捻军”将其捕杀，而张文祥是为了替兄弟报仇，这才刺杀了马新贻。这个编造出来的剧情，后来还被编成了戏剧进行演唱。再后来，甚至拍成电影，这就是《投名状》的由来。

于是在民间，关于张文祥是个义勇好人，马新贻是个无耻淫贼的说法，开始广泛流传开来。对此，马新贻的六世孙马福建指出：“马新贻作为一个封建时代的总督大吏，却没有三妻四妾，绝对称得上是个用情专一的好男人。当年，马新贻的妻子，甚至在马新贻遇刺身亡后，坠（吞）金自尽。”如果马新贻是个好色之徒，他的妻子愿意为他殉死吗？

由此可见，要彻底抹黑一个人，掌握舆论是多么重要。

10

在审结此案后，刑部尚书兼钦差大臣郑敦谨自此便闭门不出，对于曾国藩的所有邀请和送来的银子，郑敦谨都一概拒绝；后来，曾国藩去给他送行，郑敦谨也板着脸，头也不回就走了。

或许是感觉到有负此案，有负马新贻，作为钦差大臣的郑敦谨，甚至连北京都没有回。按照清朝律令，钦差大臣不回京复旨，是要问罪的，但郑敦谨却直接向慈禧打报告说，他生病了，不回去交旨了，并申请开缺，终生不再为官。

参与此案的刑部官员、郑敦谨的助手颜士璋，则在自己的《南行日记》中，记述了郑敦谨在南京办理“刺马案”的全部过程。颜士璋的曾孙颜牧皋说，《南行日记》中有记载说：“刺马案与湘军有关。”“刺马案背后有大人物主使。”

受过马新贻知遇之恩，后来曾担任安徽按察使的孙衣言，则在给马新贻的坟墓神道碑铭中写道：

> 贼悍且狡，非酷刑不能得实，而叛逆遗孽，刺杀我大臣……宜用重典，使天下有所畏惧。而狱已具且结，衣言遂不书诺（孙衣言不相信结案陈词，不肯画押）。呜呼！衣言之所以奋其愚戆，为公力争，亦岂独为公一人也哉！

张文祥被处死后 5 个月，1872 年 3 月，曾国藩最终在两江总督任上突然病发去世。至此，这一被后世称为“刺马”的晚清奇案，彻底落下帷幕。

那个慈禧派出的，想要清剿湘军势力的枪手和替死鬼——马新贻，究竟是怎么死的，已经没人关心了。

真相，很重要吗?

或许，政治本来就没有真相。

六 女名人疑案

八王之乱:“一代妖后”开启大乱世

公元 290 年，晋武帝司马炎撒手人寰。

在司马氏的治理下，西晋初年即有盛世之相。“是时天下无事，赋税均平，人咸安其业而乐其事”，国家上上下下富得流油，经济繁荣，文化昌盛，史称“太康之治”。

而政治上，在进一步革新、完善制度之余，司马炎大行分封：二十七个同姓亲王各镇一方，同时国内州郡之兵马悉数被裁撤。

靠着世族大家的力量登上帝位的司马氏，此时再也不用担心外姓专权、魏晋禅代之剧重演。

虽然四海承平如此，但随着最高统治者的离去，晋朝的命运陡增变数。

因为新皇帝，是个傻子。

1

晋惠帝司马衷，司马炎的次子，其母为武元皇后杨艳。由于其兄司马轨早夭，按照嫡长子继承制，嫡出的司马衷便毫无争议地成为第一皇位继承人。

然而，若从“立储以贤”的角度来看，这争议可就大了。早在司马衷做太子的时候，朝廷上上下下就都知道这家伙没什么帝王之才，就连他老爸也对他表示怀疑。

而司马衷继位之后的事迹，更是与段子无异。有次司马衷去华林园游逛，听到蛤蟆叫声，脑洞大开问左右说:“此鸣者为官乎，私乎？”这是公家的蛤蟆，还是私人的蛤蟆?

在场的人听了无不发蒙。有个人机智地回答说:“在官地为官，在私地为私。”在公田里的就是公家的，在私田里就算私人的。

后来天下大乱，百姓多饿死。见此场景，司马衷又说了句旷世名言:“何不食肉糜？”啊，饿死人了？那饥民为什么不喝肉粥？

一千多年后，明武宗正德年间，浙江钱塘发生命案，死者身中五刀，刀刀致命，钱塘县令断此人系自杀身亡。案情上报后，刑部驳回勒令杭州府重审，而重审的结果仍然是自杀。于是案情再次被上报，到了皇帝那里。明武宗朱厚照了解案情之后，便勃然大怒：“岂有身中五刀自毙者？欲将朕比晋惠乎？”自杀要如此捅自己五刀吗？当朕傻吗？

“晋惠”已然成了“傻皇帝”的代名词。

2

皇帝痴傻如此，自然就很容易被身边的人掌控。最先把手伸向权力的，是皇帝的母族、外戚杨氏。

司马衷15岁的时候，他的生母武元皇后杨艳就撒手人寰了，年仅37虚岁。临终前，杨艳对自己的痴儿很是放心不下，生怕自己走后说不定哪天，多情好色的晋武帝另立皇后，痴儿的储君之位便就此不保。于是杨艳便枕在晋武帝的膝上请求说：“叔父骏女男胤有德色，愿陛下以备六宫。”叔父杨骏的女儿德貌兼备，希望陛下选她来备六宫。

晋武帝流着眼泪答应了她。两年后便立杨艳的堂妹、杨骏之女杨芷为皇后，即武悼皇后。

杨芷立后，杨氏家族更加飞黄腾达。而晋武帝在位晚期，由于天下太平，无事可忧，于是晋武帝也变得“不复留心万机，惟耽酒色，始宠后党”。虽然有大臣对晋武帝说杨骏“小器”，不可以任社稷之重，但终不被采纳。

借着晋武帝的专宠，杨骏与其弟杨珧、杨济，势倾天下，时人有“三杨”之号。

晋武帝病重时，杨骏趁着“亲侍左右”的机会，“改易公卿，树其心腹”。晋武帝发现杨骏“所用者非”，这才有所醒悟，下诏让汝南王司马亮入朝辅政。

杨骏害怕失宠，从中书监那里“借”了诏书来看，看完便把诏书“藏”了起来。任凭中书监怎么要，杨骏都不给。武悼皇后随后向晋武帝奏请以杨骏辅佐新君。在看了臣下拟好的遗诏后，晋武帝一言不发，知道事情已经无可挽回，无奈地点了头。

杨骏此人虽然没什么威望，没什么器量，也没什么能耐，但权力欲非常强。

司马衷一继位，杨骏即升为太傅、大都督、假黄钺，统摄朝政，总领百官。为了收买人心，不惜大肆封赏，却又“不纳良言，遍树亲党，疏远宗室”。

针对这种情况，他的朋友劝诫道，你现在是外戚之身，却行伊尹、霍光之事，辅佐傻皇帝，必须要效法古人至公至诚谦顺之道。从来没有外姓专政而得善终的。现在海内尽是司马氏藩王，宗室的力量如此强大，你却不给他们参政的机会，内怀猜忌，外树私昵。很快就要大祸临头了。

但杨骏只当耳旁风，完全不把二十多个宗室亲王放在眼里。

还没等司马氏藩王动手，有人就给杨骏做了局。

3

晋惠帝司马衷之所以出名，除了因为他的痴、他的傻，还有他的皇后给他增光添彩。

贾南风，曹魏名臣贾逵的孙女，晋朝开国元老贾充之女。她和司马衷的这门亲事，最初是非常不受公公晋武帝待见的。

当时晋武帝中意的是卫瓘家的女儿，而武元皇后杨艳则受了贾充妻子郭氏的贿赂，在晋武帝面前极力推荐贾充之女。这时候晋武帝就说了：“卫公女有五可，贾公女有五不可。卫家种贤而多子，美而长白；贾家种妒而少子，丑而短黑。”

话都说这份上了，这亲事要成那得多离谱。

然而武元皇后坚持推荐，而人臣也有人进言说贾氏之女“贤”，最后晋武帝架不住劝，就给自己的傻儿子定了这门亲事。

之后的事情跟所预期的差不太多，毕竟这贾南风是名门之后，爷爷和爸爸都那么聪明，到她这，智商自然低不到哪里去。

史载在司马衷当太子的时候，晋武帝经常怀疑太子不聪明，觉得他难当大任，有朝臣也进言说“太子不慧”。于是晋武帝便召集东宫属员宴饮，并出了题目让司马衷作答。

啥？要考试？太子妃贾南风得知消息后可是吓得不轻。知道这傻太子肯定答不上来，所以没办法，贾南风“急中生智”：找人代答。

枪手把答案写好了，其文各种引经据典，文采飞扬。眼尖的人看出破绽来了，跟贾南风说道：“这太子又不读书，你答案里那么多典故，不是一下子就露馅了吗？还不如直白了说。”

贾南风听后大喜，便让这人重新用大白话作答，再由太子抄写。晋武帝看了之后，“甚悦”。

贾南风不仅有心机，还是出了名的狠心妒妇。史载：“性酷虐，尝手杀数人。或以戟掷孕妾，子随刃堕地。”司马衷的小妾怀孕，便以戟打之，以致流产。

晋武帝闻之大怒，想废了她。有大臣劝道：“贾妃年少，妒是妇人之情耳，长自当差。愿陛下察之。”

后来杨珧也替贾南风说话：“陛下忘贾公闾耶？”就算不喜欢这儿媳，好歹给她爹她爷爷一个面子吧。

由此贾南风才得不废。

性格残忍，有心机，善妒，这一系列性格特质背后的本源，是贾南风的权力欲。

现在的她，身为太子妃，未来便是皇后。而皇帝又是个傻子。如此，天下不就在自己的掌控之中了吗？

4

虽然杨骏也知道司马衷的皇后贾南风不是省油的灯，处处对其提防限制，并任命亲信掌控禁军，但在杨骏专权于朝，得罪皇亲之时，一张大网早已不知不觉地布下。

鉴于朝中四下多为杨骏所把持，为了扳倒杨骏，贾南风只得打亲王们的主意。先前因杨骏矫诏，错失辅政之机的汝南王司马亮进入了贾南风的视线。

公元291年，贾南风密令司马亮兴兵讨杨。司马亮闻之曰：“骏之凶暴，死亡无日，不足忧也。”

另外，楚王司马玮同样收到了贾南风的密诏，也上表请求入朝。杨骏素来忌惮司马玮，面对司马玮的“请求”不敢拒绝。

于是司马亮、司马玮两个亲王便进了京城。形势对杨骏而言，急转直下。

杨骏的下属向他进言，劝他烧云龙门，向贾南风示威，并兴兵先下手为强，惩办宫中“奸人”，以此扭转局势。然而杨骏“素怯懦，不决”，并说：“魏明帝造此大功（云龙门），奈何烧之！”

出于一颗爱惜古建筑的心，杨骏终无所行动。

当司马玮等人率军围攻杨骏府邸时，杨骏已无处藏身。一代权臣就这样被乱兵杀死在马厩里了。武悼皇后杨芷亦被废，囚于金墉城，冻饿而亡。

在株连数千人，铲除了杨骏的党羽之后，根据晋惠帝的诏令，司马亮与老臣卫瓘分掌大权。明眼人应该很容易就看出来，这自然不可能是傻傻的晋惠帝自己的主意，必是贾南风在后面翻云覆雨。

对诛灭杨氏之功臣为何如此处置，贾南风葫芦里卖的什么药？很快，司马亮就给出了答案。

事实证明，当初晋武帝病重时选择的辅佐新君之臣，无论是杨骏，还是司马亮，论政治手腕，都是非常差劲的货。

杨骏伏诛后，司马亮掌权，而另一个参与其事的实力派司马玮却并没有得到自己想要的，这本就是一颗定时炸弹。

司马亮忌惮司马玮的功勋和威名，竟然迫不及待地要用自己手中的权力削夺司马玮的兵权。司马玮闻之，大惊。贾南风则心中暗喜。

晋惠帝司马衷的一道密诏，下到了司马玮的手中。司马玮据此兴兵，围杀司马亮、卫瓘等人。

就在杀死司马亮的第二天，又一道皇帝的诏令发了下来，这次却是向司马玮的部下宣布，司马玮伪造诏令杀害司马亮、卫瓘。司马玮的部下闻之皆散，司马玮就此被擒杀。

就这样，杨骏、卫瓘等老臣不在了，两个亲王也做了陪葬。

天下，是贾南风的了。

5

八王之乱，起自公元 291 年，终于公元 306 年。然而这十六年间，并非年年动乱。在公元 291 年，诛杀杨骏、卫瓘、司马亮、司马玮，前前后后只用了三个月。之后的八年，贾南风大权独揽。

在这段时间里，史家给出的评价是“海内晏然”，“朝野宁静”。

贾南风虽如其他外戚一般擢拔宗族，却也能选贤任能，不拘一格提拔人才，不论寒门还是高门，皆得任用。所以这八年，在名臣张华等人的辅佐下，短命的西晋王朝又度过了一段稳定的时期。

造化弄人。最后打破这种稳定的，还是贾南风，是她善妒的性格，是她膨胀到无以复加的权力欲。

傻皇帝司马衷只有一个儿子，名叫司马遹。

司马遹的生母，出身低微。为了躲避贾南风的妒害，其母回到晋武帝皇宫才生下孩子。于是司马遹出生之后就一直长在宫中。

对此，时为太子的司马衷居然毫不知情，直到有一次进宫上朝，才知道自己有这么一个儿子。

司马遹小的时候，一直养在他的爷爷晋武帝身边，也非常讨人喜欢。司马遹五岁的时候，宫中失火，晋武帝登楼观望，司马遹却拽着爷爷的衣角，轻轻地把他拽到暗处。晋武帝问其原因，司马遹回答说：“暮夜仓卒，宜备非常，不宜令照见人君也。”宫中失火，非常时刻，身为人君不可以被火光照到，以避险。

武帝甚奇之。

一次，司马遹跟着晋武帝视察猪圈，对晋武帝说：“豕甚肥，何不杀以享士，而使久费五谷？”猪都这么胖了，为什么不杀了犒赏臣下，还让这猪在此浪费粮食？

晋武帝深为嘉许，于是就把猪杀了。

在晋武帝眼里，这个小皇孙有宣帝司马懿遗风，对自己的大臣说：“此儿当兴我家。”

史家也普遍认为，晋武帝没有改换皇储，坚持立傻儿司马衷为太子，除了长幼嫡庶的考虑，也有这“好圣孙”的因素。

然而，等到“好圣孙”长大了，事情就起变化了。

虽然少时有美名，但跟司马衷一样，年纪稍长的司马遹也不好学，每天只顾嬉戏玩闹。不仅玩，还玩得很花。

史载，司马遹竟然在宫中开市场，让人杀牲卖酒，他亲手称重，从不缺斤短两。由于其生母是屠户之女，因此他特别喜欢卖肉。又让西园卖葵菜、篮子、鸡、面等，赚钱牟利。

如果只是玩闹也就算了，司马遹跟自己的“后妈”贾南风之间的关系也非常僵。

贾南风本就忌惮身为太子的司马遹长成之后会分自己的权力，遑论以后君主更替，新君继位会不会像当初自己对杨氏一族一样斩尽杀绝。而太子在贾南风面前也很是跋扈，几次对人扬言以后要清算贾氏。

于是随着司马遹年纪渐长，贾南风对他的忧虑也渐长。

一个惊天的阴谋布了下来。

6

赵王司马伦，是司马懿的第九子。论辈分，他是晋武帝司马炎的叔叔，是晋惠帝司马衷的叔爷爷，是司马遹的祖叔爷爷。此时的他，正担任太子太傅，是司马遹的老师。

一直以来，司马伦对贾南风与司马遹之间的争斗看得很清楚。虽说是太子太傅，东宫的人，但司马伦很明白，此时帝国的掌权者，唯贾南风而已。

因此对贾南风，司马伦一直是谄媚逢迎。

而贾南风对司马遹，也终于到了不可再忍的时候。

公元 299 年，贾南风骗太子司马遹进宫，诱至别室，以酒灌之，司马遹大醉。然后趁司马遹醉酒让他抄写一份要其父、白痴皇帝司马衷退位的文章。

司马遹醉得太厉害，只写了一半就不省人事，剩下一半，贾南风只得找人代笔，仿照司马遹的笔迹抄完。

此文呈给司马衷之后，傻皇帝大怒，下诏将太子废黜，囚禁于金墉城。

虽有张华等大臣力劝，但太子只是被废，显然不能让贾南风满意。得让太子死了，贾南风才会放心。

另外，司马伦在太子被废后，曾一度想与东宫属员一起谋废贾南风，让太子复位。不过，幕僚孙秀的一番话，却让司马伦改变了主意。

孙秀说道："今国无嫡嗣，社稷将危，大臣将起大事……明公素事贾后，时议皆以公为贾氏之党。今虽欲建大功于太子，太子含宿怒，必不加赏于明公矣。当谓公逼百姓之望，翻覆以免罪耳。此乃所以速祸也……今且缓其事，贾后必害太子，然后废后，为太子报仇，亦足以立功，岂徒免祸而已。"

意思是说：傻皇帝就一个儿子，现在太子废了，国家后继无人，社稷将倾。明公您一直与贾南风亲善，现在人都把你当作贾南风的党羽。明公想建功于太子，但太子对明公宿怒已久，一定不会加赏，反而会加害。如今之计，不如暂缓一步，等贾南风杀了太子，我们再废后为太子报仇。这样既可以立功，又可以免祸。

司马伦闻之，便坚定不移地开始鼓动贾南风谋害太子。

不久，贾南风果然于金墉城杀了废太子司马遹。

司马伦等人立即伪造晋惠帝的诏书，派齐王司马冏进宫收捕贾南风，废为庶人，并大肆捕杀后党。

在被押出宫殿时，贾南风隐约看到了傻皇帝司马衷的身影，大声喊道：“陛下有妇，使人废之，亦行自废！”你让人废了你的皇后，无异于让人废了自己啊！

司马伦将贾南风囚于金墉城，下伪诏赐喝金屑酒。

一代妖后，就此谢幕。

7

贾南风谢幕了，真正的八王之乱的帷幕却刚刚拉开。

皇帝是傻子，皇太子被废杀，皇后被废杀了，而之前太后一族也已被杀干净：中枢皇权轰然崩塌，一时间没有了绝对的权力统领全国。

原来被贾南风压制的各个宗室亲王，这下都跃跃欲试，都想在这乱局之中分一杯羹，试试自己有没有皇帝运。

为首的便是赵王司马伦。

在废后不久，司马伦大杀特杀，许多有功有能之臣，如张华等，皆被杀死。

清理完各路障碍后，司马伦迫不及待地将手伸向了皇冠。他强逼晋惠帝司马衷退位，囚于金墉城，尊为太上皇。

就这样，司马衷成为史上第一个既当过皇帝又当过太上皇的人。可怜的他，不仅在皇帝圈里面傻的程度位列前茅，在太上皇圈里，还是他独霸傻帽头名。

司马伦当皇帝了，齐王司马冏、长沙王司马乂、成都王司马颖、河间王司马颙、东海王司马越等能不能当皇帝呢?

反正就是比谁的膀子粗呗。别忘了，当初晋武帝可是封了二十七个王啊！至高的权力面前，谁不垂涎?

自此天下大乱。

经过一通混战，七年后，所谓“八王之乱”，终于以东海王司马越的胜利告终。

然而，晋朝的天下，也就此歇菜了。华夏迎来了一个更大惨局:永嘉之乱开始了。

谁杀死了大唐最美的女人?

在唐朝史上，有一个看似不是问题的问题，那就是：究竟是谁，杀死了杨贵妃?尽管历史记载似乎确凿无疑，但拨开历史的迷雾，真凶，显然隐藏极深。

1

在历史叙述中，安史之乱爆发半年后，唐玄宗天宝十五载（756）六月十三日上午，迫于安禄山叛军不断逼近的压力，唐玄宗从长安出逃。第二天晚上，六月十四日当天，护卫唐玄宗的禁军在马嵬坡（又称马嵬驿）哗变。在杀死杨国忠后，禁军将领陈玄礼等人又逼迫唐玄宗派高力士绞死了杨贵妃，并在验明杨贵妃尸身后，才平息兵变。

但事情，真的这么简单吗?

事实上，指使杀死杨贵妃的幕后操作者，并非陈玄礼，也并非哗变的禁军将士，而是另有其人。

关于马嵬坡之变的真相，北宋司马光主持编修的《资治通鉴》是传统版本的代表。《资治通鉴》描写道：

> 至马嵬驿，（禁军）将士饥疲，皆愤怒。陈玄礼以祸由杨国忠，欲诛之，因东宫宦者李辅国以告太子（李亨），太子未决。

按照《资治通鉴》的说法，禁军头领陈玄礼当时想发动兵变，先去争取太子李亨的支持，结果李亨没有表态；在此情况下，禁军毅然发动兵变，先是杀死了祸国殃民的杨国忠，然后陈玄礼又出面，逼迫唐玄宗杀死了杨贵妃。

但历史再往上翻，实际上，对于谁主谋杀死杨国忠和杨贵妃，《旧唐书》写得很清楚，真正的主谋，是太子李亨。

《旧唐书·杨贵妃传》记载道："从幸至马嵬，禁军大将陈玄礼密启太子（李亨），诛（杨）国忠父子。"

另外，在《旧唐书·韦见素传》中也写得很清楚：

> 龙武将军陈玄礼惧（杨国忠）其乱，乃与飞龙马家李护国（即宦官李辅国）（共）谋于皇太子（李亨），请诛国忠，以慰士心。是日，（陈）玄礼等禁军围（唐玄宗）行宫，尽诛杨氏。

也就是说，《资治通鉴》为当时的太子、后来的唐肃宗李亨避讳，而把兵变叛乱的罪名推诿给了禁军，从而让李亨保留了征讨安禄山的正面形象，塑造了一个高大上、奋起于危难之际的帝王人设。

在司马光看来，描述一个英雄人物，说他有谋反作乱、威胁父皇的举动，实在不雅，英雄，要尽量粉饰得相对完美一些。

但让司马光无可奈何的是，你不写，不代表别人不写啊。所以，在更接近马嵬坡兵变年代的原始史书《旧唐书》中，保留了更接近这场兵变的原始真相：

杨贵妃，是太子李亨策划兵变逼死的。

2

可太子李亨，为何要指使干掉杨国忠和杨贵妃等人？

杀人的真凶再往上推，其罪魁祸首，却是猜忌冷酷的唐玄宗李隆基。

话说，李唐家族，向来有政变的传统。

在李隆基看来，他自己的曾祖李世民，在 626 年发动玄武门之变，逼迫唐高祖李渊退位；705 年，李显又发动神龙政变，从母亲武则天手中夺权；707 年，太子李重俊又发动景龙政变，试图从唐中宗手中夺权。

而李隆基自己，也是通过两场政变上位。710 年，他先是发起了诛杀韦后集团的唐隆政变。712 年，他又发动了干掉太平公主集团的先天政变，从而为自己的最终掌权逐一扫清了障碍。

整个家族血腥的政变史，使得唐玄宗李隆基对儿子们尤其是当太子的儿子，天然有种猜忌心理：担心他们夺权上位。

而杨贵妃之死，可以说，也是唐玄宗对待儿子们苛刻猜忌，给逼出来的。

开元二十五年（737），已经当了26年皇帝的唐玄宗，先是在极度的防范和猜疑中听信谗言，杀死了自己的三个儿子：太子李瑛、鄂王李瑶和光王李琚；随后，他又改立第三子忠王李玙（后改名李亨）为太子。

家族里层出不穷的政变案例，使得唐玄宗始终不放心自己的儿子们。而要抑制太子党的势力，李隆基的选择是：先是扶持权臣李林甫势力，后面又培育杨贵妃家族的外戚势力，来平衡、压制太子党。

因为在一个不断靠着政变上位的帝王世家里，李隆基对谁都不信任，即使那是他的亲生儿子。

3

心理罪，是一种很残酷的刑罚。

“我怀疑你想夺权，我总觉得你想杀我！”正是出于这种心理猜忌，李隆基先是杀了三个儿子，然后又改立了个太子李亨。因此，尽管贵为大唐帝国的太子，在从28岁至46岁（738—756），整整18年的太子生涯中，李亨一直谨小慎微，担心哪天一个不小心，就被父皇唐玄宗废掉或者杀掉。

皇帝和太子斗争的结果，是有人必须要牺牲，宫廷得流血进行祭祀。

杨贵妃和她的家族，就是在这个时候傻萌萌地闯了进来。

开元二十八年（740），21岁的儿媳妇、寿王李瑁的王妃杨玉环，被55岁的公公、唐玄宗李隆基强行掠夺入宫，并集三千宠爱于一身。

此后整整17年，杨玉环的三个姐姐、族兄杨国忠等七大姑八大姨纷纷鸡犬升天、富贵荣华。

这个家族，开始纵横放肆了。

此前，宰相李林甫由于试图扶持寿王李瑁为太子而与李亨结下了梁子。因此，李林甫在把持朝政期间，仗着皇帝李隆基撑腰，处处压制，乃至一手制造冤案，试图干掉李亨。

而杨贵妃家族的重要政治代理人杨国忠，也上蹿下跳，先是跟着李林甫一起，然后又单干，也试图扳倒太子李亨。

为此，他们先是将太子李亨的东宫官员杜有邻诬陷杖打致死；接着，又诬陷忠于太子李亨的河西节度使王忠嗣等人谋反，试图将李亨及其僚属一网打尽。

但善于权术和政治势力制衡的唐玄宗，每次总是在政治天平将要倾斜向某一方的时候，将它压平。

因为在李隆基看来，太子党、外戚等集团势力，都是需要敲山震虎的，而他这个皇帝所需要的，是一个相互政治制衡下的帝国秩序。

4

尽管唐玄宗是个风流种，但杨玉环的出现，确实让唐王朝的无数后宫佳丽黯然失色。

但这种杀机四伏的专宠，杨贵妃跟她的家族，却浑然不知。

这种骄傲放纵的结果，便是整个杨贵妃的外戚家族公然傲视整个李唐皇族。

主子牛气了，甚至连家奴，都猖狂得很。

天宝十载（751），杨国忠家族的家奴，甚至在长安城中公开挥舞皮鞭，侮辱唐玄宗的女儿广宁公主，以致广宁公主惊吓堕马，驸马程昌裔上前保护公主，也被杨国忠家族的家奴鞭打训斥；事后，广宁公主痛哭流涕，向唐玄宗告状，没想到唐玄宗只是下令杀了这个小家奴，而对杨国忠等人却毫不过问，而作为受害者的驸马程昌裔，反而被停官处罚。

杨贵妃家族的势力之大，到这时，已经不仅仅是权倾朝野的问题，而是欺凌到了整个李唐皇族头上了。

在此情况下，受到父亲唐玄宗猜忌压制的太子李亨，对于杨贵妃家族，只能是忍气吞声。仅仅三十多岁，李亨就已愁得头发全白——因为在李林甫和杨国忠等人的构陷下，他的亲信很多被杀或被流放，他本人也几次差点陷入大狱，“势几危者数矣”。

当时，太子李亨这种不受待见的边缘地位，整个大唐帝国内外上下，都看得清清楚楚，安禄山，更是敢于公开调戏李亨。

天宝六载（747），安禄山到长安城觐见唐玄宗，当时，太子李亨也在一旁，礼仪官员就催他给李亨行礼。没想到安禄山却故意不觐拜李亨，而是对着唐玄宗说：

“小臣我是胡人，不知道我朝的礼仪，请问太子是个什么官啊？”

唐玄宗对此会心一笑，说：太子，就是我以后的接班人啊。

没想到安禄山却说：“臣我眼里只知有陛下您一个人，不知道原来还有太子储君这么个人物！”

宠爱安禄山的唐玄宗，对此哈哈大笑。

太子李亨已然沦落到了，被杨氏家族和权臣势力公开凌辱的程度。

5

在这种情况下，是个人，谁不带着仇恨？

更何况，他还是个皇太子。

而安禄山在755年的公开叛变，使得大唐帝国迎来了前所未有的剧变。

不久，安禄山的叛军攻破洛阳，并直逼潼关；仓皇失措下，年过七旬、整天玩弄权术的唐玄宗李隆基，毕竟是英雄老矣，也惶惶不可终日，他就跟后来的宋徽宗急着想让位给宋钦宗一样，也提出，想让太子李亨来监国，最终禅位给他。

对此，向来对太子李亨欺压凌辱的杨国忠被吓得半死。他马上找到杨贵妃姐妹说：“太子素恶吾家专横久矣，若一旦得天下，吾与姊妹性命在旦暮矣！”

杨贵妃于是亲自出马，效仿古人，口里衔着土块，坚决向唐玄宗请求，说不能将皇位“内禅”给太子——在爱妃杨玉环的哭哭啼啼下，唐玄宗心里软了下去，况且皇帝瘾始终还是有的，最终，他又取消了这个计划。

杨贵妃的杀身之祸，由此日益临近。

天宝十五载（756）六月十三日，在安禄山叛军已经攻破潼关的情况下，惊慌失措的唐玄宗，最终带着杨贵妃姐妹和杨国忠等人，以及太子李亨等少数几位皇族，在3000多禁军的护卫下仓皇出逃。

3000多禁军中，有2000多人由太子李亨指挥、负责殿后。

本来在长安城中忧虑恐惧、草木皆兵的太子李亨，眼下，突然因为殿后掩护，掌握了随行禁军三分之二的兵权；而忠于唐玄宗的禁军首领陈玄礼，在国家的剧烈变故下，也对祸国殃民的杨国忠家族恨之入骨。

当时，由于出逃太过仓皇，唐玄宗这支3000多人的队伍，甚至连吃饭的粮食都没带够，因此到了出逃的第二天，天宝十五载（756）六月十四日，将士们就已是又累又饿，怨声载道，大家伙一个个恼怒得很。

在此情况下，整整忍了十几年的太子李亨，终于暗中爆发了。

当军队行进到马嵬坡时，在李亨的授意下，本来就已是怒气冲冲的禁军将士们率先发难，杀死了杨国忠，并将他肢解分尸，头颅则挑在枪杆上。

然后，取得太子李亨首肯的禁军将领陈玄礼，又出面逼迫唐玄宗将杨贵妃绞死。

一场由杨氏家族自己种下的祸根，终于以杨贵妃和杨国忠的覆灭，宣告结束。

6

那个大唐帝国最华美富贵的女人，最终身死魂灭。

在发动这场马嵬坡之变后，第二天，天宝十五载（756）六月十五日，李亨带领着 2000 多禁军，与唐玄宗分开，分兵北上指挥平叛；而只顾着逃命、全然没了当年英雄气概的唐玄宗，则带着残余的 1300 多禁军，逃入四川境内。

二十多天后，七月十三日，北上抵达灵武的李亨，在部下的拥戴下，在灵武自行即皇帝位，而此时，唐玄宗还蒙在鼓里，他没想到这个他向来看不起的儿子，竟然宣布自行即位。

这一年，父亲李隆基 71 岁，儿子李亨 45 岁。

一直到儿子“称帝”后近一个月，八月十二日，李隆基才在成都得知，自己已经成了“太上皇”，在国家危难的情况下，老来昏聩的李隆基无可奈何，只好违心地说:“吾儿应天顺人，吾复何忧！”

但李隆基还是没有忘记让人传话给儿子李亨，说，军国大事，还是要“奏朕（李隆基）知”。

但那个幡然翱翔，在风云突变之中登基为帝的儿子李亨，还会听老爸的话吗?

压抑十几年，历经九死一生，终于从老子手中夺来的帝国最高权柄，怎么可能还回去?

在四川避难了一年多后，唐肃宗至德二载（757）十月，无奈成了太上皇的李隆基，在得知长安城已经光复稳定后，最终决定起驾回京。

回程途中，李隆基的随行护卫被儿子唐肃宗下令解除武装，并全程派兵挟持“护卫”。当路过马嵬坡，李隆基想给杨贵妃改葬，没想到礼部侍郎李揆当即反对说:“当初禁军将士诛杀杨国忠和杨贵妃，陛下您如果改葬杨贵妃，怕是参与叛乱的将士们人人疑惧，形势又会失控。”

当然，李揆没有点出，那个指挥杀死杨贵妃的幕后策划者——当朝皇帝李亨，还在远远监视着父亲李隆基。

无奈之下，唐玄宗只好取消了为杨贵妃公开改葬的决定，改而派人偷偷去迁葬祭祀。挖开坟墓后，负责改葬的宦官发现，杨贵妃的尸体已经腐坏，但留在身边的一个香囊却仍然完好。于是宦官们将香囊从棺材中带回给了李隆基，睹物思人的李隆基泪如雨下，于是命令画工画了一张杨贵妃的人像，挂在宫中日日瞻望。

一个玩弄权术的皇帝，最终搬起石头砸自己的脚，害死了自己心爱的女人。

回到长安城后，李隆基被儿子李亨软禁控制起来。李亨手下的宦官李辅国，有一次甚至带着 500 骑兵，公然带刀威胁太上皇，吓得李隆基差点从马上摔落下来。对此，李隆基私下对心腹宦官高力士说：“吾儿（李亨）为（李）辅国所惑，不得终孝矣！”

在老来被软禁的凄凉惶恐中，这位曾经英明神武，创造了“开元盛世”的君王，只能是经常在他被软禁的太极宫中看着杨贵妃的画像，静静发呆。

他或许从来没有反思过，他爱一个女人，却最终，有意或无意，成了杀死这个女人的真正元凶。

回到长安的第四年，762 年，在思念和痛苦中，哀怨绝望的太上皇李隆基（685—762），最终以道家所谓“辟谷”（不食五谷）的方式绝食而死，那一年，他 77 岁；同年，那个他一直猜忌，最终愤怒爆发的儿子李亨（711—762），也在国事艰难中染病去世。

父子俩去世一年后，763 年，安史之乱才被平定。

大唐帝国由此步入了衰落的轨道。

而那个真正杀死了杨贵妃的人，究竟是谁？是太子李亨，还是唐玄宗自己？抑或是杨贵妃自作自受？

那个皇帝的女人，显然在渴求一个答案。

孝庄太后的绯闻

1688年1月，一个名叫布木布泰的蒙古族老太太，走完了她75年的人生路。大清帝国朝野哀痛。

这名老太太是当时在位的康熙皇帝的祖母，后来，人们根据她的谥号，习惯性称她为“孝庄太后”。

临死前，孝庄抚摸着一直伺候自己的康熙说：“我心恋汝皇父及汝，不忍远去。”

康熙并未安葬孝庄，而是将孝庄生前居住的一座殿宇拆了，运到顺治帝的陵墓风水墙外重建，称为“暂安奉殿”，孝庄的棺椁被送至那里安置。

一直到37年后，雍正三年（1725），孝庄的棺椁才被葬入地宫，称为“昭西陵”。昭西陵与孝庄的丈夫皇太极落葬的盛京（今沈阳）昭陵，相距几百公里。

一起经年的绯闻，因为孝庄的下葬问题再次传播开来。人们传说，孝庄入关后曾下嫁皇太极之弟摄政王多尔衮，所以死后不敢和皇太极葬在一起，只能以不忍远离儿孙为由，留在了清东陵。

至今，三百多年过去，人们谈论最多的，仍然是围绕在孝庄身上的绯闻。但很少人知道，这个辅佐了两任少年皇帝的太后，实实在在是“大清第一女强人”。

1

今天看来，孝庄与皇太极的婚姻本身就带有不可思议的色彩。

皇太极一生娶了15个后妃，孝庄是这庞大的妻妾队伍中的一员。她12岁嫁给33岁的皇太极，嫁过去的时候，皇太极已有3个妻室，其中一个是比孝庄大15岁的亲姑姑，即后来成为皇太极正宫皇后的孝端。也就是说，孝庄实际上是嫁给了自己的姑父。

不仅如此，孝庄有一个姐姐海兰珠（即宸妃），后来也嫁给了皇太极。

姑侄三人同嫁一夫，这种婚姻关系在当时的汉人社会中被认为有悖人伦。但蒙古、满族等游牧民族当时并不认为这是一种婚姻禁忌，只要男女双方来自不同的氏族，一段婚姻就可以成立，辈分不在他们的伦理范畴之内。

之所以姑侄三人都嫁给皇太极，根本原因则是部族间的婚姻联盟需要。

努尔哈赤晚年统一女真各部后，开始着手缔结蒙古部落，合力进攻明朝。孝庄出身的部族——科尔沁蒙古部落，因为最为靠近建州女真，最早与努尔哈赤建立了军事同盟关系。而婚姻，成了稳固军事同盟的重要纽带。据统计，在清朝入关前，科尔沁蒙古与满族皇家联姻多达 33 次——有 21 女嫁给满族皇家，娶回满族皇家 12 女。

1636 年，皇太极在盛京称帝，国号大清。随即建立后宫制度，15 个后妃中，仅有 5 人拥有独立的居住宫殿，称为“五宫制”。来自科尔沁蒙古的姑侄三人均为五宫成员，其中，孝端高居正宫皇后之位，可见这个蒙古部族与满族皇室的关系有多么铁。

不过，孝庄在五宫中的排位是最低的。反倒是她的姐姐宸妃，备受皇太极宠爱。1637 年，宸妃为皇太极生下一个男孩（皇太极第八子），立马被定为“皇嗣”。一年多后，这个男孩不幸夭折，没几天，孝庄之子福临（皇太极第九子）降生。这个像是来“冲喜”的皇九子，却没有得到皇太极太多的好感。

孝庄此后再未生育过，而她的姐姐宸妃则在 1641 年早逝。

关于孝庄的第一个绯闻式传说，大概在此时诞生。1642 年，明朝蓟辽总督洪承畴被俘后，一度宁死不降，民间传言是孝庄出马，以美色、人参汤和动人言语最终说服洪承畴降清。

事实上，稍微了解一下清朝入关前的政治运作模式就会知道，在以军事为主导的制度中，任何女人（包括皇帝的女人）都不可能有介入政治的空间和机会。一个相关的例子是，在努尔哈赤病逝后，为了防止强悍的皇妃干政，努尔哈赤的大妃，即多尔衮的生母，被包括皇太极在内的满洲诸王逼着去殉葬。所以，至少在皇太极在位时期，后宫参与军事、政治的可能性几乎是不存在的。人们根据孝庄后来在顺治、康熙两朝的作为，认定这个女人不简单，因而倒推她在皇太极时期必定也不甘寂寞，甚至说她辅佐皇太极打天下很给力。说白了这些都是脱离历史情境的胡说罢了。与此同时，人们相信这个女人有能力，却又对女性带有天然的偏见，因而只能一次次在女性的身体和姿色上做文章。表面是在赞扬这个女性，实际却是对她最大的贬损。

客观地讲，在清朝入关以前，孝庄并无参与满洲皇族政治的可能。更何况，她也不是皇太极最宠爱的女人，离决策的核心就更远了。

她唯一的做法，是积蓄力量。用现在的说法，叫利用闲暇时间给自己充电。史载，孝庄天资聪慧，“无它好，独嗜图史”。爱读书，是她的一大优点。当时，满洲皇族都爱读《三国演义》，她也跟着读，从中学习一些谋略。

可以说，有天赋、爱学习，这两大品质才是她在后来的历史机遇中崛起为帝国“女强人”的主要原因，而不是传统所编造的美貌和美色。

2

1643 年，皇太极在清军入关前夕猝死，死前并未指定继承人。这使得大清皇位成为八旗内部争夺的焦点。

最后的结果，我们都知道了，是由孝庄的儿子、年仅 6 岁的福临（即顺治）继位。一些史学家据此认为，孝庄母子成为最终的赢家，说明孝庄在这场皇位争夺战中施展了手腕，不愧是个厉害角色。有些人则继续在她的绯闻上做文章，猜测她与同样 30 岁出头的皇太极之弟、皇位的有力竞争者多尔衮产生了感情，并通过感情攻势让多尔衮退出皇位争夺，转而支持年幼的福临继位。

然而，历史的真相是怎样的呢？

由于孝庄身处后宫，加上入关前满洲皇室对后宫干政的排斥，这一时期关于孝庄的史料几乎为零。

从当时的八旗制度来看，各旗为了各自的利益都会推举自己的旗主为皇位继承人，各方势力平衡不下，以致皇太极死后 6 天，八旗旗主都开不了会，无法决定继承人。最后只能采取折中方案，让剑拔弩张的内部权斗缓和下来。

根据已故清史学家商鸿逵分析，皇太极死后，他的第十四弟睿亲王多尔衮和他的长子肃亲王豪格都正当盛年，而且得到各自所主旗的拥戴，故两人为了皇位相争不下。

豪格有皇太极生前自将的两黄旗和正蓝旗的支持，多尔衮则有两白旗的支持，而镶蓝旗旗主济尔哈朗势力最弱，因此，拥有两红旗的礼亲王代善的态度就显得尤为重要了。

代善是皇太极之兄，早年有资格与皇太极争皇位而推让不争，这使得他的威望极高。当代善的儿子跟他说，“众人已定议立睿王（多尔衮）”，代善只是“嘿嘿”了两声，不置可否。在这种情况下，多尔衮意识到自己已经无法得到多数旗主、大臣的支持，遂退而求其次，转而在皇太极的儿子中选择年幼的福临继位。这个提案，可谓一箭三雕：一是选皇太极的儿子，代表了两黄旗和正蓝旗的利益，他们不会反对；二是以皇太极的幼子来逼迫其长子豪格退出帝位争夺；三是幼主继位需要摄政，多尔衮可以进一步谋求摄政王之位。

果然，这个折中方案一提出来，就得到广泛欢迎。福临幸运地被拣选中，成为大清入关的第一任皇帝。

但皇太极一生总共有 11 个儿子，为什么偏偏是福临被选中呢？这难道真的如人们所说，是福临之母孝庄与多尔衮发展感情促成的结果吗？

很遗憾，真实的历史并不能满足你的八卦欲。

细究皇太极的 11 个儿子，除去长子豪格和当时已去世的二子、三子、八子，以及由庶妃所生的四子、五子、六子、七子、十子，真正有资格成为嗣君的“五宫”后妃之子只有两个：孝庄所生的九子福临，麟趾宫贵妃所生的十一子。然而，麟趾宫贵妃的身份比较尴尬，她本来是满洲的政敌——察哈尔蒙古林丹汗的妃子，林丹汗被皇太极击溃后，她作为战利品被皇太极纳入后宫。基于这样的身份，她的儿子很难获得各旗旗主的认同。所以到最后，也就只有福临是唯一的合适人选。

可见，福临继承大统这件事，是八旗力量相互制衡的结果，孝庄并没有也不可能出力。

人们在赞颂一个人的时候，往往会将他的所有过往经历加以重构，要么高大化，要么神化。孝庄被一些史学家想当然地认为在儿子继位过程中施展了不凡的谋略，正是这一历史书写定律的体现。但其实没必要如此，一个人的伟大，并不一定要从头到尾伟大，只要在某个时段，甚至某个时刻彰显伟大，这就足够了。如实地写出他们在伟大之前的无能或无力，并不会损害一个历史人物的形象。相反，会让这个人物更加真实。

3

即便在孝庄以皇太后身份进驻紫禁城后，很长时间内，她仍然没有太大的作为。

多尔衮摄政的7年间，这名政治、军事强人取得大清统一大业的一系列胜利，个人的威望和权势随之抬升，封号也从“叔父摄政王”一路提到了“皇父摄政王”。他将政治对手豪格幽禁致死，将共同辅政的济尔哈朗罗织成罪。

多尔衮权倾天下，实际上已是大清皇权的唯一代理人。

在这7年间，孝庄被迫与年幼的福临分宫而居。这显然是多尔衮防止孝庄利用皇帝干政的一个举措，但孝庄母子无力反抗，唯有隐忍顺从。

也就是在多尔衮生命的最后一年，顺治七年（1650），江南传出了孝庄太后下嫁多尔衮的绯闻。迄今，史学界关于这件事，尚未达成最终共识。从某种意义上讲，这也是大清入关后的第一疑案。

绯闻源于南明反清斗士张煌言那一年所写的一首诗：

上寿觞为合卺尊，慈宁宫里烂盈门。
春宫昨进新仪注，大礼恭逢太后婚。

诗里说的是孝庄太后住所慈宁宫举办婚礼的场景，人们由此相信这是孝庄下嫁多尔衮的证据。另外的证据则包括：多尔衮被尊为“皇父摄政王”，说明孝庄下嫁了，顺治才称其为“皇父”；满族入关前，尚有弟娶寡嫂的婚俗，因此孝庄下嫁多尔衮也不稀奇。

这一连串证据，几乎把孝庄下嫁之事坐实了。连清史名家商鸿逵都认为，“孝庄曾和多尔衮结婚，这件事固然缺乏确证，然蛛丝马迹也有可寻”，并说若果有此事，正好说明孝庄为了儿子的皇位安全，能够随机应变，是政治手腕高明的表现。

但是，孟森、郑天挺等著名历史学家则认定孝庄下嫁绯闻纯属子虚乌有。他们指出，张煌言是反清志士，诗据传闻而嘲讽清朝乱伦，并不能作为历史证据。顺治尊多尔衮为“皇父”，类似于古代“尚父”的尊称，也不是顺治认父的证据。

其实，我们可以从一些历史的细节论证孝庄并未下嫁。史载，孝庄居住的慈宁宫迟至顺治十年（1653）才修葺完毕，这之后，她才搬进去住，而此时多尔衮已死去3年，可见张煌言所说的慈宁宫大婚的情景纯属虚构。

有一种可能性是，多尔衮在顺治七年（1650）正月强娶了豪格的遗孀，而这桩婚事传至张煌言所在的浙东，早已变形成多尔衮娶皇太后的绯闻了。张煌言未加求证，根据传言就写出了孝庄太后下嫁的诗歌，用以嘲讽清朝。这或许是最逼近真相的一种解释。

顺治七年（1650），冬天，39 岁的多尔衮突然死于塞北狩猎途中。

多尔衮死后，孝庄作为一个隐忍多年的女强人形象才真正开始彰显出来。

这一年，顺治只有 13 岁，还是一个少年，所以我们有理由相信，针对多尔衮的清算，虽以皇帝的名义进行，实则出自孝庄之手。

按照孝庄的安排，多尔衮的灵柩运回北京后，顺治先是下诏为他举行国葬，接着下令从他的王府里收缴回玉玺，十多天后便宣布亲政。仅仅两个月后，由郑亲王济尔哈朗告发多尔衮有篡位嫌疑开始，一场针对多尔衮的历史清算案拉开帷幕。多尔衮最终被剥夺封号，并遭掘墓。在这个过程中，孝庄雷厉风行，通过打倒多尔衮，帮助少年顺治重新树立了权威，巩固了皇权。

这个时候，举朝才发现，这个原先沉默不语的皇太后，竟然如此果断、厉害。

1659 年，郑成功联合张煌言北伐抗清，一度攻陷南京。据说顺治听闻消息，做出退回关外的打算，而孝庄则叱责顺治不应懦弱。由此可见孝庄的强悍。

孝庄当年是作为婚姻结盟的一个环节，从科尔沁蒙古嫁到满洲皇室的，如今，她继续操持起这张联姻网络。在顺治朝，她指配的满蒙婚事不下 20 起。顺治先后的两名皇后，都来自孝庄娘家，分别是孝庄的侄女和侄孙女。

此外，孝庄还以联姻形式笼络一些权臣。比如她将自己一个侄孙女嫁给郑亲王济尔哈朗之子济度，这就使济度与顺治成为连襟，让济尔哈朗家族更加尽心辅佐刚刚亲政的少年顺治。对于当时手握重兵的几个汉王，吴三桂、尚可喜、耿精忠等，孝庄亦以联姻的手段进行控制。这一张张联姻网，在日后的重大事件中发挥了无可替代的作用。

不过，孝庄也开始咽下政治联姻的苦果。

随着时间的推移，成长起来的顺治却与母亲孝庄产生了难以调和的矛盾。爆发点是顺治并不满意孝庄为其指配的皇后，彼此没有感情。他爱上的人，传闻是自己弟弟的遗孀董鄂妃。因为这起感情事件，顺治长期不去看望母亲孝庄。

近年来，也有学者指出，孝庄与顺治的母子矛盾，儿子的婚事只是一个表象，更深层的原因在于两人的政见分歧。顺治长大后，热爱儒家文化，并在朝廷中推行汉化改革，这引起了以孝庄为首的守旧派的警惕，母子关系因此僵化。

1660 年，董鄂妃不幸早逝。在感情和政治上遭受双重打击的顺治，心灰意冷，一心想皈依佛门。第二年，顺治在郁郁寡欢中感染天花病逝，年仅 24 岁。

孝庄悲痛至极，在顺治的丧礼上“哭极哀”。她永远地失去了自己唯一的儿子。

4

然而，感情上的悲痛并未阻止孝庄在理智上的行动。大清再次面临权力交接，只是这一次，她不再是局外人，而是话事人。

经过与亲王们统一意见，她迅速做出了两个决定。第一，确定皇位继承人。顺治病逝前想让自己的一个堂兄弟继位，但孝庄最终选择了顺治的第三子、年仅 8 岁的玄烨（即康熙帝），理由是玄烨已出过天花，终生对这种恐怖传染病具有免疫力。第二，发布顺治遗诏。这是一封“诡异”的遗诏，长达 1000 多字，洋洋洒洒历数了顺治亲政以来推进清廷汉化等 14 条“罪状”，仿佛是顺治临终前的一封忏悔书。官宣称这份遗诏是顺治临终口述，由大臣垂泪记录。但从内容来看，应该是被孝庄做了大幅度修改。孝庄借儿子之口，否定了儿子的作为，从而为这对母子的政见分歧画上了一个句号。

不难看出，时年 48 岁的孝庄的确是一个有魄力而刚烈的女强人。

随着她的孙子玄烨登极继位，孝庄从皇太后变成了太皇太后。史学家普遍认同，孝庄在顺治朝和康熙朝颇有作为，但她最大的历史贡献是培养出了康熙大帝。

康熙幼年患天花被迁出宫外生活，但凡饮食、语言、读书、生活习惯，都在祖母孝庄的督促下养成。孝庄爱读书的习惯，感染了康熙，使他自小就保持着“早夜读诵，无间寒暑”的良好作风。孝庄亦时时要求年幼的康熙要做一个勤政爱民的好皇帝。

有一次，她当着众人问小康熙：“身为天下之主有何打算？”

康熙朗声回答：“臣无他欲，惟愿天下乂安，生民乐业，共享太平之福而已。”

康熙日后成长为颇有作为的皇帝，离不开孝庄的教导和培养。正如后来康熙自己所说：“设无祖母太皇太后，断不能有今日成立。”

不过，日渐长大的康熙要“成立”，首先必须攀过辅政大臣尤其是鳌拜这座山峰。

顺治驾崩后，有个江南的秀才进京上书，请孝庄垂帘听政。但孝庄并无此意，终其一生，她只是在紧要关头以太后身份适度参与政治，她并不愿走到前台临朝听政。原因当然是多方面的，包括满洲祖宗之法的限制、汉族社会对所谓牝鸡司晨现象的非议等，但孝庄爱惜羽毛，唯恐陷入声名之争也是一个重要的原因。

因此，孝庄和亲王们为康熙设置了四个辅政大臣。鉴于多尔衮擅权的教训，此次四个辅政大臣没有一个宗室，谁也不具备争夺皇权的威望和资格。此外，四人的思想倾向也经过孝庄的检验，确保他们与孝庄的保守政治倾向保持一致。这样，康熙继位之初，在四辅臣的操持下，朝廷尽废顺治在位时的汉化措施，恢复满族制度。

但是，随着时间推移，四辅臣中的鳌拜强势崛起，凌驾于其他辅臣之上，俨然成了第二个多尔衮。这让孝庄变得焦灼——相同的政治倾向，并不能阻止权臣的诞生。

康熙年满 12 岁时，孝庄为他操持婚姻大事——记住，婚姻联盟是孝庄最为擅长的一个政治手段。她决定册立四辅臣中索尼的孙女为皇后，遏必隆的女儿为皇妃，而鳌拜家族的女子一无所获。孝庄借此拉拢和分化四辅臣，同时孤立和敲打鳌拜。而就在康熙擒拿鳌拜的前两年，孝庄做主将康熙的二姐嫁给鳌拜的侄子，以此麻痹鳌拜，让他仍以为自己大局在握，放松警惕。

接下来的康熙七年（1668），顺治的陵墓建成，康熙在为其父撰写的碑文中，颂扬其在位期间“视满汉如一体，遇文武无重轻”，变相肯定了顺治帝的汉化措施。这种重新评价，跟当年孝庄定调的顺治遗诏对顺治的全面否定截然相反。这个细节很有意思。根据历史学者刘潞的分析，康熙这份碑文，没有孝庄的允诺是不可能出来的。而对顺治的重新评价，彰显了孝庄态度的改变。康熙初年四辅臣否定汉化，推行旧制，结果社会不但没有趋向稳定，反而更加动荡，孝庄应该是察觉到了自己的失误。她在借机为顺治“平反”的同时，是对自己，更是对四辅臣独崇满洲、贬抑汉臣做法的否定。碑文的撰写，明眼的朝臣从中是不难看出太皇太后态度的变化的。

数年后，60 岁的孝庄让康熙为她找来满文翻译版《大学衍义》（南宋理学家真德秀著），从一个侧面印证了孝庄思想的转变。

孝庄并非顽固不化之人，当年她与儿子顺治的政见矛盾几乎不可调和，如今，她选择了支持年轻的孙子康熙继续改革朝政。康熙与孝庄的感情一直很深，除了早年接受祖母的教育和培养外，祖孙两人的政治观念趋于一致也是重要因素。

而孝庄态度的转变，当时更为现实的意义在于，宣告了她与守旧权臣鳌拜不是一路人。

第二年，康熙八年（1669），鳌拜在毫无防备的情况下，被康熙的“少年摔跤队”擒拿，下狱论罪，囚死牢中。16 岁的康熙自此开始亲政。

四年后，三藩之乱爆发，孝庄当年构建的婚姻联盟对于吴三桂的叛乱起了一定的抑制作用。平叛的 8 年间，孝庄还直接参与决策，打赢了另一场来自察哈尔蒙古的内乱。当所有的叛乱被平定后，康熙对祖母的远见和支持非常感激，两次称她为“宫中尧舜”。

而孝庄看到康熙已经成长为有魄力、有能力的帝王，内心欣慰，此后遁入内宫，她再未参与政治。

5

1688 年 1 月，75 岁的孝庄病逝。病重期间，康熙精心侍奉，日夜不离。但孝庄病逝后，如何安葬祖母，则成为一个现实的难题。

孝庄的遗愿是不忍远离顺治、康熙两代儿孙，希望在顺治的孝陵附近择地安葬。然而，以母陵陪子陵，既不合满族的礼制，也不合汉族的礼制。

孝顺的康熙颇为纠结，最后选择将孝庄生前居住的慈宁宫东侧一座殿宇拆建到孝陵风水墙外，把孝庄的棺椁运到那里安放。这一放就放了 37 年，直到雍正继位第三年，才葬入地宫，称为“昭西陵”。

由于孝庄死后的异常安排，那起陈年绯闻又被再次传播和解读。人们认定，孝庄曾经下嫁多尔衮，死后无颜见皇太极，故不敢与皇太极合葬。

历史学者刘潞则指出，孝庄下葬的非常规操作，主要源于康熙时期满族的丧葬改革。满族的传统是火葬，从努尔哈赤到皇太极再到顺治，三任皇帝都被火葬。但到康熙时，儒家的土葬观念深刻影响到康熙，1674 年，他让自己病逝的皇后成为第一位土葬者。到孝庄病逝时，土葬的观念已经盛行，如果用火葬，连康熙自己都难以接受；但如果土葬，则无法让她与皇太极合葬（土葬用棺椁，火葬用骨灰坛）。康熙只好采取了修暂安奉殿的做法，留待后继者解决这个问题。可见，孝庄独葬昭西陵，与多尔衮根本无关。

终其一生，孝庄是一个既能隐忍又有魄力、既有作为又能隐退的女政治家。她辅佐两任少年皇帝，两度帮助大清渡过危局，却始终没有被权力欲控制，一直都是来去自如，能进能退。自始至终，她连一个垂帘太后的名号都不要，她只是两任皇帝的母亲和祖母。

一个人的伟大，有时候不在于他做了什么，而在于他不做什么。她可以玩弄权力，奢靡度日，但她没有；她可以走上前台，垂帘听政，做真正的帝国女主，但她没有；她可以顽强地刷存在感，在历史上留下一个高贵的背影，但她也没有……这或许正是孝庄高于历史上其他女强人的原因。

有意思的是，清朝的一头一尾出现了两个太后——孝庄和慈禧，这两个太后的经历、资格和寿命都很相近，人们喜欢拿她们做对比。但我从她们身上却发现了两条截然相反的思想轨迹。

慈禧早年借着朝廷中革新派（比如恭亲王奕䜣）的势力，凶狠打击以辅政八大臣为首的守旧派，从而上台，也算是改革的受益者和支持者。但到晚年，她却日趋保守，最终扼杀了光绪的变法事业。这是一条思想由趋新而守旧的常规轨迹。

孝庄刚好相反。她早期的政治取向是复旧，反对顺治的汉化改革。但到后期，她转而支持康熙锐意改革。这是一条思想由守旧而趋新的非常规轨迹。

可见，慈禧是一个被权力欲望日渐侵蚀堕落的人主，而孝庄则是一个控制权力欲望、知错能改、主动提升的人主。两人高下立判。

至于那些附加在孝庄身上的绯闻，尽管真真假假至今仍是历史的疑案，但这无损于她的美名。

慈禧上位之谜

自古贵师出有名。无论做什么事，最好能有个由头。由头越大，助力越多，阻力越少。

陈胜、吴广起义，一句“王侯将相，宁有种乎”，一呼百应；刘备多年颠沛流离，终成帝业，靠的是“复兴汉室”大旗不倒；就连朱棣起兵夺侄子皇位也得打着“清君侧”的旗号。而那些公开声称为钱为权抢地盘而挑起战火的，从开始就很低端了，结局自然与流寇无异。

同理，如果想反对什么事，最好也能搞个大帽子，弄个大盾牌，一扣一挡，效果杠杠的。

晚清帝国中枢，“祖宗之法”就是这样一个存在。

1898 年，维新派推行新政，遇到所谓顽固派的种种阻挠，“祖宗之法不可变”成了康、梁难以翻越的大山。此时的太后、老佛爷慈禧正在颐和园静静地看着这帮后生“瞎折腾”。

要不是三十多年前摆平“祖宗之法”，哪有慈禧今日？

1

古代中国是一个“男人当家”的社会，走出家门在政坛折腾的女性少之又少，登上权力巅峰的，更是凤毛麟角。

慈禧就是这“凤毛麟角”之一。

1852 年，年方 18 的慈禧入宫，4 年后（1856）生下了咸丰帝的长子，也是唯一的儿子爱新觉罗・载淳（即后来的同治帝）。慈禧本就很受咸丰帝宠爱，咸丰帝甚至允许她代笔批阅奏折、评议朝政。现在又有了皇子，母以子贵，慈禧在后宫的地位可以与皇后慈安比肩了。

1860 年 9 月，第二次鸦片战争的战火烧到北京，咸丰帝仓皇“木兰秋狝”，带着懿贵妃慈禧母子二人、皇后慈安，还有一干亲王大臣跑到承德。一年后的 8 月，暑气刚退，咸丰帝就在避暑山庄撒手人寰了，留下一个被内乱和外敌折磨得千疮百孔的帝国以及年仅 6 岁的继承人。

怎样才能让年幼的皇子顺利继位，并在皇位安全的前提下保证帝国的运转呢？咸丰帝煞费苦心。临终前，他做了几件事，大概把后事交代好了。

第一件事，托孤。

“著派肃顺、端华、景寿、载垣、穆荫、匡源、杜翰、焦佑瀛，尽心辅弼，赞襄一切政务。”

这个安排在咸丰看来是吸取了祖宗教训的。想当年，顺治帝 6 岁继位时，由济尔哈朗和多尔衮两个人辅政，结果两人争权；康熙帝 8 岁登基时，辅政大臣变成了四个，结果还是斗，直到康熙把鳌拜给斗倒了才算完。这次，咸丰一口气整了八个，史称“顾命八大臣”。

然而，如果大臣们势力太强，架空了皇帝怎么办？

所以第二件事，授印。

咸丰规定，皇帝的谕旨由顾命八大臣拟定，但要生效，须盖“御赏”“同道堂”两枚印章。皇后慈安保有“御赏”印，皇子载淳则保有“同道堂”印。这样，帝后和顾命八大臣之间就可以相互制衡了，既保证了决策的科学性，也不会有大臣争权，专擅朝政了。

可惜咸丰帝想得太美。

历史上，权力平衡又平稳的时期有多少？谁又不想大权独揽呢？

2

同治帝一登基，就尊生母慈禧为“圣母皇太后”，尊慈安为“母后皇太后”。现在所说的“慈禧”“慈安”就是这两位皇太后的尊号。

按照咸丰帝的遗命，帝国最高的权力被分成了三份：顾命八大臣、小皇帝、皇太后慈安各享其一。不过，因为小皇帝年龄小，所以小皇帝的那枚“同道堂”印，实际是由其母慈禧保管的。这是慈禧参与同治政局的资本。然而，只有印章这个资本远远不够。一座大山，横在了她的面前。

咸丰帝虽然给身后的政局分了权，但这些权力该怎么协调，相互之间该怎么制衡，咸丰没说清楚。为此，在咸丰死后第二天，两宫太后就跟八大臣争执起来。

八大臣认为，“谕旨由大臣拟定，太后不得更易，章奏亦不呈内览”。意思就是，今上的谕旨由八大臣拟定，而谕旨的内容两宫太后不得更改，甚至大臣们的奏折，也不拿给两宫太后看。

大家都知道，在一家公司里，出方案的是员工，但方案过不过，拍板的是领导；领导说不错，这方案过了，才签字盖章。

若把这种情况放在同治初的政局里，身为员工的顾命八大臣，负责替小皇帝拟谕旨，通过皇帝的谕旨管理帝国；而两宫太后却不是领导，倒像是专职“签字”的：把八大臣的意见上升为国家意志就行了，至于为什么这样做，这样做了会有什么影响，有没有更好的办法等等这些“国是相关”，就不劳两宫太后操心了。

或者说，在八大臣的眼里，两宫太后本就无权操心。

要给一份自己一无所知的文件签字？多尴尬啊。再者，一切都你们说了算，那先帝干吗不把印章也给你们？这还制衡个什么？

对此，慈禧、慈安两位新晋太后大为不满。史载慈安“优于德”，与慈禧相比低调不少，存在感也不高，但若论才智，恐怕慈安不在慈禧之下。

在出奔承德时，慈安就与慈禧母子一起受了八大臣之首肃顺的气。而今咸丰一死，最大的靠山倒了，只剩他们孤儿寡母三人。面对八大臣咄咄逼人的气势，慈安也感到不安。两宫太后都很清楚此时自己想要什么，敌人是谁，应该团结谁。所以，在这件事上，两宫太后抱团取暖。

这次争执的结果，八大臣退了一步，但两宫太后也仅获得“阅览奏章”的权力。数日后，御史董元醇上了个折子，把事情推向高潮。

董御史在折子里说，现在是多事之秋，皇帝年龄尚幼，多亏太后“宵旰思虑，斟酌尽善，此诚国家之福也”。虽然本朝此前没有“太后垂帘之仪”，但审时度势，不得不做出这样“通权达变之举”。

这折子就一个意思：什么都别管了，恭请两宫太后垂帘听政！

一听这话，顾命八大臣就炸了。肃顺等人“勃然抗论，以为不可”。八大臣以皇帝的名义拟谕旨批驳，说：“我朝圣圣相承，向无皇太后垂帘听政之礼……何敢更易祖宗旧制？”又说先帝（咸丰）驾崩前曾特别嘱咐他们八个“尽心辅弼……何敢显违遗训？”

如我前面所说，所有的谕旨由大臣拟定，但若要下发得两宫太后盖章才行。两宫太后看到这样的谕旨，心里非常不爽，扣下不发。于是，剧烈的争吵爆发了。史载：

声震殿陛，天子惊怖，至于啼泣，遗溺后衣。

争吵声音太大，一边的小皇帝都被吓哭了，甚至还尿了裤子……

次日，八大臣“罢工”，以示抗议。慈禧也不示弱，坚持要临朝。最后还是慈安“转弯”，劝慈禧先忍忍，姑且将就。随着两宫太后的妥协，谕旨下发，董御史谪发披甲奴。

就这样，关于“垂帘听政”的第一次交锋，两宫太后败下阵来。与其说她们败给了肃顺，不如说是败给了“后宫不得干政”的“祖宗之法”。正因为有这样的“祖宗之法”，肃顺一伙才敢理直气壮，在两宫太后和小皇帝面前横行霸道，“全无人臣之礼”。

该怎样击破“祖宗之法”呢？

3

慈禧冷静下来。毕竟帝位刚刚更替，两宫太后此前都久居宫中，纵使慈禧曾帮咸丰批过折子，但与朝廷百官实无来往。此时别说党羽了，就是大臣们穿着朝服站一排，两位女士能从中分辨叫出名字的都没几个。

所以这时候顾命八大臣的“罢工”还是很受用的，毕竟这个帝国得运转哪。在承德，他们不干活，谁来干呢？

问题的关键就是承德。

年幼的皇帝、两宫太后，以及先帝咸丰的梓宫到那时都还在承德。而当初跟着咸丰帝跑到承德的亲王大臣，大多是以肃顺为首的顾命八大臣的圈子。

肃顺等人不喜欢的人，跟他们政见不和的人都被留在了北京。咸丰帝的临终嘱托，事实上是将留在北京的一干大臣排除在外的。

对此，“北京帮”自然心有不甘。这些被留在北京，以嘴皮子面对英法联军枪炮的人，个个都很生猛。恭亲王奕䜣，近代史上举足轻重的人物，横亘晚清政局的“洋务运动”便出自他手。想当年，作为道光帝第六子的奕䜣，足智多谋，号称“鬼子六”，各方面都比他的四哥奕詝强太多。然而争储的时候，奕詝却在其师杜受田的指点下，巧施“藏拙示仁”“藏拙示孝”之计，成功获得道光帝的认可，继承帝业，是为咸丰帝。而奕䜣只得以恭亲王的身份参与朝政。后来咸丰帝重用肃顺，也有打压奕䜣的考量。

第二次鸦片战争中，奕䜣主和，肃顺主战。后来打不过了，肃顺说，奕䜣既然你当初主和，那你现在就去跟洋人谈吧。当咸丰帝“木兰秋狝”的时候，奕䜣被留在北京跟洋人交涉。

除了奕䜣，还有一个狠角色也被留下了：军机大臣文祥。这人有多狠？刑、户、礼、兵、吏、工，六部的工作，他全做过，妥妥的全能选手。

当英法联军兵锋逼近北京时，咸丰帝有意出奔承德，大多数亲王大臣都附和赞成，然而位列五个军机大臣之一的文祥却反对，说担心咸丰帝一走，人心涣散。

好的，既然你文祥说不要走，那你留下吧。所以文祥也被留下了，另外四个军机大臣穆荫、匡源、杜翰（杜受田之子）、焦佑瀛跟着咸丰去了承德，成了顾命八大臣中的四个。

被坑的奕䜣和文祥惺惺相惜，在与英法联军交涉时，共同的工作让他们结下了深厚的情谊。在后面的事件中，王室背景的奕䜣和身为军机大臣的文祥，通力合作。

当然，只是这样还不够。不是“枪杆子里出政权”吗？巧的是，在京畿一带驻守的将领恰好是僧格林沁和胜保。

僧格林沁的部队，在第二次鸦片战争中被打残了，但这个人在军界影响力很大。

胜保呢？虽然能力不咋样，但此时京畿一带数他兵强马壮，而且，慈禧少女时曾跟胜保的姐姐学诗画，慈禧的弟弟跟胜保关系也相当好。

更巧的是，这两个人都非常讨厌肃顺……

那么，肃顺到底是个怎样的存在？

爱新觉罗·肃顺，大清宗室，镶蓝旗人，济尔哈朗的七世孙。以“敢任事”闻名，主张“乱世务必用严刑峻法”。初次受到咸丰帝召见时，肃顺力请“严禁令，重法纪，锄奸宄”，深受咸丰帝赏识，累次破格任用。顾命八大臣中，数肃顺脑子最好使。

而论政绩，肃顺还是有两把刷子的。咸丰一朝的大部分政策都有肃顺的参与。即使后来肃顺在政变中被杀，仍是“人亡策存”，就像先秦的商鞅那样。

只不过，他的人缘比商鞅还差。

且不说他主导的政策动了太多人的蛋糕，触了太多人的神经，仅与人相处这一点上，肃顺就让许多同僚心里直呼受不了。史载：

（肃顺）心胸狭窄，作风霸道，刻人宽己，行事暴戾，廷臣衔之刺骨。

咸丰帝死后，奕䜣去承德哭祭，又应召去见两宫太后。奕䜣邀八大臣之一的端华一同前往，肃顺则说：

老六，汝与两宫叔嫂耳，何必我辈陪哉！

跋扈程度，可见一斑。

历史告诉我们很多次了，太狂妄的人，往往没有好下场。

4

咸丰帝死后，奕䜣无视顾命八大臣的阻拦，奔赴承德“哭祭”咸丰帝。史载：

伏地大恸，声彻殿陛，旁人无不下泪……（自咸丰帝死后）未闻有如此伤心者。

哭完了，奕䜣便受两宫太后召见。八大臣虽有阻拦，但“究迫于公论，而西太后（慈禧）召见恭亲王之意亦甚决”。八大臣最终妥协，放奕䜣单独与两宫太后见面。

叔嫂相见，一片欢喜。

两宫太后尽诉在承德受到肃顺等人种种欺负：什么来的路上不给好东西吃啊，什么先帝驾崩后胆敢跟我们娘仨大吵大闹拍桌子，还把小皇帝吓哭吓尿了啊。

奕䜣也说，北京、承德两地，因肃顺等人阻挠，时常消息断绝。

这下叔嫂一合计，肃顺这帮人，必须除掉。

可是，承德是肃顺的地盘。奕䜣说，要动手“非还京不可”。

对回北京这事儿，不仅肃顺不愿意，两宫太后也有顾虑，毕竟洋人还在那里。奕䜣回答：

外国无异议，如有难，唯奴才是问。

这下两宫太后放心了。待奕䜣一离开承德，便与八大臣商定回京日期。

八大臣当然不愿回去啊，所以就今天一个理由、明天一个理由敷衍两宫太后。

后来，胜保带兵来到热河“护驾”，京师廷臣、直隶总督等也纷纷请求皇帝早日回京。两宫太后又以按照祖制，要回北京举行新帝登基典礼并安葬先帝等为由，一面催促八大臣尽早定下回京日期，一面大赏八大臣，令其“大喜过望”。返京之事这才再无异议。

5

1861 年 9 月 23 日，同治帝、两宫太后、顾命八大臣，还有咸丰帝的梓宫，起驾回銮。

慈禧的机会终于来了。

两宫太后和小皇帝在送先帝梓宫上舆之后，便与八大臣中的载垣、端华从小道星夜兼程，赶往北京。而肃顺等人则陪着咸丰帝的梓宫，从大路缓缓向北京行进，其间还遇到大雨，道路泥泞，诸人狼狈不堪。论行程，肃顺比两宫太后慢了足足 4 天。

9 月 29 日，刚到北京，慈禧就在前来迎驾的朝臣面前涕泗横流地哭，把娘仨在承德受的委屈全吐了个遍。朝臣大多苦肃顺久矣，经太后这么一说，朝臣们心里不禁共鸣起来：肃顺面前，太后尚且如此啊。

9 月 30 日清晨，回京还不到一天的慈禧，联合早已准备妥当的奕䜣，以小皇帝颁布的诏谕为据发动政变，直指顾命八大臣“矫诏擅权”，当场将载垣、端华二人逮捕下狱，随后又命人前去捉拿尚在路上的肃顺等人，解送回京。抓肃顺的时候，肃顺睡得正香呢。

10 月 1 日，两宫太后大赏政变功臣，命恭亲王奕䜣为议政王、军机大臣。尔后军机大臣文祥上奏，请两宫太后垂帘听政。

10 月 5 日，改年号“祺祥”为“同治”。

10 月 6 日，命载垣、端华自尽，斩肃顺于市，其他顾命大臣皆革职，永不叙用。

斩肃顺时，京城欢天喜地：

都人士闻将杀肃顺，交口称快。儿童欢呼曰："肃顺亦有今日乎！"或拾瓦砾泥土掷之。顷之，面目遂模糊不可辨。

昔日飞扬跋扈的肃顺此时却仍骂不绝口，慨然赴死。

半个多月前，肃顺还依仗"祖制""遗命"与两宫太后争于殿堂，何其狂也。但他始终没弄明白，只要方法得当，总有东西可以凌驾于"祖制"之上。至于"遗命"，死人安足恃？

就这样，辛酉政变以迅雷不及掩耳之势发动，达到目的后又迅速收场。干净利落，稳，准，狠。

自此，25 岁的慈禧开始登上权力的巅峰。

1881 年，慈安太后暴死于宫中，两宫太后只剩慈禧一人。

1884 年，甲申易枢，议政王奕䜣被削夺权力。

此后，在大清的权力中枢，再也无人能阻拦慈禧独掌权柄。

以洋务派、保守派相互制衡，以帝党、后党相互制衡，以汉人用事，以满人制衡汉人，又什么"祖宗之法"，什么"本朝先例"……在慈禧的手中，权力如玩具，没有人玩得比她高明。

回到开头的场景，戊戌变法中的康、梁之辈，如何是她的对手？

到了 1908 年，历三朝，左右朝政 48 年的慈禧死了。也许，这样一个狠角儿，只有老天能收了。

再三年后，大清亡了。

慈禧最忌惮的女人，44 岁那年暴毙了

光绪七年（1881）三月初十，44 岁的慈安太后骤然病逝。

这一消息来得太过突兀，一时震惊了天下。

《清稗类钞》记载，事发前一天，慈安偶感不适，曾命御医薛福辰为她诊脉。薛福辰诊断后，认为太后不过小感风寒，不必服药，但因宫人强求药方，才给她开了一些清热药物。

第二天，薛福辰拜访朋友，听一个户部司员带来小道消息，说：“我出城时，城中都传言东太后‘上宾’（去世），宫里都已命人传吉祥板（皇室所用棺材）了。”

薛福辰大惊，起初还以为是外界讹传，将西太后慈禧病逝误传为慈安的死讯。他之所以会这么说，是因为前一年慈禧刚生了一场大病，一连数月久治不愈，后来召见江浙名医进京治疗，经过静心调养，到年底才有所好转，而慈安似乎未染重病。

得知确切消息后，薛福辰喃喃道：“天地间乃竟有此事！”

时任军机大臣左宗棠也对此事抱怀疑态度。他听闻噩耗，顿足道：“吾昨日对时，上边语言晴朗周密，何尝似有病者！即云暴疾，亦何至如此之速耶？”一旁的王公大臣跟他说，老左你可别乱说话啊。

慈安太后，是中国近代史上一位常被忽视的重要人物。她与慈禧两宫并尊，在同、光二朝垂帘听政“同治”清廷长达 20 年，参与了这一时期的诸多重大决策。她并不像很多人想的那么平庸无能，而她的死，自晚清起就不断引人遐想，至今扑朔迷离。

1

关于慈安的死因，除病死之说外，还有人认为，她是被慈禧毒杀的。

清朝遗老恽毓鼎曾任光绪帝起居注官 19 年，大清亡后在家写清室的秘闻。他在《崇陵传信录》中记载了慈安去世当天的详细情形：那一天，慈安闲立在水缸旁观赏金鱼，慈禧宫中的一个太监捧着一盒牛奶饼，跪到面前说：“西佛爷食之甚美，不肯独用，特分呈东佛爷。”

慈安平时爱吃点心，听了很高兴，当着太监的面吃了一块以示感谢，回宫不久后却病倒了，当晚就撒手人寰，连太医都没来得及为她诊治。

另一部野史汇编《清稗类钞》，倒是没有指明慈禧下手杀慈安，却说慈安是自杀。当时有传言说，慈安不满于慈禧干预朝政，两人有过一番激烈争吵，可慈安又吵不过，回去后抑郁了，悲愤之下吞鼻烟壶自尽。

慈禧“杀”慈安的直接动机，据野史记载也有好几种说法，最深入人心的是咸丰密诏说与东陵致祭说。

恽毓鼎爆料称，两宫太后有一次听政后，聊起了老公咸丰帝在世时的旧事。慈安对慈禧说：“我有一事，久思为妹言之。今请妹观一物。”她从箱子中取出一个卷宗，说是咸丰帝留给自己的手诏。

咸丰密诏的内容对慈禧而言，太惊悚了。诏书说：

叶赫氏（指慈禧）祖制不得备椒房，今既生皇子，异日母以子贵，自不能不尊为太后，唯朕不能深信其人。此后如能安分守法则已，否则汝可以此诏，命廷臣传遗命除之。

这个秘密武器，成了慈安对付慈禧的撒手锏，可天真的她没有放在心上，向慈禧展示后竟然笑着说：“吾姊妹相处久，无闲言，何必留此诏乎？”说罢，亲手将密诏焚毁。

尽管诏书已毁，但慈禧对此事耿耿于怀。《崇陵传信录》记载，慈禧“虽申谢，意怏怏不自得，旋辞去”，对慈安逐渐起了杀心。

关于这道密诏的真实性，就不得不提一个著名的故事：慈禧叶赫那拉氏的祖先，属海西女真叶赫部，与清朝奠基者努尔哈赤的建州部素有怨仇。后来努尔哈赤灭了叶赫部，叶赫那拉氏的祖先临死前发誓说，就算后裔留存一名女子，也要报仇雪恨。因此，清朝有了“祖制宫闱不选叶赫氏”的规矩。

事实上，叶赫部后裔并没有因旧仇宿怨而遭到疏远，而是在清朝常年位居显要，还与皇室联姻，清朝后妃中出自叶赫部的女子大有人在，根本不存在“宫闱不选叶赫氏”的祖制。就连努尔哈赤本人，当初也娶了叶赫部首领的女儿孟古哲哲为妻，并深深爱着她。孟古哲哲去世时年仅 28 岁，努尔哈赤为悼念她举办了隆重的葬礼，并长达月余不饮酒吃肉，而她唯一的儿子，正是努尔哈赤的第八子皇太极。

咸丰密诏一说有这么大的漏洞，真实性就有待商榷了。

另一个关于慈禧杀人动机的说法——东陵致祭说，讲的是两宫太后的一次冲突。

光绪六年（1880），两宫太后到清东陵祭拜咸丰帝。慈安作为正宫皇太后，祭奠时位置理应排在慈禧之前，慈禧却坚决不同意，两位太后竟当场大吵一架，把大家吓了一跳。最后是慈安退让，才按照慈禧的意思，两人并排而立，不分先后。

回宫后，慈禧仍然闷闷不乐，认为慈安有意羞辱自己，“因愈不悦东宫”，对慈安越来越不爽。

除此之外，还有慈安发现慈禧养男宠，两人因此闹翻等流言。这些故事构成了慈安暴毙的罗生门，比宫斗剧还精彩。

以上记载都出自野史传说，正史并未留下太多蛛丝马迹，这也更为慈安之死平添了不少神秘色彩。作为故事的主角，慈安太后，这位当时后宫名义上的“一把手”，也是慈禧太后身边最有权力的女人，到底是怎样一个角色？

2

慈禧太后那拉氏，就像拿着宫斗剧剧本的女主角。

她本是中下等官僚家庭的小姐，作为秀女被选入宫，赐号兰贵人。争强好胜的那拉氏，以声色得宠，在短短几年内得到咸丰帝盛宠，晋封为嫔、妃，更是生下了皇位继承人载淳。在咸丰帝病逝前，她已是懿贵妃，之后成为圣母皇太后，以慈禧太后的名号两度垂帘听政，执掌帝国朝政近半个世纪。

这么一看，慈禧已经够厉害了，可与慈安太后钮祜禄氏相比，她的人生还不算顺风顺水。

钮祜禄氏是满族大姓，慈安太后年少时也是大家闺秀，她父亲穆扬阿官居四品，出身世代官宦之家。知书达理的钮祜禄氏得到皇室青睐，被册封为皇后时不过才 15 岁。她虽没有子嗣，在宫中的地位却难以撼动。咸丰帝驾崩之后，24 岁的钮祜禄氏被奉为母后皇太后，与慈禧两宫并尊，名分上要高于慈禧。

慈安十几岁就有了打理后宫的能力，更是在 24 岁成为帝国最有权势的女人，堪称真正的人生赢家。要是在今天，这个年纪不过才刚刚大学毕业。

咸丰十一年（1861），“北狩木兰”的咸丰帝病危。这个忧患皇帝，在位期间就是个悲剧，没过上几天太平日子，在第二次鸦片战争中，他见形势不妙，鞋底抹油跑到了承德避暑山庄。在传位于年仅 6 岁的载淳后，他留给慈安与慈禧的不仅是一个内忧外患的帝国，还有一个引发政变的隐患。

在热河行宫避难期间，咸丰皇帝搞出了两套政治班底：一个是临终托孤，以载垣、端华、肃顺等为首的赞襄政务王大臣，也就是俗称的顾命八大臣；另一个是留守北京，以咸丰六弟恭亲王奕䜣为首的政治集团。

为了避免权臣拿着鸡毛当令箭，威胁孤儿寡母，咸丰帝还特授予慈安太后钮祜禄氏“御赏”印章，授予皇子载淳“同道堂”印章（实际上由慈禧保管），八大臣拟旨后要同时盖“御赏”和“同道堂”印章才可执行。

但八大臣根本没把两位年轻的太后放在眼里。肃顺等人认为，“谕旨由大臣拟定，太后但钤印，弗得改易，章疏不呈内览”。这是说，八大臣的奏章，太后都不必审阅，他们拟定的皇帝谕旨，太后也不必修改，让她们当个盖章的“工具人”就行了。

两宫皇太后，尤其是西太后慈禧，对八大臣的专横跋扈恨之入骨，而且当时还有传闻，八大臣欲仿钩弋夫人故事，对太后不利，夺走她们身边的小皇帝。

先下手为强，当恭亲王来到热河行宫祭拜咸丰帝时，两宫太后迫不及待地召见了这位六皇叔，一场夺权政变也正在酝酿。

到了北京，恭亲王集团早已做好准备，他们抓住机会，拿出两宫太后在进京前就以皇帝名义拟好的谕旨，迅速解除了顾命八大臣的职务，直指他们反对垂帘、结党营私的罪状。

在两宫太后与恭亲王的联手下，八大臣彻底失败，两宫太后正式登上政治舞台。后世在讲述这场改变帝国命运的辛酉政变时，都认为“凡此皆那拉氏之谋，而元后但赞成之而已”，将政变的主谋归功于慈禧与恭亲王，慈安成了可有可无的第三人。

殊不知，慈安才是正宫娘娘，如果没有她那一枚“御赏”印章，扳倒八大臣的谕旨就无法生效。

3

慈禧掌控帝国最高领导权的48年，实际上有20年是与慈安平分这一权力。

两宫太后在同治、光绪两次垂帘听政期间配合默契，针对内政外交进行了一系列政策改革，她们重用汉人官员，剿灭太平天国、开展洋务运动、巩固边防，开创了所谓的“同光中兴”。在利用恭亲王巩固权力后，她们又果断剥夺了他议政王的头衔，即便是老谋深算的“鬼子六”，也斗不过这两个寡嫂。

慈禧掌权也要得到慈安的默许。照规矩，作为先帝正宫的母后皇太后，慈安对年幼的皇帝有独自抚养之权，可在垂帘听政后，慈安却特意允许生母慈禧与她这个嫡母同居养心殿，共同培养年幼的同治帝，直到皇帝大婚。

慈安是这么对慈禧说的：“吾两寡妇人抚一孤子，设不幸奸人乘机造作语言，居间播弄，则天下大事去矣。今寝处一所，朝夕相见，各坦怀相示，谗何由兴？”这样的做法可说是相当大度，也可见慈安对权力并没有敏锐的嗅觉。她只是觉得，两宫太后共住一个屋檐下更有安全感。

但当权力向慈禧倾斜，慈安也可以起到制约慈禧的作用。

慈禧的亲信太监安德海，仗着主子的信任，成为太监总管后气焰熏天，肆无忌惮，朝臣都得让他三分，连小皇帝同治也对安德海十分痛恨，只因他有事没事就去跟慈禧告状，说皇帝的坏话。

有一次，同治帝做了个小泥人，亲手砍掉它的脑袋，太监们问他怎么回事。同治帝说了句：“杀小安子！”可安德海万万没想到，是宫中另一位太后对他亮出了屠刀。

同治八年（1869），安德海借着到江南为皇帝置办龙衣的机会，得到同治和慈禧的同意出京城。一路上，他大展龙凤旗帜，浩浩荡荡，气派非凡，沿途还索取贿赂，甚至训斥地方官。

清朝祖制对太监的管理极为严格，其中一项就是太监不许出京城，两宫太后当然都知道这个规定。同治帝表面上同意此事，其实是想请嫡母帮他除掉安德海。慈安此前就与山东巡抚丁宝桢秘密商议过，认为丁宝桢是“有肝胆之人”，让他借机杀掉这个骄横的太监。

等安德海一路招摇过市到了山东境内，丁宝桢一面派人抓捕安德海，将他就地正法，一面上书参奏。奏疏到了北京，慈禧还有意袒护亲信，慈安却“立命诛之”，恭亲王奕䜣也据理力争，支持慈安太后。慈禧不好公然反对，只好认同安德海有罪。

当两宫太后的上谕到达山东时，安德海早已人头落地。

慈禧够霸道，奕䜣、曾国藩、李鸿章等人杰都被她耍得团团转，可在诛杀安德海一事中，她也不敢与慈安撕破脸。

4

有意思的是，同治对雷厉风行的生母慈禧有些惧怕，反而更加亲近嫡母慈安，将后者当成亲生母亲一样。

随着同治皇帝年龄渐长，两宫太后即将归政，但必须先解决皇帝的婚事。为此两个太后操碎了心，还在选择后妃一事上出现了分歧。

慈安对同治帝的关怀无微不至，更加了解小皇帝的喜好，她看中了翰林院侍讲崇绮的女儿阿鲁特氏。崇绮是清代唯一以满人身份试汉文而高中状元的才子，相当于放弃了少数民族加分政策，拿了个第一名。他 19 岁的女儿从小就淑静端慧，长大后更是才貌俱佳，又是慈安的姑表外甥女。慈安太后想立她为后，同治帝也很喜欢阿鲁特氏。

慈禧看中的是员外郎凤秀的女儿富察氏，她才 14 岁，年轻俏丽，就是个不懂事的小丫头，容易控制，可儿子看不上，一心只想娶阿鲁特氏。最终慈禧不得不做出让步，与慈安同意立阿鲁特氏为后，定富察氏为妃。

这事儿并未就此翻篇，同治皇后阿鲁特氏的苦日子才刚刚开始，她入宫后，遭受了恶婆婆慈禧的种种欺凌。

同治早逝的原因历来众说纷纭，其中末代皇帝溥仪提了一个宫闱秘闻，说是同治病重时，阿鲁特氏去探望，在床前说起慈禧又责骂她，失声痛哭。这番对话被慈禧知道后，怒气冲冲地教训了皇后，还要命人责打她，同治得知后吓得昏厥了过去，没多久就一命呜呼。他的皇后阿鲁特氏两个月后郁郁而终，一说死于悲痛，一说为皇帝绝食殉情。

本来同治成年后，两宫太后就要“退休”了。同治一死，年幼的光绪帝即位，两宫太后二度垂帘，慈安也即将走向生命的尽头。

5

慈安与慈禧最大的不同之处在于，她既对权力不感兴趣，也不太懂政事。

学者徐彻引用《霆军纪略》的记载，通过湘军名将鲍超见慈安太后一事分析慈安处理政事的能力。

那是在光绪六年（1880），前文说到，这段时间慈禧曾大病一场，因此慈安只能临时独自召见众臣，可她见到远道而来的鲍超，却全是在拉家常，完全不知如何下达命令：

孝贞显皇后（慈安）问：你这到湖南好多路？

（鲍超）奏：轮船不过十余日至湖北，由湖北不过十余日即到任所。

问：你咳嗽好了么？

奏：咳嗽已好。

谕：我靠你们在外头，你须任劳任怨，真除情面，认真公事！

奏：仰体天恩，真除情面，认真公事，不敢有负委任。

问：湖南有洋人否？

奏：洋人曾到湖南，因湖南百姓聚众一赶，后遂未到湖南。

这是光绪六年（1880）五月二十七日鲍超觐见慈安的情形，而在五月初，慈安第一次见鲍超，她就问过“你在途走了多少日期？”“沿途服药有哪些不爽快？”“沿途在哪几处服药？”等一些无关紧要的问题。也就是说，整整一个月，慈安都没跟鲍超说正经事，倒是温柔地夸了几句“你好声望！你苦得很！”

她是一位合格的太后，但也许不是一位出色的女主。

时人就说：“东宫见大臣，呐呐如无语者，每有奏牍，必西宫为诵而讲之，或竟月不决一事。”可见，慈安名义上为正宫太后，是慈禧独揽大权之路上的唯一对手，却没什么话语权，无法掌握实权，执政能力也远不如慈禧，只好一味退让。

对这样一个姐妹，慈禧真的有必要痛下杀手吗？

6

抛开前面提到的诸多野史，关于慈安之死，目前最权威的一手史料是《翁同龢日记》。慈安去世时，翁同龢正在担任光绪帝的师父，后来也亲自参与了慈安的葬礼，他的记载还是比较可信的。

据翁同龢记录，光绪七年（1881）三月初十，“慈安太后感寒停饮，偶尔违和，未见军机”，这说明那天慈安太后身体不适，已经无法召见军机大臣。当天深夜，同僚急匆匆上门给翁同龢传来“东圣（慈安）上宾”的消息。翁同龢仓促之中，心中悲与惊并起，急忙收拾衣物，准备入宫，与其他王公大臣在宫门外等候到了凌晨。

此前几个时辰，御医已经对慈安尽全力救治，开了 5 个药方，可太后病情转危，实在束手无策。日出时，翁同龢等大臣“至宫门长号，升阶除冠碰头伏哭尽哀”，进宫为东太后准备后事。

这一切太过突然。如御医薛福辰所说的，慈安死后第二天就入殓也是事实。但这是符合清朝礼制的，清朝太后确有次日入殓的习俗，并非有人刻意掩饰慈安的遗容，提早入殓。

慈禧也没有遮遮掩掩，在慈安入殓前，她允许王公大臣瞻仰其遗容。如果慈安真是自杀或中毒而死，遗体肯定有异样，这足以说明，慈禧心里没鬼。

至于一些野史说慈禧对慈安“减杀丧仪”也是无稽之谈。慈安死后，遗体以金匮下葬，翁同龢还亲眼见慈禧为她戴孝。慈安的谥号也是采用王公大臣所拟的“孝贞慈安裕庆和敬仪天祚圣显皇后”，一字未改，备极哀荣，其中“贞”也有“正”的意思，即承认慈安为后宫之主。

慈禧与慈安曾经在宫中共度 30 年岁月，多少有些姐妹情谊。如果没有慈安的支持，慈禧一定无法发动辛酉政变，要是没有慈安的谦让，她可能也难以掌控大权。

7

假如慈安真是突然病逝，那她患的到底是什么病？

史书中的只言片语告诉我们，慈安太后很可能患有旧疾，而且是严重的心脑血管疾病，平时看似无异样，可一旦因疲劳过度发病就十分凶险。

同治二年（1863），26 岁的慈安就曾发病过，“有类肝厥，不能言语”，一连 24 天病情沉重，御医给她开了一些安神宁志的药物，才逐渐好转。中医所说的厥症，主要表现为突然性的昏倒，不省人事，四肢厥冷，重者甚至会一厥不醒而导致死亡，这也是脑血管疾病的症状。

仅仅过了 6 年，同治八年（1869），32 岁的慈安病情又一次发作，不省人事达半个时辰（“昨日慈安太后旧疾作，厥逆半时许”）。

这两次发病，都说明慈安有严重的旧疾，而她 44 岁时突然去世，也可能是由于脑血管疾病导致的脑出血。

《翁同龢日记》中记载了慈安太后去世当天，一开始只是“偶尔违和”，病危时却有“风痫甚重”“神识不清”“遗尿”等情形，一天之内就被疾病迅速夺去生命。即便是在今日，心脑血管疾病也是可怕的隐形“杀手”，晚清御医面对这一来势汹汹的病魔，自然难以招架。

慈安在世时，对慈禧始终有一种无形的威慑。她暴亡后，最大的受惠人当然是慈禧。

两宫垂帘变成了西太后唯我独尊，慈禧成为清王朝唯一名副其实的最高统治者。随着慈禧权力膨胀，她的种种选择影响了帝国前进的方向，戊戌变法中，她发动政变，扑灭了百日维新；八国联军侵华时，她无力抵抗，一错再错，直至签订丧权辱国的《辛丑条约》，“量中华之物力，结与国之欢心”；她与光绪帝前后一天相继去世，更是留下了清宫中的另一桩疑案。

如果慈安没有中年暴崩，而是在之后几十年继续对慈禧形成制衡，历史可能会是另一番面貌。

但是，历史没有如果。

七 颠覆历史的悬案

“赵氏孤儿”真相：被掩盖的奸情、内讧和阴谋

清代小说《说唐全传》中，杨林杀死了秦琼的父亲，强收秦琼为义子，秦琼委曲求全，认杀父仇人杨林为义父，但秦琼意欲杀死杨林、替父报仇的决心未曾改变。

另一部清代小说《说岳全传》中，陆文龙父母在金兀术攻城后殉国，他则被金兀术收为义子并养大成人，变成对抗岳家军的猛将。但当陆文龙得知自己的身世后，决心为父母报仇，向金兀术展开了斗争。

类似的故事情节，在中国的戏剧小说中十分常见，通常围绕“恶人杀了孤儿全家—孤儿被恶人抚养长大—孤儿最终向恶人复仇”的叙述模式展开。由于这一模式最早、最成功的文本来自元杂剧《赵氏孤儿大报仇》，所以被后世统称为“赵氏孤儿型故事”。

《赵氏孤儿》堪称中国传统戏剧小说悲情叙事的经典，自问世以来，就在民间广为流传，并经过戏曲、电影、电视剧的不断重演而于今妇孺皆知。在欧洲，经过伏尔泰、歌德等大师的转译，《赵氏孤儿》同样具有非凡的影响力和生命力。王国维说过，元杂剧《赵氏孤儿》列入世界大悲剧中，毫无愧色。

然而，《赵氏孤儿》的影响还不止于此。

在一次次的传播和转述的过程中，它所讲述的故事已经变成了历史，而历史的本来面目反而被遗忘了。在这段忠奸对立、正邪较量的震撼人心的“历史”背后，是被掩盖掉的另一段无关忠奸和正邪，只关乎政治阴谋和利益分配的历史。

今天，我们要讲的就是历史上“赵氏孤儿”的真相，跟忠诚和正义完全没有关系的一段历史。

1

元杂剧《赵氏孤儿》一般认为作者叫纪君祥。但这个故事不是纪君祥凭空想象出

来的，他的故事原型来自“史家之绝唱”《史记》，更具体来说，是来自《史记》中的《赵世家》。

司马迁在《史记·赵世家》中记载，春秋时期晋国势力最大的卿大夫家族——赵氏家族惨遭灭门，史称“下宫之难”。只有赵朔之妻、晋景公姐姐赵庄姬的遗腹子赵武，在门客公孙杵臼和友人程婴的保护下幸免于难，并在 15 年后依靠韩厥等人的帮助而复兴赵氏家业。

在司马迁笔下，这起赵氏灭门事件被写得大起大落，荡气回肠。具体情节如下：

屠岸贾在晋景公时出任司寇一职，并开始追究当年晋灵公被赵穿弑杀一案，借题发挥诛灭赵氏家族。韩厥劝赵朔逃走，赵朔不跑，并说：“你一定不会让赵氏香火断绝，我死了也就不会有遗恨。”韩厥答应了赵朔的要求后，谎称有病不出门。

屠岸贾不请示晋景公，直接率诸将进攻赵氏，残杀赵朔、赵同、赵括、赵婴齐，并将赵氏灭门。

赵朔之妻赵庄姬是晋景公姐姐（司马迁错写为晋成公姐姐），当时怀有赵朔的遗腹子。变乱中，她奔逃到晋景公宫内躲藏。赵朔的门客公孙杵臼对赵朔的友人程婴说：“你怎么不同赵氏一起赴死？”程婴回答：“赵庄姬有身孕，若幸而生男，我就奉他为主，助他复兴赵氏；若是女孩，我再死不迟。”

不久，赵庄姬生下一个男婴。屠岸贾获悉后，便带人入宫搜寻。由于婴儿如有神助，不哭不闹，没有一点儿声响，屠岸贾空手而归。

过后，程婴找公孙杵臼商议对策。公孙杵臼问：“复立孤儿与慷慨赴死，哪件事更难？”程婴答：“赴死容易，立孤难。”公孙杵臼便说：“赵氏先君对你不薄，你就勉为其难，而我去做那件容易的事，让我先行一步吧。”

于是二人便将别人的婴儿带在身边，裹上漂亮的小花被，藏到深山里。程婴偷偷找到搜寻赵氏遗孤的将军们说：“程婴不肖，不能保全赵氏遗孤。谁能给我千金，我就告诉他赵氏孤儿的藏身之处。”将军们大喜，应允了程婴的条件，并派兵攻打公孙杵臼。

公孙杵臼假意骂道：“程婴，你真是个小人啊！当日你不能随赵氏家族死难，还和我一起商量保护赵氏孤儿，今天却又出卖我。纵然不能立孤，你又怎忍心出卖这孩子呢？”骂完，抱着孤儿仰天长叹：“天啊！赵氏孤儿何罪之有？求你们让他活着，只杀我公孙杵臼一人吧。”

将军们不答应，杀了公孙杵臼和那个孩子，“以为赵氏孤儿良已死，皆喜”。

程婴则从此背负着卖友求荣的骂名，与真正的赵氏遗孤赵武隐匿于深山。

15 年后，晋景公患重病，占卜的人称是冤死的大臣在作祟。韩厥趁机把当年下宫之难的实情告诉了晋景公，并告诉他赵氏孤儿并没有死。晋景公便将赵武召入，藏于宫中。

待诸将入宫问疾时，晋景公借助韩厥之力胁迫诸将面见并认可赵氏孤儿赵武，诸将与程婴、赵武一起进攻屠岸贾，夷灭其族。

屠岸贾既已伏诛，程婴遂告白于赵武跟前：“昔日下宫之难，大家都能追随主人而死。我不是不能死，我想的是要复立赵氏后人。现在你已长大成人，恢复了原来的地位，我要到地下报与赵氏族人和公孙杵臼知道。”

赵武哭着叩首请求：“赵武愿意报答您的恩德，您怎能忍心离开我去死呢？”

程婴回答：“不可以。公孙杵臼认为我能成就复兴赵氏的大业，所以先我而死。现在我不报与他知，他会认为我没有把事情办成。”

说完，拔剑自刎而亡。

赵武则为程婴“服齐衰三年，为之祭邑，春秋祠之，世世勿绝”。

司马迁的故事讲得相当精彩，也相当完整，后世的戏剧《赵氏孤儿》在情节上仅做了几点改动：一是将事件时间由晋景公期间改成了更早的晋灵公时期，因为晋灵公比较昏庸，可以随便黑；二是将被杀的孩子由第三者的孩子改成程婴自己的孩子，以增强程婴自我牺牲的悲剧力量；三是增加了程婴带着赵氏孤儿投身屠岸贾门下的情节，让赵武认屠岸贾为义父，以此增强复仇的戏剧冲突。其他主要情节和人物设定，基本都是《史记·赵世家》内容的翻版。

但很可惜，这个代代流传的精彩故事，从《史记·赵世家》本身开始，就大概率是虚构和美化出来的，跟真正的历史几乎没有关系。

2

历史真相无比残酷。

《左传》以其惜墨如金的风格，被认为是春秋史料最靠谱的第一手资料。它对“赵氏孤儿”事件的记载，看不到半点儿《史记·赵世家》的影子。相反，在它寥寥的几句话中，呈现了关于这个故事的另一个版本：

事件起源于晋景公十三年（前 587），“晋赵婴通于赵庄姬”。这是赵氏家族的大丑闻，赵朔之妻赵庄姬，跟赵朔的叔父赵婴齐通奸。

奸情败露后，第二年，“原、屏放诸齐”。赵婴齐的两个哥哥赵同（原）、赵括（屏）将赵婴齐逐出晋国。

又过了三年，晋景公十七年（前 583），“晋赵庄姬为赵婴之亡故，谮之于晋侯，曰：‘原、屏将为乱。’栾、郤为征。六月，晋讨赵同、赵括。武从姬氏畜于公宫。以其田与祁奚。韩厥言于晋侯曰：‘成季之勋，宣孟之忠，而无后，为善者其惧矣……’乃立武，而反其田焉”。

这段话信息量很大，简单翻译一下：赵婴齐被赶出国境三年后死亡，赵庄姬因通奸情人之死，向自己的弟弟晋景公进谗言，说赵同、赵括将要起兵作乱。晋国其他两大家族栾氏和郤氏，同时为赵庄姬作证。于是，当年六月，晋景公出兵灭了赵同、赵括。当时，年幼的赵武跟着母亲赵庄姬住在晋景公宫中，并未受任何影响。事后，晋景公想把赵氏家族的田邑封地转赐给祁奚。这时，韩厥向晋景公进言说，赵氏家族对晋国厥功甚伟，如果弄得他们没有继承人，这会让功臣们都害怕呀！晋景公于是立赵武为赵氏宗主，将赵氏的田邑封地返还给他。

这就是所谓“赵氏孤儿”事件（下宫之难）的全部内容。这个版本，跟后世流传的“赵氏孤儿”故事全然不同。

在《左传》这个版本里，晋景公所诛灭的并非赵氏全族，而仅仅有针对性地选择了赵氏中的赵同、赵括家族，赵氏中的其他支系未受任何牵连。

这个版本，根本没有奸臣屠岸贾的身影，“赵氏孤儿”赵武也没有遭到追杀，相应地，程婴、公孙杵臼这些舍生取义、杀身成仁的英雄人物也并未现身。

这个版本，根本不是一个忠奸双方生死搏斗的故事，而是晋国内部公室与强卿之间、晋国几大强卿家族之间，以及赵氏家族内部的一场权力博弈。没有哪一方特别神圣高尚，也没有哪一方有资格以道德相标榜。

但为什么说《左传》这个版本比《史记・赵世家》靠谱呢？

这是因为，《左传》版本在其他先秦史料中，包括《国语》等，被反复记载，而《史记・赵世家》的版本则是“孤证”。甚至连司马迁本人，在《史记・晋世家》中，也采用了《左传》版本，与《史记・赵世家》的版本同时保留下来。

而最主要的证据则是，《史记・赵世家》的版本破绽太多，历代史学家对此一直持怀疑和否定态度。按照《史记·赵世家》的说法，赵氏灭门事件发生在晋景公三年（前 597），赵同、赵括、赵婴齐、赵朔等赵氏均死于这一年，但事实上，各种史料的记载显示，在这一年之后，这些赵氏族人仍然频繁活跃在晋国政坛上。

此外，公元前 597 年，“赵氏孤儿”赵武尚未出生，根据史料推算，赵武应出生在六年后，约公元前 591 年，可见当时的赵庄姬遗腹子纯属子虚乌有。如果把“赵氏孤儿”事件放到晋景公十七年（前 583），则此时的赵武是个年约 8 岁的小孩，也不是所谓的遗腹子和小婴儿。

清代大学者赵翼因此指出，“屠岸贾之事出于无稽”，“荒诞不足凭也”。为《史记》纠错而扬名的清人梁玉绳也说，“匿孤报德，视死如归，乃战国侠士刺客所为，春秋之世无此风俗，则斯事固妄诞不可信”。

这几条硬证据，显然足以推翻《史记·赵世家》版本的历史真实性。那么，对于同一个历史事件，司马迁为什么会在《史记》中进行两种截然不同的叙述呢？

众所周知，司马迁撰《史记》旁采博搜传说逸闻，用他自己的话说叫“网罗天下放失旧闻”。他生活的年代，显然可以听到和看到更多后来已经佚失的历史传闻与记载，而这些都成为他笔下的素材。

在《史记·晋世家》中，他延续了《左传》关于下宫之难的记载，从而保存历史之“真”。而在《史记·赵世家》中，他又接受了当时社会上关于这一事件的另一种表述，将下宫之难写成了一个充满道德正义性的“赵氏孤儿”故事，从而保存历史之“善”。这样，史书的真实性，及其所承载的道德责任，他都可以兼顾得到。这或许是司马迁经常在《史记》中保留同一事件的不同版本的根本原因。

3

现在，我们来捋一捋从“下宫之难”到“赵氏孤儿”的演变真相，这段历史的改写和美化，究竟是怎么开始的。

春秋时期，晋国逐渐形成国君与异姓贵族联合执政的基本格局。在这个过程中，国君与异姓贵族，以及异姓贵族之间、同姓贵族内部，为了操纵政局，取得最有利的地位，经常互相结盟、对抗或倾轧。最终的结果，则是强卿家族的旋起旋灭，任是再强大的家族，一旦踩雷就很容易被灭门，先氏、狐氏、中行氏、郤氏、栾氏等大族，都难逃这一宿命。

只有赵氏家族在晋国政坛长盛不衰，绵延不绝。

公元前 654 年，晋国内乱，赵衰跟随晋公子重耳在外流亡了 19 年。重耳后来复位，成为晋文公，身为重要谋臣的赵衰由此跻身晋国政坛最高层，奠定了赵氏家族势力壮大的基础。

赵衰死后，其子赵盾承袭父职。赵盾执政 20 年，独掌军政大权，两立晋国国君，其间还发生赵氏族人赵穿弑杀晋灵公的事件，可见赵氏的势力已经极其强盛。

晋成公继位后，封重臣嫡长子为“公族”，开启了异姓贵族跻身公族的先例。身居高位的赵盾将“公族大夫”的位置转予同父异母的弟弟赵括，这一做法，有利于增强整个赵氏家族在晋国的分量，但却埋下了赵氏家族日后内讧的隐患——赵括这一支取得“公族大夫”身份后，在宗族中的地位比赵盾这一支高，但在国家政治中的地位却比赵盾这一支低。如果赵括这一支不满足于现有的地位，想更进一步，这种权力不平衡的现状就很容易引发家族内斗。

公元前 601 年，赵盾死后，其子赵朔代表赵氏家族占据晋国军政上的位置，但赵朔已无法取得赵盾一样的高位，因为晋国另外两个政治家族——栾氏和郤氏强势崛起，分割了赵盾原来的权力，并成为赵氏的政治对手。与此同时，赵朔的叔父辈——赵括、赵同、赵婴齐，则位居更低一级的官位。

大约公元前 589 年，赵朔死后，留下守寡的妻子赵庄姬和一个三四岁的儿子赵武。至此，赵盾—赵朔—赵武这一支，由于赵武年幼，而面临强势的赵括这一支的权力侵夺。

两年后，发生了赵庄姬与赵朔最小的叔父赵婴齐的不伦之情。这段恋情是怎么发生的，已无法考证。但从后面发生的事情来看，赵庄姬从了赵婴齐，最有可能的原因是她想在赵氏家族内部找到庇护年幼儿子的力量。

史料记载，在赵同、赵括、赵婴齐三兄弟中，赵婴齐比较有远见，做事谨慎，很早就意识到栾氏、郤氏是赵氏的政敌，提醒两位兄长应该加以防范。但赵同和赵括则相对鲁莽激进，好勇而狂，曾在晋楚邲之战中盲目鼓动出兵，导致晋国惨败。

赵同、赵括借家族通奸丑闻，将赵婴齐逐出晋国，这使赵庄姬母子失去了家族内部的庇护。为了保住儿子的利益，赵庄姬在赵婴齐客死异国后，使了一个毒招，诬告赵同、赵括欲反。

这起诬告案，很快促成了晋国政坛几股力量的联合：晋景公从自身利益出发，削弱赵氏家族势力有利于加强君权，从个人情感出发，也肯定支持姐姐赵庄姬和外甥赵武，向赵同、赵括实施反击。而栾氏、郤氏也闻风而至，赵氏内讧，对这两大家族而言是利益最大化，所以他们主动跳出来替赵庄姬作证，说赵同、赵括确实要谋反。

经由晋景公、赵庄姬、栾氏、郤氏的共谋，针对赵氏部分灭族的下宫之难由此爆发。赵同、赵括这两支被灭门，晋景公削弱了赵氏势力，栾氏和郤氏打击了政治对手，而赵庄姬则扫除了儿子赵武继承家业道路上的障碍，三方各得其所。

二赵被诛灭后，晋景公并未奖赏栾氏、郤氏，而是将赵氏的土地赐予了与此次事件无关的人——晋国另一个要员祁奚。晋景公这个决定，很有深意——如果赏赐给栾氏、郤氏，这两个家族会进一步坐大，这是他不愿意看到的;如果直接还给外甥赵武，则此次事件的目的就昭然若揭。所以他选择口碑颇佳的祁奚作为一只“白手套”。

在宣布赏赐给祁奚之后，此前受恩于赵盾的韩厥像串通好了似的站出来，进谏晋景公，说应该把赵氏的土地还给赵盾之孙赵武，并立赵武为赵氏宗主，这样才不会使赵衰—赵盾—赵朔这一系晋国功勋无人继承。晋景公表示完全同意。

于是，下宫之难整个事件的最终受益者出现了——这就是赵武。

这起由家族通奸引发的灭族阴谋，从头到尾没有忠奸对错之分，有的只是参与各方的利益权衡和不良动机。所以，一旦赵氏后人掌握了书写历史的权力，他们一定会对这起赤裸裸、血淋淋暴露家族丑闻的事件进行重新铺陈。

4

修改和美化本家族历史，几乎是每一个家族的本能。《史记·赵世家》讲述的“赵氏孤儿”故事，正是战国时期赵国对“下宫之难”这段不光彩的历史进行重新修饰和创作的结果。

下宫之难后，韩厥执政期间，将自己的儿子韩起和“赵氏孤儿”赵武提拔为卿，两家联手长期主导晋国政权。到赵武之孙赵鞅出场时，他已是赵国基业的开创者。公元前 453 年，赵鞅之子赵无恤联合韩家、魏家灭掉智家（智伯瑶），三家分晋，自立为诸侯。

在三家分晋的过程中，赵氏成为这一重大历史事件的主导者。赵国建立后，在编撰国史时需要追溯光荣伟大的过往，神化赵国君主身世，相应地，那些涉及乱伦、诬告、内讧、阴谋和利益转移的不光彩的历史则需要更新。

在这种背景下，《左传》叙述的“下宫之难”版本——一个私通的母亲，为了替情夫报仇，给自己的孩子争夺家族利益，而诬陷对手谋反，从而假手国君和其他家族将其剪除——显然有损于赵氏一系的形象。因而，很快被服务于赵国的史官改写为“赵氏孤儿”版本——赵氏孤儿一出生，父母就遭奸臣害死，而他在忠义之士的帮助下幸免于难，长大后实施了伟大的复仇，并赢得百姓的承认。

正如我在前面所说，这个带有英雄神话色彩的全新故事版本，人物和事件处处与真实的历史发生抵牾，但为什么还能得到流传，并最终以虚构战胜了真实呢？

很明显，一个关于忠诚和正义的好故事，更容易得到国人的认可和传播。在被改写后的“赵氏孤儿”故事中，充满着忠君报国、抵抗邪恶、知恩图报、舍生取义、有冤必申有仇必报等传统文化十分推崇的思想，同时塑造了程婴、公孙杵臼这一对“生难死易”“一生一死”的英雄形象，很能戳中人的内心。

与此同时，历代尤其是两宋时期的官方宣传，让“赵氏孤儿”故事得到了官民的同步认可。一方面，宋朝也是赵氏建立的政权，同为赵姓，非常乐意从“赵氏孤儿”的历史资源中寻找正面力量。宋神宗时，程婴、公孙杵臼获封侯立庙，“以旌忠义”。另一方面，南宋开始和结束时赵氏面临的情境，跟“赵氏孤儿”的状态几乎是一样的。北宋靖康之变后，徽钦二帝及几乎整个皇室被金人掳掠北迁，赵构成为当时帝位的唯一合法继承人，是一个事实上的“赵氏孤儿”。南宋末年，元军拿下临安，押走宋恭帝赵显和太后之后，宋端宗赵昰、宋幼帝赵昺孤悬南海，直至崖山海战，再次出现了“赵氏孤儿”的事实。历史情境的相似性，导致宋人对“赵氏孤儿”故事尤其有认同感。

进入元朝以后，元杂剧《赵氏孤儿》问世，宣扬为正义而牺牲，向奸邪复仇的精神，这本身就是宋亡后汉民族希望反元复宋的一种隐喻。

宋元以后，“下宫之难”的历史真相逐渐湮灭，“赵氏孤儿”的故事经过千万遍的讲述则上升为历史。历史重构战胜了历史真实。

用当代的眼光来看，《赵氏孤儿》仍然具有无可替代的审美价值，但当我们感动于其中的精神力量时，最好也提醒自己——这个震撼人心的故事，属于文学，不属于历史。

秦始皇“焚书坑儒”的历史真相

1

作为千古第一帝，秦始皇嬴政堪称一个大IP，火了两千多年，也被骂了好多年。焚书坑儒，是他最知名的黑历史之一。但实际上，这个看似为人熟知的历史事件，至今也无定论。

康有为为变法而作的《新学伪经考》，将汉代儒生视为骗子，指出焚书坑儒是一桩两千年的骗局。他认为，“秦焚书，六经未因此而亡”，先秦经典是秦汉以后逐渐散佚的，秦始皇只是在背黑锅。他还说，“秦坑儒，儒生未因此而绝”，秦始皇虽在咸阳坑了460余人，但天下儒生众多，“尚不啻百亿万也”，比如西汉的伏生、叔孙通等就是秦朝的博士，也没见他们被迫害致死，儒学也没有断绝。这是说，不是嬴政坑了儒生，是后世文人“坑”了嬴政。

对于“坑儒”，史学家吕思勉认为，“所坑者非尽儒生也”。这一派学者指出，史书中被坑杀的“诸生”很多是为秦始皇求取仙药的江湖术士（方士），并不是儒生。

顾颉刚却说：“当时儒生和方士本是同等待遇……（秦始皇）把养着的儒生、方士都发去审问，结果，把犯禁的四百六十余人活葬在咸阳。这就是‘坑儒’的故事。”

不管是儒生还是方士，反正得罪嬴政的，都被坑了，谁也逃不过。

说到焚书坑儒，经常是满满的负能量，但胡适的观点与众不同。

胡适认为，李斯的焚书抨击复古思想，在当时代表的是一种厚今薄古的改革精神，对其大加赞赏：“政治的专制固然可怕，崇古思想的专制其实更加可怕……我们不能不承认李斯是中国历史上极伟大的政治家。他们采取的手段虽然不能完全让我们赞同，然而他们大胆地反对‘不师今而学古’的精神是永远不可埋没的，是应该受我们敬仰的。”

在当时新文化运动的浪潮中，胡适的这一观点也很别致。

2

焚书与坑儒，是两起不同的事件。《史记》记载，其分别发生于秦始皇三十四年（前 213）和三十五年（前 212），起因迥然不同。

焚书事件的导火索，是秦朝建立后，分封制与郡县制之争的一次冲突。

秦始皇三十四年（前 213），秦始皇在咸阳宫举办了一场盛大的宴会，在场 70 余名博士为他祝寿，一群人听着小曲喝着酒。在当时，博士不是一个学位，而是掌管书籍文典的官职。秦朝统一之初，秦始皇也曾兼容并包，在宫廷中聚集了来自七国的 70 多位博士和 2000 多名诸子百家弟子，由他们参与秦朝制度建设，他们也是嬴政的御用文人。

宴会上，一个叫周青臣的官员配合秦始皇的演出，带头拍马屁，说秦始皇“以诸侯为郡县，人人自安乐，无战争之患，传之万世。自上古不及陛下威德”。

秦始皇听了飘飘然。

偏偏有人不给领导面子。齐国儒生、博士淳于越是一个推崇分封制的复古派，听到周青臣对秦始皇阿谀奉承，还称赞郡县制给力，心里很不爽，当面就争执起来，说：“殷周兴盛千年，在于分封子弟功臣，相互辅助。如今皇帝一统天下，而子弟为匹夫，万一有像齐国田氏作乱、篡夺政权一样的事情发生，谁能来救驾？”

淳于越紧接着慷慨陈词：“我没听过做事不遵守古训，还能长久的。现在周青臣又当面奉承陛下，加重您的过错。这人肯定不是个忠臣。”

关于分封制与郡县制的辩论，在秦帝国不是新鲜事儿。最经典的一场，是在秦始皇二十六年（前 221）灭六国后，王绾与李斯之间的论战。

当时，对于如何统治这个统一的帝国，大臣们有不同的意见。

丞相王绾建议，新平定的燕、楚、齐等国地处偏远，中央朝廷鞭长莫及，不如仿照周朝的做法，将国土分封给皇室子弟，恢复分封制。

嬴政下令让众臣商议，很多人同意王绾的主张，只有一个人坚决地投了反对票，此人就是廷尉（掌全国刑狱法令）李斯。

李斯对封建复古派当头棒喝，说，周朝虽分封子弟甚众，到后来诸侯却互相攻伐，周天子也毫无存在感，如今秦朝以武力征服统一六国，每取一地就置郡县，郡县制已是大势所趋，有利于天下安宁稳定，大可不必恢复分封制。

秦始皇采纳了李斯的建议，不再进行分封，依靠郡县制建立起中央集权。至此，地方政府服从中央政府命令，一切受控于中央，深刻影响此后两千多年的历代王朝。

3

分封制与郡县制的争论逐渐归于沉寂，直到淳于越在咸阳宫宴会上旧事重提，再次挑动了李斯敏感的神经。

在听到淳于越的言论后，时任丞相的李斯，决定对复古派进行彻底打击，从根源上断绝这股复古思潮。

李斯向皇帝指出：“历史是不断发展的，上古三代有什么可效法？时代变了，治理天下的方法也应该不同。现今陛下开创万世大业，非愚儒所能理解。天下已定，法令一统，百姓应当努力耕作，读书人就要学习法令禁条。”

李斯一针见血地指出，儒生“不师今而学古”，是在否定现行制度，扰乱老百姓的思想。

在他看来，知识分子读了《诗经》《尚书》、诸子百家典籍，常借古书非议当朝，只有烧毁这些在民间流传的古代典籍，才能断绝此现象。

因此，李斯冒死向秦始皇提出了“焚书”的主张（“丞相臣斯昧死言”）.

“史官非秦记皆烧之。非博士官所职，天下敢有藏《诗》《书》、百家语者，悉诣守、尉杂烧之。有敢偶语诗书者弃市。以古非今者族。吏见知不举者与同罪。令下三十日不烧，黥为城旦。所不去者，医药卜筮种树之书。若欲有学法令，以吏为师。”

秦始皇的回答，史书上只有简洁明快的 3 个字——“制曰：‘可’”。

焚书令的处罚异常严酷。

法令颁布后，如果有人谈论《诗经》《尚书》之类的书被发现，就要被斩首弃市；引用古代典籍非议时政的人要满门族灭；官吏知情不报的与犯者同罪；法令颁布后超过三十日留书不烧者，要脸上刺字送去修筑城墙。

焚书，是李斯为维护秦朝统治推行的文化专制改革，如胡适所说的，其根本是反对“以古非今”。

但这个专利权也不属于李斯。早在商鞅变法时，商鞅就跟秦孝公说过“燔诗书而明法令”。史书并没有留下秦孝公焚书的记载，竟时隔一百多年，在秦始皇这一代做到了。

焚书的目的，是禁止民间阅读如《尚书》《诗经》等复古学说，但实际的执行效力，并没有想象中那么大。现在很多人认为秦始皇“焚书”，是把天下所有书籍都烧掉，其实并非如此。

《史记》就说“《诗》《书》所以复见者，多藏人家”，官方与民间还是留存了许多儒家经典。秦末战乱之后，这些书籍重见天日。除此之外，其余类型的书很多也留下了，如医药、农学、卜筮等实用书籍。

宋代学者郑樵耐人寻味地说了一句：“秦人焚书而书存，诸儒穷经而经亡。”秦始皇焚书，没有烧尽天下之书，后世学者为了统治者而苦心研究章句训诂之学，却把儒家经典糟蹋得面目全非。

4

在焚书的第二年，发生了“坑儒”事件。

“坑儒”是汉代以后约定俗成的一个说法。如前文所述，学者认为，秦始皇坑的并非全是儒生，实际上很多是求仙访药的方士，如司马迁在《史记·儒林列传》中就说，“及至秦之季世，焚诗书，坑术士”。

坑儒的起源，正是一起方士对秦始皇的“诽谤案”。

此处的“方士”，在思想上与黄老之学相近，他们得到秦始皇重用，专门为嬴政修炼长生不老药，寻访仙人、仙山，可是“所费钜万”，连仙药的影子都没见着。

秦始皇的这三百多名方士中，有一个姓侯，一个姓卢。这两个人忙活了这么些年，没找到长生不老药，按秦律将被治罪，因此对秦始皇很有意见。

秦始皇三十五年（前 212），侯生与卢生私底下痛骂了秦始皇一顿后相约逃跑。也不知他们这番话怎么传到了嬴政那里，一下子激怒了他。

秦始皇勃然大怒，说：“我待卢生这些人不薄，他们居然在背后骂我缺德。之前我派人去探访在咸阳的诸生，发现他们中竟然还有人在发表危险言论，扰乱百姓思想。”

所谓的“坑儒”，最初就是针对方士的冲动惩罚。秦始皇一声令下，派人搜捕审问，将咸阳“诸生”中妖言惑众者 460 余人（东汉王充考证为 467 人）坑杀于咸阳城外的渭水河畔。

司马迁的《史记》在记载这一事件时，并未对受害者使用“坑儒”一词，而是用“文学方术士”或“诸生”。

学者李开元认为，方术士就是方士，文学之士可以泛指博学善文之人，可能包括儒生；而“诸生”字面意义上是多位学者、学生，可以指诸子百家弟子，汉代独尊儒术以后，“诸生”才专指儒生。

但到了《汉书》中，原本的“坑术士”却变成了“坑儒士”（“遂自贤圣，燔诗书，坑儒士”）。《汉书》本来是一部断代史，不用写到秦始皇，可书中一提到秦始皇就很不给面子，比如说秦始皇是吕不韦私生子，甚至直接写为“吕政”的，就是班固开的头。

汉代的史学家，似乎存心跟嬴政一家过不去。这其实挺好理解，汉朝“罢黜百家，独尊儒术”，知识分子都研究经学，而秦始皇焚书，本质上是“罢黜百家，独尊法家”，这显然不符合大汉的核心价值观。

东汉建立后，汉光武帝跟秦始皇过节就更大了。刘秀本来就是个儒生，在太学读过书，称帝后立五经博士，崇经重儒。

东汉以后，焚书坑儒作为秦始皇暴政的典型事例，基本上成了一个官方认定的“史实”，以至于世人大都忘了，秦始皇最初想坑的，是背叛他的方士。在这些刻意的误读中，秦始皇的形象也被越描越黑。

在东汉初年的《诏定古文尚书序》中，出现了坑儒的另一个版本，说是秦始皇焚书后，觉得还不过瘾，就秘密派人在骊山一处温暖向阳的山谷中种瓜。等到瓜成熟时，正值冬季。那时没有大棚作物，冬天瓜果成熟十分反常，听人奏报后，秦始皇假意命咸阳儒生700人前去查看。

儒生们到后，秦始皇派人用预先埋伏的机关伏弩，将他们一一射杀，之后再填土掩埋。这一版本的坑儒中，被杀的儒生多达700人，他们瓜没吃成，命先丢了。

这篇文章的内容没有其他佐证，其作者卫宏，是汉光武帝时著名的经学家。

5

经过汉代的“黑化”，人们已经普遍相信，秦始皇的“焚书坑儒”是烧掉天下之书，坑杀天下读书人。

就连秦朝的短命，也被当成了所谓“焚书坑儒”的恶果。唐人章碣有这样一句诗：“坑灰未冷山东乱，刘项原来不读书。”

这两句流传甚广的诗，意思是说：秦始皇与李斯自以为，焚了书坑了儒，就没有人敢威胁其统治了，但是最后埋葬大秦帝国的，陈胜、吴广、刘邦、项羽等风云人物，他们都不是读书人。

秦始皇去世次年，即“焚书坑儒”之后的第三年，波澜壮阔的秦末农民大起义爆发，陈胜、吴广揭竿而起。

这一场群雄逐鹿的大戏，嬴政是看不到了。当然，他也看不到历史对他的层累的污名化了。

真实的梁山好汉：原来你是这样的《水浒》

五四运动以后，有一部中国古典小说地位骤升。胡适称其为中国文学“正宗”之作，认为其“很当得起一个阎若璩来替他做一番考证的工夫，很当得起王念孙来替他做一番训诂的工夫”。阎若璩、王念孙都是清代考据学的大师。

胡适情有独钟的这部奇书，正是四大名著之一的《水浒传》。而《水浒传》的原型，是在史书中只有寥寥数语的宋江起义。

北宋宣和年间，朝廷昏聩腐败，以宋江为首的三十六人率领一支起义军“横行河朔，转掠十郡，官军莫敢撄其锋”，“又犯京东、江北，入楚、海州界”。这本来只是北宋无数起义军中平凡的一支，却在千百年来演变成了一段家喻户晓的传奇故事。

1

胡适说：“《水浒传》不是青天白日里从半空中掉下来的。”作为故事舞台的梁山泊，自然也不是小说家凭空捏造。

梁山泊古名巨野泽，是位于齐鲁大地西南部的一片水乡泽国，附近的梁山原名良山，因汉代梁孝王在这一带狩猎而得名。梁山泊在宋时属东平府，四周的郓城、阳谷、寿张等县都是《水浒传》中梁山好汉活跃的地区。

宋代是黄河河患的高发期，决口屡见不鲜。梁山泊的演变深受黄河影响，常有河水决流进来，以至梁山泊水面广阔、芦苇密布，方圆八百里的一片汪洋成为盗贼盘踞的绝佳场所。

这里的水路交通极为方便，向北可入黄河，向南沿河可经过徐州，而到楚州，再在清河口入淮河，史书中也有宋江起义军转战南北的记载。

宋仁宗时名臣韩琦路过梁山，写下《过梁山泊》一诗，水势浩荡、碧波浩瀚的画面跃然纸上：

巨泽渺无际，斋船度日撑。
渔人骇铙吹，水鸟背旗旌。
蒲密遮如港，山遥势似彭。
不知莲芰里，白昼苦蚊虻。

南宋后，黄河再度改道，梁山泊水域面积大大缩小，沧海变桑田。清代寿张县令曹玉珂是《水浒传》的忠实粉丝，读书时就常怀疑宋朝为何不能调动兵力将梁山一举荡平，以为梁山“必峰峻壑深，过于孟门剑阁，为天下之险”，宋江方能占据此地，称雄一方。

正好梁山在寿张境内，曹玉珂到任后欣然前往，发现梁山就是几个平坦的山丘，“缕然一阜，坦然无锐”，周围二三小山断而不连，村落交错遍布其上，还有一个后人搭建的梁山寨，看似无险可守。

曹玉珂向当地父老乡亲请教，他们才说：“从前黄河绕山流过，梁山泊方圆几百里，直到山脚。险不在山而在水也。”

北宋宣和年间，这一片巨泽大湖深深隐藏着帝国的危机。

2

宋徽宗在位时，北宋王朝暗流涌动。

当时，各地土地兼并严重，不少贪官污吏侵占田地，有时一家官僚地主就独占数万亩土地。失去土地的农民沦为流民，只好背井离乡，四处流浪，成为当时社会的一股不稳定因素。

与此同时，沉迷道教的艺术家宋徽宗听从道士林灵素的建议，搜罗天下花石草木、奇珍异宝，在汴京修建一个皇家园林——艮岳。蔡京、童贯等权臣投其所好，在苏州设“苏杭应奉局”，为京城运输石头和花木。

蔡京的党羽朱勔被派到苏州后，除了为皇帝搜寻宝物，还趁机在东南沿海一带敲诈勒索，盘剥百姓。到朱勔失势被抄家时，他名下拥有的土地已多达三十万亩。

在兴建艮岳的过程中，运往汴京的花石每十艘船组成一纲，被称为“花石纲”。

这些劳民伤财的花石纲，先后搜刮了二十多年，多少百姓家破人亡，船上的一花一草、一石一木都是民脂民膏。

当宋徽宗自信地夸赞艮岳“真天造地设、神谋化力，非人力所能为者”时，无数农民正惨遭搜刮，无数工匠正遭受鞭打，还有一些底层官吏因押运花石纲有误而丢了乌纱帽。《水浒传》中的一首打油诗就痛诉花石纲荼毒天下：“花石纲原没纲纪，奸邪到底困忠良。早知廊庙当权重，不若山林聚义长。”

朱勔等人不仅在江南各地肆意掠夺，中饱私囊，就连位于运河沿岸的梁山泊也深受其害。除此之外，政和元年（1111），宋徽宗又将梁山泊改为“公有”，从此以后百姓进入梁山泊捕鱼、采莲，都要交纳繁重的赋税，即便遇灾荒年也照交不误。

长江、黄河两岸的贫苦百姓忍无可忍，终于揭竿而起，掀起了轰轰烈烈的起义浪潮。其中，睦州青溪县（今浙江淳安西北）的漆园主方腊，以摩尼教（明教）为名聚众数万，在两浙路发动起义，讨伐朱勔等贪官，接连攻陷数十城，东南一带百姓群起响应。

3

相比方腊起义，宋江起义的存在感要小很多。

据史书记载，宋江起义军并不是长期驻扎于梁山泊的武装割据势力，而更像一股流寇。

《宋史》将宋江称为“淮南盗”，即起兵于淮南（今苏北、皖北一带），之后才率军北上，来到今山东梁山等地。

据南宋李焘《续资治通鉴长编》记载，宣和二年（1120），宋江率领起义军先后进攻淮扬、京西、河北等地，又从梁山泊沿着泗河南下海州、楚州地界，纵横千里，横行十郡。虽没有《水浒传》中两赢童贯、三败高俅的重大胜利，但宋朝官兵确实拿这帮飘忽不定的好汉没辙。

宣和三年（1121），当方腊起义军攻陷楚州（今江苏淮安）时，宋江的军队也开始进犯京东。直到此时，朝廷才为之震动。

因得罪蔡京而被贬为亳州知州的山东人侯蒙上书宋徽宗，说：“宋江等三十六人起兵横行山东、河南一带，官军几万人也不敢与他们对抗。这宋江想必是个人才，现在盗贼蜂起，南方青溪一带还有方腊造反，不如下诏赦免宋江，让他们去征讨方腊，将功折罪。”

宋徽宗听后龙颜大悦，夸侯蒙是个忠臣，任命他为东平府知府，负责招安宋江，结果侯蒙还没赴任就病死了，其计划也就未能实施。

当年二月，如日中天的宋江起义军转战到海州（今江苏省东北部）一带，形势急转直下。

当地官军听说宋江起义军到来，大都望风而逃。只有和侯蒙一样，为蔡京所忌而被贬为海州知州的张叔夜淡定自若，摆出一种“我才是主角”的气场，招募了上千人的敢死队，准备与宋江起义军交战。

宋江起义军在海上劫持了十几艘大船，并不断登岸骚扰。张叔夜派人侦察，得知宋江的部队主要在海上活动，决定在海边设伏诱敌深入。

张叔夜先派出一支军队轻装上阵，引诱宋江与其交战，同时命一支精兵埋伏在海岸边。宋江不知是计，率大军直接扑向张叔夜派出的轻兵。两军一交战，张叔夜的军队不堪一击，佯装败退。宋江起义军大喜过望，杀得兴起，急忙乘胜追击，一直打到海州城下。

这时，埋伏在海边的精兵冲到宋江的船上，放火烧船，海风一刮，船队瞬间燃起熊熊大火。

宋江所部回头一看自己的大本营起火，都无心恋战，慌乱之下又向海边撤退。张叔夜事先安排的伏兵和原本佯败的军队一起杀出，将早已乱了阵脚的宋江起义军团团包围，而宋江起义军也没有小说中梁山好汉那样强悍的战斗力，腹背受敌，死伤惨重。

乱军之中，宋江的一个副将被擒，官军也不断向他涌来，自知大势已去的宋江只好下令投降，率众接受招安。

4

宋江被招安是当时的头条新闻，吏部侍郎李若水便就这一“喜事”写了一首《捕盗偶成》：

去年宋江起山东，白昼横戈犯城郭。
杀人纷纷翦草如，九重闻之惨不乐。

大书黄纸飞敕来，三十六人同拜爵。

狞卒肥骖意气骄，士女骈观犹骇愕。

这就是关于梁山好汉三十六人和招安宋江的最早记载。而这支起义军的最终归宿，史书却留下了不同的结局。

徐梦莘的《三朝北盟会编》记载，接受招安的宋江起义军加入了宋朝征讨方腊的大军。当时，宋朝任命童贯为江浙宣抚使，率领刘延庆、刘光世、宋江等军二十多万。在侦察敌情后，宋江与刘光世等军队齐头并进，一举擒获了方腊手下将相，押送回京。

节节败退的方腊退守帮源洞，当时只是宋军一介裨将的韩世忠率领一支由骁勇之士组成的敢死队找到他的藏身之处，双方短兵相接，战死数十人。在被围困十几日后，弹尽粮绝的方腊才为宋军将领所擒，其中自然没有武松或鲁智深的功劳。

然而，1938 年出土的《折可存墓志铭》讲述了宋江在方腊起义被镇压后的事迹，他们非但没有为朝廷效力，反而再举义旗。

在平定方腊起义后，宋江再次起兵，并没有掀起太大风浪。因参与平定方腊起义有功的宋朝武节大夫折可存，“奉御笔讨捕草寇宋江”，不到一个月就将宋江起义军再次扑灭。

在宋代历史文献的相关记载中，除了折可存之外，平定宋江起义的人物还有沂州知州蒋园、海州沭阳县县尉王师心等版本，究竟是谁擒获了宋江，似乎早已无足轻重。

至于起义军的最后结局，或许就像南宋洪迈在《夷坚乙志》中的记载一样，宋江及手下五百人在投降后被全部处死，以悲壮的失败告终。

宋江起义军轻轻地离去，终究淹没在历史的尘埃中，无碑无墓，只有史册中的只言片语。

5

胡适说：“《水浒传》乃是从南宋初年到明中叶这四百年的‘梁山泊故事’的结晶。”

在宋江起义失败后仅仅数年，中原便陷入金兵铁蹄的蹂躏下，民族情绪高涨之时，软弱的南宋朝廷却偏安一隅。

于是，宋江起义中那些替天行道、除暴安良的英雄传说成为老百姓内心最好的慰藉。诚如胡适所言，梁山好汉的故事正是从南宋时开始广为流传，随着街谈巷议，无人不知。

《水浒传》写梁山好汉接受“招安”，让宋江将“聚义厅”改为“忠义堂”，而不是“杀去东京，夺了鸟位”，实现“八方共域，异姓一家”的理想。一方面是依据史实，一方面也是水浒故事在南宋初年定下的基调。

当时，老百姓难免将梁山好汉与南宋初年在北方抗金的“忠义人”联想到一起。

忠义人是留守北方的汉人，以王彦的“八字军”等为代表。王彦曾聚众一万余人，在太行山与金兵交战，脸上刺有“赤心报国，誓杀金贼”八字。他们是北方抗金队伍中一面鲜明的旗帜。

接受招安做官，是这些游寇得到朝廷认可的途径，这与《水浒传》中宋江的想法如出一辙。王彦为宋朝征战四方后，率领八字军随宋军进入临安（今杭州），被授予官职。

梁山好汉最初的民间故事正是从南宋时杭州的瓦子（曲艺、说唱、杂技等表演的场所）开始流传。南宋末年，画家龚开作《宋江三十六人赞》，根据这些故事对宋江起义的三十六个人物进行艺术加工。

其中，“呼保义宋江”“玉麒麟卢俊义”“大刀关胜”等名号与后来的《水浒传》相比大同小异，但也有不少人物形象与如今的版本大相径庭，如武松最初是一个集酒色财气于一身的流氓，吴学究也是一个“酒色粗人”。

到了元代，话本《大宋宣和遗事》更是成为宋元时期水浒故事的集大成之作，将散见于宋元话本、杂剧中的梁山三十六好汉故事连成一个整体，为日后的《水浒传》提供了大量素材。

除此之外，水浒故事中的很多人物原型出自宋金战争，包括呼延灼、燕青、扈三娘等。

譬如，史书中无呼延灼，却有呼延通。呼延通是韩世忠军中的统制官，多次随韩世忠大破金兵。《三朝北盟会编》记载呼延通在绍兴六年（1136）的淮阳之战中，与金军猛将牙合孛堇交锋。双方持枪对战，难分胜负，接着都丢下武器，赤手空拳厮打。

在一番缠斗后，呼延通与对手双双掉入坑中，呼延通费尽力气才将对手生擒。这部分描述与《水浒传》第七十九回呼延灼大战韩存保极为相似。小说中呼延灼的结局，是为朝廷效命，参加抗金战争，最终战死沙场。

6

《水浒传》最后一回那首律诗写道：

生当鼎食死封侯，男子平生志已酬。
铁马夜嘶山月晓，玄猿秋啸暮云稠。
不须出处求真迹，却喜忠良作话头。
千古蓼洼埋玉地，落花啼鸟总关愁。

在感慨梁山悲剧的同时，又有几分冥冥中自有天意之感。第一回写洪太尉误走妖魔，更是说洪信之所以会放走这些天罡地煞，其中一个原因就是“宋朝必显忠良”。张政烺、王利器等学者研究《水浒传》时，也曾将其定义为宋代忠义民军卫国的故事。

电影《让子弹飞》中有一个情节，姜文饰演的悍匪张牧之与葛优饰演的假师爷谈论过往，说：“人们不愿意相信，一个土匪的名字叫牧之，人们更愿意相信叫麻子。人们特别愿意相信，他的脸上应该长着麻子。”

或许，南宋的老百姓，乃至统治者们特别愿意相信，宋江是接受宋王朝招安的支正义之师，将宋江等英雄的故事编造成富有报国精神的“忠义人”故事，实际上正符合当时的主流价值观。

在此后四百年《水浒传》的创作过程中，这一设定始终没有被舍弃。

朱元璋为什么长着一张猪腰子脸?

读明朝历史，朱元璋的长相是一个绕不过去的问题。

我们的中学历史教科书上，这位明朝开国皇帝曾经长成这样：

现在改长这样了：

脸盲都看得出，这不可能是一个人。然而，历史上的明太祖确实以这两种长相传世。

古代宫廷有专门的机构收藏历代帝后图像，相当于图像数据库。明代，这些图像藏于内库。清朝入关后，接收了这批图像。到乾隆十四年（1749），重新对这批图像进行装裱，然后移藏于南薰殿。南薰殿所藏历代帝王画像中，朱元璋的画像最多，总计有 13 幅。

如今，这 13 幅画像，除了 1 幅留在北京故宫博物院，其余均收藏在台北故宫博物院。13幅画像，呈现了两个朱元璋：一是端庄的圆脸俊像，计有两幅，分别呈现盛年和老年时期的朱元璋；一是怪异的长脸丑像，计有11幅之多，相貌大同小异，基本都是额头、下巴突出，隆鼻如蒜，拱嘴如猪，有的脸上还画满麻点。

1

问题来了：到底哪一张脸是朱元璋的真容？

明朝中期的张瀚（1510—1593）在《松窗梦语》中记载，他任职南司空时，曾入值武英殿，亲眼瞻仰了朱元璋、朱棣的画像。他说：

> 太祖之容，眉秀目炬，鼻直唇长，面如满月，须不盈尺，与民间所传奇异之像大不类。

万历时人张萱之父在云南做知县时，曾于黔国公府“摹高皇（朱元璋）御容，龙形虬髯，左脸有十二黑子，其状甚奇，与世俗所传相同，似为真矣”。后来张萱在京为官，才看到内府所藏朱元璋、朱棣的画像，惊叹：

> 高皇帝乃美丈夫也，须髯皆为银丝，可数，不甚修，无所谓龙形虬髯、十二黑子也。

从张瀚、张萱的经历，可以看出两点：第一，朱元璋圆脸俊像才是官方认可的图像；第二，长脸丑像最晚在明朝中期已经在民间流传，甚至登堂入室进入王公贵族的私家收藏。

关于第二点，后面再讨论。现在说第一点。

两幅朱元璋的圆脸俊像，虽画于不同时期，但在细节处理、绘画技法上，明显是宫廷画家的水准。与朱家历代接班人的画像风格也极为一致，所以是朱元璋的标准像无疑。

相比之下，那些长脸丑像，无论是服饰、场景、画风，都很粗糙随意，有的连衣冠的搭配都漏洞百出，来源和出处十分可疑。

然而，标准像不代表就是真实容貌，画家有可能达不到写真的水准，也有可能受迫于皇威作了美化处理。

关于宫廷画家的水平，大家可以放心。自宋代以后，帝后肖像画的可信度已经很高了。当时皇家有画像以备百年后供子孙瞻仰祭拜的需求，宫廷画家的水准也足以为帝后们画出形似的肖像画。

所以，学历史的都知道，从宋代起那些皇帝画像，基本都好辨认，也不容易误用;而此前的皇帝画像，都偏虚，有的还像一个模子画出来的，时常误用也没人发现。

具体到朱元璋画像，很多人会引一些段子，说他喜欢杀写实的画家，只有那些把他画好看了的画家才能幸免，以此反证朱元璋本人长得很丑，传世的标准像都是画家违心美化的结果。

还说，有个画家幸免之后，凭记忆摹画出朱的真容，这就是长脸丑像传播的起点。

朱元璋嗜杀嘛，所以段子这样传，也没人觉得他在背锅。

事实上，现在能考证出来的、给朱元璋画过像的画家有四五个，比如孙文宗、沈希远、陈遇陈远兄弟，而这些人无一被杀。

历史上流传的朱元璋杀画家的段子，是有模板的。举个例子，后唐太祖李克用有一只眼睛是瞎的，被称为“独眼龙”。画家给他画像，难度很高：画出两只眼睛，则不像李克用，可能被杀；如果只画一只眼睛，会很丑，也可能犯死罪。结果，一个聪明的画家，把李克用画成了闭上一只眼睛射箭的样子。

类似这种故事，附会在很多人身上。真实性十分可疑。

其实，画家的压力，并非来自画丑或画美，而是形似与神似之间的尺度拿捏。

明初大画家王绂在洪武、永乐年间曾几次供职宫廷，对于给皇帝画像的问题，很有发言权。他说，给皇帝画像最难，因为天威就在咫尺，压根儿不敢正眼端详，能画个形似已经不错了，没心思考虑如何达到神似。

但光画得像，体现不出皇帝的气象与个性，并不能得到朱元璋的认可。

明朝中期的陆容在《菽园杂记》中说，那些把朱元璋画得很逼真的画家，自以为可以得到奖赏，然而皇帝并不满意；只有一个画家在形似之外，加上“穆穆之容”，结果朱元璋大喜。

“穆穆之容”，大概可以理解为给朱元璋的容貌加进一些显示尊贵的符号，比如长耳垂轮、天庭饱满等，即在形似的基础上，追求帝王相的神似。

综上，我们可以得出结论：传世的朱元璋像，圆脸俊像更接近他的真容。但不能说“就是”他的真容，只能说“更接近”，因为画家还可能做了一些神似的处理。

2

又有一个问题：另一种传世画像为什么把朱元璋处理成猪腰子脸呢？

通行的解释是，清朝入关后对朱元璋的丑化。但这种解释极不靠谱：第一，正如前面所说，最晚在明朝中期，已经出现了朱元璋猪腰子脸的画像。第二，清朝皇帝对前朝基本不存在诋毁的情况，相反，为了拉拢汉人，修《明史》、祭明孝陵都有神化朱元璋的倾向。

鉴于在明朝朱家统治时期，猪腰子脸版的朱元璋画像还能广泛流传，甚至进入王公贵族的收藏，基本可以断定，这是官方认可、默许乃至鼓励的结果。

一系列的证据表明，明太祖“被”长着一副异相，是他的儿子、明成祖朱棣策划和推动制造出来的。

朱棣信奉相术。明初最著名的相士袁珙、袁忠彻父子都深受朱棣信任，但凡起兵打仗、选拔人才，朱棣都要找他们算一算、相一相。

相传，朱棣夺取侄子的帝位，跟早前袁珙相他为“太平天子”有关。

在朱棣在位期间，官方文献记载的朱元璋长相，发生了微妙的变化。比如，那时编修的《明太祖实录》在“吴元年（1367）十二月戊申”条记载：

上梦人以璧置于项，既而项肉隐起微痛，疑其疾也。以药傅之，无验，后遂成骨隆然，甚异。

这是说朱元璋做了个梦，梦到自己脖子上套了个玉璧，然后融入肉中，变成异骨隆起了。

有意思的是，这一神秘事件被安在“吴元年（1367）十二月戊申”这个具体的时间点，当时朱元璋正筹备称帝，次月就登基了。用意这么明显，不用多说了。

再比如，永乐十一年（1413），建孝陵神功圣德碑时，朱元璋的长相变成：

龙髯长郁，项上奇骨隐起至顶，威仪天表，望之如神。

到了袁忠彻在景泰二年（1451）编纂《古今识鉴》，其中说朱元璋还未发迹之前，就有个叫铁冠的道士给他看过相。铁冠说他：

> 状貌非常，龙瞳凤目，天地相朝，五岳俱附，日月丽天，辅骨插鬓，声音洪亮，贵不可言。但四维滞气，如云行月出之状，所喜者准头黄明，贯于天庭。直待神采焕发，如风扫阴翳，即受命之日也，应在一千日内。

这个相貌描述很经典，与传世的长脸丑像颇为接近。其中最明显的特征“天地相朝”，说的是天庭（额头）和地阁（下巴）突崛相对，这正是我们看到的两头弯的猪腰子脸（鞋拔子脸）。

再后来，附会出朱元璋一脸的麻子，有12颗黑痣、48颗黑痣、72颗黑痣等版本。这是把刘邦左股有72颗黑痣的传说移植到老朱脸上了。目的也不是为了丑化他，而是强调他一脸的帝王相。

在古代相术家眼里，乃至普通人的观念里，长相决定命运。一个人长一副什么样的相貌决定着他终身的爵禄、年寿、运势，等等。

他们对帝王命、富贵命的评价也不以美丑为标准，而是看长得奇不奇。

朱元璋这副被异化的“尊容”，就叫“雄奇异于常人”。他一个乞丐能够逆袭当皇帝，这是天命，天生的，是老天爷赏饭吃。

应该说，目前传世的朱元璋长脸丑像，是当时的二三流画家根据相士对朱元璋的面相描述画出来的;或者江湖相士自己照着帝王相的符号，按五官一个个拼接上去的，用于作为富贵相的模板。什么长相最发达？光说很难说清楚，看一下朱元璋像，就一目了然了嘛。带着模板游走江湖时，方便贫下中农接受。

按理说，这些朱元璋异像可能仅限于江湖术士之间的流传，但从张瀚、张萱等人的记载来看，它们在明朝中期广泛流传于民间、王府，达到了以假乱真的地步。这又是为什么呢？

一个相对合理的解释是，明朝中期以后，政治腐败，人们开始借怀旧宣泄不满情绪。社会各阶层对朱元璋的建国之功，强力反贪肃腐的伟大功绩，越发向往，所以就借挂他的像表示怀念。

久而久之，社会更愿意相信朱元璋长着这张猪腰子脸。这张脸，比起中规中矩的帝王画像，内涵更为丰富。中华民国成立后，临时大总统孙文率众参谒明孝陵，供奉的就是一幅朱元璋异像。

张献忠真的是杀人狂魔吗?

1

当张献忠下令关闭城门的时候，二十万成都百姓，走到了生命的至暗时刻。

这是大明亡国的第二年，1645 年 11 月 23 日，同时也是张献忠攻占成都的第二年。作为张献忠军中的“天学国师”，来自意大利的耶稣会传教士利类思和来自葡萄牙的传教士安文思此时也在成都城中。

对于即将到来的魔鬼时刻，张献忠非常得意，下令将利类思安排到东门城楼，将安文思安排到南门城楼，观看他对二十万成都百姓的大屠杀。

自从 1640 年进入四川到成都传教后，利类思此时已在成都待了五年。1644 年明朝灭亡后，张献忠随后攻占成都，得益于张献忠的礼部尚书吴继善的推荐，利类思和安文思两人得以被张献忠留用授官。起初，利类思在回忆录中写道，他认为张献忠“智识宏深，决断过人”，“天姿英敏，知足多谋，其才足以治国”，然而相处日久，利类思和安文思才发现：

“张献忠性情暴虐，每日均杀人一二百，为时一年又五个月，累计杀人十万。又，张献忠不喜僧人，屠杀僧人两千多，成都城内僧人无一漏网。”

尽管被张献忠封为“天学国师”，但利类思和安文思却整日活在恐怖战栗之中，因为：

“计其（张献忠）即位之初，在朝之官总计千人，离川时亦有七百，（张献忠）临死时仅得二十五人。皆因张献忠残暴，杀人众多，或令死于刀下，或令鞭死，或令将头皮揭去，或令凌迟碎剐，种种非刑，一言难尽。”

然而最残酷的，还是这场他们记忆中的成都大屠杀。

利类思和安文思回忆说，成都大屠杀的前一日，张献忠先是以御敌的名义集中军队，然后密令全军血洗成都，他诡言说：“百姓等已暗通敌人，勾引大队入川，以图大举，故当剿灭此城居民。尔等各宜秘密准备，不得遗漏军情。”

1645 年 11 月 23 日，大屠杀开始了。

分别被张献忠安排在成都城东门和南门城楼“观赏”这场人间惨剧的利类思和安文思痛苦回忆说：“见无辜百姓男女被杀，呼号之声，惨绝心目，血流成渠，心如刀割，欲救不能。”

当时，张献忠骑马从南门前往东门“欣赏”自己的这场“杰作”，安文思和利类思于是先后痛哭跪拜，恳求张献忠不要再滥杀无辜，但冷酷的张献忠完全不予理睬，安文思回忆说：

“此时被拘百姓无数，集于南门沙坝桥边，一见献忠到来，众皆跪伏于地，齐声悲哭求赦，云：‘大王万岁！大王是我等之王，我等是你百姓，我等未犯国法，何故杀无辜百姓？何故畏惧百姓？我等无军器，亦不是兵，亦不是敌，乃是守法良民，乞大王救命，赦我众无辜小民’云云。献贼之心，禽兽不如，闻如是之言，不独无哀怜之意，反而厉声痛骂百姓私通敌人。随即纵马入人群，任马乱跳乱踢，并高声狂吼：‘该死该杀之反叛！’随令军士急速动刑。冤呼痛哉！无罪百姓齐遭惨杀，终则息静无声。真是尸积成山，血流成河，逐处皆尸，河为之塞，不能行船。”

随后，张献忠又下令军队纵火焚烧成都全城，回忆录继续讲道：

“锦绣蓉城顿成旷野，无人居住，一片荒凉景象，非笔舌所能形容……凡城镇村庄房屋皆纵火焚毁，而仓廪山林也遭毁灭。四乡无人迹，皆成旷野。东、西、南三方受害尤甚，唯北方独存，盖（张献忠军队）拟由此地出川也。”

这场大屠杀从当天上午持续到傍晚，一直到日落西山，被迫目睹这场人间惨剧、痛哭流涕的安文思在崩溃之中，迷迷糊糊返回住处。一路上，他看到成都城内死尸狼藉、血流成河，有一些还没死的孩子甚至还在呻吟，于是这位传教士就一路为这些临死前的孩子们付圣洗，祈求他们的灵魂能够升入天国。安文思回忆说，他一路上共付洗了 12 名濒死的孩子。

从 1644 年 9 月张献忠攻陷成都，到 1647 年 1 月张献忠死于四川西充凤凰山，传教士利类思和安文思两人一直跟随在张献忠左右，得以亲身经历了张献忠“屠蜀”的众多重要事件，一直到张献忠死后，两人辗转逃离，并用拉丁文写下了自己的所见所闻。

三百多年间，两人的回忆录一直只在西方入华的传教士间秘密流传，从无中国人知晓，一直到 1917 年，另外一位来华的传教士古洛东最终将这本书翻译成中文，1918 年，这本取名为《圣教入川记》的著作最终出版，中国人至此才得以从另外一个视角，获悉了张献忠屠蜀的部分一手原始文献，后来，尽管有人怀疑该书属于污蔑，但其可信度和珍贵价值不言而喻。

未曾亲身经历魔王屠刀的人，总是根据自己的立场，或是对苦难视而不见，或是对苦难掩耳盗铃。

但即使如此，三百多年来，还是有无数人在苦苦追问，明末清初四川的人口锐减，是否真的全是张献忠的屠杀所致？

2

血洗成都这一年，张献忠 39 岁。

对于这位后来被称为“恶贼”“魔王”的流民首领，史籍记载他出生于明朝万历三十四年（1606），是延安卫柳树涧（今属陕西延安）人。张献忠小时读过书，粗识文墨，还曾经当过延安府的捕快，由于经常受同事欺辱，张献忠愤而投军。有一次他犯法当斩，没想到主将陈洪范看他相貌奇异，竟然代之向总兵王威求情，张献忠虽然免于一死，但却被重打一百军棍除名，从此流落民间。

明朝末年，全国各地连续多年爆发旱灾、蝗灾与饥荒，生态环境本就恶劣的陕北地区率先发生饥民暴动，崇祯元年（1628），先是高迎祥在陕北延安率众起事，自称闯王；第二年（1629），陕西榆林人李自成也参加了农民军；崇祯三年（1630），失业的前军人、24 岁的张献忠也参加了农民军。

与出身军队的李自成一样，参过军、受过军事训练的张献忠作战勇敢，由于“临战辄先登，于是众服其勇”，张献忠很快脱颖而出，成为农民军一支队伍的独立领导人，他还自号为西营八大王。

由于张献忠“身长瘦而面微黄，须一尺六寸，僄劲果侠”，当时农民军中称他为“黄虎”。张献忠对部队训练有方，因此他的队伍很快就成了以王自用为盟主的三十六营中最强劲的一个营，此后他的队伍逐渐扩张，跟随各支流民部队转战于陕西、山西、河南、安徽、湖北、四川等地。

在中国历史上的历次流民起事中，以东汉末年的黄巾军、唐朝末年的黄巢以及明朝末年的张献忠为例，这些流民都是迫于天灾人祸、官吏和地主压迫等各种因素暴动起事。起初他们以受害者身份暴动起事，然而当暴动发生后，这些当初的受害者囿于自身的文化学识和集体暴动裹挟等因素影响，由于缺乏政治纲领和理想目标，加上自身的局限性，转身又成了所处时代的施虐者，其最突出的指向就是将暴动目的归为“抢钱、抢粮、抢女人”，并对阻碍自己这一目标的一切群体，无论官军还是普通百姓都大开杀戒。

在农民军转战的过程中，张献忠也同样不能免俗，逐步开启了大开杀戮的潘多拉魔匣。1641 年，张献忠攻陷襄阳后，又攻打鄱阳，然后将俘获的鄱阳官兵全部“人断一手”；1642 年，张献忠部队攻陷六安后，又将六安城所有的百姓无论男女，每人全部斩断一只手臂，“将州民尽断一臂，男左女右”。

曾经在张献忠部队中待过半年的余瑞紫回忆说，当时张献忠部队跟其他农民军经常宣传的一句口号就是：“早早开城投降，秋毫不动；若是攻开，鸡犬不留。”对于所有进行抵抗的城市，张献忠部队一律进行屠城，并以此作为震慑明军和地方百姓的手段。

为了震慑敢于抵抗的城市，1643 年张献忠在攻克武昌后，将武昌城中幸存的民众“或刖手足，或凿目鼻，无一全形者”。

在将武昌当地壮丁掳为士兵后，张献忠又下令继续砍杀剩余民众，由于杀人的士兵杀得太累，于是又故意打开武昌城的汉阳门，强迫武昌民众疯狂往长江逃命，结果大量民众又溺水死于长江武汉段：“自鹦鹉洲达于道士洑，浮胔蚁动，水几不流。逾月，人脂厚累寸，鱼鳖不可食。”尽管描述可能存在夸张，但却真实再现了张献忠部队早在进入四川前，就已经常随意屠戮百姓的事实。

张献忠部队在攻占武昌后，碍于李自成的农民军在北方已经势力雄厚、难以抗衡，自知打不过李自成的张献忠于是向南开拓，又率领军队南下湖南、江西。一方面，由于张献忠的流民军队实行的是扫地式的屠戮和抢劫政策，这就使得他失去民心，虽然打下了湖南和江西，但却无法长久立足；另一方面，当时明朝在东面的扬州等地，仍然有左良玉的数十万军队驻扎，向北则有李自成的势力。在此情况下，军师汪兆龄向张献忠建议说：

“江南未可图也，欲改为正号，养威蓄锐，莫如秦蜀，欲取秦必得蜀，得蜀以为根本，根本既固，然后北伐，四征天下。”

为了实现与李自成分庭抗礼，张献忠决定听取军师汪兆龄的意见，向西占领四川图谋霸业，由此掀开了“屠蜀”的残酷一幕。

3

考诸中国历史上的流民暴动，其最大的特点就是“流”字，其在暴动成军后，很多并不是以夺取根据地、争夺天下为战略目的，而是在“抢钱、抢粮、抢女人”的原始谋利驱动下，四处转战居无定所，东打一枪、西放一炮。尽管这让围剿的官军疲于奔命，但也让流民军队失去了稳定的根据地。

流动作战，则使得流民军队上至主帅、下至兵士，都趋向于一种杀光、抢光、烧光的短视行为。而从 1630 年起事，到 1643 年底，尽管到处杀掠攻伐，但张献忠跟其他的流民军队一样，始终没有一块稳定的根据地。

于是就在明朝灭亡前两个月，1644 年正月，就在李自成挺进北京城的同时，决定与李自成分庭抗礼的张献忠自行放弃了湖南、江西，并将自己从两湖和江西地区掳掠的所有金银财宝，以及强行征募的数十万士兵，裹挟西进四川。

1644 年六月，张献忠攻占重庆，由于重庆军民坚决抵抗，恼怒之下，张献忠下令将重庆全城“男女皆断右手”,《明季南略》对此记载说:“砍手者三十余万人，流血有声。”虽然数字可能夸张，但史实的残酷性依然让人震撼。

随后，为了震慑四川境内敢于抵抗的其他州城，想要“杀鸡儆猴”的张献忠又将重庆周边的一万多壮丁全部割掉鼻子和耳朵，每人又斩断一只手，然后每攻一城，就押着这些人到城墙下面震慑守城军民，“劓耳鼻，断一手，驱徇各州县”，威胁各州城居民献城投降。

在这种恐怖主义的震慑作用下，张献忠的军队所过之处，军民震骇，纷纷瓦解。到了当年农历八月，张献忠顺利攻占成都，随后，张献忠在成都正式称帝，并建国号“大西”，改元“大顺”。

对于攻占城池后为何大肆杀戮，张献忠有自己的一套独特“想法”。

在后世流传以及清朝编撰的《明史》中，说张献忠曾经立有一块“七杀碑”，上面写着“天生万物与人，人无一物与天，杀杀杀杀杀杀杀”。这其中，碑文有真有假，在这块至今仍保存于四川广汉的石碑上，其真实碑文写的是：

“圣论：天有万物与人，人无一物与天。鬼神明明，自思自量。大顺二年二月十三日。”

在张献忠看来，他怀抱的是“天有万物与人，人无一物与天”的人类“原罪论”，而人类既然有原罪，又该如何向上帝实现救赎呢？唯一的结论就是，人类要以“死”来抵消原罪。

在1644年农历八月攻占成都后，张献忠就曾经向自己的两位“天学国师”、传教士利类思和安文思指示说：“我有一句谚语是‘天造万物为人，而人受造非为天’，请二位神父将此语速寄欧洲各国，以传扬其聪慧。”

在疯狂屠杀成都二十万无辜百姓后，张献忠甚至还对传教士利类思和安文思说：“四川人民未知天命，为天所弃……今遣我为天子，剿灭此民，以惩其违天之罪。”

在向传教士利类思和安文思解释自己为何疯狂屠戮川人时，张献忠俨然以上帝的代言人自居，并从原罪论的角度出发，表示自己要“替天行道”，杀光四川百姓，其思想恐怖如斯。

明末清初时人沈荀蔚在《蜀难叙略》中记载道：

“逆（张献忠）尝向天诅（咒）云：人民甚多且狡，若吾力所不及，愿天大降灾殃，灭其种类！”

另外，曾经在1644年被张献忠钦点为进士榜眼的欧阳直，也在他劫后余生所写的《蜀警录》中记载道：

“一日，大雷风雨，献忠仰天大呼曰：‘天爷爷！你也要我杀得彻！’人莫测其故。”

就在这种恐怖的氛围中，蜀中的百姓即将大难临头。

4

而在大屠杀的腥风血雨中，张献忠统治下的四川，也曾经有过短暂的平和时光。

当时住在四川简州（今四川省简阳市）农村的傅迪吉在后来撰写的《五马先生纪年》中写道，1644年张献忠在成都建国后，曾经派兵到简州“打招安”，这种做法就是将抓来的人背部都用滚烫的烙铁印上“西朝顺民”的字样，然后再放掉。有一段时间，张献忠的部队短暂停止了杀戮，“兵不甚扰民，民亦入营贸易”。

但随着军事上的连续失利，张献忠的嗜杀很快卷土重来。

就在 1644 年八月攻占成都后，当时张献忠的军队与李自成的军队已经势同水火，为了争夺陕西汉中地区，张献忠派兵出击汉中，没想到被李自成的部将贺珍击败；与此同时，张献忠在入川时攻克的重庆等地又相继反正、击杀张献忠派驻的将官，转而归顺明朝。

当时，由于张献忠军队随意屠戮百姓，蜀中到处燃起了反抗的烟火："凡献忠所选府州县官，有到任两三日即被杀者，甚至一县三四个月内连杀十余个县官者。虽重兵威之，亦不能止也。"

张献忠称帝后不到半年，1645 年 3 月，明将曾英带兵收复重庆，明将杨展等人又带兵收复川南地区；在民间，四川眉州的平民陈登皞也起事反抗，陈登皞在白旗上书写"敢与残忍流贼张献忠为敌者从我"，几日内就拉起了上千人的队伍，猛攻张献忠驻扎在眉州的部队；在四川井研，平民雷应奇聚众反抗说："奈何郡县无一杀贼者？"于是拉起义军与张献忠军队对抗；在四川叙州，七宝寺的和尚晞容直接宣讲说："硐中数百万生灵，岂可坐视其死"，随后拉起 500 人的义军与张献忠军队对抗，突围而出。

讽刺的是，当初以义军自居的张献忠部队，至此也彻底走到了人民的反面。在李自成部队、明军以及民间义军的联合攻击下，当时，一度控制四川大部的张献忠势力不断萎缩，其向北陕西汉中是李自成的势力，川东、川南则重新被明军和各路义军控制，当时，甚至"成都百里外，耰锄白梃，皆与贼为难"。

在这种日益四面楚歌的包围下，张献忠不仅没有反思自己的所作所为，相反，他开始了最后的疯狂。

张献忠认为"蜀人负朕，恨入骨髓"，"以出兵数败，士众反复，攘袂瞋目，有咀嚼蜀人之心"。恰好在这时，以颜天汉为首的一干成都书生联合写信给李自成，希望引入李自成的势力取代疯狂杀戮的张献忠。没想到信件被张献忠的部队截获，于是，"以为阖境俱反"的张献忠决定痛下杀手。

张献忠开始了最疯狂的大杀戮。1645 年，他先是假装以科考的名义，将其治下府县的 5000 多名士子全部骗到成都大慈寺（一说青羊宫）进行集中屠杀。对此，亲身经历此事的大西朝官员欧阳直写道：

"齐集之日，自寺门两旁，各站甲士三层，至南城。献忠坐街头验发。如发一庠过前，一人执高竿，悬白纸旗一副，上书‘某府州县生员’。教官在前，士子各领仆从、行李在后，鱼贯而行。至城门口，打落行李，剥去衣服；出一人，甲士即拿一人。牵至南门桥上，斫入水中……师生、主仆，悉付清流，河水尽赤。尸积，流阻十余日，方飘荡去尽。”

在这种由外而内的大屠杀中，张献忠最终对成都城内的百姓也举起了屠刀。于是，正如本文开头中所写的一样，1645 年 11 月 23 日，张献忠下令对成都城内的二十万百姓也进行了大灭绝。

史料记载，张献忠将决定屠戮成都的消息公布后，他的养子孙可望等人苦谏说："其名等随王多年，身经数百战，所得之地即行杀戮，不留尺寸以作根本。士民既杀，地方取之何用？苟不修王业，将士随王亦无益矣。"但已经进入疯狂状态的张献忠不听，成都大屠杀开始后，孙可望"大为悲伤，叹惜不已"。而在张献忠疯狂屠戮成都等周边府县居民过程中，他的军队中部分将兵不忍下手，有的甚至在巨大精神压力下自杀身亡，"其偏裨不忍行刑，多自经于道路"。

对于为何疯狂杀戮，张献忠还曾经对传教士利类思和安文思说：

"献忠杀人无算，屡自解云：吾杀若辈，实救若辈于世上诸苦，虽杀之，实爱之也。"

除了心理上的"原罪论"等极端思想外，张献忠另外的想法就是，他觉得在南明和清廷的围攻下，他既然难以长期占有四川，那么他就宁可将四川毁灭，也不愿意将一个富庶和人口繁盛的四川遗留给后面的占领者。对此张献忠手下的重要谋臣和大西政权的宰相汪兆龄就鼓动张献忠屠戮川民，汪兆龄说：

"使后有据蜀者，有土无人，势难久住。"

在张献忠日益癫狂的杀戮中，到了 1646 年 5 月，清军南下击败了李自成部队，占领了陕西汉中，从北面对张献忠形成了进逼之势。于是，1646 年 7 月，张献忠决定放弃成都向外突围，临出发前，张献忠先是将自己的 280 多位妃子斩杀，只留下另外 20 人"为服役诸事"，"献忠杀妇女后，狂喜欲舞，并向百官称贺，谓已离妇女之厄，身无挂累"。

离开成都时，张献忠又下令将皇宫纵火焚毁，"在城外见隆烟腾起，火光烛地，（张献忠）大为狂喜"。

1646 年农历九月，张献忠"率贼营男妇百余万操舟数千蔽岷江而下"。南明将领俞忠良在其所著《流贼张献忠祸蜀记》中回忆说，当时南明将领杨展在四川彭山江口截击张献忠的部众，击败大西军，张献忠历年劫掠的金银财宝很多都在岷江江口段沉没，这也是后来“江口沉银”传说的由来。

由于部队惨败，为了减轻负担，“献忠虑各营家眷众多，不能急行，此皆历年抢掠而来，乃集众贼将共议，饬令将妇女尽杀之”。

不仅如此，由于担心部队中的四川士兵造反，“献忠犹未已，恐川兵反，行次顺庆界。大阅，尽杀川兵，不留一卒”。当时，张献忠军中的都督刘进忠营中大部分是四川士兵，由于担心被杀，刘进忠随后投降清军。

对于部队中有人质疑为何要自相残杀，张献忠震怒说：“老子何用许多人？直须劲旅三千，自可横行天下！”

5

在被南明军队击败后，1647 年 1 月，张献忠率领残余的军队扎营于四川西充凤凰山。也就是在这里，一代魔王即将迎来罪恶的终点。

当时，清兵在击败李自成的军队、占领陕西汉中后又继续南下。在张献忠此前试图剿杀不成的叛将刘进忠的导引下，清军随后轻装疾进，并在四川西充对张献忠的军队发起了突然袭击。

对于张献忠死亡的最后情况，始终跟随在张献忠军中的传教士利类思和安文思回忆说：

“（1647 年 1 月 3 日）有探兵入营告急，谓满兵马队五人已到营外对面高山矣。献忠闻警，不问详细，随即骑马出营。未穿盔甲，亦未携长枪，除短矛外别无他物，同小卒七八名，并太监一人，至一小岗上。正探看之际，突然一箭飞来，正中献忠肩下，由左旁射入，直透其心，顿时倒地，鲜血长流。献忠在血上乱滚，痛极而亡。”

41 岁的魔王张献忠突然死亡，使得全军大乱，随后，他的部众“以锦褥裹尸，埋于僻处，而遁”。清军则“求得（张献忠尸体）发而斩之，枭其首于成都”。

这位混世魔王，最终在被杀后，尸体又被斩首悬挂于成都示众，以此向成都城无辜被杀的二十万民众昭告谢罪。

张献忠死后，大西军余部李定国等人转而投降南明坚持抗清，此后，大西军余部、南明势力与清军，以及四川本土军团势力摇黄十三家（也称姚黄十三家）等先后又在四川展开了长达三十多年的争夺，加上张献忠时期的屠蜀，四川遭罹战祸达四十多年之久。

张献忠死后38年，清朝康熙二十四年（1685），清廷统计全川人口，发现整个四川竟然只剩下1.809万人。而按照史书记载，在107年前的明朝万历六年（1578），当时四川官方统计人口为310.2073万人。百余年间，四川人口竟然锐减达99%，对此史书哀叹说，当时“合全蜀数千里内之人民，不及他省一县之众”。

根据人口学家测算，考虑到当时政府开征人口税、大量人口瞒报等因素，预计晚明时期整个四川的人口应该在600万人左右，而整个四川自从1644年开始大规模战乱，一直到康熙二十四年（1685），官方统计人口锐减达99%，实在让人触目惊心。

对于明末清初四川人口锐减的原因，清朝官修的《明史》对此将其定义为“张献忠屠蜀”，《明史》在指斥张献忠时就表示：“（张献忠）性狡谲，嗜杀，一日不杀人，辄悒悒不乐……将卒以杀人多少叙功次，共杀男女六万万有奇。”按照《明史》的说法，张献忠仅在四川就屠杀民众高达六万万（6亿）之巨，但晚明时期预估全国人口一共也就1亿人左右，六万万（6亿）的说法显然严重夸张失实。

而在明亡清兴的时代大背景中，当时的部分亲身经历者，例如文人冯甦、彭遵泗等人也撰文指出，是张献忠将四川人民屠戮殆尽，“蜀民于此，真无孑遗矣”！

但历史的事实显然不仅于此，张献忠尽管有“屠蜀”的恶行，却并非唯一的凶手。

史学家萧一山指出，张献忠虽然有“屠蜀”的事实，但清军等后续势力对四川的屠戮和破坏更加剧烈，因为尽管张献忠所率军队曾经在崇祯六年（1633）、崇祯七年（1634）、崇祯十年（1637）、崇祯十三年（1640）和崇祯十七年（1644）先后五次进犯四川，但前四次只是短期窜扰，最多也就是停留几个月而已，且张献忠前四次进川并没有大规模屠杀，其“屠蜀”主要是发生在第五次进川，也就是1644年至1647年共三年多时间。

另外从空间上来说，张献忠在1644年2月率兵入川后，于1644年7月攻占重庆，随后又于当年9月攻占成都，尽管曾经一度控制四川大部，但由于明军残军和川民的反击，加上与李自成的农民军相互攻伐，后期又面临清军的进攻，因此在四川的大部分时间，张献忠能控制的地盘，其实仅限于成都周边的十几个县等川东和部分川北地区。从管控区域来说，尽管在管辖境内疯狂杀戮，但张献忠的“屠蜀”从严格意义上来说，还没有涉及四川全境。

因此无论从时间还是空间上来说，张献忠的“屠蜀”虽然恶贯满盈，但并非是四川人口锐减的唯一原因。

考究史书可以发现，四川真正的大乱，从明朝灭亡的当年 1644 年开始后，到三年后（1647）张献忠被杀，但此后南明军队、大西军余部、李自成大顺军余部，以及四川本土的军团势力摇黄十三家等又与清军展开了反复的厮杀争夺，到 1662 年投降南明的大西军余部李定国病逝，这也宣告了南明在大陆的抗清势力全部覆灭。但到了 1673 年，三藩之乱又接着爆发，此后一直到康熙二十年（1681），清廷才最终平定整个四川。也就是说，张献忠死后三十多年间，四川仍然陷于长期的战争、动荡之中。

6

根据史书记载，以清军在对四川等地的征服过程为例，清军经常以“民贼相混，玉石难分”为由，“或全城俱歼，或杀男留妇”。

历史学者李光涛指出，制造出“嘉定三屠”“扬州十日”等屠城恶例的清军，“即如四川之祸，张献忠据此前后不过四年（1644—1647），清人与残明角逐于此者十余年，加以吴藩之乱（指三藩之乱中吴三桂军队与清军在四川的战争），后先相映盖数十年，凡不从者，凡不薙发者，凡遁山谷不为编户之民者，彼皆杀之，然后赤地数千里，此又浮于张献忠十倍二十倍不止矣”。

史学家萧一山也指出，“（清军在）川北之平定，在献忠死后二年，而川东则十余年矣。满汉兵丁所杀，殆不下于献贼（张献忠）”。

而明军和四川本土军阀对四川人民的屠戮，也是异常残酷，例如部分南明军队“将无纪律，兵无行伍，淫污劫杀，惨不可言。尾贼而往，莫敢奋臂，所报之（首）级，半是良民”，而摇黄十三家等地方军阀也是“城野俱焚掠”。这种各方势力对于四川人民的屠戮、杀害和掠夺，又导致了土地抛荒、饥荒、瘟疫，以及虎患等次生灾害，种种因素纠结在一起，最终导致到了康熙二十四年（1685）人口统计时，全川从 1578 年统计的 310.2073 万人，锐减至 1685 年的 1.809 万人，人口锐减达 99%。

对此，在 1681 年平定三藩之乱后，康熙皇帝曾经让当时的户部尚书张鹏翮请其父亲张烺（1627—1715，四川遂宁人）回忆明末清初整个四川的动荡情况。张烺于是根据自己的亲身经历，写下了《烬余录》，对于明末清初四川人口锐减的原因，张烺总结指出：

“今统十分而计之：其死于献贼（张献忠）之屠戮者三；死于姚黄（摇黄十三家等地方军阀）之掳掠者二；因乱而自相残杀者又二；饥而死者又二；其一则死于病也。”

在成王败寇的清廷高压和既得利益作用下，张烺不敢明确指出清军对于川民的残酷迫害，但大体揭示了明末清初四川人口锐减的原因。后来，刘景伯在描述明末清初四川往事的史书《蜀龟鉴》中也大概指出当时四川人口锐减的原因：

“川南死于献者（张献忠）十三四，死于瘟（疫）、虎（患）者十二三，而遗民百不存一矣。川北死于献者（张献忠）十三四，死于摇黄者（指姚黄十三家等地方军阀）十四五，死于瘟（疫）、虎（患）者十一二，而遗民千不存一矣。”

在这些明末清初时人的回忆中，张献忠似乎成了四川人口锐减的最主要凶手，这也是此后张献忠“屠蜀”恶名广为流传的原因。而在清廷统治者看来，在明末清初多方势力争夺四川的过程中，作为角逐者的其中一方和后来的最终胜利者，清廷通过将张献忠不断塑造成“杀人魔王”和“屠蜀恶贼”，进而巧妙地将其对张献忠的征讨和对川民的屠杀，包装美化成“为明复仇”和“替天行道”。

于是，在张献忠确实“屠蜀”的既存事实上，清廷又将包括自己在内的各方势力对于四川人民的掳掠与屠杀，全部归咎于张献忠，甚至不惜进行肆意的夸大和渲染，其最终演化的结果，就是由清朝文人张廷玉等人主持撰写的《明史》，宣称张献忠屠戮川民达“六万万（6亿）之巨”，而晚明时期全国人口一共也就1亿人左右。这种极度夸张的数字背后，正是清廷通过全部归责、污化张献忠及其余部，最终达到为自己入主中原、寻求统治合法性的宣传套路。

在成王败寇的逻辑下，有关张献忠“屠蜀”的恶行在既有事实的基础上被不断夸张演化，但此后有一段时间，张献忠残暴的一面又被有意或无意地忽略，一直到改革开放后，学术界对于张献忠的评价日趋客观，有关张献忠是否“屠蜀”的问题也被放诸在大视野下，进行了更加充分和全面的讨论。只是回顾历史，这段有关明末清初四川人口锐减的血腥往事，依然让人不寒而栗。

兴，百姓苦！亡，百姓苦！

八

全民『热搜』离奇案

神秘的楼兰，是怎么消失的?

在秦时明月下，沿着河西走廊，轻叩汉时边关，向西踏过风卷尘沙的罗布泊。在塔里木盆地的最东缘、孔雀河下游的绿洲、大漠深处的胡杨林中，寻觅她，一座古城，一个古老的王国。

她湮灭在漫漫黄沙中，却流淌在唐诗的边塞梦里。

她是诗人书生意气、杀敌建功的抱负:“青海长云暗雪山，孤城遥望玉门关。黄沙百战穿金甲，不破楼兰终不还！”（王昌龄《从军行七首・其四》）

她也如神秘的异域美人，拨动诗人的心弦:“官军西出过楼兰，营幕旁临月窟寒。蒲海晓霜凝马尾，葱山夜雪扑旗竿。”（岑参《献封大夫破播仙凯歌》）

一千多年前，楼兰消失了，西域不再有她的身影，却处处都是她的传说。

1

青铜时代之前就已进入罗布泊生活的古代先民，至迟在公元前3世纪建立了楼兰国。

汉武帝时，“劳模”张骞通西域，回到长安汇报工作，也说到了这个位于罗布泊西北岸的西域古国。

那时的罗布泊还不是“死亡之海”，而是一个位于塔里木盆地以东的辽阔湖泊，湖面曾达12000平方公里，与孔雀河下游、塔里木河下游等河谷三角洲，构成了一片生机盎然的绿洲。

楼兰人“邑有城邦，临盐泽”，在罗布泊西北岸筑城，饮孔雀河水，城外林木葱郁，牛羊成群。楼兰的上层人物信仰佛教，百姓多以畜牧业为生（“民随畜牧，逐水草”)，饲养牲畜，吃其肉，穿其皮，在驼铃声中，与丝绸之路的八方来客不期而遇。

对这个西域小国，大汉帝国早已有所耳闻。

楼兰第一次出现在汉朝文献中时，还是匈奴的臣属。

西汉初年，野心勃勃的匈奴冒顿单于，手下有控弦之士 30 万，如阴云笼罩在大汉的边疆。他给汉文帝写了一封信。这封信有点儿长，不知是不是出自冒顿本人之手，但其在中国西域历史上却具有重大意义，既是宣布匈奴对西域的统治，也揭开了汉匈争夺西域的序幕。

楼兰是当时受匈奴控制的二十多个西域国家之一。冒顿单于在信中说："(匈奴)灭月氏，尽斩杀降下，定楼兰、乌孙、呼揭及其傍二十六国，皆以为匈奴。诸引弓之民，并为一家。"

匈奴人很狂妄，到了汉武帝在位时，他们就狂不起来了。

经过汉初数十年的休养生息，汉朝的铁骑对匈奴展开了反击，从蒙古草原一直打到了西域大地，张骞先后两次出使西域，打通了东西方的交通要道。

楼兰左右为难，一边是老大哥匈奴，另一边是新老大汉朝。汉武帝经略西域期间，楼兰多次阻挠汉使，充当匈奴耳目。刘彻一怒之下派兵攻打楼兰，俘虏了楼兰王，并命人将他押到长安当面质问。

这下子，楼兰王更加尴尬了，只好跟汉武帝说，小国在两个大国之间求生存，不这么做无以自安，如果陛下不能谅解，楼兰愿将国人迁徙到大汉。

汉武帝虽然没给楼兰人办户口，但也没有过分苛责，而是默许了楼兰王折中的做法。

楼兰王派出两个王子为人质，一个在汉朝，另一个在匈奴，两边都不敢得罪。这两个质子都有继承王位的资格，他们分别在汉朝与匈奴生活，受到潜移默化的影响，归国后将代表下一代楼兰王的政治倾向。

但是，在汉朝的楼兰王子出事了，他在长安犯法，被处以宫刑。等到老楼兰王去世，楼兰人自然不会拥立一个没有生育能力的王子，只好让在匈奴为质的王子继承了王位。之后继位的楼兰王，大都采取"远汉近匈"的政策，丝路上经常出现袭击汉使的事件。

汉昭帝在位时，公元前 77 年，一个孤胆英雄改变了这一局面，他叫作傅介子，官职不过是一介骏马监。

当时，楼兰王安归的弟弟尉屠耆亲汉，不满意安归亲附匈奴的外交政策，就跑到长安，把他哥勾结匈奴的事情告诉了汉朝。眼见着楼兰王兄弟俩在闹内讧，傅介子向权臣霍光提出了一个大胆的计划：由傅介子作为汉使前往西域赏赐楼兰、龟兹等国，用黄金珍宝引诱其国王上钩，将违抗汉朝的楼兰王刺杀，再拥立亲近大汉的尉屠耆为王，以此杀鸡儆猴，震慑西域诸国。

你不听话，就把你从王座上打下来。这个行动，相当霸气。

得到霍光同意后，傅介子一路西行，来到了楼兰。

楼兰王安归听到汉朝使臣满载金银珠宝而来，抵不住诱惑，亲自到汉使营帐中接见。傅介子见安归上钩，命人准备酒宴，将宝物陈列出来，脸上笑嘻嘻，笑里藏着刀。

等到酒过三巡，安归喝得醉醺醺，埋伏在帐后的壮士跳出来，对着他一顿猛刺。史载，“从后刺之，刃交胸，立死”，安归当场毙命。

国王赴宴被人砍了，楼兰乱作一团。此时，傅介子宣读大汉号令，指责安归与匈奴杀害汉朝使臣，并告诉楼兰贵族，这些罪行由安归一人承担，与其他人无关。

之后，安归的首级被傅介子带回长安，悬挂在了京城北门，大汉以此告诉西域各国，背叛汉朝，就是这个下场。安归死后，身在长安的尉屠耆被送回楼兰继承王位，从此向汉朝臣服，楼兰都城后来成为西域长史的驻节地和屯田基地。为了摆脱安归党羽，尉屠耆带领楼兰人沿着罗布泊向南迁都，改国名为“鄯善”。

东汉时，另一个英雄班超纵横西域三十多年的传奇经历，正是始于鄯善国。

傅介子用一次英勇的刺杀行动化解了困扰大汉多年的难题，堪称千古奇闻。在后世的文学作品中，楼兰与英雄成了难以分割的组合。到了唐代，唐诗中不是“破楼兰”就是“斩楼兰”，诗人不是存心跟楼兰过不去，而是由衷地仰慕傅介子、班超等英雄的壮举。

但那时，楼兰早已消亡。

2

从两汉到魏晋南北朝的五百年间，楼兰始终与中原王朝保持着密切联系。

汉、晋使者出玉门关到西域，第一站就是楼兰。

作为丝路上最重要的西域古国之一，楼兰（鄯善）到东汉时已基本统一塔里木盆地东南部，与中原王朝共同维持着西域的稳定，沟通着欧亚大陆的商旅与使节。

到了公元5世纪，楼兰古城却被废弃，逐渐无人问津，一段兴盛数百年的王国风云随风消逝。

当东晋高僧法显西行至罗布泊，穿行荒无人烟的雅丹地貌时，他发现，楼兰早已不是英雄纵横捭阖的舞台，而是一个人迹罕至、几近死亡的世界："沙河中多恶鬼热风，遇则皆死，无一全者。上无飞鸟，下无走兽，遍望极目，欲求度处，则莫知所拟，唯以死人枯骨为标帜耳。"

这里的环境有多恶劣？法显说，来到此地，根本见不到任何活物，找不到什么路标，只有过往行人的尸骨可作为标记。

尽管唐宋的文人墨客还念念不忘她的名字，但楼兰，彻底消亡了。直到一千多年后，一个异域来客，再度唤醒了人们对楼兰的记忆。

1901年，瑞典探险家斯文・赫定，听说有一名维吾尔族农民在寻找丢失农具的途中，发现了一处位于罗布泊西北岸的古代遗址。

斯文・赫定大喜过望，专程来到罗布泊的荒漠之中，对这片遗迹进行了发掘工作，凭借出土文书上的记载推断：这里，就是已经废弃了1500年、曾经盛极一时的楼兰。

这一发现，开启了此后一个多世纪东西方学者对楼兰古城的考察。不过，这些外国的考古学家和探险家趁着中国内忧外患，掠走了大量汉晋时期的简牍和文书。近几十年，中国考古工作者才对楼兰古城进行了科学的发掘与保护。

罗布泊西北角的这处遗址，有2100年前的楼兰宫廷残迹，也有1600年前的西域长史府遗址，有10米高的佛塔遗存，也有孤悬的残破城墙。

时过境迁，楼兰古城，再也等不回她的主人。

那么问题来了，楼兰究竟是如何消亡的？

3

楼兰在一千多年前的突然消亡，引后世无限遐想，学界出现了异族入侵说、丝路改道说、人口流失说、河水断流说、气候干旱说与瘟疫说等多种解释。

一些学者认为，罗布泊的干旱化，是楼兰古城消亡的一大原因。

中外学者曾对罗布泊进行全面系统的考察，发现在距今7万到8万年前，青藏高原快速隆升，这种地形变化对中国西北部地理环境影响深远。

从此，太平洋和印度洋的暖湿气流难以到达西北内陆，罗布泊始终保持着相对稳定的干旱状态。随着时间推移，沙漠化、戈壁化加剧，罗布泊水量减少，湖面下降，其四周的土地，历经千万年的水侵风蚀，化作面目狰狞的雅丹地貌。

尽管周围河道为罗布泊提供了丰沛的淡水，缓慢生长耐干旱的胡杨林覆盖在楼兰周围，实际上这种生态系统却无比脆弱。

有学者考察当地古代植被后，发现“枯死林绵亘在大戈壁沙漠的边缘，几乎成连绵的带状”。这也说明了，历史上罗布泊的水源曾经不断枯竭。

在日常生活中，楼兰人为了盖屋建房、烧火做饭、取暖，还要砍伐本就弥足珍贵的胡杨林，土壤中蕴含的水分随之流失，生态环境也日益恶化。

竺可桢先生研究中国历史与气候变迁之间的关系，认为近四五千年来，中国气候经历了 3 个主要的温暖湿润期与寒冷干旱期相互交替的过程。楼兰由繁荣走向衰落的过程，正好是在第二个寒冷期，即魏晋南北朝时期。

一种说法认为，公元 5 世纪，寒冷期的到来，夺走了楼兰人赖以生存的水源。

我国西北的绿洲，水源主要来自周围高山上的冰川融水。气候干冷时，冰雪融水减少，在水源不足的情况下，植被退化，风沙加剧，即便曾经是我国西北干旱地区最大湖泊的罗布泊和周围河道也渐渐干涸。

没有罗布泊的湖水，也就没有楼兰。曾经湖面广阔、生机勃勃的罗布泊，时至今日已成了茫茫沙漠，年降水量不足 10 毫米，常年高温、干旱。

在这里，水就是生命。

4

近年来，也有学者认为，罗布泊的水源盈亏并非楼兰兴衰的唯一原因。楼兰消亡时，罗布泊虽然不断枯竭，但还是有水的。

《汉书》中记载，罗布泊“广袤三百里，其水停居，冬夏不增减”。清代文献《辛卯侍行记》记载，罗布泊湖水还有“东西八九十里”。20 世纪初，孔雀河没有断流，塔里木河流入罗布泊，使罗布泊水面再度大增，湖面一度达到 2000 多平方公里。当年斯文·赫定来华考察时，还可以在微波涟漪的湖面上泛舟。

从美国地球资源卫星的观测可知，罗布泊最终干涸的时间，是 20 世纪 70 年代。

因此，有人认为，楼兰被废弃的原因，有可能不在于水源。

史书记载，西汉时楼兰被当作丝绸之路的交通枢纽，并不是因为此地交通便利，而是因为当时匈奴人一度控制了丝路上的哈密、吐鲁番和准噶尔等地。

汉朝的商旅、使者只能走另一条路：从河西走廊出玉门关、阳关，过三垄沙、白龙堆，进入楼兰。然而，这条通往楼兰绿洲的路并不好走。

三垄沙是坐落于罗布泊东北面的一片沙漠，白龙堆则是一处风蚀雅丹群。这一路无水无人，只有上百公里的戈壁、荒漠与 10 米高的土丘，地表几乎没有植被，气候极端干燥，甚至还要提防潜藏的流沙，一般人难以逾越。

即便是在丝路上引导方向的楼兰人，也不堪其苦。到了汉末三国，人们已经开始开拓更加便于通行的路线。

《三国志》中有这么一段话："玉门关西北出，经横坑，辟三垄沙及龙堆，出五船北，到车师界戊己校尉所治高昌，转西与中道合龟兹，为新道。"

这表明，当时人们已经开辟了前往西域的新路线，从河西走廊出发，向西北走，避开三垄沙与白龙堆，进入吐鲁番盆地的高昌。这条路，比去楼兰更加安全。楼兰，从此不再是丝绸之路上不可取代的交通枢纽。

唐贞观年间（627—649），三国时期开辟的"新道"已经广为人知，吐鲁番盆地的高昌国把持丝路交通，其国王麴文泰志得意满，竟然与突厥结盟，不把唐朝放在眼里，还要对唐朝商人收保护费。

此时，位于塔里木盆地、孔雀河上游的焉耆国给唐太宗李世民寄去一封信，说高昌国王不听话，但他们愿意配合唐朝，重新开辟从敦煌经三垄沙、白龙堆、楼兰进入焉耆的"碛路"。

这条路，正是当年楼兰鼎盛时，汉朝与匈奴争夺的丝绸古道，到唐朝初年，它已废弃两三百年，楼兰古城也早已淹没在漫漫黄沙中，鲜有旅人路过。

李世民却拒绝了焉耆国王的好意，他采取更加简单的方式，以麴文泰"不轨"为由，派侯君集率领大军灭了高昌，重新打通了从高昌前往西域各国的道路。

危险重重的楼兰碛路无法恢复其交通地位，楼兰古城也失去了"复活"的机会。这一时期，玄奘西行归国时，曾途经废弃的楼兰故地，凭吊这个消失的古国。

如今，罗布泊的道路仍崎岖不平、蜿蜒曲折，现代交通工具来到楼兰古城方圆百里的雅丹地貌，依旧是寸步难行，甚至还有人在考察、探险过程中失踪、遇难。

1980 年，生物化学家彭加木在罗布泊科考时神秘失踪。

当时，彭加木提出开辟一条新的罗布泊穿越之路。他与考察队在罗布泊扎营，汽油与水所剩无几。为了寻找水源，彭加木独自走向沙漠深处，却在沙海中失去了踪影。之后，出动了十几架飞机、几十辆汽车、几千人展开搜寻，都没能找回这位勇敢的科学家。

1996 年，立志徒步全中国的探险家余纯顺探访楼兰古城后，也在穿越罗布泊时迷路脱水，不幸遇难，让人不胜唏嘘。

这些现实的案例告诉我们，楼兰古道从来不是前往西域的最佳选择。楼兰的英雄史诗千百年来吸引着无数过往的旅人，但在通往楼兰的路上，罗布泊这个“生命禁区”不知让多少人望而生畏。

这条路，不好走。

我们常说“人定胜天”，但人类再厉害，也要敬畏自然，也要尊重历史。在环境恶化与历史进程的推动下，神秘的楼兰古国在沙漠深处消亡，楼兰人也在风沙之中飘向四方，融入其他民族中。

这是自然的选择，也是历史的选择。

太平天国的宝藏，到底去哪了？

当围城三年的湘军蜂拥冲进天京城时，已经杀红了眼的湘军士兵们在疯狂屠戮劫掠的同时，最挂念的就是：金库，太平天国的金库，到底在哪里？

从 1851 年太平军起事，到 1853 年攻占江宁（今南京）并定都改名天京，再到 1864 年覆灭，14 年中，南征北战的太平军也在不断聚敛财富，并在天京城中建立了一个名为天国圣库的金库存放各种金银财宝。而根据清军眼线汇报，这个天国圣库最高峰时，曾经聚敛了高达 1800 多万两白银。

当时，外界纷纷传言，“历年以来，中外纷传洪逆之富，金银如海，百货充盈”。对此，作为湘军统帅的曾国藩还指示自己的九弟、负责围城的曾国荃说：“城破之日，查封贼库，所得财物，多则进奉户部，少则留充军饷，酌济难民。”

湘军在天京城外围城三年，由于清廷财政困窘，士兵们早已欠饷多月，所以，士兵们眼冒金光，纷纷想着冲进天京城中大发一笔横财。尽管通过大肆屠戮，士兵们都劫掠得盆满钵满，但让湘军意外的是，他们几乎挖地三尺，但就是没有找到传说中的天国圣库。

对此，曾国藩不无懊恼地向清廷汇报说：“克复老巢而全无财货，实出微臣意计之外，亦为从来罕闻之事。”

尽管曾国藩、曾国荃两兄弟如此汇报，可垂帘听政的慈禧太后，对此根本不信。

在以慈禧为首的清廷高层看来，天国圣库肯定是让曾家兄弟和湘军给私吞了，可眼下拥兵三十多万的湘军势大，一时半会也奈何不得。

那么，太平天国的圣库，究竟藏哪儿去了？

1

实际上，不仅仅是清廷高层，在 1864 年天京城破之后，举国上下普遍认为是湘军洗劫了太平天国圣库。

1851 年，洪秀全率领众人在广西金田起事，当时洪秀全要求所有太平军成员要“人无私财”，所有财产全部“公有”，在打土豪、均贫富的号召下，太平军队伍迅速扩大，“因有此均产制度，人数愈为加增，而人人亦准备随时可弃家集合”。

1851 年，太平军攻占永安后，洪秀全发布诏令说：

“各军各营众兵将，各宜为公莫为私，总要一条草（心），对紧天父天兄及朕也。继自今，其令众兵将，凡一切杀妖取城，所得金宝、绸帛、宝物等项，不得私藏，尽缴归天朝圣库，逆者议罪。”

此后，天国圣库正式建立。当时，太平军规定，如果私人藏银超过 5 两，就会被治罪乃至处以死刑，“通军大小兵将，自今不得再私藏私带金宝，尽缴归天朝圣库。倘再私藏私带，一经察出，斩首示众”。

太平军在 1853 年定都天京后，圣库制度被施行到了极致。当时，太平军不仅没收居民私有财产归入圣库，家庭制度也被一并取消，军中所有男女按性别分别编入营、馆、衙，实行消费供给。

通过这种特殊且残酷的搜敛，天国圣库迅速壮大。据秘密潜入太平军中的细作、道光六年（1826）进士张继庚汇报，天国圣库地址设在天京城中的水西门灯笼巷。张继庚在写给清军江南大营统帅向荣的信中说，天国圣库在初设时，有高达 1800 多万两白银，可以补贴当时清廷巨额的财政亏空。

但此后，随着张继庚在 1854 年被太平军识破身份杀害，有关天国圣库的消息就中断了，但清军对此一直心心念念。

1864 年天京城破后，曾国荃指挥湘军攻入城中逐街逐巷搜索，士兵们在天京城中重点搜查了洪秀全生前居住的天王府，以及遍布城内的几百处王府和其他官员宅邸，但都没有发现天国圣库和传说中的巨额宝藏，为此，发狂的湘军在天京城中到处拆房子、挖池塘，不惜掘地三尺，可就是没有发现宝藏。

为了获悉内情，湘军在俘虏太平军主要将领忠王李秀成后，曾经严刑拷打逼问李秀成说：“城中窖内金银能指出数处否？”

但李秀成的回答始终是，“国库无存银米”“家内无存金银”。

后来，曾国荃又亲自提审了原来掌管太平天国内务的梦王董金泉，但也是一无所获。无奈之下，曾国荃只好向清廷汇报说，除了发现二方“伪玉玺”和一方“金印”外，有关太平天国圣库的窖金，实在一无所获，或许事情只是民间传说而已。

2

曾国荃如此汇报，清廷不信，民间自然更不肯信。

天京城破后，当时的《上海新报》就报道说，曾国藩的夫人从南京回湖南老家时，光运送财物，就用了二百多艘船护送。这不能不让人怀疑，天国圣库很有可能是让曾国藩、曾国荃兄弟等湘军将领给私吞了。

对此，《官场现形记》作者、清末小说家李伯元，就曾经在《南亭笔记》中写道：“（曾国荃）攻金陵既破，搜遗敌，入天王府……闻忠襄（曾国荃）于此中，获资数千万。盖无论何处，皆窖藏所在也。除报效若干外，其余悉辇于家。”

尽管李伯元是个小说家，但他关于曾国荃在攻破天京城后掳财“获资数千万”的道听途说还是不胫而走。实际上，李伯元出生于1867年，去世于1906年，而李伯元出生时，太平天国早已覆灭三年了，因此李伯元的说法能有多少可信度实在不足为论，但此后，关于曾国荃私下掳掠天国圣库的传闻，还是愈传愈广。

实际上，自从1856年参与湘军开始，作为曾国藩的九弟，曾国荃在此后围剿太平军的过程中确实掳掠不少，当时，个性张扬的曾国荃“每克一名城、奏一凯战，必请假还家一次，颇以求田问舍自晦”。对于曾国荃来说，清廷一直对于汉人拥兵心怀猜忌，因此，曾国荃也在有意无意之中，通过掳掠钱财、回到湖南老家买田盖屋，来向清廷证明自己“心无大志”。

经过前后八年营建，到了太平天国覆灭三年后的1867年，曾国荃在湖南湘乡盖起了一座占地面积达13万平方米、长600米、宽230米的规模宏丽、“俨若城市”的“大夫第”，这使得外界更加质疑曾国荃是通过掳掠天国圣库，积攒起了一笔超级财富。

但实际上，曾国荃虽然不像他的兄长曾国藩一般清廉，颇有不少贪污受贿和通过在战争中掳掠的钱财，但要说他“获资数千万”，还是严重言过其实。

当时，清廷从顺治十三年（1656）开始设立银库，主要储藏金、银、制钱、银票等财物，清朝国库分为内府库和户部库。乾隆四十二年（1777），清廷户部存银达到了当时的最高峰：8182 万两；到了嘉庆三年（1798），清廷户部存银降至 1900 万两；到了咸丰三年（1853），也就是太平军起事的第三年，清廷在战争支出激增的情况下，户部存银降至可怜的 20 多万两。在这种捉襟见肘的困窘中，假如曾国荃真的掳财“获资数千万”，那势必将为清廷所不容。

太平天国平定六年后，同治九年（1870）十一月初二日，因为受到清廷猜忌、闲居家中的曾国荃在写给大哥曾国藩的信中诉苦道：“弟向未留剩活钱而用度日繁，亦渐有涸竭之意。”

一个月后，同治九年（1870）十二月十六日，他又写信给大哥曾国藩说：“住乡应酬亦大，明春有权住省城之意，借以省款客酒饭轿钱。”

到了光绪元年（1875），曾国荃在写给两个侄子曾纪泽、曾纪鸿的信中又说：“八年闲居……负欠如海。”

由于这些信件当时属于私人性质，都是到了后世才被公开，因此可见曾国荃虽然在湖南湘乡老家买田盖屋营造豪宅，但从他个人信件来看，他实际的身家并不像外界想象的那般阔绰，因此才屡屡搞得困窘缺钱。为了赚钱，到了 1875 年，曾国荃不得已再次出山做官，此后他先后担任陕西巡抚、河东河道总督、山西巡抚、陕甘总督、兵部尚书、两广总督、礼部尚书等职务。

此后，曾国荃先后担任过七年两江总督，仅这七年间就有正规收入 210 万两白银（包括办公经费），因此，曾国荃虽然有身家，但难说他通过洗劫天京赚到了多少钱。

对此，曾国藩就曾经为弟弟曾国荃抱屈诉苦道：“吾弟所获无几，而‘老饕’之名遍天下，亦太冤矣。”

3

既然曾国荃私人掳掠天国圣库的可能性不大，那么天国圣库，是否又有可能被湘军士兵私下洗劫瓜分了呢？

据曾国藩幕僚赵烈文记载，湘军攻入天京后，在城中屠戮洗劫达七天七夜，“下令见长发者、新剃发者皆杀，于是杀贼十余万人”。在这场疯狂的劫掠中，一度欠薪欠饷达一年之久的湘军士兵们，都对通过洗劫天京城来弥补欠饷有着疯狂掳掠的心理，因此即使当时湘军真的找到了天国圣库，也有可能是被湘军士兵们一拥而上疯狂瓜分，很难轮到曾国藩、曾国荃兄弟来分多少羹。

由于清廷国库困窘、湘军长期欠饷，曾国藩、曾国荃兄弟也对湘军士兵这种通过屠城洗城的劫掠方式予以了默认，否则他们根本无法驾驭控制数十万长期欠饷的士兵。

另外，天国圣库除了有可能在天京城破时被湘军士兵集体瓜分洗劫外，还有一种可能，就是被突出城外的太平军士兵化整为零，带出了天京城外。

例如李秀成在突围时，当时他被人认出堵截后，李秀成为了脱身，就曾经想收买对方说："能导我至湖州，愿以三万金为酬劳。"

当时，即使是李秀成的随行童仆，也是"两臂金条脱皆满，又以一骑负箱箧，皆黄金珠玉宝贵之物，约值白金数十万两"。

1864 年天京城破时，当时洪秀全已经去世，太平军 1000 多名精兵于是拥护洪秀全的儿子、幼王洪天贵福突围到了湖州，暂住在堵王黄文金的王府。此后，洪天贵福又随军突围到了江西，并在江西被清军俘虏，随后被凌迟处死，年仅 15 岁。

洪天贵福虽死，但有关洪天贵福曾经将天国圣库的金银财宝埋藏在湖州堵王府中的传言却不胫而走，湖州当地百姓对此也深信不疑。当地一位老人就对外说，他曾经于 1954 年在湖州路过堵王黄文金的旧宅附近的小巷子时，看到两个小孩在把玩一枚比成人手掌还大的铜钱，而这枚铜钱正是天国圣库中的镇库钱。据两个孩子说，这枚铜钱是他们在堵王府附近的青石板缝隙中捡到的，这似乎为太平军在湖州藏宝提供了一些侧面的证据。

实际上，有关太平军在湖州堵王府旧宅藏宝的传闻，早在民国时就已经广为流传。据传在 1924 年，就有两个人专门从上海来到湖州，租下了原来堵王府中的一处老宅院，然后悄悄挖开地下的地窖，之后，这两个人不辞而别。

据此有人推测，太平军堵王府旧宅即使真的藏有金银，估计也早被这两个人挖走了。

4

尽管后世对天国圣库愈传愈神，但实际上，天国圣库虽然在初期确实存储了巨额银钱，但到了后期，天国圣库是否还存在，已经成了一个谜。

曾经卧底太平军中的清军间谍张继庚，在后续给清军江南大营统帅向荣的信中，曾经催促清军要尽早攻下天京城。张继庚说，天国圣库在第一次汇报后没几个月，圣库存银就从 1800 多万两降到了 800 多万两，原因就是上至洪秀全，下至各个王爷头目，都纷纷从圣库中转移钱财。到了 1854 年张继庚被太平军识破杀害前，张继庚在最后发出的密信中提到，圣库存银已降到不足百万两，当时，“东王杨秀清有私银一万余两，天王洪秀全有七千余两，北王韦昌辉有一千余两”。

张继庚被杀后，失去内部眼线的清军，此后也没了有关圣库的最后消息。

天国圣库的存银，从太平军中的各种奢靡浪费就可以看出端倪。洪秀全在进驻天京后，动用上万军民，将原来的清廷两江总督衙署扩建为“天王府”。建成后的天王府“城周围十余里，城高数丈，内外两重，外曰太阳城，内曰金龙城”，“精雕细琢，金碧辉煌”，“五彩缤纷，侈丽无比”。

在洪秀全的带头作用下，太平军中滥封的几百个王也争相攀比，进而不断掏空了天国圣库。此后，从 1853 年开始，天京城就一直不断处于清军的围攻之中，各种战争开销，以及购买武器、粮饷，都极大消耗了天国圣库的存银。

到了太平天国覆灭前一年（1863），当时清军急攻苏州，忠王李秀成准备从天京带兵前往支援。由于缺乏军费，洪秀全及朝臣竟然令李秀成“助饷银十万”，这种不惜到了勒索己方大将的地步，可见天国圣库到了最后时刻，实际很可能已经名存实亡。

但 1864 年湘军攻破天京后，向上汇报没有找到天国圣库的说法，还是令垂帘听政的慈禧产生了极大怀疑。碍于当时湘军拥兵三十多万，并且朝中上下满是湘军出身的大臣，慈禧对此只能是打个圆场糊弄过去。

但慈禧一直记着这事儿。

等到先后平定太平军和北方的捻军，并且逐渐裁撤湘军，断掉曾国藩、曾国荃兄弟的左膀右臂后，1868 年，觉得自己已经不再需要湘军助力的慈禧，立马下令将曾国藩从两江总督调任直隶总督。

在慈禧看来，将曾国藩调离他的老巢两江地区，改而将他调到天子脚下的直隶地区，就是为了方便清廷就近控制曾国藩。随后，慈禧又立马下令，将原来的浙江巡抚马新贻升任为两江总督。

就在马新贻赴任前，慈禧给他下了几个密令，一是在两江地区抑制湘军的势力；

二是秘密调查天国圣库的下落，看是否真的被曾国藩、曾国荃兄弟或湘军所秘密私吞。

马新贻在两江总督任上仅仅待了两年，1870 年，马新贻在已经从天京改名为江宁的校场阅兵后不久，竟然在重重士兵的拥护下，当场被刺身亡，史称“刺马案”。

“刺马案”震惊了整个大清帝国。身为两江地区江苏、安徽、江西三省的最高军政长官，以及晚清权力最大的封疆大吏，两江总督竟然当场被刺，整个朝廷内外都知道此事绝不简单，以致事后先后负责查办此案的官员都畏畏缩缩不敢冒头。无奈之下，慈禧只能让曾国藩再次回任两江总督，以安抚被马新贻到处镇压、多有不满的湘军旧部。

对于这宗最后不了了之的“刺马案”，时人普遍怀疑真正的幕后凶手，应该是湘军中人，但碍于湘军在晚清政坛错综复杂的强大权势，即使是慈禧，最后也只能是对案件敷衍了事。

随着马新贻的被刺，此后清廷官方再也无人胆敢公开追问天国圣库的下落。

马新贻死后两年，1872 年，湘军创始人曾国藩也在两江总督任上病逝，到了 1890 年，曾国荃也病逝，但天国圣库的各种消息，一直在民间不断流传。

5

清朝被推翻后，1912 年，刚刚建立的南京地方政府碍于财政困窘，不知道从哪里听来的消息，竟然在 1912 年底，在南京通济门城楼附近进行了一次挖掘，但当时深挖了 40 多米都没有发现宝藏，最终空手而归。

部分民间传说则更加神乎其神，南京城内曾经有一个富丽堂皇的大花园“蒋园”，园主蒋某也被称为蒋驴子，传说此人原来是名行商，经常用毛驴贩运货物。蒋驴子有次运送军粮，得到太平军忠王李秀成的垂青，被任命为“驴马车三行总管”。

据说，1864 年天京城破时，天京城中的权贵和内宫后妃，曾经“聚金银数千箱令载，为之埋藏其物”，后来，这些宝物在天京城破后流入蒋某之手，其据以起家，成为南京巨富。

对此有消息表示，晚清时期确有蒋驴子其人，但他本人是做生意起家，而不是传说中的依靠什么天国圣库致富。

民国时期，有一本叫作《真相》的杂志，也曾经煞有介事地写过一个故事，说是有个广州人曾经在太平天国当兵，1864 年天京沦陷前，太平军某位王爷曾经命令他和其他 46 名士兵在其家中挖了一个藏宝洞，埋藏了 300 多万两黄金白银。工程竣工后，这位王爷以犒赏为名邀请他们赴宴，这个广州人由于刚好疟疾发作就没有前往，没想到其他人赴宴后却被那位王爷全部杀掉灭口。

获悉此事后，这位广州人连夜抱病逃离天京，后来，此人在临终时曾经交给他儿子一张草图，并嘱咐他的儿子“一定要把藏宝发掘出来，以安抚我的遗志”。据说，此人的儿子后来果真到了南京寻宝，但至于有没有找到宝藏，《真相》杂志就没了下文。

此后，还是有人不甘心，将原来南京天王府中西花园的湖水放干进行挖掘，但也是一无所获。对此有关方面表示，南京文化遗存丰富，深挖 4 米多，就已经是南北朝时期的文化层了。而自清末以来，南京古城内由于城市建设等原因，早已经被大规模挖掘过，但都没有发现传说中的所谓天国圣库宝藏。

历史渐渐远去，但有关天国圣库的传说，或许还将继续流传下去。

杨月楼案：一次轰动全国的私奔

那本应该是一段幸福生活的开始。

1873 年初冬的一天，杨月楼和未婚妻韦阿宝在上海租界文运里附近的一个房间举行秘密婚礼。杨月楼是当时有名的京剧演员，韦阿宝是广东香山一位富商的女儿。

这不是一次平常的婚礼。因为婚礼正进行中，一些不速之客突然到来。他们是上海的县差和巡捕。举办婚礼的房门紧闭着，来人打穿墙才进到房间内。杨月楼想逃走，跳下楼但被抓住。韦阿宝被当场抓获。来者同时还查抄了韦阿宝的嫁妆——七大箱衣物首饰。

随后公众舆论迅速发酵。这就是后来被称为“晚清四大奇案”之一的杨月楼案。

1

他们的结婚，甚至会面都带有几分传奇色彩。

1844 年出生的杨月楼，从小在北京京剧界闯荡。当他成名后，自立门派“忠华堂”。目前并没有关于杨月楼生活非常详细的记述，只知他是长相和才华兼具的著名演员，身材魁梧，长相俊朗；在技艺方面，他武功娴熟，嗓音洪亮。

1872 年，杨月楼进入了当时上海滩历史最悠久、规模最大的京剧戏院丹桂园。即使在人才济济的丹桂园，杨月楼也是出类拔萃的一个。杨月楼之所以要去上海，是受当时圈内风潮的影响。同治年间，上海的京剧业发展很快，待遇颇高。京剧文化在上海的社会各阶层普遍流行。因此许多名角南下到上海闯荡。

上海图书馆收藏有《绛芸馆日记》。这是一位外号为“绛芸馆主人”的人士的日记。绛芸馆主人是个戏剧迷，一年到丹桂园观戏就有一百多次。他在当时应该属于上海滩的上流阶层。

绛芸馆主人第一次见到大名鼎鼎的杨月楼时，描述当时的场景“颇为热闹”。当他第二次观看杨月楼演出时，场面“热闹之至，戏亦十分可观”。

作为资深戏迷，“绛芸馆主人”很快和杨月楼熟络。他们曾经多次一块儿畅饮。当杨月楼被捕入狱后，“绛芸馆主人”在日记中为他叫屈，“以风流小过，办如江洋大盗，诚不解问官居心！总之，欲加之罪，何患无辞，余深为月楼抱屈耳”。当后来读到《申报》关于杨月楼案的报道后，“绛芸馆主人”评价为“公道自在人心”。

杨月楼凭借自己的实力和名气，很快成为上海滩响当当的名角。他的表演总是吸引众多戏迷观看。丹桂园和另一个戏院金桂轩甚至为了争抢杨月楼而打起了官司。

一天，杨月楼表演了《梵王宫》。这部戏剧讲述了元末时一对青年男女的爱情故事。两人在一个庙会相遇并相爱，女子在回家后得了俗称的“相思病”。后来男子男扮女装到了女方家里。两人私订终身。最后，两人克服重重障碍，走到了一起。

这是个美满的故事。它迷倒了一个少女观众。她是时年仅 17 岁的韦阿宝。

2

韦阿宝是客居上海的广东香山人，和母亲韦王氏住在一起。她的父亲是一位洋行买办，在广州、香港等地经商，常年不在她身边。

韦阿宝被杨月楼的表演倾倒，一连看了三天《梵王宫》。回家后，像戏剧中的女主人公一样，韦阿宝陷入抑郁状态，得了“相思病”。

思念难耐的韦阿宝给杨月楼写了一封情书，“细述思慕意，欲订嫁婚约”。和情书一起送出的，还有一个八字帖，是古代定亲用的。杨月楼此刻已经是闯荡江湖多年的艺人。收到书信的他有点疑虑，担心有人想害自己，就没有回应。迟迟收不到回音的韦阿宝最终生病了。

韦阿宝的母亲韦王氏是个开明的女人。她为了女儿，就托人去向杨月楼求婚。杨月楼在征得母亲同意后，最终同意了定亲成婚。杨月楼此时的心路历程到底如何？为什么他会在两人没有深入交往的情况下答应这门亲事？他并没有留下可供窥探的线索。但据李长莉在《从“杨月楼案”看晚清社会伦理观念的变动》一文中的分析，杨月楼是受到了追求身份平等的动机驱使，因为他在生活水准上已经比得上富家子弟了，但作为京剧演员仍被认为是戏子。

没想到，两人定亲后，被韦阿宝的叔叔知道了。这位叔叔持有保守观念，坚决反对两人订婚，理由是违反了当时“良贱不婚”的律法。“惟退婚方不辱门户”，这位叔叔放下狠话。

“良贱不婚”是杨月楼案的重大母题。在封建社会的不平等落后观念之下，演员被归于“贱民”，区别于士农工商等“良人”。按照这种观念，杨月楼归于“贱民”，而韦阿宝归于“良人”。双方之间的婚嫁隔着一道法律的藩篱。《大清律例·户律》中对违反“良贱不婚”的惩罚规定是：“凡家长与奴娶良人女为妻者，杖八十。女家减一等，不知者不做。其奴自娶者，罪亦如之。家长知情者，减二等，因而入籍为婢者，杖一百。”

虽然在实际执行中，这些落后的律法逐渐松弛，但有这样一个律法悬在头顶，对社会观念的发展总是一个禁锢。

上海是一个受西方现代观念影响很大的地方。生活在其中，杨月楼和韦阿宝的思想也比较新潮。他们决定冲破“良贱不婚”这个禁锢，追求自己的幸福。这时，他们想到了私奔。

3

1873 年，农历十一月初一，韦阿宝携带着嫁妆悄然离家。杨月楼在外边不远处接应。两人在离家不远的地方准备举办秘密婚礼。

不想他们的私奔走漏了风声。韦阿宝的叔叔充当了一个“商界法海”的角色。他联合在上海的香山籍商人，将杨月楼以“拐盗”的罪名告到了官府。这样，官府的执法者冲到了他们的结婚现场，发生了本文开头的一幕。

这个普通案件之所以成为“奇案”，是男女主人公相遇的离奇，审判定性引发的巨大争议，以及传统与现代观念的剧烈碰撞。

案件迅速成为街头巷尾热议的话题。事实上，韦阿宝和杨月楼在押解过程中，就有大群闲人尾随围观。

随后，杨月楼案在上海县衙进行了审理。审理的法官是上海知县叶廷眷。从杨月楼的角度看，碰到叶廷眷是一件不幸的事。因为叶廷眷和韦阿宝一样，是广东香山人。和韦阿宝的叔叔一样，他带有明显的家乡宗族立场。据《申报》的报道，叶廷眷对此案的态度是“痛恶月楼，素行不端”。这样的倾向性也注定了该案初审的结果。

当天晚上，案子的审理就开始了。杨月楼被吊打了一晚上。

知县叶廷眷问询韦阿宝时，后者的回答是“嫁鸡随鸡，绝无异志”。韦阿宝坚定了自己要和杨月楼在一起的决心。她这话激怒了叶廷眷，被打了两百巴掌。

在严刑拷打之下，杨月楼受刑不过，只得诬招自己和韦阿宝私通并将其拐走。他当时的供词把故事完全变成了另一种版本。他说自己在表演时遇到了韦阿宝，见她“风姿可爱”，就贿赂与她在一起的乳母，随后两人相遇并在一起相处。

捕房随后在杨月楼家搜出一盒药末，颜色黝黑，味道奇香，好像是春药。韦阿宝经过法庭检验，已不是处女。这些事实，后来成了初审定案的证据。

在此案中，韦阿宝的母亲韦王氏是撮合两人婚姻的。因此，案发后，韦王氏积极奔走，想方设法让两人获释。但她找同宗族叔时，对方不愿帮忙。她只好带着相关证物自己去找法庭，声明是自己同意他们两人成婚的。但知县叶廷眷不为所动。他认为，韦阿宝的父亲因商捐官，作为公务员，不可能不知道“良贱不婚”的律法。此案暂时悬着，涉案的杨月楼和韦阿宝继续关押。不久，韦王氏在忧虑中去世。

等韦阿宝的父亲在十二月回到上海后，他声明自己对这桩婚姻并不知情。这样，主动承担责任的韦王氏去世，而韦阿宝的父亲又撇清责任。在“父母之命，媒妁之言”的文化背景下，审判变得对杨月楼不利了。

还有多种因素对杨月楼不利。香山籍商人联名控告杨月楼“淫恶不法”。此外，杨月楼被揪出另外一件事。此前，在小东门一家当铺，杨月楼与戏班滋事被控告。他被定性为“不安本分”。这种种因素，在该案的舆论场中，给人一种杨月楼是“惯犯”的暗示。

叶廷眷将杨月楼初审定罪为“诱拐”。这是该案所能定的最重的罪名。学者石泉认为，最终把杨月楼定罪为“诱拐”，是因为主审官员掌握的案件信息不完整，以及受自己主观性的影响。

事情闹大了。当时整个上海街头巷尾都在议论这件事。

韦阿宝的商人父亲不愿意再把女儿领回家。韦阿宝被判给善堂（清代官办婚姻介绍所）责配，最后配给一位七十多岁的老人。

杨月楼案到了上级法庭的时候，他翻供了。当时，上级法庭是松江府。当松江府太守提审杨月楼时，他叩头喊冤。太守颇为怜悯他，说“汝之被冤，吾知之矣”。听到太守这样说，内心忧虑、生死未卜的杨月楼说：“小的复有生望矣。蒙大人秦镜高悬，实罪民之生死而肉白骨也。”但此案转到娄县县令复审时，结果维持原判。杨月楼被打了两百大板，还被警告不许翻供。

4

杨月楼案成为那几个月上海滩主要的话题之一。舆论从一开始就产生了巨大的分歧。

持保守立场的一派，痛骂杨月楼，认为他诱奸韦阿宝，坚决主张将杨月楼严惩。《申报》提道："街谈巷议，实令人不堪入耳。"有人认为，"月楼素行不端，人所共恶"。较为宽容的一派，则认为杨案应该纳入"良贱不婚"的范畴，不适用过于严厉的刑罚。

该案最大的争议就是它的判罚。初审定的罪名是"诱拐"，而不是多数人认为的"良贱不婚"相关律法。而根据杨月楼的行为，他们履行了正常婚姻的程序。清律对"诱拐"的惩罚要重得多。《大清律例・刑律》规定："凡诱拐妇人、子女，或典卖，或为妻妾子孙者，不分良人奴婢，已卖未卖，但诱取者，被诱之人若不知情，为首拟绞监候。为从杖一百，流三千里。"绞监候，相当于死刑缓期执行。

杨月楼为何没有获得更严重的判决，比如绞监候？学者马薇薇认为是《申报》的关于司法公正的报道帮了忙。

沪上有名的《申报》持续关注了杨月楼案。据马薇薇的研究，受消息源影响，《申报》开始报道此案时，措辞是官方口径，比如出现了《杨月楼诱拐卷逃案发》这样的题目。但社会上的强烈批评给了《申报》很大压力。《申报》于是选择把各种观点都刊登出来。当时围绕案情发生了各种激辩。有的观点同情杨月楼，针砭封建桎梏。有的则站在传统一方，支持"良贱不婚"的律法和习俗。

后来，《申报》受到了来自香山籍商人的压力，态度趋于保守。最后，《申报》停止刊发关于杨案的读者来稿，只刊登香山籍商人写的稿。《申报》累计刊发了关于杨案的报道、评论文章五十多篇。

此案经过了层层的复核程序。清朝刑部最终还是以"诱拐"罪对杨月楼进行量刑。杨月楼被判发配到黑龙江充军。

1875 年，事情有了转机。这年，光绪皇帝登基，同时遇上了慈禧太后过四十大寿，要大赦天下。杨月楼符合大赦的条件。最终，这位著名演员被打了八十大板，遣送原籍。

次年，经历了命运悲剧后，杨月楼再次结婚，妻子是一位说评书的艺人。还在杨月楼被关押期间，这位艺人就给了他很多关怀和帮助。杨月楼被释放后，两人最终走在了一起。

杨月楼后来返回北京，加入剧团三庆班。

1888 年，杨月楼获得了殊荣。他掌管的三庆班被选进皇宫，为慈禧太后表演。只有最优秀的演员才能被遴选进去。慈禧太后很欣赏杨月楼，赏赐了他白银二十两。

但一代艺人的辉煌没有持续多久。1889 年，杨月楼病逝，年仅 45 岁。

随他离去的，还有那段刻骨铭心的、苦涩的爱情回忆。

杨乃武与小白菜案，为何震动了帝国高层？

平反一桩冤假错案，究竟有多难？

晚清同、光年间，发生于余杭的“杨乃武与小白菜案”，是清末四大奇案之一，坊间流传甚广。

此案肇始于同治十二年（1873），结案于光绪二年（1876），审理历时三年多，含冤的杨乃武和小白菜在狱中受尽折磨，屈打成招，幸得杨乃武的亲人坚持不懈，又有同乡士绅、朝中重臣和当时媒体多方支援，才成功平反。

这桩案子，看似仅仅关乎两条人命，实则隐藏着晚清帝国涌动的权斗，而其翻案的类似过程，总是在各个时代不断上演。

1

回到事发那一天。同治十二年（1873）十月初九，余杭一家豆腐店的帮工葛品连暴毙而亡。

就在此前两天，葛品连在工作时突感全身乏力，不得已请假回家。由于病情加重，葛品连让妻子用桂圆和东洋参煎药喝。

其实，葛品连当时患的是热症，这两样东西不仅治不了他的病，还要了他的命。

葛品连死后第二天，尸体脸发青，口鼻流出血水。他的母亲沈喻氏和义母冯许氏本就觉得儿子死得实在蹊跷，见此状怀疑他是中毒而死，于是向县衙报案。

余杭知县刘锡彤，此时已年近七十，再干几年就要告老退休，像这种案件他估计也见多了，便派仵作（相当于法医）沈祥及门丁（相当于助理）沈彩泉前去验尸。

仵作用银针刺探死者喉咙，发现针呈青黑色，与《洗冤录》所载中砒霜之毒的特征相似。门丁一看，坚称葛品连是被人下砒霜毒死的，仵作不满，两人争吵起来，竟然忘了试毒的银针要用皂角水多次擦洗，于是他们就把葛品连中毒而死的报告交上去。

就在此时，刘锡彤的老友，县里士绅陈竹山给他带来一条劲爆绯闻，说葛家曾租住县里举人杨乃武的房子，其间葛妻葛毕氏和杨乃武举止暧昧，街坊邻居都说这对男女有奸情。

葛毕氏，原名毕生姑，年方十七，生得白皙貌美，街坊邻居称她作“小白菜”。小白菜自幼丧父，8岁时跟随改嫁的母亲搬到余杭居住，11岁时被许给葛品连为妻，一生寄人篱下，也算是个苦命的女子。

葛家租住在杨乃武家期间，小白菜闲着没事，想诵经读书，偏又不识字，就向杨乃武请教，平时也常和杨乃武一家一块儿吃饭。两人虽然关系清白，但难免有人说闲话。

杨乃武本人也听过这些流言蜚语，于是在葛家租满一年后就故意提高租金，以此逼葛氏夫妇搬走，方能避嫌。葛品连夫妇早就搬走了，本来，这事儿就到此为止。

偏偏杨乃武为人正直，常替乡里人打抱不平，而且不惧官府淫威。刘锡彤和他有过节，早就想找机会整整这个刺头儿。如今葛品连“中毒”身亡，会不会是小白菜与杨乃武通奸，谋杀亲夫呢？

刘锡彤觉得，完全有可能，便将所有嫌疑指向小白菜。

小白菜被押到县衙接受审讯，刘锡彤当即发问：“毒从何来？”小白菜和丈夫原本过着安稳的小日子，生活也算小康，如今丈夫突遭横祸，丧事才办到一半，自己就被拉来这里讯问，只好如实回答：“不知。”她坚决否认是自己毒死了葛品连。

刘锡彤大为光火，命人拶刑伺候。

拶刑，也叫夹刑，即用拶子套入手指，用力收紧，夹住十指，常对女犯人使用。

据《申报》报道，小白菜除了受拶刑外，还惨遭“烧红铁丝刺乳，锡龙滚水浇背”等酷刑。这或许是记者从街头巷尾议论得来的小道消息，但也不排除刘锡彤为了迅速结案，采用了远超法律规定的用刑尺度。而此时距葛品连身死，还不过十日。

如此残忍的手段，小白菜一介弱女子，哪里经受得住？

在刘锡彤的压迫下，小白菜只好诬告杨乃武与自己有染，她于本月初五从杨乃武手中得到砒霜，初九将砒霜下到桂圆洋参汤中，毒死了葛品连。

2

刘锡彤得到了想要的供词，即刻下令，抓捕杨乃武。

杨乃武大半夜就被押到县衙，得知小白菜指认自己和她合谋毒害丈夫，他即刻否认，并称，初五当日，他人在余杭城外，根本不可能见到小白菜，更不可能把砒霜交给她。

和小白菜不同，杨乃武有一个身份，可作为护身符。他是本地士绅，更是举人。杨乃武一出事，他的拜把子兄弟、监生吴玉琨和堂兄杨恭治等多名相识的读书人就联名为他作证，称小白菜的供词根本是无稽之谈。

依法，对举人不能动刑，要逼供杨乃武，还需要走下程序。于是，刘锡彤呈报上级，请求革去杨举人身份。

朝廷估计每天收到的垃圾文件太多，也没空多看，不久就发下御批："杨乃武革去举人，其因奸谋死本夫情由，著该抚审拟。该部知道。"

十月二十日，刘锡彤照规矩，把杨乃武、小白菜，以及此案的卷宗押解至杭州府。

可是，他对验尸"尸格"做了修改，关于杨乃武不在场证明的证词也被扣下，没有随之上报。这是典型的"报上不以实"的行为，依律，"凡对制及奏事上书，诈不以实者，杖一百，徒三年"。刘锡彤自以为是省事，实际上是给自己挖了个坑。

刘锡彤长舒一口气，初审工作就这样完成了，接下来就交给上级了。

杭州知府陈鲁跟刘锡彤是同路人，就想着敷衍了事。此时，革去杨乃武举人身份的御批已经到了。复审时，陈鲁果断对杨乃武施以重刑。

杨乃武一介书生，也经不起折腾，只好照着小白菜之前的供词招供，被安排得明明白白。为了完善剧本，杨乃武只好编造，砒霜是自己从仓前镇爱仁堂药店老板钱宝生那里买来的。

陈知府命刘知县前去审问钱宝生。刘锡彤派人到药店一看，哪里有钱宝生，店老板分明叫钱坦。既然杨乃武都"招"了，可不能横生枝节，刘锡彤威逼利诱，让钱坦"串供"。钱坦不敢违抗知县，便说自己确实卖砒霜给杨乃武。

这样一来，口供都对上了，该结案了。杨乃武与小白菜，二人共谋毒害葛品连，不许反驳，你们有权保持沉默，但你们所说的每句话都不能成为呈堂证供。

同治十二年（1873）十一月初六日，陈鲁以通奸杀人的罪名判决小白菜凌迟，杨乃武斩立决，并上报浙江按察使蒯贺荪（按察使主要负责一省的刑狱诉讼事务）。

蒯贺荪接案后也没有细心审查，只是找来刘锡彤询问案情，随后又转交给浙江巡抚杨昌浚，并称此案“无冤无滥”。

杨昌浚比他的三位下属稍微用心，还派候补知县郑锡皋去仓前镇暗访，但在刘锡彤威逼下，钱坦“仍照原结承认”。这样，“铁证”如山，毫无冤情，还不马上结案，各自回家陪老婆？

按清制，死刑案件要经过县级、府级、臬司、巡抚或总督四级审查，再上报朝廷，由朝廷同意后执行。同治十二年（1873）十二月二十日，杨巡抚以陈知府原拟罪名上报朝廷。两个月的时间，不费吹灰之力，就了结了一桩杀人案，可喜可贺。

只待刑部审查通过，杨乃武与小白菜就要以奸夫淫妇的身份共赴黄泉。

3

同治十三年（1874）四月，刑部公文还没有到，朝廷办公的低效率意外地给了杨乃武一线生机。

杨乃武没有放弃，他是读书人，在万念俱灰之时，一纸一笔就是他反击的武器。杨乃武拖着满身伤痕的身体，挥笔写下诉状，直言“葛毕氏串诬，问官刑逼”，交给姐姐杨菊贞，请她赴京叩阍。

叩阍，即京控，官民若有冤屈，可以通过这个途径直接向中央申冤。

可惜杨菊贞的奔走并没有取得成效，都察院接受申诉后，经由马拉松式的传递，让杭州知府陈鲁复审。陈鲁不以为意，仍然维持原判。

杨家人仍不认命，同治十三（1874）年九月，杨菊贞和杨乃武之妻詹彩凤带上第二份申诉书再上京城呈控。

这一次进京还得到了一位大人物的资助，那就是红顶商人胡雪岩。此时胡雪岩正好在浙江，他有个西席，叫吴以同，与杨乃武是旧相识，将杨家人的情况告知胡雪岩。胡雪岩慷慨解囊，仗义相助。

胡雪岩资助杨乃武申冤，还有另一个深刻的原因，即打击浙江巡抚杨昌浚。当时，左宗棠正欲带兵收复新疆，出身湘系的杨昌浚一直在江南为其筹措军饷。如果杨昌浚出事，胡雪岩就有机会同左宗棠合作，从中谋利。

杨家二次京控成功，朝廷下旨，将此案交浙江巡抚杨昌浚“亲提严讯”。杨昌浚根本无心打理，交给新任的湖州知府锡光和绍兴知府龚嘉俊等重审，这些官员也没把分外的事情放在心上，自然是维持原判。

不过，这次审讯唯一的不同之处在于，没有用刑，杨乃武和小白菜趁机推翻了原来的有罪供认。

不承想，此时又发生了戏剧性的转折，由于同治皇帝突然驾崩，此案迟迟不能判决，一拖再拖，杨乃武和小白菜又争取到了时间。

4

杨乃武家人的付出并没有白费，她们的行为惊动了浙江籍在京官员，一石激起千层浪。

在胡雪岩的帮助下，杨家人进京后拜访刑部侍郎夏同善。夏同善是杭州人，和杨乃武是老乡，得知“杨白案”疑窦重重，杨乃武堂堂举人，被严刑审讯，不禁大为愤慨:“此案如不究明实情，浙江将无一人读书上进。”有夏同善撑腰，杨家人又先后求见三十多位浙籍京官。

光绪元年（1875）四月二十四日，在舆论导向下，刑科给事中王书瑞上书，请求朝廷另派大员查办此案，以防地方官员继续拖延，并确保杨乃武和小白菜的人身安全。随后，慈禧太后下诏，钦命浙江学政胡瑞澜复审。

胡钦差也是个不靠谱的主儿，完全没有审案经验，到了杭州后，照旧对杨乃武和小白菜用重刑。

杨乃武难掩心中悲愤，当堂对胡瑞澜提出质疑:“严刑之下，何求不得？某既受诬攀，原想见官之后，定能公断是非。再不想今日官官相护，只知用各样非法之刑。”在酷刑之下，杨乃武与小白菜只得再次“招供”认罪。

重刑之下，何来真相？而且自案发以来，就没有一个官员发现，葛品连的死因才是问题所在。十月初三，胡瑞澜结案，上奏朝廷“此案无有冤滥，拟按原审判定罪”。至此，案件几乎再无转机。

然而，浙江士林锲而不舍，内阁中书汪树屏等18名浙籍京官联名呈诉。浙江当地士子三十余人也联名上书痛陈：县、府、臬司、巡抚和钦差七审七决，层层上报，全部都是通过严刑逼供、屈打成招，他们官官相护、上下包庇，让杨乃武蒙受不白之冤。他们强烈要求，将有关人证物证提京审讯。

此时，也有人站在杨昌浚等浙江官员一边，如四川总督丁宝桢就认为，此案不可翻：“如果这个铁案要翻，将来没人敢做地方官了。”

丁宝桢不知，朝廷正有意通过此案来重新树立司法权的威信，打击地方督抚。太平天国运动后，地方督抚权力扩大，湘系官员遍布各方，如杨昌浚就是出自湘军，朝廷对此很是忌惮。这样一来，杨乃武和小白菜又多了一根救命稻草。

5

推动“杨白案”重审的另一个有力支持，是当时的媒体。

“杨白案”发生一年前，英国资本家美查在上海创办了中文报纸《申报》。《申报》创办伊始，就有意突破“只重文章不重社会新闻”的局限，在发现“杨白案”这一社会热点后，一直关注着案件的进展。

自同治十三年（1874）刊登《记余杭某生因奸谋命细情》始，至光绪三年（1877）五月发表《余杭案犯尸棺解回》为止，《申报》对“杨白案”作了长达三年的报道，发表新闻、评论六十余篇。

《申报》的记者曾得到杨乃武诉状的底稿，于同治十三年（1874）十二月初七发表《浙江余杭杨氏第二次叩阍原呈底稿》全文，将杨乃武的冤情公之于众。

《申报》还用写反面文章的方式制造舆论。在杨家人上京叩阍之际，曾登载一篇署名为“武林生”（武林为杭州别称）的《告白》，颠倒黑白，骂杨乃武是“士林败类”，勾搭良家妇女，杀害无辜百姓。

不久后，《申报》又刊载署名为“海昌小蓬莱主”的《驳武林生告白》，文中称：“武林生意狠如切骨，指为疯狗，岂此案翻与不翻，与武林生大有关系耶？”两篇文章针锋相对，好不精彩，一下子吸引了大众目光。

美国汉学家欧中坦教授曾评价，杨乃武一案能够广泛传播，乃至沉冤昭雪，“在很大程度上要感谢《申报》充满活力的记者”。

美中不足的是，《申报》对案情的还原并未完全到位，其对小白菜的描写就失之偏颇。

在《葛毕氏起解琐闻》一文，《申报》记者把小白菜说成是“平生滥与人交，据其自谓所私者，可坐四五席云”的淫妇，并提出，小白菜早已承认自己毒死葛品连，杨乃武完全是被她拖累的。

实际上，在整个案件中，小白菜完全没有话语权。对于这个身陷囹圄的弱女子，我们只知道她受到了残忍的虐待，她本人到底发表过什么言论，是否申冤，根本无从知晓。

或许，她根本就没有机会为自己辩解，她的声音被淹没在时代的浪潮里，历朝历代，多少女性和她一样，一旦被误解，有冤难伸，有口难辩。

就连和小白菜共同蒙冤的杨乃武对她也毫不同情，同治十三年（1874），杨在《二次叩阍原呈》中，就写道："上年十月初九日，有葛毕氏毒死本夫葛品连身死一案。"继而诬告小白菜曾经赖婚、与他人有过奸情等。在杨乃武眼里，小白菜并不是无辜的。

在世人看来，杨乃武未必是奸夫，但小白菜年轻貌美还守寡，必定是淫妇。

杨乃武拼死申冤，完全是在自救，并没有顾及小白菜。后来小白菜能得救，仅仅是因为葛品连被查明确实是病发身死，而不是被毒杀而已。

6

读书人的一支笔还是管用的。有浙籍士人、媒体舆论造势，户科给事中边宝泉再上奏，要求将此案提由刑部直接审理。夏同善发动人脉，请翁同龢、张家骧等近臣，将该案内情面陈两宫皇太后，并表示只有提京审讯，才可能有真相。

慈禧准了。

此时距离案件发生已过去两年，证人钱坦、原按察使蒯贺荪都已经去世。但是，最重要的一项证据，葛品连的尸骨还在。光绪二年（1876）九月十七日，刑部提请运送葛品连的尸棺到京城验尸。

十二月九日，杨乃武和小白菜梦寐以求的结果终于到来。刑部在北京海会寺开棺验尸，最终确认，葛品连根本就是病死的，并不是中毒！余杭知县的报告有误！

光绪三年（1877）二月十六日，慈禧太后以光绪皇帝的名义颁布平反谕旨：

"本此案主犯杨乃武与葛毕氏俱无罪开释。但葛毕氏因与杨乃武同桌共食、诵经读诗，不守妇道，致招物议，杖八十；杨乃武与葛毕氏虽无通奸，但同食教经，不知避嫌，杖一百，被革举人身份不予恢复。"

涉事官员浙江巡抚杨昌浚、杭州知府陈鲁、余杭知县刘锡彤和浙江学政胡瑞澜等，共一百多名，或判处流刑，或革职查办。朝廷借此案，狠狠地打了地方势力一巴掌。

不过，杨昌濬到底后台硬。他被革职后，并未就此销声匿迹，第二年去帮左宗棠督办新疆军务，之后因功东山再起，历任闽浙总督、陕甘总督和兵部尚书等职，在官场上依旧顺风顺水。

“罪魁祸首”刘锡彤就没那么走运了，年过古稀的他被流放至黑龙江，不久病死。

而案件的主人公杨乃武和小白菜，虽保住一命，人生却从此大为转折。杨乃武功名尽毁，只能靠养蚕度日，小白菜看破红尘，削发为尼。

其实，在“杨白案”中，杨乃武始终不是一个人在战斗。其中有亲朋好友奔走相告，红顶商人解囊相助，江南士林同仇敌忾，又恰逢朝廷有意借此案震慑地方督抚，于是先后下达十三道谕旨推动案件复审，直至翻案。

不是所有蒙受冤屈的人，都能像杨乃武一样好运，乘天时之便，又有贵人相助，逃出生天。

平反一桩冤假错案，难吗？真难！

“龙骨”的秘密

1900年，是一个多灾多难的庚子年。此时，仍有逆行的勇士振臂高呼，为国而战。这其中有一位年过半百的文弱书生——国子监祭酒王懿荣。

庚子国难时，王懿荣奉命组织京师团练，直到八国联军攻入北京城，他还派团勇巷战，拒不投降。那时，慈禧太后早已带上光绪帝，打着“巡幸山西”的旗号出城逃窜了。

此前，王懿荣曾有无数次机会避难。当洋人与义和团在天津鏖战时，王懿荣的儿子就寄来家书，请父母趁早离开京城。但王懿荣决意留守北京，只是命人开挖家中花园深井，供家人藏身。

在绝境中，王懿荣坚守到了最后一刻。北京失守后，他写下遗言：“主忧臣辱，主辱臣死。于止知其所止，此为近之。”随后，与夫人、儿媳投井自尽，壮烈殉国。

王懿荣的死，充满了一种悲剧的宿命感。在殉节的前一年，他刚为一门即将震撼世界的中国古文字学敲开了大门。

王懿荣的另一个身份，是甲骨文的发现者。我们不知，在他即将走到生命尽头时，是否曾捧着那苦心珍藏、蕴藏无限秘密的甲骨仰天长叹。

1

庚子国难的两年前，王懿荣生了场病，他到北京一家药店找大夫抓中药，其中有味药叫“龙骨”。所谓龙骨，其实就是有些年代的龟甲与兽骨。眼前这批龙骨，是河南农民不知从何处挖得后卖给商贩的，最终辗转成了王懿荣治病的药材。

要是一般人，回家就把药煎了，瞧都不多瞧一眼。可王懿荣酷爱收藏，是一位金石学家，在北京古玩圈小有名气，就连这做中药的龙骨，他都有兴趣把玩一番。正是这个不经意的举动，引爆了一个惊天秘密。

王懿荣将龙骨捧在手心仔细审视，忽然发现，这上面似乎刻有一种规律的符号。常年研究金文的他敏锐地察觉到，这可能是一种文字，而且比篆文还要古老得多。

他有病都不好好吃药，赶紧四处收购这种甲骨，进行抢救性收藏。起初，药店都以为王懿荣只是想买药，就照着原价论斤卖，把龙骨卖给他。后来，他寻找有字龙骨的消息不胫而走，商人纷纷坐地起价，龙骨价格一度涨到每字银二两。

仅仅过了一年，王懿荣就从山东潍县（今潍坊）一位叫范维卿的古董商人手中购得了大批甲骨。那时候，人们还不知道甲骨上这些神秘符号代表什么，外界也不知道，这些甲骨都来自同一个地方，河南安阳。当地的老百姓在小屯村一带挖出这些龟甲、兽骨，往往将其放在水中浸泡数日乃至月余，洗净泥土后当作普通的龙骨卖给商贩，谁也没有注意到甲骨上的文字。

随着收购的甲骨日渐增多，王懿荣喜不自胜，他将好消息告诉好友刘鹗等京城古玩圈名人，还与上门拜访的朋友约定：“你给我多搜集些铜器上的铭文拓片。等我病好后，我要仔细研究，对照一下，有何相似，有何不同……”

这成了永远无法兑现的承诺。第二年，“甲骨文发现第一人”王懿荣死于庚子国难。

2

王懿荣殉国后，其收藏为另一位古玩爱好者刘鹗所得，后者继续从多方购得甲骨，生前收藏多达 5000 余片。他还继承了王懿荣的遗志，尝试对甲骨文进行考释，写成“说龟”数则。

尽管后来的学者发现，刘鹗考释甲骨文多有纰漏，但他仍在没有前人经验的情况下，考释了 40 余个甲骨文。这该多难啊？就像网上一个段子，你知道历史上第一次见面的中国人与外国人是怎么交流的吗？

1903 年，刘鹗的著作《铁云藏龟》刊行，这是历史上最早的甲骨文图录，甲骨学研究由此拉开序幕。遗憾的是，刘鹗对甲骨文的研究因一场飞来横祸戛然而止。

作为中国近代文化界的一位大咖，刘鹗更为人熟知的一部作品，应该是晚清四大“谴责小说”之一的《老残游记》。这部小说最突出的特色，就是辛辣地讽刺了晚清以来现实的黑暗，也就是说，刘鹗含沙射影，把清朝官场骂了个遍。这么硬气的文人，迟早要摊上事的。

庚子国难中，八国联军攻入北京，刘鹗多行善事，曾从俄国侵略者占领的粮仓购买大米，以平常物价卖给饥饿的老百姓，还带头组织人们掩埋城中的无主尸体。当素有交情的官员、商人请他想办法送他们出城时，刘鹗又亲自到军营与美军协商，请求放官商出京。

到了 1908 年，刘鹗却遭受朝中重臣“挟私诬陷”，被清算八年前的旧账，安上“卖国贼”与“私买国库粮食”的罪名，流放新疆。次年，他带着未完成的事业，在乌鲁木齐患脑出血病逝。

初露真容的甲骨文，仿佛像是被“诅咒”一样，最初接触它的两位学者都遭遇了厄运。但在刘鹗不幸去世后，中国学者对甲骨文的研究已如雨后春笋般迸发着勃勃生机。

3

在刘鹗之后，被章太炎誉为“三百年绝等双”的大儒孙诒让，也对甲骨文进行了考释，写了本《契文举例》，释读了数百个甲骨文。不过，他的副业是搞革命，先后支持过维新派和革命党，这本书直到他去世多年后才出版。

清朝遗老罗振玉，也是甲骨文的忠实粉丝，编著了《殷墟书契前编》，且调查清楚甲骨的出土地点在安阳小屯一带，确定了其为商代文字。

至此，甲骨文才成为一种学术研究类别，其来历也渐渐浮出水面：这一迄今发现的中国最古老的系统文字，距今已有三千年。商周时迷信占卜，通过甲骨上的兆象来做出吉凶判断，卜官再依据兆象，将“卜辞”（即占卜人姓名，占卜所问之事及占卜日期、结果等）刻在龟甲、兽骨之上。

这些占卜文字，就是甲骨文。

殷商时，商王迷信，几乎到了每事必卜的地步，上至天气预报，下至娶妻生子，再到自己能不能再活五百年，都要问问老天的意思。

《周礼》等古籍记载了商周龟卜的过程。据记载，卜官先是选取易于凿刻的上等龟甲，再以牲血涂于活龟上，杀龟取下腹、背甲片。龟，在古代被奉为四灵之一，在古人心中具有神圣性，象征长寿。

卜官取下龟甲后进行处理，先要在背面钻凿一下，这是为了让龟甲正面更容易出现裂纹，也就是所谓的兆象。之后就是最重要的一步，“灼龟”。将龟甲放于炭火上烧炽，直到受热在正面产生裂痕，占卜人最渴望的兆纹也就显现了，卜官以此判吉断凶，再将卜辞内容记上。“卜筮不过三”，同一件事的占卜次数不能超过三次。

整个过程充满了仪式感。

正是这个日常生活中的小片段，让三千多年后的人们循着古人足迹，开始探索中国文字的起源，也将中国古代的信史往前推到了商代。

4

有人就纳闷了，为什么这三千年中，没有人发现甲骨文呢?

考古学家李济认为，安阳殷墟周边的隋墓中已有甲骨碎片，说明晚商文化层在隋代就已经出露地表，只是隋代学者没有“发现”甲骨文，这些甲骨就被工人掺入隋墓回填土中了。他们受限于时代，没有像王懿荣一样偶然发现甲骨上的神秘文字，使这一古老文字被掩盖了三千多年，直到近代才得以重见天日。

因此，甲骨的发现，不是行为上的发现，而是认识上的发现。

李济先生说:“知识的进步是循序渐进的。19 世纪末甲骨文的发现与其说是偶然，不如说是学者们不断努力的结果。”

对甲骨文的质疑由来已久。清末民国，甲骨文研究风行一时，当时就有人提出质疑，认为这一文字是伪造的。

近代的另一位大师章太炎，率先对甲骨文研究者发难。他言之凿凿，说甲骨文不过是“欺世豫贾之徒”伪作，就是古董商造出来忽悠人的。章太炎之所以看不上甲骨文，有人说是出于对甲骨文大家罗振玉的鄙夷。罗振玉是前清遗老，章太炎是反清斗士，二人当然互相不对付。

罗振玉的姻亲王国维，就用他开创的“二重证据法”，证明了甲骨文的真实性与实用价值，有力地回应了质疑者。

历史是一个国家或民族的记忆，但随着年代越来越久远，真相往往会被扭曲，史籍中的记载也就失去了本来面貌。所谓“二重证据法”，即用“地下之新材料”（考古发现的文物）与“纸上之材料”（古籍）相结合来考证历史，补正史籍中的记载。

甲骨文是殷人祭祀时的占卜记录，属于研究商代历史的第一手史料。比如甲骨中就有历代商王的名号，于是王国维用这些记载，纠正了《史记·殷本纪》中先王、先公的位次，颠覆了自古以来对商代帝王世系的了解。从商汤到帝辛，这么多个商王，谁是谁儿子，全被王国维捋顺了。

王国维（号观堂）与罗振玉（号雪堂）都以清朝遗老自居，他们长期合作，在古文字方面的研究被称为“罗王之学”。二人又与后来的董作宾（字彦堂）、郭沫若（字鼎堂）并称为“甲骨四堂”。

对甲骨文的研究，是王国维毕生特别重要的成就，甚至就连他的死，一说也与甲骨文有几分关系。

5

1927 年，北伐军正在向北京挺进，一向平静的王国维显得有些忧愤。

6 月 2 日上午，当时任教于清华大学的王国维，在办公室吸完最后一支烟，雇了一辆车来到颐和园，在昆明湖边坐了许久，之后纵身一跃，自沉于湖中，不幸身亡。清华的师生赶到时，王国维的遗体已被打捞上岸，用席子裹着，放在湖边的亭子下。

王国维的死讯，让世人震惊。人们在他的口袋中发现了一封遗书，其中写道：“五十之年，只欠一死。经此事变，义无再辱。”

自王国维逝世后，其自杀的原因引来诸多猜测：有人说他是前清遗老，深受儒家道德观念影响，自杀是为清朝殉节，尽遗臣之忠；有人说他与多年好友罗振玉绝交，心痛不已，自寻短见；还有人说他是惧怕北伐军入京后，自己会遭遇不测。

末代皇帝溥仪在《我的前半生》中揭示这件事的内幕，提出了另一种可能：王国维是被老朋友罗振玉追债逼死的。

溥仪说，罗振玉对王国维有恩，资助过他不少钱。王国维这个老实人总是觉得欠对方的人情债，处处都听罗振玉的吩咐。王国维为了报答这份恩情，最初几部著作都以罗振玉的名字付梓问世，相当于罗振玉窃取了王国维的部分甲骨文研究成果。

后来，王国维做了清华教授，罗振玉还跟他追当年的债，又穷又要面子的王国维就跳进昆明湖自尽了，就连其殉清的传闻，也是罗振玉做的文章。王国维之死至今众说纷纭，溥仪的说法当然也只是一家之言。

无论如何，这位探索三千年前古文字奥秘、一生都在追寻真理的国学大师，以这样的方式离开人世，不得不让人扼腕叹息。王国维的女儿王东明说：“父亲一生是个悲观的文人，他的死亦如他的诗，有着孤寂之怆美——最是人间留不住，朱颜辞镜花辞树。”

6

在甲骨文被发现的最初三十年间，学者寻寻觅觅、上下求索，有人竭力奔走，有人遭遇不幸，他们都将一生奉献给了三千年的历史文脉。

1928 年，国民政府的最高科研机构中央研究院成立，其下属的历史语言研究所所长傅斯年，以保护、研究甲骨文为目的，委派中山大学副教授、33 岁的董作宾前往河南安阳进行调查，筹划进行现代考古发掘。

甲骨文研究终于回到了故事最初的起点——安阳殷墟。时至今日，经过近一个世纪的发掘与研究，安阳殷墟已出土十万多片甲骨，古老的文字依旧守护着尘封的历史。

从王懿荣在一次偶然的机会中首次发现殷商甲骨上的文字后，一代代学者抓住黑暗中的微光，找寻历史长河的源头。到如今，一个距今三千多年的朝代、一个最古老的汉字体系、一段被遗忘的历史，正渐渐清晰。

参考文献

一、基本史料

商鞅:《商君书注译》，高亨注译，中华书局 1974 年版。
吕不韦等:《吕氏春秋》，中华书局 2011 年版。
韩非:《韩非子》，中华书局 2010 年版。
杨伯峻:《春秋左传注》，中华书局 2009 年版。
尚学锋等译注:《国语》，中华书局 2007 年版。
刘向集录:《战国策》，上海古籍出版社 1998 年版。
司马迁:《史记》，中华书局 2006 年版。
班固:《汉书》，中华书局 2007 年版。
陈寿:《三国志》，中华书局 2006 年版。
刘昫:《旧唐书》，中华书局 1975 年版。
欧阳修、宋祁:《新唐书》，中华书局 1975 年版。
司马光:《资治通鉴》，中华书局 2009 年版。
纪君祥等:《赵氏孤儿》，上海古籍出版社 2010 年版。
王守仁:《王阳明全集》，上海古籍出版社 1992 年版。
沈德符:《万历野获编》，上海古籍出版社 2012 年版。
张瀚:《松窗梦语》，上海古籍出版社 1986 年版。
谈迁:《国榷》，中华书局 2005 年版。
谷应泰:《明史纪事本末》，中华书局 2015 年版。
张廷玉等:《明史》，中华书局 1974 年版。

梁玉绳:《史记志疑》，中华书局 1981 年版。
昭琏:《啸亭杂录》，中华书局 1980 年版。
徐珂:《清稗类钞》，中华书局 2010 年版。
赵尔巽:《清史稿》，中华书局 1998 年版。
林梅村编:《楼兰尼雅出土文书》，文物出版社 1985 年版。

二、著作

杨宽:《战国史》，上海人民出版社 2016 年版。
郑良树:《商鞅评传》，南京大学出版社 1998 年版。
钱穆:《秦汉史》，生活·读书·新知三联书店 2005 年版。
翦伯赞:《秦汉史》，北京大学出版社 1999 年版。
王子今:《秦汉史》，中信出版集团 2017 年版。
徐业龙:《韩信评传》，齐鲁书社 2008 年版。
张大可、徐日辉:《张良萧何韩信评传》，南京大学出版社 2007 年版。
李开元:《楚亡：从项羽到韩信》，生活·读书·新知三联书店 2015 年版。
吕思勉:《三国史话》，中华书局 2009 年版。
陈迩冬:《闲话三分》，上海书店出版社 2007 年版。
易中天:《品三国》，上海文艺出版社 2018 年版。
田余庆:《秦汉魏晋史探微》，中华书局 2011 年版。
王小甫:《隋唐五代史》，中信出版集团 2017 年版。
杜文玉:《唐代宫廷史》，百花文艺出版社 2010 年版。
邓广铭:《宋史十讲》，中华书局 2008 年版。
王天有、高寿仙:《明史：多重性格的时代》，中信出版集团 2017 年版。
樊树志:《明史讲稿》，中华书局 2012 年版。
方志远:《王阳明评传》，中国社会出版社 2010 年版。
温功义:《三案始末》，三联书店 2013 年版。
樊树志:《万历传》，人民出版社 2001 年版。
孟森:《明清史讲义》，商务印书馆 2011 年版。
孟森:《明清史论著集刊》，中华书局 2006 年版。

孟森:《清代史实六考》，故宫出版社 2012 年版。
商鸿逵:《明清史论著合集》，北京大学出版社 1988 年版。
郑天挺:《清史探微》，商务印书馆 2014 年版。
萧一山:《清代通史》，华东师范大学出版社 2006 年版。
阎崇年:《正说清朝十二帝》，中华书局 2004 年版。
冯尔康:《雍正传》，人民出版社 2014 年版。
杨启樵:《揭开雍正皇帝隐秘的面纱》，上海书店出版社 2011 年版。
史松:《雍正研究》，辽宁民族出版社 2009 年版。
徐彻:《慈禧大传》，国际文化出版公司 2012 年版。
董佳:《教科书里没有的近代史》，中华书局 2011 年版。
王炳华:《悬念楼兰 · 精绝》，浙江文艺出版社 2012 年版。
穆舜英，刘玉生:《寻找楼兰：一个世纪的发现》，新疆人民出版社 2006 年版。
王策来:《杨乃武与小白菜案真情披露》，中国检察出版社 2002 年版。
王宇信:《甲骨学通论》，中国社会科学出版社 2015 年版。
顾音海:《甲骨文发现与研究》，上海书店出版社 2002 年版。
陈重远:《文物话春秋》，北京出版社 1996 年版。
崔瑞德、鲁惟一编:《剑桥中国秦汉史》，中国社会科学出版社 1992 年版。
费正清、刘广京编:《剑桥中国晚清史》，中国社会科学出版社 2006 年版。
司徒琳著，李荣庆等译:《南明史：1644—1662》，上海人民出版社 2017 年版。
魏斐德著，陈苏镇等译:《洪业：清朝开国史》，江苏人民出版社 2008 年版。
孔飞力著，陈兼等译:《叫魂：1768 年中国妖术大恐慌》，上海三联书店 1999 年版。
史景迁著，温洽溢等译:《雍正王朝之大义觉迷》，广西师范大学出版社 2011 年版。
溥仪:《我的前半生》，群众出版社 2007 年版。

三、论文

匡钊:《“赵氏孤儿”的两个面相：“大复仇”与考古学》，《兰州大学学报（社会科学版）》2018 年第 3 期。

曾祥波:《两宋政治话语中的“赵氏孤儿”及其文学影响》，《南京师大学报（社会科学版）》2016 年第 2 期。

白国红:《"赵氏孤儿"史实辨析》,《北方论丛》2006 年第 1 期。

张立新:《逃离与眷顾——伍子胥悲剧命运的文化阐释》,《云南民族大学学报(哲学社会科学版)》2010 年第 5 期。

杨华、冯闻文:《伍子胥故事的文本流变和中国古代的价值观》,《长江学术》2013 年第 3 期。

饶恒久:《范蠡生平考论》,《社会科学战线》2000 年第 6 期。

田素义:《西施与范蠡考》,《齐鲁学刊》1993 年第 5 期。

朱立、端木佳睿:《商鞅历史形象毁誉之探析》,《西安文理学院学报(社会科学版)》2011 年第 6 期。

晁福林:《商鞅史事考》,《中国史研究》1994 年第 3 期。

朱绍侯:《秦相吕不韦功过简论》,《河南大学学报(社会科学版)》2000 年第 5 期。

孟祥才:《权力任性与思想韧劲的较量——从秦始皇"焚书坑儒"和朱元璋诏令刘三吾删削〈孟子〉成〈孟子节文〉说起》,《衡水学院学报》2020 年第 2 期。

晁福林:《焚书坑儒原因再议》,《天津社会科学》1987 年第 1 期。

李开元:《焚书坑儒的真伪虚实:半桩伪造的历史》,《史学集刊》2010 年第 6 期。

张学成:《韩信"谋反"真相再探》,《中州学刊》2016 年第 8 期。

谭绪缵:《试析曹操不敢代汉称帝之因》,《湖南师范大学社会科学学报》1988 年第 5 期。

王莉娜:《从"征西大将军"到"吾为周文王"——论曹操政治立场的转变》,《内蒙古农业大学学报(社会科学版)》2012 年第 1 期。

沈伯俊:《论魏延》,《地方文化研究辑刊》第 16 辑,2012 年。

齐裕焜:《镜像关系:魏延与关羽》,《文学遗产》2005 年第 1 期。

胡丹:《相术、符号与传播:"朱元璋相貌之谜"的考析与解读》,《史学月刊》2015 年第 8 期。

夏玉润:《漫谈朱元璋画像之谜》,《紫禁城》2008 年第 4 期。

金致淇:《明太祖像真伪考》,《考古社刊》1935 年第 2 期。

黄文:《明初"南北榜"论述》,《绥化师专学报(社会科学版)》1989 年第 4 期。

梁姗姗:《从南北榜到定额取士——明代会试取士区域矛盾的合理解决》,《贵州文史丛刊》2014 年第 3 期。

王元林、梁姗姗:《考试公平与区域公平的博弈——洪武丁丑会试南北榜案重新解读》,《求索》2014 年第 9 期。

李见喜:《明建文帝帝王身份的恢复》,《第十六届明史国际学术研讨会暨建文帝国际学术研讨会论文集》,九州出版社 2015 年版。

全伟:《明建文帝去向的历史语境研究》,《四川民族学院学报》2010 年第 2 期。

王思怀:《于谦之死与景泰年间中央权力的再分配》,《北方论丛》2006 年第 3 期。

王天有:《实录不实的一个例证》,《北京大学学报(哲学社会科学版)》1981 年第 1 期。

梁曼容:《明代藩王研究》,东北师范大学博士学位论文,2016 年。

李洵:《正德皇帝下江南》,《紫禁城》2010 年第 3、4 期。

苏洪洋:《明代嘉靖朝“平宸濠功”评定研究》,《濮阳职业技术学院学报》2012 年第 6 期。

林延清:《“壬寅宫变”与嘉靖朝政的转变》,《辽宁大学学报(哲学社会科学版)》2010 年第 1 期。

雒雪:《王之寀与梃击案研究》,黑龙江大学硕士学位论文,2017 年。

冯广宏:《张献忠屠蜀恶行溯考》,《蜀学》第 18 辑,2006 年。

冯广宏:《张献忠多面性人格——张献忠帝蜀实情考之三》,《文史杂志》2010 年第 2 期。

张献忠:《“张献忠屠蜀”与清朝政治合法性之建构》,《中国史研究动态》2016 年第 5 期。

刘潞:《孝庄——名满天下的清朝睿智皇太后》,《沈阳故宫博物院院刊》第 11 辑,2011 年。

姜相顺:《略论孝庄文皇后的地位及其作用》,《社会科学辑刊》1986 年第 1 期。

张琼、王扬宗:《〈雍正帝观花行乐图〉与雍正继位之谜》,《故宫博物院院刊》2009 年第 5 期。

罗冬阳:《朝鲜使臣见闻记述之康雍史事考评——以争储及雍正继位为核心》,《东北师大学报(哲学社会科学版)》2013 年第 2 期。

王成兰:《从“陈四案”管窥康熙五十年前后的社会控制》,《清史研究》2002 年第 2 期。

刘小萌:《清代民间的“反清复明”活动与“明室宗裔”旗号》,《民族研究》2017 年第 6 期。

安丝薇:《英雄自剪羽翼——浅谈曾国藩裁军原因及影响》,《文史月刊》2012 年第 9 期。

丁芮:《湘军与近代社会控制的转型》,《山东青年政治学院学报》2014 年第 2 期。

王志超:《楼兰消失之谜初探——兼论罗布泊变化》,《干旱区地理》2011 年第 2 期。

李长莉:《从“杨月楼案”看晚清社会伦理观念的变动》,《近代史研究》2001 年第 1 期。

石泉:《“罪”“责”相异——清末“杨月楼案”的差异性归罪现象分析》,《天中学刊》2019 年第 4 期。

任荣:《论〈绛芸馆日记〉中戏曲史料的价值》,《中国戏曲学院学报》2011 年第 3 期。

李宁:《清末四大奇案之杨月楼案研究》,郑州大学硕士学位论文,2016 年。

慕明春:《清末民国时期传媒影响司法的两个标本》,《陕西师范大学学报(哲学社会科学版)》2013 年第 5 期。

杨濬:《清末奇案——记我父亲杨乃武与小白菜的冤狱》,《纵横》1983 年第 2 期。

徐坚:《发现甲骨:考古学史的视角和写法》,《华夏考古》2014 年第 4 期。

吕伟达:《王懿荣发现甲骨文始末》,《殷都学刊》2009 年第 3 期。